Evolution of The Business Forms Diversification in The Temporal and Spatial Agglomeration of Modern Service Industry: Reflections on The Genesis of Business Forms in The Labor Division and Innovation

现代服务业时空集聚中的业态多样化演进研究

分工与创新的业态发生学思考

■ 高觉民 著

南京大学出版社

图书在版编目(CIP)数据

现代服务业时空集聚中的业态多样化演进研究：分工与创新的业态发生学思考 / 高觉民著. —南京：南京大学出版社，2023.8
ISBN 978 - 7 - 305 - 27024 - 6

Ⅰ.①现… Ⅱ.①高… Ⅲ.①服务业－产业发展－研究－中国 Ⅳ.①F726.9

中国国家版本馆 CIP 数据核字(2023)第 094820 号

出版发行	南京大学出版社
社　　址	南京市汉口路 22 号　邮　编　210093
出 版 人	王文军
书　　名	现代服务业时空集聚中的业态多样化演进研究 ——分工与创新的业态发生学思考
著　　者	高觉民
责任编辑	王日俊
照　　排	南京开卷文化传媒有限公司
印　　刷	苏州市古得堡数码印刷有限公司
开　　本	718 mm×1000 mm　1/16　印张 23.25　字数 388 千
版　　次	2023 年 8 月第 1 版　2023 年 8 月第 1 次印刷
ISBN 978 - 7 - 305 - 27024 - 6	
定　　价	98.00 元

网　　址：http://www.njupco.com
官方微博：http://weibo.com/njupco
官方微信号：njupress
销售咨询热线：(025)83594756

* 版权所有，侵权必究
* 凡购买南大版图书，如有印装质量问题，请与所购图书销售部门联系调换本书为江苏省发展和改革委员会服务业重大课题、江苏高校优势学科建设工程(PAPD)、江苏高校现代服务业协同创新中心、江苏高校人文社会科学校外研究基地"江苏现代服务业研究院"和江苏省重点培育智库"现代服务业智库"研究成果。

本书出版得到江苏省服务业重大课题专项资金、江苏高校优势学科建设工程(PAPD)、江苏高校现代服务业协同创新中心、江苏高校人文社会科学校外研究基地"江苏现代服务业研究院"和江苏省重点培育智库"现代服务业智库"的资助。

书　　名：现代服务业时空集聚中的
　　　　　业态多样化演进研究
　　　　　——分工与创新的业态发生学思考
著　　者：高觉民
出版社：南京大学出版社

内容提要

本书从发生学思考角度探讨中国现代服务业业态多样化的演进与创新。作者的基本观点是，业态创新导致业态多样化就是服务业分工多样化。在对现代服务业业态进行界定和分类后，本书概括性地设定了服务业存在的"生活与地理""政治与体制"和"技术与信息"三大复合的社会时空，论述了服务业业态多样化的演化遵循"聚分—他化""模因复制"与"迂回分叉"的发生原理。运用"回溯—前进"的历史发生学方法，从新中国成立以来的时空变迁来看，现代服务业业态的原初形态实际上隐藏于新中国成立初期，因计划经济使其变形为"闷芽"而被固化，至改革开放后才应运萌起和发育成长。现阶段，伴随居民生活水平提高、体制机制优化和信息化发展，它正展现出O2O体系下服务业交叉、融合、集聚的爆发力，由此形成了物流新业态、金融新业态、文化服务新业态和消费服务新业态的多样化和精细化的复合结构。究其发生的深层原因，本书试图给出经济学本体论的解释：在三大时空深度交汇的条件下，经济人的内在意识中能更多地释放出追逐交易利益和应对交易成本的"立义"与"统觉"，使得服务业企业家意志外化出强烈而机敏的创新精神。从服务专业化分工与创新机理看，"创新—精细化"不断刷新着非核心业务与核心业务的转换和分叉，从而在时空中形成业态多样化图景。本书对当今服务业及业态发展提出了一些瓶颈问题，并为"激活未来的发生"提出了相应的政策建议。

作者简介

高觉民，男，1956年10月生于西安市，籍贯为山西省五寨县，经济学博士，南京财经大学教授，中国商业经济学会常务理事。2001年毕业于西安交通大学经济与金融学院，获经济学博士学位，导师为文启湘教授。研究方向为产业经济、贸易经济、服务业经济，曾于2005年获得国家教育部颁发的教学成果二等奖，2014年主持《贸易经济学》国家精品资源共享课程。本书是在完成主持国家社会科学基金项目"现代服务业空间集聚中的业态演进与创新"后，经进一步研究写成。

前　言

以现在的眼光看，中国 40 多年的改革与发展，使得现代服务业业态的成长经历了从少到多、从粗到细的演进过程，这也正是伴随着中国成为第二大经济体的过程。当代社会信息化使得服务业业态不断细化和多样化，越来越多的服务形式不仅进入了诸如金融、物流、批发、期货、配送、商务等诸多现代生产性服务领域，还渗入一站式购物、家政、养老、医疗、文化、教育、休闲、出行等居民现代生活领域中。值得注意的是，这些领域中的各个业态形式正在或者已经呈现出进一步细化的"亚业态"分形，并展现出不断裂变和延伸的趋势。当今服务业业态的空间集聚与涣发的竞争活力，在创新驱动下异彩纷呈，成为推进中国产业结构升级、促进人民生活高质量提升的重要动力之源。

服务业多样化是我们在生活中常常感受到的生动景象——一种平常人对发生的素朴认知。但是，一个研究者恰恰应关注"发生"的理性。任何"存在"问题伴随着"发生"问题，因此对"发生"的认识一定是形而上的重要议题。朗朗时空，蕴涵着时与空的自身运行规则，而事物往往在其中不经意发生，正如古诗所说"乾坤有信如符契，草木无知但发生"（欧阳修）。可以说，无论是服务与服务过程，还是服务分工及多样化等，离不开时空集聚及服务组织层出不尽的创新，而业态创新往往是从不经意萌发、到潜伏进而显现的发生过程。

发生学应该属于本体论范畴，同时更应该属于一种解释方法。现实生活中的发生往往是受多种复杂因素制约下的偶性事件，因此，在追问分工多样化及服务业多样化的缘由时，应该涉猎多向度、多层次的"发生理论"，所以分工理论必然是与发生学交叉的经济学。目前，一方面，学界缺少对"发生学一般"的研究,由于对发生学的认识和被解释的领域不尽相同,因而形成了系统(种系)发生学、现象学发生学、历史发生学、发生认识论、科学发生学、文化发生学及文本发生学等多种分析派系。当然,这也为理论的综合带来契机;另一方面,具体到经济学,尽管经济学研究现实社会经济现象的发生,但发生理论也较少"明见"于经济学的解释之中。鉴于此,我想在研究分工与服务业多样化这一经济领域的局部,尝试结合广义发生学的解释,并将本书设定"分工与业态创新的发生学思考"的副标题。本书主要运用上述前四种派系的方法研究服务业业态的发生,它们也是对经济学中分工细化过程进行深入探讨的工具。例如,将视角由单纯的空间转换到复杂的时空体系时,就用"回溯"的方法探讨其渊源,解释"多样化"的潜伏的历史等;再如,由于服务与被服务是靠经济人这种存在者"操持"而产生交易行为,其背后是意识领域的算计与创新性谋划,需用现象学发生学和发生认识论等进行分析,等等。总之,将发生理论引入经济学分析或许更能解释"时空演进"中业态创新的经济过程。

  本书绪论部分概括介绍发生学与服务业业态研究的联系,通过对以往分工理论和创新理论的描述,进一步提出对分工多样化的追问,再以"广义发生"的视角,试图构造一个"发生"的框架,然后聚焦于对分工与业态二者关系的诠释。这一部分的一个基本认识是,服务业业态本质上就是服务业的分工,而且是细化了的分工。

  之后,按逻辑递进关系,分三个块面展开研究。第一块面研究服务业业态发生的存在时空和集聚原理。这是本书论述展开的基础命题。本书对现代服务业业态进行界定,然后针对服务业业态及其演进的存在性,辨识服务领域的存在者和存在,围绕它们"为什么存在"和"怎样存在"两大追问展开。接着,从理论上探讨服务业在生活与地理时空、政治与体制时空及技术与信息时空中的存在方式,并用"聚与分""组织模因生成"和"迂回—分叉"三个业态发生原理分析服务业及业态的存在方式。这一块面由本书的第一章、第二章和第三章构成。

  第二块面,研究现代服务业业态在体制时空变换下的源初、萌起与成长,以及当今互联网空间的业态集聚与多样化状态。在研究中,既展示出以往时空的"历史发生"视角,又构造出当下空间中融合与发生的集聚场景。在研究当代服务业时先对时代进行设定,据此对新中国成立初期至改革开放前服务业业态的演进进行历史分析,然后对改革开放后现代服务业业态的发展与时空集聚进行阐述,通过体制时空变换下的业态运行寻找现代服务业业态的发生渊源。具体讲,描述过渡时期服务业业态的渊源、计划经济时期集权体制下服务业业态的被锁定、改革开放前期30年中服务业业态的集聚式增长、近10年及目前社会信息化空间下现代服务业新业态(被概括为"新零售"思维与O2O体系下的现代物流、现代金融、文化服务和现代消费四大业态体系)的集聚与运行状况。这一块面由第四章和第五章构成。

第三块面,按照理论、机理、问题与政策的线索研究分工多样化与现代服务业业态创新。首先从理论上指出,服务业在追逐交易利益中形成分工与业态多样化发生的创新机理,在交易利益与交易成本持续的双重作用下,非核心业务不断向新的核心业务跃迁从而实现分工与业态的多样化;从机理上看,企业家服务体系创新及业态创新机理、业态空间新组合体系等的创新始动是经济人内意识对交易利益的"立义"与"统觉",进而使创新意识从被动发生到主动发生,由此决定了企业家意志、精神及决策外化的创新体系运行,从而带动业务和商业模式创新,当得到社会认可和传播(即被模仿和学习)后,才最终形成新业态;更深入地分析发现,在服务企业内部,业态发生的"潜在性"始动于组合要素体系的创新,它是要素与维度在业务活动中资源配置的新选择,为此,本书对服务业业态要素与维度评价体系创新提出了思考;在以上基础上,从激活未来发生的视角,研究业态创新难题,摆出"创新什么"和"怎样创新"问题,最后提出服务业业态多样化的创新战略与政策建议。这一块面由第六章、第七章和第八章构成。

本书秉持对理论的"思考性"和对现象的"展示性",利用相关的理论工具探讨始源性问题。从经济学理论与发生学方法看,分工与服务业业态多样化,不仅与发生的时空存在性、发生的历史性二者共同形成时空集聚的宏观运行相关,而且还与作为理性经济人的交易者的创新意识(企业家精神)息息相关,作为发生的意识流动,引发了服务业核心业务与非核心业务、要素组合及维度调整的创新等微观机制的运行。因此,本书在追问"多样化"

问题中,尽力展示服务业业态创新与这些宏观和微观因素的内在逻辑联系。对此,本书总结了五个具有挑战性的关键问题,其中第一个属于宏观发生的问题,后四个属于微观发生的问题。第一,关于服务业时空存在论。分工多样化和服务分工是在时空中发生之所在,其三大原理是:聚与散、模因生成以及迂回分叉,它们在三大时空复合的历时性发生背景中展开。第二,交易利益和交易成本的"对称"范畴论。本书试图将其立为研究多样化的经济学理论基础。它们是使得服务交易能否成立的"既对立又统一"的基本审视。第三,经济人创新的内在意识论。在追求交易利益中,经济人含有内在意识的立义与统觉,这些内意识行为可外化为企业家的创新精神。第四,"非核心业务"的多样化发生论。本书研究核心业务与非核心业务的关系,指出受交易利益和交易成本影响,遵循辩证法,"同一性"不断向"异质性"方向发展并如此迭代循环,非核心业务由此不断产生"他化",从而导致"多样化"的系统性发生。第五,服务业业态组合要素创新论。将斯密扬格定理与熊彼特创新理论交汇后,本书指出,业态创新是核心业务与非核心业务中的组合要素及维度的调整,它是服务业企业内部资源的重新配置,并经历从潜在到显现的过程。

除了广义发生学方法外,本书直接运用的重要理论与经济学方法有"斯密—扬格"定理、熊彼特创新理论、列斐弗尔新马克思主义"三元辩证法"、模因复制理论、"迂回分叉"及"树状图"法等。在各个章节,本书针对具体问题做具体分析,具体的做法是:在规范研究的基础上,采用历史资料与当代文献结合、表征分析与本质揭示相结合、历史描述与归纳相结合、理论描述与现实描述相结合等方法,对理论与现象问题进行多向度分析。另外,一些研究还通过走访、实地调研、研习网络资料来完成补充。

总之,服务业业态伴随数字化技术获得了很快发展,业态创新呈百花齐放状态,大有一种"忽如一夜春风来,千树万树梨花开"的感觉。也正因为如此,创新的方向具有更大的发散性和不确定性,而且越来越多的业态创新趋向于软性的"方式性创新",因此,对于研究者来讲,不可能对"最新的"业态及时进行捕捉并实现规范统计。对于本书,作者毕竟是抱着对自己、读者朋友、纸张负责任的态度而尽力写作的。由于作者将发生学(特别是多种视角的发生学)运用于经济学并进行交叉分析,理论跨度较大,加之水平有限,因此,本书一定存在不完善的地方,有些问题还可能成为大家争论的"靶子"。在此,作者诚挚地希望读者提出宝贵意见,并希望以此交接好友,使学术研究走向深入。

高觉民
2022年5月

目 录

前　言 …………………………………………………………… 001

绪论：关于发生学与服务业业态 ………………………………… 001

　一、关于社会分工与创新的设定 ………………………………… 001

　二、分工理论及创新理论的发展：分工多样化的综合意义 ………… 002

　三、关于分工多样化的追问 ……………………………………… 007

　四、发生学及其向度 ……………………………………………… 009

　五、对分工与业态二者关系的诠释 ……………………………… 019

第一章　现代服务业业态界定 ………………………………… 031

　一、服务业业态的定义 …………………………………………… 031

　二、现代服务业业态 ……………………………………………… 034

　三、服务业现代化战略转型与业态概念的内涵变迁 ……………… 038

　四、中国现代服务业业态分类 …………………………………… 042

第二章　服务业存在及其时空体系 …………………………… 052

　一、服务业的存在性 ……………………………………………… 052

　二、服务业存在的社会时空构成 ………………………………… 064

第三章　服务业业态发生原理 ……………………………… 085

一、服务业的聚分发生原理 …………………………………… 085

二、服务业业态发生机理假说：组织模因生成原理 ………… 098

三、业态多样化发生的"迂回—分叉"原理 ………………… 108

第四章　现代服务业业态的源初、萌起与成长

——体制时空变换与历史发生学视角 ……………… 119

一、时空设定 …………………………………………………… 119

二、新中国成立初过渡时期的服务业及其业态结构变迁 …… 124

三、计划经济时期"四制"体制中的业态：指令下的"业态闷芽" …… 138

四、向社会主义市场经济转型初中期：现代服务业业态的"萌起"与

"发育" ………………………………………………………… 149

第五章　融合与发生：当今互联网空间的业态集聚与多样化 …… 164

一、互联网发展与现代服务业业态转向：线上与线下融合 …… 164

二、物流新业态 ………………………………………………… 177

三、现代金融业态 ……………………………………………… 192

四、文化服务业新业态 ………………………………………… 207

五、消费服务新业态 …………………………………………… 226

第六章　交易利益下分工多样化与业态发生的创新机理

——非核心业务与企业家创新的经济学解释 ……… 247

一、交易利益的经济学范畴意义 ……………………………… 247

二、交易利益和交易成本决定下的分工多样化发生:"非核心业务"
    分离 ………………………………………………………… 260

三、创新机理:经济人内在意识、发生性构造与企业家外化意志 …… 271

四、现代服务业业态多样化的分叉:迂回化与精细化 ………… 287

第七章 业态发生中的组合要素体系创新
——要素与维度在业务活动中的配置选择 ………………… 293

一、服务业的业务构成与要素构成 ……………………………… 293

二、企业家经济人对组合要素体系的配置及业态发生 ………… 299

三、对服务业业态要素与维度评价体系创新的思考 …………… 309

第八章 服务业业态创新难题与业态多样化政策
——激活未来的发生 ………………………………………… 321

一、中国服务业业态创新问题的性质 …………………………… 321

二、中国服务业业态创新中存在的问题 ………………………… 323

三、服务业业态多样化的创新战略与政策 ……………………… 336

后 记 ……………………………………………………………… 356

绪论：关于发生学与服务业业态

人类的劳动是社会性的劳动实践，它造就了人类智慧和生产技术的发生和不断提高，并带来生产能力的提高。其显著的标志之一就是产品越来越多。起初，人们以生产实物产品为主。后来，随着技术水平提高及市场产生和发展，无形的服务产品也越来越多，占总产品的比重也不断增长。无论是实物产品的多样化，还是服务产品的多样化，都掩盖不了背后的事实：人们劳动过程中的社会分工不断多样化，而这又是人们在劳动中不断创新的结果。社会分工多样化和产品多样化带来人们生活的多样化，意味着人们生活的丰富多彩和生活质量的提高。

一、关于社会分工与创新的设定

为论述方便和不使读者产生歧义，本书对社会分工和创新的概念进行设定。

第一，社会分工，或称分工，有广义和狭义之分。广义的分工，指人类劳动的社会分工，即人类劳动的社会分类。人类劳动是借助于自然资源维持自我生存和自我发展的活动，是人类生存的一种特有方式。按照传统的劳动分类理论，劳动可分为脑力劳动和体力劳动两大类，其中脑力是人类创新劳动的动力源。这两大类又包含各自的分类体系以及它们的融合形式。在商品经济中，劳动是劳动力的支出和使用。

狭义的分工，指人们从事经济活动的职业意向与行为的社会分工，包括农业、工业、商业等的行业或职业分工。它们还可以再细化，例如可细分为种植业、畜牧业、重工业、轻工业、批发零售业、物流业、金融业、信息业等，其不断细化就是分工多样化。此外,本书还认定企业内部经济活动的业务分类,也属于这种狭义的分工。

第二,创新,顾名思义,即创造新事物,是人类特有的一种有意识的和始建性的社会实践活动。"创"是"始"的意思,"新"是"成为更好"的意思。"创新"作为一个抽象名词,具有"创作"和"新意"的意义,含有"造出未曾有的事物(存在)"的意味。英文 create 的解释就是 cause to exist。

第三,"社会分工"和"创新"是已经进入现代人类生活文本的概念。二者无论从语用方面,还是语义方面,都是被人类"语言化"和"类别化"了的词汇表达。它们都是人类意识发展到一定程度才显现出来的学术概念,并在一定时期被一定社会体系(日常生活、交流习惯、市场研究、职业认知、社会体制、官方统计指标、思想文化体系,等等)所认可;它们以前曾处于非文本"隐藏"的未知名状态,意味着尽管存在某类劳动(或与其他劳动混同)或新的创造,但人的认知曾尚未明确该类劳动的行业种类,也未曾探寻其"原创作"的缘由和如何成其所是。在它们进入经济学理论之后,才被"文本化"为学术的特定含义。

二、分工理论及创新理论的发展:分工多样化的综合意义

其实,分工多样化中的"多样化过程"(以及其中的"化")就内含了创新过程。没有创新,就没有多样化。分工是创新的基质,创新是新分工的属性。

对于分工,人类早期的文献中就有记载或论述。例如,中国古代的《易经》、《史记·货殖列传》、《世本》、《孟子·滕文公上》以及《考工记》等文献均有记载;在西方文献中,如《理想国》(柏拉图)[①]、《居鲁士的教育》(色诺芬)、《纳瑟尔伦理学》(图西)等,对分工的作用有不少论述,体现或展现了分工及

[①] 例如,柏拉图在其《理想国》中提到职业的专门化对于社会福利和基本需要的适当满足来说具有必要性;色诺芬则把分工、专业化与大城市联系起来,因为分工与专业化提供了对单个商品相当大的需求,而工作的进一步区分提高了做工者的技术。见:新帕尔格雷夫经济学大词典(A—D)[M]. 经济科学出版社,1996:977.

分工的作用。

不过,分工作为理论上的文献显现,则始于西方资本主义发展初期。例如,在17世纪和18世纪,威廉·配第的《政治算术》与《再论与伦敦城市增长有关的政治算术》中关于分工与效率的讨论,以及魁奈的《自然权利》中涉及分工原因的"自然秩序"等。但是,真正将劳动分工作为"完整性"理论论述的第一人是亚当·斯密,他在《国富论》中将分工视作国民财富的人均产量增长的主导性原因,并用"制针业的工序"加以说明。涉及分工的发生,他认为,"产生分工的也正是人类要求互相交换这个倾向",这是人与生俱来的、区别于动物的"本然的性能"和利益倾向,[①]反映了经济人对交易利益本然的追求。他还认为,随着交换的发展,为专门从事某一职业提供了可能,分工由此产生。分工起源于交换,而交换表现在市场的成熟程度、规模、运输效率等方面,因此,分工的程度与市场规模等因素是密不可分的。分工产生之后,又反过来促进了生产效率的提高和生产力的发展。[②]

马克思将分工和交换看作是"人的活动和本质力量——作为类的活动和本质力量——的明显外化的表现"[③]。他的社会分工理论是围绕与历史唯物主义的关系、社会分工本质、社会分工种类、异化、人的自由与全面发展而开的。由此,涉及分工起因及多样性,马克思说,"不是土壤的绝对肥力,而是它的差异性和它的自然产品的多样性,形成社会分工的自然基础,并且通过人所处的自然环境的变化,促使他们自己的需要、能力、劳动资料和劳动方式趋于多样化"。[④]

涂尔干从社会组织及团结性角度分析,认为古代集体意识退化和集体中"环节结构"(隐匿在氏族中)逐渐消亡的结果,导致"组织结构"(职业组织)兴起,继而产生了最初分工。他说,"社会容量和社会密度是分工变化的直接原因,在社会发展过程中,分工之所以能够不断进步,是因为社会密度

---

① 亚当·斯密.国富论[M].杨敬年译.陕西人民出版社,2001.
② 亚当·斯密.国富论[M].杨敬年译.陕西人民出版社,2001.
③ 马克思,恩格斯.马克思恩格斯文集(1)[M].北京:人民出版社,2009:241.
④ 马克思,恩格斯.马克思恩格斯文集(2)[M].北京:人民出版社,1995:219.

的恒定增加和社会容量的普遍扩大",[①]进而认为,分工是生存竞争的结构,竞争导致现代社会分工成长,进而导致分工多样化。[②]

进入20世纪后,学界对分工及其多样化的研究更加深入。扬格在斯密社会分工的基础上,从动态和系统的角度把斯密定理进一步阐释为"分工一般地取决于分工"[③],意味着分工多样化具有一种自我发生的动态性。一方面意味着企业内部分工的外部化,另一方面也意味着在市场规模化(交换能力的扩大)的同时分工细致化。他还认为,专业化程度、生产链的迂回长度、生产各环节中产品种类数量的多少决定进一步的分工,生产的资本化或迂回方法的经济等同于"现代形式的劳动分工经济",而且"比其他形式的劳动分工的经济更多地取决于市场的规模"[④](有关扬格的迂回分工理论,笔者将在后面做专门论述)。

1912年,熊彼特的《经济发展理论》出版。他在其中系统阐述了创新的概念,提出创新是企业将生产要素进行重新组合,并以一种从未有过的新方式进入生产过程,其目的是创造新利润。新的组合包括五种情况:新产品的提出;新生产方法的提出;新市场的开发;新原料或半成品来源的发现;新产业组织的形成。从发生视角看,其关于创新的论述不仅成为之后技术创新理论的基石,而且实际上也成为分工深化(分工多样化)研究的理论元素,也由此展现了"创新"与"分工多样化"交叉性的理论研究。第一,新熊彼特学派集中讨论企业规模、市场结构和创新的关系、创新与扩散,以及科技进步

[①] 涂尔干称集体意识退化的原因是由于其逐渐形成了不确定性,而同时个体的自由意识得到相应的增加和补缺。而现代社会中分工的形成可以由社会容量、社会物质密度与社会精神密度的组合来解释。其中,社会容量是属于某一集团的个人的规模,但要使容量能产生分化,还必须要有物质与精神的密度。社会物质密度是指某一地面上个人的数目,社会精神密度是个人间沟通、交往、贸易及其内在约束的强度,并造成个人之间交往与贸易强度的增加,使人们在面对"生存竞争"之时可以不必要消减竞争对手而共存合作。参阅:涂尔干.社会分工论[M].生活、读书、新知三联书店,2000:213-239.

[②] 刘烨烨.批判与建构:马克思与涂尔干社会分工理论比较研究[D].广西大学硕士论文,2013.

[③] 扬格的原话为:"Adam Smith's dictum amounts to theorem that the division of labour depends large part upon the division of labour."。见:Allyn A. Young. Increasing Returns and Economic Progress[J]. The Economic Journal, 1928, 38(152): 527-542.

[④] Allyn A. Young. Increasing Returns and Economic Progress[J]. The Economic Journal, 1928, 38(152): 527-542.

与经济结合的方式、途径、机制、影响因素等,强调专业化技术创新和技术进步在经济发展中的核心作用;[1]第二,技术创新的制度创新学派认为,制度创新决定技术创新,好的制度选择会促进技术创新,也可以降低某些制度安排的交易成本,而制度创新往往是通过组织或管理形式方面的创新来体现的;[2]第三,技术创新的国家创新系统学派认为,技术创新不是企业的孤立行为,它不仅仅是企业家的功劳,更是由国家创新系统推动的。国家创新体系是政府、企业、大学研究机构、中介机构等为寻求一系列共同的社会经济目标而建立起来的,将创新作为国家变革和发展的关键动力系统,由此驱动企业技术创新和产业多样化,驱动区域创新、产业集群创新等。[3] 熊彼特创新理论后来又衍生出两个学派,即形成于1970年代的"线性创新范式"和1990年代的"网络创新范式"。前者的创新主体是大企业和研发机构,主要是研发投入,创新活动大多发生在产业高度集聚的中心区域;后者的创新主体是大小企业、研发机构、客商、大学、公共机构等,除研发投入外,还有市场信息、技术竞争、非正式实验、知识等的投入,其产业多样化的创新在空间中扩散。[4]

实际上,学界对分工与创新这两大基础理论在20世纪中期就产生了交汇。从认识发生视角看,正是以这两大理论为基底,使得技术创新与专业化、技术创新与制度和区域分工、产业集聚等方面的研究全面展开。20世纪后半叶,随着交易费用和制度创新理论的兴起,杨小凯将专业化、分工和交易费用结合在一起,认为人类专业化的集合产生了分工,而分工收益与交易费用决定了企业、市场规模,从而带来了报酬递增。专业化的个人集合在一起就构成了企业内部分工,企业与企业之间构成了行业内分工,个人之间

---

[1] 例如,罗默在《收益递增与长期经济增长》一文中,提出内生增长理论,该理论认为经济中的内生变量和知识积累促进技术进步,技术进步推动经济增长。参见:Romer, Paul M., Increasing Returns and Long-Run Growth[J].Journal of Political Economy, 1986, 94(5): 1002-1037.

[2] 兰斯·戴维斯,道格拉斯·诺斯.制度变迁与美国经济增长[M].格致出版社,2018.

[3] 例如,弗里曼提出了技术创新的国家创新系统理论,将创新主体的激励机制与外部环境条件有机地结合起来,并相继发展了关于区域创新、产业集群创新等概念和理论。参见:Freeman C., Technology Policy and Economic Performance: Lessons From Japan[J]. R&D Management, 2010, 19: 278-279.

[4] 丘海雄等.产业集群技术创新中的地方政府行为[J].管理世界,2004(10):36-45.

以及各个组织之间就构成了一系列分工合作的关系;[①]加里·贝克尔引入协调成本和知识,建立分工理论的模型,将分工作为经济增长的内生变量来解释经济增长,他将分工程度与市场大小之间的关系引入了协调成本和知识,认为分工的程度不仅仅受市场规模的影响,也受到协调成本和知识水平的制约。[②]另外,一些学者从企业异质性角度进行探索,使分工研究进一步细化。[③]

20世纪60年代以来,基于发达国家技术创新和世界贸易的实践,一些学者对"赫克歇尔-俄林"的要素禀赋贸易理论进行了深化研究,使得分工理论向产业内部甚至产品内部深入展开,进而推进了分工多样化的研究。与此相关的理论有垂直专门化(Vertical Specialization)[④]、多阶段生产(Multistage Production)[⑤]、零散化生产(Fragmented Production)[⑥]、价值链的分割(Slicing Up The Value Chain)[⑦]、万花筒式比较优势(Kaleidoscope Comparative Advantage)[⑧]、离域生产(Delocalization)[⑨]、外包、转包、产品内分工(Outsourcing, Sub-contracting, intra-product specialization)[⑩]、全球经济分解生产(Disintegration of Production in The Global Economy)[⑪]、垂直

---

① Yang Xiaokai. A Microeconomic Approach to Modeling the Division of Labor based on Increasing Returns to Specialization, Ph. D. Dissertation, Department of Economics, Princeton University, 1988.
② Becker Gary and Murphy Kevin. The Division of Labor, Coordination Costs, and Knowledge[J]. The Quarterly Journal of Economics, November 1992, vol.CVII: 1137-1159.
③ 参见:Yeaple SR. A Simple Model of Firm Heterogeneity, International Trade, and Wages[J]. Journal of International Economics. 2005(65): 1-20.
④ Balassa Bela. Trade Liberalization among Industrial Countries [M]. New York: McGraw-Hill, 1967.
⑤ Dixit Avinash K., Grossman Gene M.. Trade and Protection with Multistage Production[J]. NBER Working Paper, 1982(49): 583-594.
⑥ Jones. R. W., Kierzkowski. H.. The Role Of Services In Production And International Trade: A Theoretical Framework[J]. RCER Working Papers, 1990(45): 1-26.
⑦ Krugman Paul. Does Third World Growth Hurt First World Prosperity? [J]. Harvard Business Review, 1994, (3): 113-121.
⑧ Bhagwati J. N., Dehejia V. H.. Trade and Wages of the Unskilled-Is Marx Striking Again [M]. Washington D. C: American Enterprise Institute, 1994.
⑨ Learner Edward E. The Effects of Trade in Services, Technology Transfer and Delocalization on Local and Global Income Inequality[J]. Asia-Pacific Economic Review, 1996, (2): 44-60.
⑩ Arndt Sven W.. Globalization and the open economy[J]. North American Journal of Economics and Finance, 1997(8): 71-79.
⑪ Feenstra R. C.. Integration of Trade and Disintegration of Production in the Global Economy[J]. Journal of Economic Perspectives, 1998(4): 31-50.

专门化分工贸易（Vertical-specialization-based Trade）[①]、模块化生产网络（Modular Production Networks）[②]，等等。

20世纪后半叶至世纪之交，经济全球化使世界逐渐形成"区域状态"。对于创新研究，从单个企业内部转向企业与外部环境的联系和互动方面，导致"网络创新范式"兴起，地方化网络集聚（如硅谷、科技城等）的创新高效显示出来，带来不同领域的区域专业化，并在技术领域出现"超专业化"。一些学者针对互联网社会创新下的社会分工新发展，提出了"超专业化劳动分工"（Hyper-specialization and Division of Labor）理论。其所谓超专业化劳动分工，依托计算机虚拟链接技术和虚拟平台，突破传统分工的线性模式，能够让拥有不同知识背景的人进行跨界合作。也就是说，它通过虚拟链接技术与虚拟平台，使人们从"集体力"状态发展到"超级协作"状态。它已经不是简单的体脑转变，而是智能化（或智慧化）的跃迁，能使分工发生突破时空局限，呈现出逻辑非线性、随机性、跨界合作性和知识共享性的特征。[③]

三、关于分工多样化的追问

从以上社会分工和创新理论的简单描述看出，在文明进步与市场发展的同时，社会分工因创新而不断细化，并愈加显示出对经济效率增长的基础作用。任何事物或现象都有其发生的缘由、过程和作用，用探讨发生的方法就是通过"回溯式追问"并运用逻辑去探寻其生成、发展过程及运行机制的一种研究态度。笔者受这种方法启示，试图对分工多样化和服务业业态创新的研究展开一系列追问。这里有三类问题：

第一，关于分工源起和新分工的生成问题。如果用发生学方法进行思考，它涉及什么是社会分工的源起（最初的起源），什么是分工多样化的缘

---

① Hummels D., Rapoport D. and Yi K. M.. Vertical specialization and the changing nature of world trade[J]. Economic Policy Review, 1998(6): 79-99.
② Sturgeon Timothy J.. How Do We Define Value Chains and Production Networks? [J]. A Paper prepared for the Bellagio Value Chains Workshop, 2001(10): 56-78.
③ 参阅：郭智健等.智能社会劳动分工发展趋势研究[J].现代基础教育研究，2019(03): 5-14.

起？如果说前者属于社会分工的起源而后者是任何分工现象初期的隐在因素（原初意义）的话，那么，经营者之间是怎样发生分离并导致新的分工发生的？进一步演绎，其生成演化和分工多样化机理是什么？从人类最初的农业、畜牧业、手工业、商业四大行业（这是上古时代三次社会大分工的结果，对今天来说何等的粗糙，它对应的是人口稀少和技术水平低下的状态），到今天这样复杂的产业多样化和精细化，这一进程的发生规律是什么？分工在共时状态和历时状态是如何展现的？分工与持续的"创新事件"（即"事件"意义的历史）有着怎样的内在联系？企业家是什么样的经济人？企业家创新精神如何生成其"意识统觉"并导致其发生胆识行为，成为分工的先驱者？等等。

第二，关于当今分工普遍细化及创新机理的问题。我们现在正经历着第四次工业革命，[①]在分工多样化过程中，始于18世纪60年代第一次工业革命时代的服务业占比不大，致使人们不大可能意识到服务业的历史意义，人们关注由生产制造业变化主导的分工（在今天看来分工仍然比较粗糙）。以当前信息化和人工智能社会的视角看，尤其是直面服务业比重逐渐扩大（以中国为例，2019年服务业在国内生产总值中的比重已经达到53.9%[②]）的现实，人们面前呈现的是全面的分工细化。无疑，它是由人的创新活动带来的。那么，创新作为高级的意识活动和实践活动是怎样被"触发"的？按照扬格的"迂回经济"的说法，在当代信息经济与资本经济相融合的社会经济背景下，这种全面性细化的创新动力、创新能力、创新机理和创新方式是什么？分工全面性细化是依照怎样的规律迂回的？创新与分工过程中，如何解决交易利益和交易成本的矛盾问题？

第三，关于分工多样化和服务业业态多样化的关系问题。服务业业态多样化属于分工多样化还是市场细分化？还是二者的混合状态？发展到今天，分工细化是不是被称作消费者群多样化带来的"业态多样化"？如果说

---

① 学界一般认为，前三次工业革命依次是蒸汽技术革命、电力技术革命、计算机及信息技术革命，现在是第四次工业革命。后者是以人工智能、新材料技术、分子工程、石墨烯、虚拟现实、量子信息技术、可控核聚变、清洁能源以及生物技术为技术的工业革命。

② 成功财经网：http://www.xy178.com/tuijian/20200122/79799.html。

业态属于服务业分工范畴,那么又有两个问题,其一是,生产者内部分工细化是否被生产性服务业业态多样化带来的市场细分所引导?其二是,服务业渗透到生产者之间形成某种服务方式,是否就意味着一种细分的市场(即我们常常所说的市场化)?服务业与各行业的主体间关系(以及交互主体)如何表现?同样,生活服务业业态多样化,例如,由一般超市衍生出精品超市、生鲜超市等,也是市场细分。那么,结合这两个问题,或许所有的服务业如此细化地逐渐覆盖整个社会,并且演绎成混同的多样化。当今,特别是在互联网社会日新月异的条件下,这种混同的分工多样化在发生机理和发生过程中到底是怎样呈现的?对于服务业的分工多样化来说,其业务活动(核心业务与非核心业务)如何呈现?怎样通过"国家创新体系"处理生产服务业业态和生活服务业业态多样化的关系?等等。

对于以上追问的主要问题,本书将竭尽全力给予回答。对于一些难度大的问题,还盼与读者共同思考。

四、发生学及其向度

发生,是指以前"不曾有"的新事物"有"了。以上三组追问,实际上更多涉及的是发生学的问题。更确切地说,它是社会分工的发生学和创新的发生学两大问题一起交汇到经济学基础领域的问题。[①] 下面,按照笔者个人的理解,谈谈发生学问题。

(一) 发生学与认识发生的意义

1. 事物发生及认识

事物,一般指客观存在的一切物体、事件或现象。但是,从发生学方法角度看,事物则是一切符合认识的对象。宇宙中的万事万物都有它们的发生过程。一般认为,任何事物的起源从来就没有绝对的开端,它们的存在有

---

① 许光伟认为,马克思的《资本论》具有发生学方法上的认识结构:《资本论》第一卷——历史发生学;《资本论》第二卷——系统发生学;《资本论》第三卷——现象发生学;《资本论》第四卷——认识发生学。参见:许光伟.我为什么和如何写《保卫〈资本论〉》[J].政治经济学报,2015(07):215.

着自己的生成机制,发展也蕴涵着自身的发展机制。无疑,"发生"是人们认识的所有事物最普遍现象。进一步讲,从理论上考察发生及其过程就是发生学,它是主要以逻辑推断的方式研究事物产生和发展的学问。因此,发生学对"过程"的研究具有认识性、客观性与历史性的考察性质。目前,发生学及其概念已经被广泛应用于人文社会学科。①

人对事物发生的发现,是见之于主客体的关系问题。皮亚杰说:"客体首先只是通过主体的活动才被认识的","客体是不依赖于我们而存在的",同时,"客体又具有结构,客体结构也是独立存在于我们之外的。"他认为,主体对客体的认识是不断发生着改变的建构,从比较简单的结构到比较复杂的结构,这种发展形式是永无止境的,因此,"客体就具有永远被接近,但又永远不能达到的极限性质"。②

作为人对"事物发生"的认识,是人对"事物显现"或"新发现"的认识,因此,它是主体(人)与客体(对象事物)达成新的联系过程,其中必然存在人的推理过程。认识总有生成结构;不管认识程度如何,它总是通过一定的逻辑推理达成认识主体与认识对象的联系,并由此尽可能达成对认识对象的理解,抑或达成对事物生成的意识"唤醒"。

2. 认识与意义

人认识到事物发生就是认识到事物的意义;它是认识到"事物意义的显现"或"新事物的被给予"。《道德经》中开篇说,"道可道,非常道。名可名,非常名",联系其第42篇说"道生一,一生二,二生三,三生万物"。笔者这样理解"名",在"某事物"被孕育于"其所是"之前,是处于"物自体"③状态,也就是说,此"某事物"因未取得人的认识而处于尚未被命名的状态。一旦被人认知,当其意义被人意识到时,就"跳出"原来的物自体状态,就有了名,就被对象化和概念化,因而就进入了"道"的范畴,并去实现其不断的演绎价值。

---

① 发生学最早出现在生物学领域,Phylogenetics 为种系发生学或系统发生学,后多用 Genetics 表示发生学。皮亚杰提出"发生认识论"后,发生学被应用于科学史及其他许多研究领域,形成思维发生学(语言发生学、艺术发生学)、文本发生学(文献发生学)、历史发生学、科学发生学等。
② 皮亚杰.发生认识论原理[M].北京:商务印书馆,1981:93,19,103.
③ "物自体"又译"自在之物",是德国古典哲学家康德提出的一个哲学基本概念。它指认识之外的存在之物,是现象的基础。

那么,涉及"分工"问题,拿汉语的形成过程来说,它是"工"与"分"相结合所产生的命名,各种各样的"工"(如《考工记》所示百工及其配合关系)在分工概念产生之前就有了。在本书上述对分工的简单论述中,正是斯密提出社会分工这一概念后,理论界才对其认知,使得社会分工的内涵在理论上的重要地位(意义)凸显而进入"道"的层次。同样,"创新"的概念也是如此。

客体(认识对象)的意义是可以被累积的,因而是可以被增强的;这个过程中的一系列"发现"可以使意义不断被明确、升华。发现,是对客体的意义的认识,是从未知名的孕育中看到了异质事物,往往有"顿悟"之感。特别是"深远意义"的发现,[1]往往成为发展或后续多样化的基点和关节点;每一个新意义的建立来自对旧意义的比较和区分、"纠正"和补充,其异质性与旧意义区分得越细,就越可能给总体内部带来多样化。例如,拿历史上具有重要意义的第三次社会大分工——专业商人的出现来说,他主要是从早期农民、手工业者兼营买卖业务转化而来的,他的重大意义就是生产者摆脱了原来非核心业务(提高了效率),而新的专职商人进入到新核心业务状态,因而使商业成为之后服务业多样化的基点。

总之,被认识的事物确实要经历从未知名状态到该事物呈现状态的认知完成过程,而且依此不断地向新的认识境界建构。在这个过程中,创新活动就是寻找新意义。因此,从"认识到意义"以及发展为一系列越来越复杂的建构"新意义"来说,认知发生学或发生认识论是一切发生学研究的重要基础。毕竟,人类是靠认识新事物而生存的动物。

(二) 系统发生学中的时空

很显然,当人们开始认识事物时,首先要认定"它"是什么(不管是"疑似是""可能是",还是"确定是"),需要对其性质和状态进行辨认。这个工作实际上就是给"它"归类和命名并给予描述。就归类来看,必定给了"它"在时

---

[1] 胡塞尔的现象学在后期更多地显示出发生学意味。其现象学发生学中体现着自己明确的意义理论。例如,他以几何学的意义起源的追问为例证,研究科学真正奠基于我们历史视域的生活世界的伟大意义。参见:张昌盛.对历史的现象学的发生学研究如何可能?——胡塞尔对几何学和近代物理学意义起源的现象学沉思.中国社会科学院研究生院学报[J],2009(06):20-29.

空中系统框架上的位置。因此,认识发生与系统发生联系在了一起。从理论上看,这就涉及系统发生学。被认识的某事物总要归于某个系统,当人指向该事物时,"它"一定被指向某个时空位置。

1. 时空内涵

时空是物质的时空,是时间与空间的统一体,物质与时空是粘合的,时空是由人定义的。这四点是理解时空的关键,也是发生学的基点。时间的本质是"动",空间的本质是"态",二者的统一体就是"动态"。因此,时空的本质就是动态的。空间"态"(例如"飞矢不动"的"态")的运动,是由时间"动"引起的。[①]

"时空与物质粘合"有两个理解层次。一是真实性理解。物质(事物)本身内含着时间与空间,如人的生命体由孕育到出生,再到成年,再到衰竭与死亡,其时空性从内部获得,笔者称其为"内在时空性";二是假设性理解。它给予事物的时空性是外在的,是人为了方便解释某个事物(存在者及其存在),先不将事物与时空粘合(这是一种假设),而是"忽略"或"悬置"了内在时空性,笔者称之为"外在时空性"。人们将该事物置于时空框架中进行分析(往往用"在时空条件下"的语言表达),让事物成为"核",时空就自然成了外面的"壳"。第二种理解常常用于对复杂问题的研究。

对于第二种,本书对于时空又有两点理解。第一,一定的时空是多个"空间帧片"的集合[②],其中一个空间帧片也是相对较小的时空;第二,与上同理,社会时空是社会空间的时间序列。基于这两点,我们可以假设历时、共时、过去、现在和将来等等,以此研究宇宙空间与地球自然生态空间、地理空间与人文空间、信息空间与人际空间等。如果涉及社会经济活动,还有资本运行空间、价值空间、市场空间、劳动区域分工空间等。假设性理解告诉我们,所有事物发生都是一定时空关系下的发生。

[①] 本书立足于从广义理解发生学。此处的时空是客观时空,而发生现象学研究的主观时间(内在时间)所对应的是进行意识活动的思维空间。尽管二者所指不同,但都存在着相伴随的"动"与"态"。

[②] 动画制作中,符合人眼视觉生理暂留的画面是每秒有24帧。此处的"空间帧片"被比喻为1帧。

2. 时空体系

根据以上理解，系统发生学必然涉及对整个时空系统及其层级的研究，以便通过逻辑关系对被认知事物进行定位。发生的事物不仅属于系统的某个层级，也意味着它在时空系统内的发生与变化过程。对于发生的时空系统，本书这样给予设定：第一，时间是表达对事物运动（发展、变化）前后的一种测定，而空间是表达对事物的位置和范围的测定；第二，任何事物的发生都有孕育和展现的时间绵延和相应空间伸缩的相互伴随过程；第三，在一定条件下，时间与空间存在着自洽的调整及整合关系，体现为时间运动与空间变化的代偿关系，如"以时间换空间""局域空间集聚压力与扩散平衡发展"等；第四，由于时间具有流动性，异时则异空。古希腊哲学家赫拉克利特提出的"人不能两次踏进同一条河流"，和《吕氏春秋》中"刻舟求剑"的故事，就是对其生动的解释。从哲学上讲，"同时"是假设出来的；"同时同空"是一种假设的"静态"状态，"同时异空"是一种静态的跨界状态，"异时同空"是一种旧新的对比状态，而"异时异空"是一种常态的"动态"状态；第五，时空是有相对层级的。处于同一级别的个体发生表现出的空间与个体低一层级发生的空间相关；相对前的时空影响相对后的时空，往往有发生原因和发生结果的历史关联；第六，与时间相关的速度变化，可以使某个体所占据同级空间的格局发生变化，而速度快的个体则一般占据较大的空间；第七，人类社会系统发生的内在动力是人的实践活动，其中产生着创新意识，如果没有人的活动，这个系统就是一个不被人知的"死系统"。

3. 时空与社会分工

以上七点大致描述了笔者对系统发生学的基本设定。实际上，社会分工演化造就的万事万物就发生在这个系统的社会时空中。例如，在共时"静态"条件下，空间体系中某层级分工被指称（已命名）为其低层级分工的集合，这个集合内部的构成意味着分工结构；在"同时异空"条件下，由产业链（供应链）的跨界而形成紧密联系的经济联合体，或信息化背景下发生不同产业的模块化拼接；又如，在历时"动态"条件下，空间体系增加了时间维度的考量，意味着空间中各个层次分工的密度、广度和深度发生了变化，其中，"异时同空"显现出旧分工结构和新分工结构的差别，并具有可比性；"历

(异)时异空"条件下,时间自然绵延与人类技术进步又迎来高级分工结构的"新时空",其中,前置分工往往是后置分工的原(元)分工。社会分工多样化就是分工种类在后置时空中比前置时空有了增加,是分工随时间序列、空间密度和空间广度的增加。分工多样化在时空体系中演化的轨迹可以象征性地表达为分工的"演化树"或"演化网"。

(三) 发生的历史与"回溯—前进"

1. 历史发生学与"历史的逻辑的方法"

事物生成前存在"孕育""萌芽"的过程,事物生成意味着"显现"和当下的"存在",它还要走向未来,并以"征兆"为期望,这就是它的广义发生史。在这一历史中,除去"显现"和"存在"以外,其余都处于未知状态。"显现"是认知某事物的开始,是整个发生过程中一个特定阶段的结果。这个结果被曾经的"潜伏现象"所规定,必须用"回溯"的方法去研究;而事物是从历史原点发展到当下,还要向未来发展,甚至要对憧憬进行"激活",因此要用"前进"的方法对生成历史进行判断,并对未来进行前瞻性研究。值得一提的是,"前进"的方法是研究整个发生历史(由过去到现在、由现在到未来)的方法。这两种方法的合成就是"回溯—前进"法。总之,从"当下"社会结构内在矛盾运动的结果出发,逆向进入其得以产生的诸多可能的历史条件与前提,然后再次"前进"到当下,进而发现历史的规律及未来社会趋势。这就是蕴含在唯物史观之中的历史认识论——"回溯—前进"法,也可以称之为"历史发生学"。①

对于发生中的事物(伴随因时间间隔而形成的历史模糊性),需要在回溯中找出其发生过程中的"潜伏现象",人们需要使用逻辑推理的方法,从而形成了"历史的逻辑的方法"。其中,要不停地追问历史的前提和具体可能的多重条件,对历史做尽可能真实的还原和解释。具体要做的是:拷问历史所具有的不同的发展过程的可能性,以及过去人们面对的多重选择为什么

---

① 鲁宝.作为历史发生学的"回溯—前进法":从马克思到萨特.苏州科技大学学报(社会科学版),2021(1):18.

会转变为"当下的历史"的逻辑前提;通过寻找"历史意义"的历史,对事物进行历史的逻辑的推断,探索其发展规律,用回顾式和前瞻式的叙述方法,展现从复杂的演变发展到现实与未来的正向历史过程。为了对历史负责,在这个过程中要克服目的论、宿命论和唯意志论,以唯物史观为基础,寻找历史发生、发展及新旧更替的规律。

2. 社会分工的历史发生逻辑

就社会分工及分工多样化的原初性历史来看,其发生过程一定存在自洽的逻辑前提。笔者认为,有微观层次和宏观层次的两个逻辑前提。

从微观层次来看,在人类早期的氏族共同体之间,他们各自提供的劳动产品可以交换(意味着产品不仅质上有差异,而且产量有剩余,它是微观驱动的逻辑前提),当偶尔的交换演化为经常的交换(尽管这个过程比较漫长),就意味着有了职业倾向(即专业倾向)性的社会分工,以至于后来形成了主要依靠狩猎活动的部落和主要依靠农业种植的部落。分工多样化的微观逻辑前提有两点,一是技术的创新与扩散,[①]二是产品可交换的范围扩大。这两点有两个效应,第一个是其他不同氏族共同体以相同方式进入有差别的职业性社会分工领域。第二个是新产品问世(如相对于石器、陶器及铜器,铁制工具和用具就是新产品)产生了新的分工。

人类初期分工变迁的宏观逻辑表现为:从依赖于生理差别到依赖于自然差异,决定了自然分工到社会分工的演化。具体讲,早期的自然分工依赖于性别、年龄、体力等生理的个体差别,后来逐渐在氏族内部产生了依赖自然(如土地肥力、江河水域、地理位置)的群体性差异,后者决定了向社会分工过渡的发展趋势,之后,原始农业和畜牧业由个别氏族内部到较为普遍的社会化,产生了第一次社会大分工。随着技术进步,可利用的自然禀赋(如山林、矿藏等)扩展,伴随金属工具的制造,产生了第二次社会大分工,形成了不同部落之间社会分工的职业划分。[②] 例如,古代中国夏时莱夷部落地区专为夏王豢养贡纳的牲畜("莱夷作牧"《尚书·禹贡》),豢龙氏、御龙氏及扈

[①] 就人的个体来说,因寿命和视野的限制,使他参与生产产品的种类、使用生产工具的能力和从事生产的地域受到限制,因而个体的劳动领域趋向于专业化是一种自然的和理性的选择。

[②] 实际上,在社会大分工条件下,氏族内部的自然分工也更加细化。

氏部落地区从事畜牧业,[①]吾昆部落(今河南濮阳一带)制造陶器和铜器等手工业品,[②]居薛(今山东滕县以南)的薛地是当时以造车为主的"高新"手工业部落。[③]

笔者认为,要解释初始分工及分工多样化的发生,应将微观前提和宏观前提结合起来。历史的逻辑的方法需要充分的大历史根据。分工多样化(特别是进入文明社会后)的历史前提多重复杂,它涉及多层级时空生产关系的基础、分工与市场的因果关系循环等多种因素。一般情况下,每个历史时空下的分工多样化程度(生产关系)都与各自相应时空中的技术条件(生产力)、治理能力或政治体制与意识(上层建筑)的状态相自洽。但是,技术创新作为根本的推动力,会使分工结构发生变动,甚至牵动整个社会发生革命性变化。其中,用"回溯—前进"的方法实际上就是对过去和当下进行评判和批判,正如马克思的《资本论》对19世纪资本主义、列斐伏尔的《空间的生产》对当代资本主义的批判那样,面对越来越复杂的历史前提,如何认识当今信息、金融资本关系下分工多样化的历史规律,并引导人们去实现更大的福祉,则是我们今天要解决的理论问题。

(四)发生现象学与回到事物本身

1. 发生现象学

发生现象学,是对自我发生性奠基与超越的解释逻辑,即以意识"统觉"作为分析模式,展示其中体验流的结构,并强调意向相关项的客观性的一种哲学态度。[④]它实际上是胡塞尔后期的现象学及其发展,其原理可以被应用于历史发生学、系统发生学、日常生活等的系统性研究。

这里,根据笔者的理解,大致概括一下发生现象学研究的核心内容:在历时性分析的意识空间视域下,以内时间意识为奠基,从平行结构到纵

[①] 参阅:《史记·十二本记·夏本记》。
[②] 《世本》记载:"吾昆作陶","铸九鼎"。
[③] 参见:《世本·作篇》。
[④] 依笔者的理解,立义意味着认识中本质还原显现的意识,而统觉是在一系列立义的体验流所综合建构过程和成果。参见:栾林.从静态现象学到发生现象学——理解胡塞尔现象学发展的一条线索[J].中南大学学报(社会科学版),2011(06):50-54.

向结构构造"立义—统觉"的分析框架,揭示发生的意识构造的历史,展示由被动构造到自我参与的主动构造的过程,在"回溯式追问"与反思中,"联想"和"触发"连结了对象的统一体,获得意义的增值,由此而引出意义的历史,进而带来自我的唤醒。不仅如此,运用主体之间的同感、共现等方式建立起主体与主体之间的交互主体性领域,展示具有本质意义的动态发生过程。[①] 例如,作为交易主体的经济人,其创新就是一个"意义历史串"的唤醒过程。

2. 三个启示

第一,本质与现象的相对性。我们生活在一个真实的、可贴近、可感受的世界,日常生活发生着各种显现程度不同的现象。所谓本质和现象是相对的,在不同的时空和系统的条件下,某个现象可能是另一现象的本质,某个本质可能是另一本质的现象;同时,就像原因和结果一样,涉及某一事物的一对"现象—本质"的组合,常常也是可以互换的,并且因人们看问题的视角不同,而对现象和本质的认定不同。鉴于此,我们需要抛开莫衷一是的"众说"的遮蔽,去寻找原初的那个可以被"直观的本质",它不同于在直觉或经验直观中被给予的个别的东西,而是一个新的知识对象。[②]

第二,本质与现象的应时性。如果事物与时空是自洽的,"从本质到现象"路径上的发生,直面生动、鲜活、丰富的实践和现实,打开思想家进行理论创新时所置身其中的特定场景,因而能发生本然的原创,有可能带来新思想、新方式、新事物的超越。"从本质到现象"还可以理解为"理论与实践统一",它也是现象学中"回到事物本身"命题的主要内容。从时空自然演变视角看,理论不再被概念固化为抽象的认识,它总是在人的实践中不断生成、深化和实现自身,同时与丰富的实践应该具有本然统一的联系。要做到理论与实践的统一,就必须做到知性思维所把握事物的本质不能想当然地将该事物的实在及其应然相等同;[③]事物的本质与现象都直接联系着相应事物

---

① 栾林.胡塞尔发生现象学研究:兼论现象学对经济学的作用[M].中国社会科学出版社,2016:104-121.
② 德尔默·莫兰,约瑟夫·科恩.胡塞尔词典.李幼蒸译.中国人民大学出版社,2015:63-64.
③ 朱富强.企业改革路在何方:基于"从本质到现象"分析框架的探索[J].理论与改革,2021(01):131-148.

的实然形态,因此,要有探究社会现实问题的研究路线;在共时条件下,理论与实践与空俱生;在历时状态下,理论与实践与时俱进。

第三,"回溯式追问"——发生的批判的认识论原则。源起往往被遗忘或遮蔽进而成为虚假的或潜在的意指,而"回溯式追问"可以对原初进行澄清,并使其唤醒或达成。它是内含对传统理论与现实实践进行批判而产生的认识论方法。传统研究中的"看不见"的东西是在文本背后的"隐藏物",对其揭示需要研究者通过自身的努力,需要进入或者打开思想家进行理论创作时所在的特定现象场景,立足于现实问题的根基,对传统研究和对当下现实问题进行批判,审问概念、理论、论证的条件和逻辑后果,以达到探寻研究者自己新认识发生的建构等。总之,"回到事物本身"就是以生活世界理论的共同旨趣,对以往的知识进行批判和剥离,以便直观当下的本质——现象本身的本真面目,产生旨向新生活的认识。①

3. 从本质到现象:回归社会经济实践

实践可以检验和深化"真理"。涉及本书的主题,产业分工和服务业业态,实际上就是相对的"本质"和"现象"的关系。服务业业态是应生产和制造业需求变化、消费者需求变化而涌现的经营方式,一旦形成业态,其经营方式(或门店方式)连同经营领域及其专门或专业性被社会所认可。不同业态承担着主打不同用户市场的功能,因此,本质上看业态就是分工,业态细分就是分工细分。"业态化渗透"的细分工,只有在当今的复杂时空中才能在层次上展现出来。原因是,传统的分工理论产生于生产商主导的社会背景,随着社会生产、消费生活的时空变换,服务商的分工不断细化,并向各行各业渗透,形成业态及更细功能的亚业态,它们还可以再分。从大的种类看,服务业的细化不仅表现在生产服务业与农业、制造业细化和相互作用,还表现为生活服务业对应着消费需求的细化和相互引导。

现象界是最生动的生活场景,是"潜伏"未来分工的前沿领域。人们

---

① 胡塞尔认为,人类的知识一层一层覆盖的太多了,就像一个一层又一层涂脂抹粉的人一样,使得世界的真实面目在我们面前失真了。他早期的现象学还原、呼吁"回到事物本身"、意义起源的关注和晚期返回生活世界理论的共同旨趣,启示了现象学发生学的研究。

日常生活的"吃喝拉撒""鸡零狗碎"就属于现象界。在市场关系下,它们的自然活动(或被价格所引导或被欲望所驱使)对应了一系列潜在的未来产业分工。例如,日常消费生活及消费者的自然群常常在诱导着服务业业态的发生和成长。从企业家的认识发生角度看,精细的分工实际上是企业家在市场上谋算、获得利润的动机、主动认知创新环境而牵动投资行为的一种客观效应,是企业家认知自己产品和投资于市场的知行合一行为的结果。企业家的精神就在于主动认知、反思他的经验(还原中观视、冒险中拼搏、胆识中顿悟)的实践性参与。[①] 而对分工(业态)的命名,则是企业界实践与理论界概括共同完成的,一旦如此,它标志着一个分工(业态)发生了。

"本质直观""从本质到现象"和"回到事物本身"就是密切理论界和业界的关系,它反对教条的"本本主义"及"黑板经济学"的所谓高大上的理论。在对分工的深入研究中,我们既要反对排斥现象的本质主义,也要反对忽视本质和"唯现象"的经验盲从。

五、对分工与业态二者关系的诠释

(一) 逻辑前提:人类延续的两个基本力及产品多样化趋势

人类的延续有两个基本力在起作用,一是产生智慧的能力,就是伴随智慧积累和创新与创造力的不断增强,使其为自身生存和发展提供产品的能力持续增强;二是追求美好的动力,就是伴随消费需求的实现,消费欲望的不断提高,享受的品质不断精细化。人类正是在这两个力不断增强的趋势下,用生产出实体物质产品和虚体服务产品的方式使自己延续。与这两个力增强相伴随的是人类劳动分工的多样化。随着物质生产能力的提高,人性激发出越来越多的欲望使服务产品多样化。下面,笔者根据

[①] 用胡塞尔的话说,主动发生的"独特的我的活动"是一种"共同体化而具有社会性的我的活动"。转引自:王庆丰.现象学的发生概念:从胡塞尔到德里达[J].江海学刊,2010(05):52-60.

对发生学的理解，来分析这两个趋势中的分工与服务业业态的发展关系。我们先了解分工的属性，然后用服务业业态进行对比，进而说明二者的关系。

(二) 分工的属性

1. 职业性

职业是社会分工的基本属性，是人在社会中的谋生、发展的主要手段。人一旦有了劳动能力，获得并尽职于他的职业，他就进入了分工系统之中。人的职业差别就是人参与社会分工的差别。一般情况下，每个从事劳动的人都有自己的核心职业。进入当代社会，人的知识逐渐具有交叉性，人可能从事不止一个职业。

这里需要强调一点，职业是现象界可直接感知的景观。在可视的"作业场景"(如建筑工地、工作车间、医院诊所、农场、蔬菜大棚等作业间)中展示，特别在文明社会，许多职业还常常以人的服饰(以"服装标识"作为符号)作为视觉传达的标识。

2. 专业性

专业，是一个职业群体的专门业务。专业化，是在一定时期内某个普通的职业群体逐渐符合共同技术标准、成为专门职业，并获得相应专业地位的过程。新的分工就是确立新专业化的过程。综合利普曼(M. Lieberman)对"专业"的定义，个人、集体从事的"专业性"至少包括：第一，经过职业教育后，具有专门领域一定高度的理智性技术；第二，依照社会性自治组织的规则，对业务有具体的伦理纲领，并能自律；第三，存在一定的"进入成本"，其中，工作范围具有不同程度的垄断性。[①]

在当代知识经济兴起的背景下，关于分工内涵中的专业化属性，还需特

[①] 利伯曼的"专业化"论述具有教育学视角倾向。本书综合了他的要点来研究社会分工及服务业的专业化，将他关于专业化的"非营利性"进行了忽略。参见：Joyce M. Lieberman, Elizabeth A. Wilkens. The Professional Development Pathways Modal: From Policy to Practice[J]. ProQuest Education Journals, 2006, 3(42): 124-128.

别强调两点:一是资产专用性(Asset Specificity)。① 按照威廉姆森的解释,它是用于特定用途后被锁定并很难改变为其他用途性质的资产,若改作他用则价值会降低,甚至可能变成毫无价值的资产。② 专门知识的集聚与知识产权的维护,为不少行业形成自然壁垒,形成了知识资产专用性,以至于从某种角度讲,分工领域(特别对于高端领域)的界限几乎可以被划清;二是"超专业化"。在互联网、物联网、AI等技术创新和相关平台的支持下,人类社会向信息化、数字化、智能化发展,使得超专业化劳动分工逐渐向纵深延伸。一些学者概括了超专业化分工如下几个特征:第一,分工的逻辑非线性。人与人、人与物、物与物之间可发生广泛的随意联系,使分工呈现非链式的"网络结构",成为创造新的生产力和生产关系的原动力;第二,分工的随机性。人们通过点击智能设备中的超链接,随机承接某些传统意义上的工作;第三,分工的跨界合作性。智能化为知识分工提供了新的合作模式——超级协作,人们不仅在同一领域内进行知识分工,还可以跨领域进行知识合作;第四,分工的知识共享性。由于在知识上谁也离不开谁,在共同愿景下,超专业化劳动分工带来智慧的质与量将优于零散个人智慧的质与量,并由此共享增长的福利,因而又带来一定程度的融合趋势。

3. 市场伴随性

我们从两方面来理解商品经济下分工与市场的伴随性:第一,分工与市场(交换)共存。人类进入商品经济后,市场就成了社会分工的基础,而市场又以分工为基础,其中交换表征着分工,分工又通过市场中商品交换的价值显示自身的意义。第二,分工多样化与市场规模化、细分化互动伴随。按斯密和扬格的市场与分工理论,以及之前提到的"分工一般取决于分工"命题,经济组织(企业)的价值链分工体系是依赖市场而迂回于生产过程所产生的结果,然后,它又具有足够的动力,将迂回或间接的生产方式进一步扩散到置身于市场中企业价值链之外的社会分工体系,其效应是经济效率的提升

---

① 不同行业有不同的要素品质、要素结构和特征,即资产具有专用性,与资产通用性(Asset homogeneity)相对。
② 威廉姆森.资本主义经济制度[M].商务印书馆,2002:78-90.

和不断累进的报酬递增,经济进步的可能性就在于此。① 由迂回经济带来新的市场分工,因而展现出规模化、细分化,往往也是众多创新(或"众创组合")成果共同作用的结果。

4. 结构与协作性

此处,"结构"的字面意思指某事物的构成状态是如何"结成"(发生)的。据此,分工的结构性是指因分工而形成结构体系的性质。从整体性发生学方法视角看,一定时空的社会分工是历史产业结构通过自组织方式继承、演化的结果。企业的资本积累总是朝"趋利避害""相互协作"的方向运行,并因此激发出创新动力和创新能力。这些个体的"合众"行为伴随着市场中的协作,自发地进行着有机的整体构造,驱使原有分工结构形成新的结构组合,走向新市场地带,带来"整体大于部分之和"的社会分工效应。马克思用辩证的方法研究分工,认为协作一开始就意味着"合"即"协同劳动"或"联合劳动",分工则是有秩序地进行劳动协作方式。② 它们有可能构成纵向的产业链,也有可能构成横向的联合体。在当今互联网时代,分工多样化比以往更多地呈现出精细结构的复杂性和协作过程的跨界性。

以上分工的属性不是孤立的,而是相互有机融合的。分工的职业性是基础,它需要以专业性来保证分工的特性;同时,分工与市场互为前提,分工依靠市场才能成立,而且分工意味着自身结构的形成和复杂化,其中还存在着协作关系。分工及分工演化不是被动的,它是通过市场机制驱动,通过自组织方式而发生竞争、协作和创新的构成状态和过程。

(三)服务业业态的分工性质

服务业业态是针对目标顾客的特定市场需求,按照一定的战略目标,运用相关的服务产品经营方式、店铺位置、店铺规模、店铺形态、价格政策、销售方式等经营要素提供类型化服务的经济组织形式。举例来讲,根据我国官方权威认可和民众习惯上的归类,批发零售业属于行(产)业,而其中的百

---

① 参见本书第三章"斯密—扬格"定理相关内容。
② 马克思说,"许多人在同一生产过程中或在不同的但互相联系的生产过程中有计划地一起协同劳动,这种劳动形式叫作协作。"参见:马克思.资本论(第一卷)[M].人民出版社,1975:394.

货业、超市、便利店、专业店等属于业态范畴;而其中的超市,在原超市基础上,后来又出现了生鲜超市、精品超市、母婴超市、儿童超市、汽车超市等多种形式,属于亚业态形式;它们中的任何一项还可以继续分化(有的已经发生了分化)。下面,对照分工的属性考察并研究服务业的分工性质。

1. 职业性考察

首先,毫无疑问,处于任何业态中的服务人员(服务者)都属于职业工作者。他们依靠自己的劳动技能谋生,在规定的"场所空间"中付出劳动,许多服务人员一生从事一种职业。服务人员的种类繁多,如从事医疗服务的医护人员、百货店的经理和营业员、教育机构的教工、公共交通事业的司服人员、银行的职员、汽车4S店的销售员、汽车修理厂的修理工、发廊里的技师、餐厅的炉头技师和服务员、软件公司的程序设计员、仓储保管员……,上述服务人员可能的"作业场景"有医院诊疗所、百货店、学校、公交车、银行支店、汽车4S店、发廊、快餐店、软件园、冷库等,而且,在当代社会,这些"作业场景"一般都有象征意义的符号标识和CI形象识别系统,店堂还展现logo设计理念和寓意。

其次,类型化服务是业态分工的表征。上述超市业态及其亚业态的例子,反映出它针对不同消费从事"类型化服务"的职业分工状态,其服务类型可能是,为新婚夫妇提供优质钻戒的服务、为孕期妇女和新生儿提供必需品和营养品的服务、为儿童提供玩具和学习生活用品的服务、为满足小家庭出行提供购买宝马轿车的服务、为家庭提供果蔬商品的服务,等等,仅仅上述超市通过各自职业的"类型化服务"就实现了一个简单的家庭服务系列,具体讲,就是"结婚—生孩子—养孩子—温馨全家—营养全家"(对应的可能是"精品超市—母婴超市—儿童超市—汽车超市—生鲜超市"的服务)的生活系列。由此不难看出,业态实现着这个"生活系列"服务的社会性分工。进一步推理,我们可以通过某些"业态组合"找到和实现服务的系列分工。

2. 专业性考察

作为类型化服务的表征,业态具有专业领域的性质。随着现代信息、知识和技术密集的不断增强,以及互联网、数字、AI技术对服务业各行业的知识积累剧增,业态的专业异质性不断加强,各种业态类型化服务组织对职业教育的要求不断提高,[1]从而使进入的门槛不断提高。在这种情况下,学历资格、培训证书、资格认证及持证上岗等凸显了专业的规范性;业态中的企业文化展示、规范与操典与国际服务标准认证,如茶馆的养生茶艺和茶道养生文化、药堂的中医药理念文化、味斋的食材调制与精制"秘方"文化等,[2]以及 ISO9004-2 国际服务质量体系的国际化等,本质上渗透着深刻的服务理念——伦理纲领,铸成了专业的基本精神,也成为品牌的专业品质和诚信经营的追求。

一些专业人员拥有高度的理智性技术,并将其不同程度地运用于服务过程中。现举三甲医院和社区医院两种业态例子来说明。两者都有医疗知识和掌握设备的专门性,使它们的基础资源拥有独立的资产专用性,因而为其带来自然垄断性质。但是,前者汇聚了"高大名优"的专家与设备,因而与后者相比具有强资产专用性。两者的差异在于对不同对象的服务分工,前者定位于为复杂病患的人群服务,后者为简单病患的人群服务。另外,随着医疗科技的发展,依照病患人群的细分,医院也呈现出专业性分解现象,许多专科医院脱离综合医院母体,通过自身实力的增强,使分立的专业得以强化。可以说,业态多样化反映了服务分工多样化。

在当今社会,不少服务行业因高科技化呈现出"超专业化"现象,大批行业涌现突变式超专业化和改造式超专业化现象。下表(表0-1)所列的是有关中国改革开放后部分服务业行业的"超专业化"现象。

---

[1] 例如,我国的饮食服务业专业教育有多个层次,主要有全日制大学教育、全日制高等职业教育、职业培训教育等,所开设的主干课程有面点工艺学、烹调工艺学、烹饪营养学、现代厨房管理、食疗药膳学等。为紧密结合战略性新兴产业、先进制造业、现代服务业等发展需求,国务院于 2018 年印发了《国务院关于推行终身职业技能培训制度的意见》(国发〔2018〕11号文件),其中要求大力开展技师、高级技师的专业培训。

[2] 中华老字号存在于百货、中药、餐饮、服装、调味品、酒、茶叶、烘焙食品、肉制品、民间工艺品和其他商业、服务行业,有名的像全聚德、狗不理、内联升等。目前,我国共有老字号商家一万多家。它们内生出自家的商业伦理和操作规范,一向被称为国内服务业的品质和信誉不倒的文化经营标杆。

表 0-1　中国现阶段"超专业化"的服务业主要分工类型举例

高科技服务分类	主要行业（含业态）及服务举例
共性技术	行业共性技术标准研究、制定与推广业务，进行专利分析等
现代物流	为仓储运输提供供应链管理系统或平台技术、搬运机器人、人工智能编组服务等
集成电路	提供芯片设计软件、IP核、布图等服务，提供专业化的集成电路产品设计与掩模板制作服务；为客户的集成电路产品研发和生产提供测试；基于集成电路芯片加工及封装技术与生产设备，提供圆片加工和封装加工等
业务流程外包	为行业内企业提供有一定规模的、高度知识和技术密集型的服务；为行业、产业以及政府的特定业务提供高度知识和技术密集型的业务整体解决方案等
创意产业支撑技术	终端播放技术、后台服务和运营管理平台支撑技术、内容制作技术（虚拟现实、三维重构等）、移动通信服务等
公共服务	提供信息化规划咨询、信息化系统运行维护、网络信息安全等服务等
技术咨询	信息化系统咨询服务、方案设计、集成性规划等
精密复杂模具设计	精密复杂模具制造技术、设计服务（如汽车等相关产品高精密模具设计等）
生物医药技术	毒与药的筛选与评价，药物质量标准的制定、杂质对照品的制备及标化；为研究药物新型制剂提供技术服务，中试放大的技术服务等
工业设计	创造和发展产品或系统的概念和规格，使其功能、价值和外观达到最优化等

资料来源：https://baike.so.com/doc/6607051-6820838.html。

在当今信息化时代，高科技借助互联网与数字化技术，很快就转化为服务业的生产力，使得部分服务业超专业化的创新和改造来得很快，内部分工呈现随机性和突变的逻辑非线性；服务项目百出，有的行业异质性（差异性）凸显，有的同质性增强，有的呈现二者的混同；作为科技服务业的大数据、云计算、5G和移动通信、物联网及AI服务等媒介于生产、流通和生活领域，带来产业的集成化和模块化，使全社会呈现多专业分工的跨界合作景象。

3. 市场伴随性考察

首先，从业态与市场（交换）共存的视角看，一种服务业业态的发生源于其服务方式的市场价值被认可，在市场容量扩大中，一项可能创新的市场"成立域"被发现或被挖掘（市场意义展现出来），从而使新业态由此发生。例如，餐饮外卖这种服务行为，就是"宅人"增加后，"送饭"拥有了市场意义，餐饮外卖服务才能呈现出来。服务业业态的意义存在于市场之中，而新业态意味着新的市场意义。它更多地为人们增加了一份新的市场选择，补充了人们生活需求欲望序列中的"真空"环节，同时增加了为人们生活服务的一种分工。

其次，服务业业态的发生往往与市场细分相关。市场细分化，是基于消费需求种类和质量的不断提升而不断对市场进行对应性的细致划分。随着人口增加和技术不断进步，消费品市场和生产资料市场不断被细分化。与此相对应的是，生活服务业和生产性服务业各自的业务种类不断细分化（可视为横向分化）和服务质量档次的细分化（可视为纵向分化），两种细分相互交融并分布于市场空间之中。从本质上讲，这两类交织在一起的不断分化，就是服务业业态的多样化。

再次，从理论上看，服务业业态多样化符合扬格分工的"迂回经济"学说。如图0-1所示，在规模经济的条件下（由规模扩大而产生的收入减去其发生的成本大于零），从批发商到零售商中间的货物，由起初的直销或运达，后来经过物流商的迂回，运输到零售商再到消费者手中；然后发生了由物流商将运输业务外包给专业运输商，再转到零售商手中；而货物由零售商到消费者的过程，起初由消费者直接购买，后来零售商将业务委托于"第三方零售商"，而后者又将货物转交给快递员，最终送达消费者手中。在上述规模经济条件下，由批发商、零售商、消费者三者之间产生的物流商、运输商、第三方零售、快递员等都是迂回经济的产物。[①] 其实，现实服务经济中存

[①] 图中设置了5个时间节点，其中 t_1 有三个，是最早的状态，之后按时间顺序"迂回"。随着迂回的不断增多，逐渐显现出服务业业态的复杂分工序列。仓储物流商、运输商、快递外包商都属于物流业态范畴；零售商和第三方零售属于零售业态范畴。第三方零售是指某经营机构将零售业务外包给另一家经营机构的行为。

在着更为复杂的"迂回经济",特别是在当今O2O状态下,每个迂回经济的产物又有各自另一方向的迂回经济。这些迂回经济又嵌套了复杂的横向市场细分和纵向市场细分,其间的"业态组合关系"就是一套服务业的分工序列,甚至是分工网络。按扬格的"分工一般地取决于分工"命题解释,在市场不断扩大和规模经济的条件下,后来的更细分工取决于前置的分工,通过自身内生或内卷外生的方式,扩展为各种服务业业态的社会分工体系。这种分工恰恰是"现代形式的劳动分工",其效应是整个经济效率的提升、报酬的递增和生活幸福指数的提高。

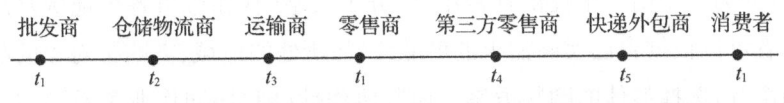

图0-1 批发商、零售商和消费者之间的迂回经济(按t的时序迂回)

4. 结构与协作性考察

从以上分析可以看出,业态组合可以构成一个体系,无疑可以构成结构状态。不仅如此,业态结构还具有更细微的备选分工性质,业态组合构成复杂的、多重的、可待选的协作关系,因而可以形成多种服务方案。业态结构作为一种体系,实际上是在运行着服务分工。

例如,据一项2022年的资料显示,"苏果"仅在南京市主城区内的基本业态有购物广场(冠名于华润苏果购物广场)、标准超市、社区店、平价店、便利店、"好的"便利店等多个业态。[①] 其中,购物广场为多种服务功能的购物中心;标准超市处于人流集中的地段,满足消费者"一站式购物"需要,分别布局于主城区的东、南、西、北方;社区店处于数个社区之间,重点突出日用品和生鲜食品经营;便利店遍布于南京市各个居民小区角落,主营家庭日用品和食品,24小时便利不打烊;"好的"便利店地处繁华区、高档住宅区、商务区等,主营年轻人消费的时尚、个性、潮流商品;平价店主要以仓储式陈列,多以生鲜为主,贴近生活区。苏果在全市统一业态布局,各业态实施差别化经营,又展现出相互配合的关系。各业态在空间上错位经营,功能互

---

① 《苏果超市的业态及区别》课件——360文库(so.com)。苏果的官名为"苏果超市有限公司"。

补；在服务时间上，发挥时段效率；在品牌打造上，相互协作。[①]同时苏果总部和苏果配送中心统一协调步骤，形成一个"和谐"的业态结构体系。

据苏果2022年的资料显示，其业态结构又有了升级版，推出了可供顾客体验的三个新业态品牌，它们是：苏果CITY（倡导品位、休闲、健康的生活方式消费体验的高端超市，主营餐桌类、市集类、超市类商品）、苏果MART（主打个护中心、婴童中心、名酒中心、家庭厨房及轻餐饮等）、苏果LIFE（主打现代都市家庭的青年生活用品）。[②]

由此可见，业态结构是服务的分工体系。该体系构筑了整体结构、功能服务（如为整个南京市提供日常用品）分工及空间（如城市各个地域）分工，消费者可以根据自己实际需求的可能性（如所处的地域、需购买对象的品质与档次等）选择最佳的购物方案。而其协作性（即"协同作业关系"）结成了业态分工适时的、有机的和整体的构造。

和谐的服务业业态结构内生着"整体大于部分之和"的社会分工效应。其原因是，业态根据市场供求关系自发形成了配合关系，"协同劳动"减少了对抗性的和不必要的内耗，不仅使整体服务经济活动过程处于低交易成本状态，同时为业态结构战略带来整体思考，进而带来新的增量，激发其进入新业务的开发和向新业态结构延伸。

业态分工也是有秩序地进行劳动协作方式。难怪富克斯说，服务业是粘合剂。[③] 其实，真正实现粘合的恰恰是具体的业态形式，它内生着产业结构的协作性，使得整个国民经济构成纵向的产业链，构成横向的联合体。在当今互联网时代，服务业本身也是产业跨界的媒介，业态多样化反映了创新的多样化，也反映了更精细的新业态组合结构。

（四）服务业业态多样化就是服务业分工多样化

通过以上四个方面的考察，笔者认为，服务业业态就是服务业分工。相应地，服务业业态多样化就是服务业分工多样化。下面，就以上所论述的内

[①] 苏果超市多业态经营战略，https://www.taodocs.com/p-371936503.html。
[②] 华润苏果启动26周年系列活动，提升城市烟火气_消费_业态_发展（sohu.com）。
[③] 富克斯.服务经济学[M].商务印书馆,1987.

容进行总结性归纳。

1. 服务业业态多样化就是服务业分工多样化的具体表达

在粗分工时代,超越该时代的服务业精细分工尚未显示出存在意义(或称"尚未进入文本"),至多处于"隐蔽"状态。伴随市场化,生产和消费规模的扩大,服务业对应着人们的生产和生活水平向精细方向发展,使得服务业业态的职业性"显现"出来,并同时展现出市场价值的意义,这就是服务业新发生的分工。

按照扬格的"迂回经济"理论,服务业业态将呈现多样化,它给人们的生产和生活带来多种选择方案。不同的人在众多的业态中选择自己的"业态组合"(上文称"业态结构组合"),以实现自己的活动系列,对应人活动系列的每一部分,就是服务业业态的系列分工。由此进一步推知,服务业业态多样化是服务业分工多样化。服务业业态多样化就是服务业分工多样化的表达形式,也体现了多样化层级的"现象与本质"的关系。

2. 服务业业态多样化必然覆盖整个社会分工体系

在我国现阶段,一方面,从生产端看,不少产业的分工从产品内向工序内甚至向工艺内细化,呈现出产品内市场被工序内市场和工艺内市场的渗透趋势。例如,制造业的产品零部件生产中,有些工序已经通过外包市场化,农产品生产也呈现外包现象(如播种、田间护理、施肥、杀虫、收割、加工等市场服务化)。这反映了生产性服务业不仅在规模上获得发展,而且业态也相应精细化,也表明了"服务产品内"的分工细化(例如,用于汽车发动机齿轮产品的镀铜、镀镍等制造业工艺的服务分工;物流领域的仓储,作为服务产品含有保管、养护、加工等延伸,甚至还有仓单服务、物流金融服务等,其中衍生出的第三方服务就是"服务产品内"分工),并具有很强的渗透力,正伸向国民经济行业中农林牧渔业、制造业、采矿业、建筑业等行业。生产性服务业业态的多样化(服务产品内分工趋势)向各个国民经济行业的渗透,已发展为"工艺内分工"趋势。另一方面,从消费端看,大众"吃穿用住玩"的日常生活服务,如餐饮养生、日用百货、住宿房产、外出旅行、情趣爱好、社交娱乐等生活服务业,其市场在种类、质量档次等方面持续细分化,相应呈现出营业时间、门店形式、服务理念等差异性,伴随市场持续细分,生活服务业业态渗透到居民生活的各个方面。总之，由于未来社会分工的不断细分化，可以推断，分工细化将以业态细化方式所主导，伴随它的深入渗透，就是服务业业态多样化将覆盖整个社会分工体系。

3. 服务业业态多样化创新将带来"新分工组合"的人类美好生活

人类一切劳动及其展开的各个层次的劳动分工，将归结到自身的生活消费，这是一条亘古不变的定律。依据上述逻辑前提，即人类延续的基本力——产生智慧的创新、创造能力和追求美好的动力，随着技术不断进步和对美好的追求，服务型社会终将来临。服务型社会就是人的思想以社会服务理念、社会运行和管理以服务标准、从事职业以服务人口等为主导的社会，是一切产品因素以被服务者满足的人性化社会。

人们各自的生活指向，就是一个接受服务系列项目的超大函数，个人的被服务项目是在无数欲望"排列组合"中选择出来的，所有人的"排列组合"志趣有同有异、有交有并、有高有低、有快有缓。这些"排列组合"就是服务业业态分工的排列组合。当物质产品和服务产品达到非常丰富程度，不仅有高质量的物质资料、无形质料，还有高尚和高雅的精神产品，以及对顾客的关怀品质和服务情感等，都成为各种创新成果集聚并使需求层次和生活质量不断提高的"排列组合"。一旦它们能充分供给到社会，如果能被大多数人或几乎所有人得到满足，就达到了美好生活的程度。由此看出，未来服务业业态多样化的"分工组合"将造就人类美好生活。

第一章 现代服务业业态界定

在本章中,首先给服务业业态下定义,用"种差+属"的方法对其进行理解,接着对现代服务业的"现代性"进行论述,并从概念内涵、性质方面对现代服务业业态进行界定。随后,进一步探讨业态伴随现代化经营战略转型的内涵演进——业态的内涵"方式化"和词语"泛化"的发生过程,最后,从外延视角研究中国现代服务业业态的分类。

一、服务业业态的定义

服务业,是指利用设备、工具、场所、信息或技能等资源为社会提供劳务的产业。但是,对于什么是"服务业业态",目前学界并没有一个完整的一致看法。本书参考萧桂森(2004)关于"零售业业态"的经典定义,试将其改造成服务业业态的定义,现表述如下:

服务业业态指,服务企业针对目标顾客的特定需求,按照一定的战略目标,有选择地运用服务产品的经营方式、店铺位置、店铺规模、店铺形态、价格政策、销售等经营(手段)方式提供销售服务的类型化服务形态[①]。其中,就"业"字面来讲,为营业、行业的意思;"态"即形态、状态。具体表现为行业中企业的组织形式和运营状态,即与行业业务相联系的形态。但是,对业态的理解重点在于对"态"的理解,它是诸要素组合后形成的"态"。

下面按"定义项=种差+属"定义法进行理解。笔者认为"属"是"服务形态",而在"属"的属性中存在着"种差",它是服务企业将各种要素按一定

---

① 萧桂森.连锁经营理论与实践[M].南海出版公司,2004.

维度意义进行编排、组合或合成而形成的服务经营(手段)方式。一般来讲，不同的组合类型就是不同的业态。也就是说，由于服务形态是"类型化"[①]的，因此，业态概念一般含有"同类"集合的性质。

定义中的"属性"是业态属性，也是其要素的集合。下面着重从店铺、企业、人和产品及经营方式做如下解释：

1. 关于店铺

(1)"店铺"，即营业场所，包括实体场所和虚拟场所，是承载服务企业经营的空间物质，如建筑物、移动设备及其他场景。随着移动互联网及数字技术的普及与运用，店铺的内涵也在符号化，一部手机或一个APP就可以行使店铺的职能。

(2)"店铺位置"，是店铺在地理或空间上的区位，为经营的重要资源。

(3)"店铺形态"，反映店铺是否处于虚拟或实体的状态，如网店形态与实体店形态。

(4)"店铺规模"，指店铺可吸纳商品、雇员、顾客、APP的空间容量及信息与数字流量。

2. 关于企业、人和产品

(1)"服务企业"或"服务业企业"，指以服务劳动作为营利手段，运用各种生产要素(土地、劳动力、资本和技术等)向市场提供服务商品，实行自主经营、自负盈亏、独立核算的具有法人资格的社会经济组织。

(2)"战略目标"，指服务企业以规划形式确定未来一定时期内希望获取的主要成果，是对实施未来经营活动的具体规划和工作纲领。

(3)"目标顾客"，即由服务企业选定并提供服务产品的对象，通常是一个具有相同购买意向的群体，表征为目标顾客群。服务企业是服务主体，是服务者；目标顾客是服务客体，是被服务者。

[①] 在"服务业业态"的定义表述中，如果将属作为总体(此处为"服务形态")，其内部局部有众多的种，如"经营理念""经营绩效"，以及处于定义述谓中定语位置上的各种"经营手段与方式"等。由于处于定语位置的部分存在"经营手段与方式"的同一性，可以将其同一类型化，从而形成与"经营理念""经营绩效"的种差。

(4)"服务产品",亦称服务或服务商品,指经服务企业向市场(受用者)提供可用、可体验并可感受到"效用"的劳动产品,是人力、物力和环境等组成的系统所生产的现成劳动。狭义的服务产品是非物质产品;广义的服务产品,可理解为物质产品和非物质产品之和。

3. 关于手段与方式

(1)"经营手段",即企业为达到谋划、规划、组织、治理、管理等目标而采取的方法和措施。经营与管理相比,更侧重于动态性谋划发展的内涵。

(2)"价格政策",即为应对市场竞争、维持市场占有率、追求尽可能的高利润等所制定的价格策略。例如,依据企业自身情况,采取价格的领先或追随政策、高价或低价政策、效益或折扣价格政策等。

(3)"经营方式",泛指经营活动中所采取的方法。有多种分类,如批发、零售、咨询、租赁、代理等;独立经营、合伙经营、公司制经营等。

(4)"销售方式",指根据企业及经营服务商品的具体情况而设定销售工作的方法。服务企业在实践中总结出种类繁多的方法。现从以下两点说明:第一,一般称谓的单纯销售方式。其种类有商超式销售、点位销售、会议销售、展会销售、直销销售、经纪销售、加盟连锁、经销商销售、代理商销售、电话销售、邮寄销售、渠道销售;还有网络销售、会员卡销售、老会员推介销售、电视购物销售、平面广告(报纸、杂志、户外等)销售、媒体广告(电台、广播、移动传媒等)销售等;第二,附加营销的销售方式。如果将以上销售方式上升到营销模式,则有附加服务营销、网络营销、体验营销、个性营销、会员营销、知识营销、情感营销、教育营销、差异营销、整合营销、联合营销、绿色营销、公益营销、上门营销、奖励营销及对立营销(针对竞争者实施不同的营销策略),等等。

综合以上定义的属、种差的丰富内容可以看出,服务业业态是一个时期内某个特定类型、涵盖某类服务企业中要素组合(或要素组合体系)的全方位经济活动的服务形态。如上所述,现代服务业业态更多地强调经营方式和销售方式的选择及其组合。

二、现代服务业业态

(一) 中国服务业的现代性

"现代"一词的内涵包括"现代性"和"现代化"两个范畴。现代性与现代化不同,前者具有追求、反思和规约意义,后者具有实践意义。

1. 语义

从"现代性"研究角度看,意味着现在和过去的断裂,即从历史意义上进入现代。[①] 本书"与过去断裂"指的是与计划经济那种旧时代"一贯制"的断裂,反映在服务业业态上,是与那时不变的、从属的、被动的、僵化的、效率低下的服务业行业类型发生断裂,并努力进入世界的"现代"之内。对于中国这个追赶型国家,追求"现代性"就是要获得现代或当代世界所领先的状态,现代性成了评判与实践的维度,进而发生并不断推进着经济体制和服务业现代化的进程。也就是说,从这个"断裂"开始,中国服务业就以"进入现代"的意识,进入人性和消费者主权意识、市场公正、平等交易及自由贸易的现代化经济体系,并逐步树立了尊重人性的价值观、美好生活观及人类共同命运的理念等。

"现代服务业"一词于1997年9月首次出现在中共十五大报告中,2000年10月在十五届五中全会正式提出"发展现代服务业,改组和改造传统服务业"的发展战略,之后"现代服务业"的提法被历届会议所沿用,其概念内涵也被一些学者从不同角度进行界定。[②] 笔者认为,现代服务业的内涵可界

---

① "现代性"是一种历史维度。本文认为,它以划定"现代"来解释历史与现代,表现出一种"进入现代新时空"的追求意识,正如哈贝马斯所说,它"把自己理解为新旧交替的成果"。其时空内涵具有相对性,有解释大历史(如西方启蒙时代与中世纪的)的时代断裂,也可解释局部历史的断裂状态,并力求同过去拉开距离而面向未来。关于现代性问题,可参阅:汪民安.现代性[M].南京大学出版社,2020.

② 对"现代服务业"的内涵,曾有四类观点:① 它是依赖现代高新科技发展起来的服务业;② 它是为企业和社会组织提供服务的行业;③ 它是新崛起的和传统服务业改造后的服务业;④ 它是分为现代生产性服务业和现代消费性服务业(王良杰,石丽丽.现代服务业概念界定[J].合作经济与科技,2010(2):30-31.)。今天看来,第三种界定过窄。

定为两部分：现代生产性服务业和现代消费性服务业。前者是应用现代科技和满足生产中间各项需求的服务；后者是主要满足个人提高生活质量和能力扩展所需要的服务。总之，现代服务业指以现代科学技术特别是信息网络技术为主要支撑，建立在新的商业模式、服务方式和管理方法基础上的服务产业。它既包括随技术发展而产生的新兴服务业，也包括运用现代技术对传统服务业改造和提升后的服务业。[1] 对此，目前学界已达成共识。

2. 现代化实践

从"现代化"实践角度看，每一个时代都有过它自己的"现代"，而中国的现代服务业的实践是从什么时候开始的呢？其意义又是什么呢？

中国 40 年多前的改革开放政策，打破了计划经济时代服务业的长期"一贯制"状况。尽管"现代服务业"写入官方文本始于 1997 年，但在民间实际存在早于官方文本好几年。例如，1987 年，中国大陆第一家肯德基餐厅在北京开业[2]；1990 年，麦当劳在深圳开设首家餐厅，1992 年在北京开设首家餐厅，1993 年在广州开设首家餐厅，又于 1994 年、1995 年分别在福州、武汉开设[3]。1991 年 5 月，上海联华超市股份有限公司创建，成为首家以发展连锁经营为特色的超市公司[4]。1990 年代中期，随着广州天河城（1996 年 8 月开业）、北京国贸中心、上海港汇商城陆续建成开业[5]，中国开始拥有了一批业态复合度较高、规模面积较大且经营较成功的真正的购物中心。这些当时的新业态一般都引入了 POS 的新系统，并以当时正在普及的计算机新技术为支撑[6]。

本书将现代服务业的"现代"开始时间界定为 1990 年代上半叶，恰逢邓

---

[1] 国家科技部第 70 号文件.现代服务业科技发展"十二五"专项规划.2012‑2‑22.http://www.gov.cn/zwgk/2012‑02/22/content_2073617.htm.
[2] 中国大陆第一家肯德基餐厅 1987 年在北京前门开业.doc‑360 文库(so. com).
[3] 麦当劳中国发展有限公司首页，http://maidanglao.xiangmu.com/.
[4] 百度知道.中国出现的第一家超市，https://zhidao.baidu.com/question/78862212.html.
[5] 百度知道.购物中心的历程回顾，https://zhidao.baidu.com/question/243532863840056924.html.
[6] 即 Position and Orientation System，销售时点信息系统，指通过自动读取设备（如收银机）在销售商品时直接读取商品销售信息（如商品名、单价、销售数量、销售时间、销售店铺、购买顾客等），并通过通信网络和计算机系统传送至有关部门进行分析加工，以提高经营效率的系统。

小平南方讲话后中共十四大(1992年10月)确立建设"社会主义市场经济体制"目标的历史节点。中国正式开始与传统服务业"断裂",进入服务业现代化建设的实践过程。中国的便利店、超市等现代业态开始发展,对服务业现代化给予样板性的引领。经过40多年的快速与持续发展,现代服务业已经形成大数据与云计算、互联网、物联网及线上与线下运行的O2O体系,有的服务业还运用了人工智能、无人机等技术;信息化技术广泛运用于金融、仓配、物流、销售等服务经济运行与公共管理过程,如支付系统(支付宝、微信支付与人脸支付等)与数字人民币、企业管理信息系统及社会公共服务平台等。目前,现代服务业向高端发展,正形成以"新零售"及其新业态为标杆的现代服务业生态体系,涌现出外卖与快递、跨境电商、生鲜超市、各类生活馆、数字媒体、数字智能、网络游戏、文化旅游,甚至无人店(无人超市、无人便利店、无人面馆)等的新兴行业及业态。

现代服务业主要包括以下四大类:① 基础服务(包括通信服务和信息服务);② 生产和市场服务(包括金融、物流、批发、电子商务、农业支撑服务以及中介和咨询等专业服务);③ 个人消费服务(包括教育、医疗保健、住宿、餐饮、文化娱乐、旅游、房地产、商品零售等);④ 公共服务(包括政府的公共管理服务、基础教育、公共卫生、医疗以及公益性信息服务等)。

服务业现代化是一个建设过程,是服务业业态现代化运动。它展现的是以服务人性为本的业态多样化过程;业态"现代化"就是服务在现代价值理性下从现代商业技术开始到以互联网、物联网及人工智能的技术进步,达到高技术含量和高文化含量的服务业业态多样化、高端化的过程。正是因为这个过程,作为现代化的一个"结果",才使得今天以移动互联网为基础的服务业成为较高层次的现代服务业。

(二)现代服务业业态界定

1. 内涵与外延

在粗分工下,由于传统服务业规模小,业态呈现简单性和直观性,因此,业态的"门店"属性占据主要地位。服务业进入"现代",例如今天的现代服务业，由于现代技术、现代服务手段和现代经营管理的创新，业态呈现出复杂性和观念性，因而，业态的"经营方式、经营状态"属性占据了主导地位。

现代服务业业态，指以当代信息技术为支撑、通过对消费倾向和生产分工细分化，为满足多元化需求，服务业企业通过运用现代化经营技术和管理理念，或依此对传统服务功能与模式进行创新和升级而形成的服务企业组织形式和经营模式。

具体的内涵是：第一，它是现代服务组织形式和经营模式。它是以一定价值观为基础的经营理念维度，将经营要素组合起来，编织成一个相对固定的业务组合结构，并以此为盈利模式的经济组织；第二，它是对消费者人群或生产分工的细分形式。通过确定对象类型的方式对市场进行定位；第三，以满足多元化需求为战略。对应不同的需求，形成不同的战略，提供不同类型的服务产品。每个业态具有自身的特色，满足专门的"类型化"人群的需求；从多种业态组合的整体性角度看，可以满足一组多元的需求系列，以不同的方式完成服务；第四，以当代信息技术为支撑。以现代化设施为基础硬件，并以信息化设备，如互联网、移动互联网、物联网、AI、大数据、云计算等，达成人与机、企业内部和外部的沟通；第五，以现代化经营理念和管理技术为手段。它立足于价值理性、企业文化和服务社会基本理念，培养现代服务商的情操和企业家创新精神，以科学管理促使企业获得可持续发展。

2. 现代服务业业态的性质

现代服务业的"现代性质"，决定了现代服务业业态的固有属性。它从深层次上表现为以下性质：

（1）精细化（专业化）。分工深化和专业化程度不断提升，促进了服务形式的专业化，也表现为服务业业态的细化。例如，生活服务业中出现家庭服务业、后勤管家等专业服务业态等；高度专业化的经营方式不仅促进专业化服务平台的发展，同时还带动一些企业非核心业务的外包业务，进而发展为服务外包业态。

（2）多产业融合化。融合性是多数现代服务业业态表现出的属性，既涉及产业内部各行业之间的交叉渗透,又有与其他产业、其他技术相融合的特点,使得服务产品更加复杂,服务形式也更加多样。例如,在高新技术推动下,十几年以前的服务业与信息网络技术融合出现了多种电子商务平台、数字新媒体等一些新型服务产业组织形式。前几年的"互联网+"和服务业数字化更是全方位的融合,使得现代服务业与各行各业渗透、融合,形成各种"O2O"式的、物物相联的、多元模块的组织链接,不断产生着全新的业态,从而满足日益精细化和人性化的需求。

(3)信息技术高端化。网络信息技术的发展和普及,使得现代服务业业态呈现出越来越依赖信息支撑的本质属性。企业依托现代信息技术,从初始的POS机到云计算、大数据及人工智能等,并伴随网络虚拟经济、数字经济等新型服务模式的层出不穷并迅速成长,形成了现代服务企业经营模式。例如,从企业内的计算机应用到今天整个社会的信息技术高端化支撑,产生了快递"上门"、网上购物、网上支付、智能仓配系统、无人机物流、人脸识别系统、无人商店等。

这些性质是区别现代服务业业态与过去服务业业态的基本标志。

三、服务业现代化战略转型与业态概念的内涵变迁

在计划经济时期,为适应当时体制需要,中国的商业和服务业有一套分类方法。拿零售业来说,有大型综合百货商店、商场、杂货商店、专业商店(五交化、针纺织品、食品、蔬菜、肉食、鞋帽等)等,并以"零售类型"或"零售分类"称呼。当时零售业的店铺分类与今天有相似之处,不过这些分类是国家计划安排的结果,与今天市场经济条件下生成的"业态"有区别。

概念的使用和内涵变动往往与社会实践活动的历史及其变迁有着密切关系,而"业态"由原来仅仅包含零售业扩展到涵盖当今现代服务业的全行业,正反映了服务业业态多样化和高端化的战略扩展过程。本书将"业态"这一概念的使用概括为"零售专用""向服务业扩张"和"向服务业泛化"三个时期,也大致反映了服务业现代化运动三个时期的战略取向。

（一）零售专用时期的"门店"业态战略及其变化

"业态"的内涵专用期（1980年代—2000年代初中期）特指零售业的专用期。如前所述，"业态"这一提法于1980年代改革开放初从日本引入中国。当时，中国居民的购买力主要集中于日用品花费方面，对无形产品服务的需求很少，从而使零售业成为使用"业态"的第一把交椅。从1980年代末期到1990年代中期，零售业态内涵的核心主要指经营商品品类"场所—战略"的"店铺形态"，①突出大的商品品类、选址、营业规模、销售方法等经营要素。按店铺形态明显的标志分，零售业态包括百货店、超市、便利店、折扣店、专业店、邮购、购物中心等。当然，这些店铺规模在外在形式上不尽相同，如有经营大类商品和面积大的超市，也有经营家庭日常小类商品和面积小的便利店等。

中国百货业自1980年代中后期开始分化，到1990年代中期，大型百货业以前的"高、大、全"发展战略向适应多档次、大中小型、综合与专业性分化的方向转型。随着流通体制改革的进行，零售业在分化与重组中经过多种经营方式的交叉，使原先业态以门店为主的概念注入了"经营形态"的含义。例如，有学者使用日本研究者的"营业形态"及"经营方式、经营技术与方法的集合"等给定的内涵，②就迎合了中国当时零售业业态发展的状况。李飞从6个构成要素和对应要素的24个维度提出了零售业态创新的内容，其中不少属于"经营方式"。③ 1998年6月，原国内贸易部颁布了《零售业态分类规范意见（试行）》，给出业态的概念是，企业为满足不同的消费需求而形成不同的经营形态。它不仅表明了官方对业态概念的认可，而且为业态概念

---

① 李飞.零售业态问题研究[A].//郭冬乐，宋则.中国商业理论前沿Ⅱ[M].社会科学文献出版社,2001:270-305.另参见：夏春玉.零售业态变迁理论及其新发展[J].当代经济科学,2002(04)：70-71.

② 刘汝驹等.流通百科[M].台北：金钱文化出版社,1999.

③ 6个要素是产品、服务、价格、店址、环境和沟通，而对应要素的24个维度是品类数量、某类单品数、商品性质、商品质量、品牌归属；服务范围、人员服务、结算方式、营业时间、顾客管理、服务效率；价格水平、促销方式；店铺区位、店铺地址、商圈范围、停车场；店铺规模、店铺布局、商品陈列、休闲设施、后台设施；沟通方式和沟通内容.参见：李飞.零售业态创新的路线图研究"[J].科学学研究,2006(s2):654-660.

的界定提出了新的内涵,即"为满足某特定目标市场需求而形成的零售形态"。[1] 接着,萧桂森在其经典内涵中突出了"价格政策、销售方式、销售服务等经营手段",并提出"类型化服务形态"。所有这些表明,经营战略的变化使业态概念的内涵起了变化。

(二)向服务业扩展时期的"经营方式+门店"业态战略

加入WTO后到2000年代后期,中国第三产业比重不断提高,商业的市场规模不断扩大,从而为经营差别化奠定了市场基础。一方面,市场竞争使得以经营方式取胜的战略凸显重要,也使之前的店铺战略退居次要地位,如餐饮业开发各类服务特色经营、批发业拓展不同的批发方式(如经纪批发)等;另一方面,第三产业中一些服务活动本身对"实体店铺"不具充分的依赖性,如旅游业的观光体验、物流业中的运输业、批发业中的配送服务等。[2] 这一时期,细分化最明显的行业是餐饮业、旅游业,其次是物流业、批发业等,它们内部的产业差别化逐渐被"业态"概念所解释。

就饮食业行业的营业性质来说,虽然总体上对"实体店铺"有依赖性,但进入市场的低门槛导致激烈竞争,使经营方式成为举足轻重的要素,因而形成"经营方式+门店"重合式业态战略。有学者参照零售业态的六要素及其维度,以店铺形式识别为基础,加入服务要素后,提出正餐馆、快卖店、快餐店、餐饮专卖店、休闲餐饮厅、酒楼、美食广场等八个饮食业态,[3] 之后又有人加入了火锅店、茶餐厅、西餐厅等,[4] 其中,维度是餐饮店的位置空间、规模诉

---

[1] 李飞.零售革命[M].经济管理出版社,2003:26-29.
[2] 例如,在旅游业中,由于旅游的实质产品是非物质文化产品,因此,相对于零售业与餐饮业的"店铺形式",更注重于资源依托形式和经营方式的含义。在旅游活动过程中,会发生一系列相关活动(食、住、行、游、购、行、娱)等,这就为旅游业态多样化提供了多向度的划分基础,形成业态体系。除了传统旅游经营"店铺"(旅行社、旅游代理商、自助游等)的差别性外,还呈现多类业态体系,如观光旅游、休闲旅游、体验旅游等;度假旅游、营地旅游、换房旅游、租车旅游、影视旅游等新兴业态,更加突出了"非店铺"的依赖性。参见:李太光等.国内外新型旅游业态的发展动态18007833——道客巴巴(doc88.com).
[3] 彭娟.我国餐饮零售连锁经营业态形成及分类[J].商场现代化,2007(07):7-8.
[4] 参见:樊莹.基于共演理论的餐饮业态创新研究——以'休闲美食之都'杭州为例[D].浙江工商大学硕士学位论文,2011;另:百度百科将餐饮业分为十类业态,即大众餐馆、快餐馆、高档正餐馆、饭店类餐饮、主题类餐饮店、自助类餐饮店、休闲类餐饮店、娱乐类餐饮、移动消费餐饮、餐饮街等。

求、目标顾客、产品结构、店堂设施、经营方式、服务功能、技术条件等,要素组合包括目标市场、产品结构、服务方式、硬件设施、价格策略等,各要素在不同维度进行灵活组合,进而产生不同的餐饮业业态表现。饮食业的发展,使"业态"更注重向饮食过程及意义方面延伸,之后呈现快速多样化。对于物流业态,吴理门等基于供应链管理、物流园区(相当于放大了的"店铺")管理等多业态组合形式,在对其7要素和30个维度研究的基础上,提出了物流业态创新的路线图,[①]"业态"更注重于经营体系的运行。

(三) 向服务业泛化时期的"经营方式"业态战略

这一时期大致开始于2000年代后期,并持续至今。随着城市化进程加快及服务业全面发展,特别是进入"互联网+"及数字化时代,服务业的基本战略转向了"方式化"创新,形成的新业态呈现五彩缤纷状态。

例如,2000年代后期,一二线城市及后来的三线城市大力建设城市商业综合体,其中包含写字楼、酒店及酒店式公寓、居民住宅等建设。对此,学界和业界几乎普遍认为,商业综合体中的业态包含百货、超市、精品区(服装、箱包、珠宝、饰品、食品、化妆品、文体用品等)、专业卖场(家居、家电、建材、配件等)、生活配套服务(美容店、美发店、美甲店、药店、花店、杂货店、干洗店、宠物店等)、餐饮、娱乐、体育、教育、休闲、文化……

当今,借助互联网平台及数字化进行创新的方式已成为服务企业的基本战略,可以说已经渗透到社会生产和生活中各个细微的创新之处。服务业与云计算和大数据结合,产生了一大批与互联网平台相结合和运作的新兴业态,诸如以数字化平台为基础,许多业态呈现于互联网金融、互联网交通(如共享单车、网约出租车等)、互联网医疗、互联网教育、互联网养生(健康生活馆)、互联网体育健身等领域。"业态"这一概念不仅全面应用于第三产业,甚至还进入农业和制造业。

一个概念被广泛使用,表明其语言符号的力量具有生命力。比起"业

---

① 吴理门,李方峻.我国物流业态演进及创新路线图研究[J].物流工程与管理,2014(09):14-18.

种"概念,"业态"更具征服力。① "业态"概念的泛化,逐渐将"门店"特征淡化,概念中反映维度的本质属性愈加向"经营方式"倾斜。尽管一些服务业本身对门店存在依赖性,但笔者认为,注重经营方式的转向反映了服务业业态发展更加注重理性,更加注重人性,更加注重内在的思想,也成为未来服务业业态创新的基本路径。总之,服务业业态越细化,对门店依赖性越低,对经营方式的依赖性越高;业态越高级化,对经营模式创新方式与水平的要求就越高。

四、中国现代服务业业态分类

服务业业态跨行业和方式化创新纷至沓来,同时业态概念"泛化"给其分类带来多种取向。在这种情况下,本书有必要首先阐述分类原则。

(一) 业态划分的原则与基本依据

在零售专用时期,由于零售业有固定的营业场所,因此,业态划分倾向于依据"店铺+营业形态"模型,即主要依据店铺的物理特性来进行划分。而在当今,由于现代服务业包含多种行业,所经营的产品不仅有有形商品,还有一般的无形商品,甚至是表达思想、方案、点子的"意念性"产品。许多经营不在店铺中进行,如在移动互联网经济条件下购买流量时,手机上的图标——APP符号就是所谓"店铺"。简言之,业态的划分要适应时代的要求。

1. 业态划分的原则

第一,"适时"与"超前"相结合的原则。业态本身是一个积累性的集合概念。一种新业态被认可需要一个试制过程(有些"闪现"的新商业模式还

---

① 业种,是零售商业的一种行业种类划分方法,通常按经营商品的大类将零售划分为若干个业种,强调的是"卖什么"。随着零售业的发展,零售业种呈现多元发展,如服装店、鞋店、食品店、药店、书店、五金店等。一般认为,业态是一个业种内的不同经营形态,而业种可归纳某个总体的业态总和形式。随着业态语义的"泛化",目前许多文献将"业种"与"业态"在意义上模糊化,而更多使用"业态"这一指称。

不能称之为业态),它是一种新商业模式被模仿到一定社会面的产物。现代服务业业态划分,需要要有新的引领性思维对其进行洞察、概括和发现。划分业态,既要反映真实的社会存在,又要与时俱进,主动适应各种因素的变化,去引领业态发展战略。

第二,行业标准"稳定性"与商业模式"灵活性"相结合的原则。国家统计局系统确定服务业分类标准是服务业的门类,其中的小类就是门类业态,也是国家认可的、法定的和相对稳定的经济指标基准,因此,业态分类不能脱离行业系类的标准。但是,"行业分类"先天存在一定时间内程式固化的缺陷,不能够及时反映社会经济活动中最新的业态形式。而"业态分类"具有灵活性,它可以通过云计算和大数据,从不同向度进行比较,及时对业态经济活动进行分析和预判,从而根据社会覆盖面界定其是否达到新业态的程度,进而为鼓励业态创新制定政策。

第三,以"经营方式战略"业态为主和"门店方式战略"业态为辅的原则。随着人们对"美丽中国""美好生活"的向往,未来消费者群的细化越来越趋于享受型,对精神产品的追求逐渐趋向于高级化和个性化,这样,以变革"经营方式"为战略的业态形式将成为主流。但是,由于人们消费需求存在差别性,在服务业中不可避免还存在各种"门店方式"的业态。加之我国社会经济发展的不平衡和不充分,业态划分应该兼顾高中低档结构的合理性。一般来讲,"经营方式"业态具有较高文化内涵,总体处于高端;"门店方式"业态提供商品实体体验。有的传统店铺朴实无华,属于较老的低端业态。当今快餐业中,早餐店、传统快餐店依然是"门店方式",商超店快餐是一种过渡形式,而近年来出现的自助快餐店、外卖快餐业,突出"经营方式"的特性,特别是外卖快餐,已经是以数字化平台为基础、没有门店的高端快餐业态。

2. 业态划分的基本依据

第一,依据国情需要。服务业业态,受制于社会生产力发展水平、区域经济发展状况、流通承载能力、人民生活水平、所在服务行业特色、市场竞争环境等客观因素,服务业业态会随着这些因素的变化而变化。当然,也应看到,我国是一个多人口的大国,有数个排在世界前列的上千万人口聚集的特大城市,处于转型期迸发活力的中国,居民的"合众消费力"和市场规模都很大。因此,作为世界第二大经济体的中国,非常有可能产生世界上独特的、引领世界的新业态形式,因此,划分业态形式不能照搬西方的分类方法。

第二,依据现实的用户群(消费者群)。业态是为"卖给谁"设计的,这些形形色色的"谁"就是"用户群(消费者群)"。它是某一角度类型化以后的人群,其购买行为具有相同的特性或相关性。用户群的形成有多方面的原因,以消费者群为例,不同的人在生理、心理特性方面存在差异,依存于不同的生产力发展水平、文化背景、民族、宗教信仰、地理气候条件等,由此形成不同类型的消费者。仅从生理角度看,年龄差异就形成少年儿童、青年、中年、老年不同的消费者群,性别差异形成女性、男性不同的消费者群。这些不同使他们在消费需求、消费心理、购买行为等方面存在差异,却在一个群体内部有着许多共同之处。服务业业态正是依据这些差异中的共同之处及其变化而设定的。近十年来,我国出现的"银色业态""儿童业态""男士业态"等都是消费者群分析后的结果。

第三,依据对"营销要素组合及维度"识别的相似性。寻找一个可观察的行业,归纳这个行业内部的数个组合,当各个组合之间具有"差别性",而各个组合内却具有"相同性",就可以识别业态。例如,在"家庭服务"这一行业内可以找到家政、社区日常生活、养老、陪护等明显的四种行业性组合,这些组合之间具有差别性,它们各自的工作行为方式基本相同,从而成为家庭服务业内家政服务、社区服务、养老服务、陪护服务的四种业态。问题是,这四种业态各自内部大致的"相同性"的依据是什么?要回答这一问题,就要研究现代服务业业态的"营销要素组合"及"维度"的相似性。所谓营销要素组合,就是以4P或其扩展项目为基础的多个组合,每个组合都有各自的测量维度,如果某两个研究对象的要素组合和维度测量基本相同,它们则属于同一业态。关于这一问题,本书将在第七章给予详细论述。

第四,依据研究者的不同视角。业态划分比行业划分、产业划分具有明显的灵活性。在确立了基点行业(即上面提到的"可观察行业")之后,只要在营销组合要素及不同维度的"程度(状态)"中寻找到基本相同或相似的组合即可。它有可能便于学术研究或进行行业分析。根据研究者的指向和意图，从一个或多个视角对服务业经济活动现象进行"分类切割"，就可能发现或找到新业态，也能为业态创新提供设计方案。至于如何与大数据和云计算的计量技术结合起来，目前仍需要有关部门进行深入研究。

那么，由交叉关系形成的新业态到底处于哪类业态？笔者认为，应根据在主系统的功能(如服务功能)来区分，或根据已经出现的新业态在社会覆盖面进行归类，如果覆盖面大，就可以独立成一个业态。例如，在我国，"异业联盟"[①]起初出现在物流业，是该行业中互联网物流平台、仓储、运输、配送、广告信息等会员交叉融合的结果，后来这种方式被许多行业所复制，形成跨行业的社会面。在这种情况下，异业联盟就发展为一个独立的"方式型"业态。

第五，关于亚业态(亚业态系列)及多阶业态的划分。伴随业态多样化和亚业态发展，中国的服务业中不少行业目前处于多阶业态发展状态，有一些向"高阶"发展。例如，上面提到"家庭服务"可划出家政服务、社区服务、养老服务、陪护服务四种亚业态，其包含的内容相当广泛，如法律咨询、心理咨询、卫生护理、文化娱乐、课后儿童看管、餐饮配送、健康保健、设施维修、保洁除害(灭虫、消毒)、清洁洗涤、器具修理，等等。而这些内容又涵盖诸多可细分的专业，有些需要具备一定的专业资质，如法律、心理、教育、护理、按摩、卫生等资质。而在"社区服务"这一亚业态中，又游离出几个"二阶"亚业态，如"社区生活馆""社区小饭桌""上门保洁"等。近年来，"社区生活馆"也在分化。这样，从总体来看，服务业业态有的已经形成多阶业态的趋势。应当说，它是新技术应用、产业融合等综合因素导致业态多次分形的结果。

---

① 异业联盟(Horizontal Alliances)在西方发达国家已有发展。它是指通过电子商务网站平台，把大量的不同行业但有业务联系的中小微企业、个体户整合起来并成为网站会员的横向合作联盟。联盟规定，商家可以介绍新商家入驻，老商家与新商家之间通过一定的纽带关系联系起来，实现互帮互助。会员凭彼此品牌的形象与名气相互推销商品，吸引更多客源，新提供的商品销售设有一定的积分，并吸引消费者参与推销，以创造多赢的市场利益。

（二）关于"历史性业态"问题

本书的"历史性业态问题"特指改革开放之前的业态现象。在中国1980年代之前的文献中并未出现"业态"一词。但是，为了对历史与现实进行比较研究，笔者认为，指称对象必须统一化。①

1. 指称对象统一化的必要性

第一，从发生学角度看，有必要用后来发生的概念统一以前的概念，并建立跨期表达的"标准化"语言。笔者认为，为了打通现实与历史"隐匿"的通道，对跨期的现象进行语言表达的标准化梳理，以便挖掘历史资料，寻找业态的历史渊源，展开对服务业历史的和逻辑的研究，进而完善对现实的研究。

第二，指称不统一易使研究产生逻辑混乱，因此，有必要进行规定。实际上，在中国的现实经济中，不少指称已经新概念化了，在过去并不是没有，如"储运"就与今天的"物流"基本相当；同样，国外的服务业业态，国内过去也非没有，反而曾经一度非常丰富，如过去的"杂货店"就是今天的便利店，过去全国新华书店的门店管理方式就是今天的连锁管理方式。但是，如果不进行规定，容易发生逻辑上的混乱，就不能有效挖掘过去的业态现象。

2. "穿越时空"的意义

对不曾被命名的对象冠以"业态"，使之便于语言上的统一和分析。语言本身就是现实中实在的符号，今天，中国经济正向规范的市场经济转型，其中也有全球化中外来语汇的进入，过去计划经济的思维方式（包括概念表达体系）也随之转型，同时中国的经济学也正在形成自己新语言的分析体系。我们怎样将过去与今天统一起来进行研究？本书将在第四章解决这一问题。

尽管时空变化使得同一现象的"所指"可能不同，但"比较"是有意义的。例如，中国计划经济时期的服务业门店是"指派门店"，而市场经济时期则是

---

① 在语义学中，"指称"通常被用来命名具体的目标对象。

"自然门店"或"市场门店",它们各自存在自身价值实现的意义,发挥的功能与效率等存在差异,从中也能看出体制的差异。

(三) 现代服务业业态分类

1. 以行业门类为基础的分类

由中国国家质量监督检验检疫总局、国家标准化管理委员会编制的《国民经济行业分类》,以英文大写字母为顺序,从第F门类至第R门类中列出了服务业大类、中类和小类的行业名称。该分类描述的是服务业行业,但对于服务业,特别是对小类,甚至小类的归属,我们可以将其理解为行业业态。下面,依照上述第二分类原则,以上述门类为上一级"行业",阐述服务业业态的分类。

表1-1 以《国民经济行业分类》(GB/T 4754-2017)门类和大类为基础的部分服务业业态分类[①]

门类代码与名称	服务业三类业态
F:批发和零售业	【标准行业业态】商人批发店(专业批发、综合批发)、制造商分销系统、批发会员店、交易中心、配送中心、代理批发、经纪批发、互联网批发;食杂店、便利店、折扣店、超市、大型超市、仓储会员店、百货店、专业店、专卖店、家居建材店、厂家直销中心、邮购;网上商店、自动售货亭、直销、电话购物等。 【亚业态及其再分(举例)】基地批发、网络快消式批发等;时尚百货店、主题百货店、日用百货店、小百货店;精品超市、生鲜超市、儿童超市、无人超市、无人便利店、无人面馆;品牌集合店等;生鲜超市中:盒马鲜生、超级物种等。 【综合业态或跨界业态(举例)】期货交易市场;拍卖市场;批发市场;全产业链式批发、会展批发;购物中心、电视购物、城市商业综合体、商业街及步行街等。

---

① 本表中,"标准行业业态"根据《国民经济行业分类》(GB/T 4754-2017)中的行业小类中的细分行业列出;"亚业态及其再分"中的部分业态取自该《分类》门类及对相关网络资料的解释;"综合业态或跨界业态(举例)"中部分业态,来自网络资料、部分相关文献及笔者的理解。

续　表

门类代码与名称	服务业三类业态
G：交通运输、仓储和邮政业	【标准行业业态】航班、城际铁路、普铁、高铁、长途客运；城市轨道交通、地面公交、水面公交、出租车、共享单车、摩的；铁路货运、冷运、城市配送、搬家公司；装卸搬运、通用仓储、低温仓储、专业仓储等；邮政（包裹、报函等）、快递、寄递等。 【亚业态及其再分（举例）】出租巡游车、出租网约车；租车、婚丧租车；机器人仓配、无人机物流、高铁物流。 【综合业态或跨界业态（举例）】民航、海港与铁路客运站、多式联运物流、仓配一体物流、观光旅游一体客运。
H：住宿和餐饮业	【标准行业业态】经济连锁酒店、星级酒店、民宿公寓、宿地服务等；正餐、西餐、快餐、茶馆、农家乐馆、咖啡馆、酒吧、自助餐店、饮料及冷饮、小吃、餐饮配送、流动餐饮等。 【亚业态及其再分（举例）】精品旅店、情侣旅店、汽车酒店、度假酒店、露营设施与房车租赁、移动别墅、房车等住宿；商超快餐。 【综合业态或跨界业态（举例）】旅游度假村、饮食街、购物中心餐饮区、外卖送餐等。
I：信息传输、软件和信息技术服务业	【标准行业业态】电信（固定、移动）、广电传输（有线广播电视、无线广播电视）、广播电视卫星传输等；互联网接入、信息（搜索、游戏等）、平台（生产服务、生活服务、科技创新、公共服务）安全、数据服务等；软件开发、集成电路设计（信息系统集成与物联网技术服务）、运行维护、信息处理和存储支持、咨询、数字内容、地理遥感信息（动漫、游戏数字内容）呼叫中心等服务。 【亚业态及其再分（举例）】IaaS、PaaS、SaaS；数据优化商、算法提供商、应用提供商等；呼叫中心租座；互动电视、网络电视、手机电视、互联网电视；卫星导航（GIS）提供商、卫星遥感提供商；APP制作等。 【综合业态或跨界业态（举例）】物联网解决方案提供商、智能化改造服务商；IDC业、云计算业、大数据业；卫星通讯、数字媒体业；电信增值业务（一、二类）；在线数字恢复与杀毒、服务器托管等。
J：金融业	【标准行业业态】中央银行、货币银行（商业银行、政策性银行、信用合作社、农村资金互助社等）、非货币银行（典当、小额贷款公司、网络借贷公司等）、银行理财、银行监管；证券市场（市场管理、证券经纪交易）、公开与非公开募集证券投资基金（创业与天使投资等）、期货市场、资本投资等；人身与财产保险、再保险、商业养老金；金融信托与管理、控股公司、非金融机构支付、金融信息、金融资产管理（货币经纪公司）等服务。 【亚业态及其再分（举例）】消费信贷抵押顾问、经纪人、保理；证券经纪、证券承销与保荐、融资融券业务、客户资产管理；商品期货交易所、金融期货交易所、期货保证金监控中心；保险中介（经纪、代理、公估）等；支付宝、微信、指纹、手机及人脸支付。 【综合业态或跨界业态（举例）】数字金融、物流金融、物联网金融、消费金融公司、汽车金融公司、房地产金融公司、融资租赁、财务公司、众筹公司、P2P网络借贷、网络小贷公司、网络基金销售。

续 表

门类代码与名称	服务业三类业态
K:房地产业	【标准行业业态】房地产开发、物业管理、房地产中介、房地产租赁。 【亚业态及其再分(举例)】房地产咨询公司、房地产价格评估公司、房地产经纪商;"地产＋金融"。 【综合业态或跨界业态(举例)】教育主题商业地产;养老房地产、旅游地产、产业地产、文化地产。
L:租赁和商务服务业	【标准行业业态】机械设备经营租赁(汽车、农业机械、建筑工程机械与设备、计算机及通讯设备、医疗设备等);文体设备和用品出租(休闲娱乐、文体、图书音像制品等);日用品出租等组织管理(企业总部、投资与资产管理、资源与产权交易、后勤管理等)、法律服务(律师与公证)、咨询调查(会计、审计及税务、市场调查等)广告业、人力资源、安保、会议、展览、办公翻译、商务代理。 【亚业态及其再分(举例)】企业创意设计、BPO与KPO解决方案;共享汽车租赁业、充电宝租赁等;管理代理、事务代理、票务代理等。 【综合业态或跨界业态(举例)】租赁平台、互联网商务服务平台、综合商务服务、综合管理(园区、商业综合体、市场、供应链等)。
M:科学研究和技术服务业	【标准行业业态】自然科学、工程和技术、农业、医学研究和试验发展、社会人文科学研究;气象、地震、海洋服务;测绘地理信息、质检技术、环境与生态监测检测、地质勘查、工程技术与设计;技术推广、知识产权、科技中介、创业空间等。 【亚业态及其再分(举例)】检验检疫、检测、计量、标准化、认证认可;环保、生态、疫源疫病防控监测;工业设计;新材料、新能源、3D打印技术推广、民用无人机销售。 【综合业态或跨界业态(举例)】科技服务云平台、创意托付式服务平台、高新技术孵化园、创新驿站、创新事务所。
N:水利、环境和公共设施管理业	【标准行业业态】防洪除涝设施和水资源管理、生态保护与环境治理业;市政设施、环卫、城乡市容、城市公园、游览景区管理;土地调查、整治、评估等。 【亚业态及其再分(举例)】生态、遗迹、野生动植物保护;动物园、水族馆、植物园管理;水气土壤污染和废物治理。 【综合业态或跨界业态(举例)】环境与公共设施管理平台、PPP运作模式、城乡与景区公厕等。
O:居民服务、修理和其他服务业	【标准行业业态】家庭、托儿所、洗染、理发及美容、洗浴和保健、摄影、婚姻与殡葬等服务;汽车、摩托车等维修、家用电器及其他日用产品修理业;清洁宠物服务。 【亚业态及其再分(举例)】月嫂、车辆维修店、通讯设备与计算机及其设备修理店、自行车、鞋和皮革、家具等家俬修理;清洁公司、宠物医院。 【综合业态或跨界业态(举例)】社区综合体、DIY家俬体验维修;"O2O"家政、"O2O"养车。

续 表

门类代码与名称	服务业三类业态
P：教育	【标准行业业态】学前、初等、中等、高等教育；特殊教育、岗位与技能培训；教育辅助服务。 【亚业态及其再分(举例)】社会教育培训机构、面授1对1、手机1对1。 【综合业态或跨界业态(举例)】网校培训、托管加盟、胎教亲子馆、驾校。
Q：卫生和社会工作	【标准行业业态】医院（综合医院及中医、中西医结合、民族、专科等医院；疗养院）、街道社区基层医疗卫生、专业公共卫生服务等；社会工作。 【亚业态及其再分(举例)】疾病预控中心、急救站、体检站；精神康复、养老院、临终关怀；康复辅具适配服务等。 【综合业态或跨界业态(举例)】互联网＋医院、家庭医生、健康咨询；养老综合体、智慧养老、旅游养老等。
R：文化、体育和娱乐业	【标准行业业态】新闻、出版业；音像、电子与数字出版业；广播、电视和电影节目制作、发行与集成播控；群众文体活动组织、体育场地设施管理。 【亚业态及其再分(举例)】图书馆、档案馆、博物馆、纪念馆、艺术馆、书店；影剧院、歌舞厅、游乐园、电游厅、健身休闲馆、网吧；艺术、文化娱乐与体育经纪代理；体育中介代理、体育与福利彩票服务。 【综合业态或跨界业态(举例)】"体育公园＋购物中心"、"体育＋旅游"、"人工智能＋儿童游戏游艺"、影院综合体、阅读体验式书店等。

表1-1对服务业行业中部分服务业态进行了分类。所表述的行业业态是一种直观的业态分类，具有明显的职业分工的特性，其"标准行业业态"是官方被认可的行业业态形式，容易被识别和认知；亚业态正是在此基础上得以细化的。亚业态的细化过程往往经历了与其他行业的交叉融合（或者产业链上相邻环节的变化），之后在组织形式上逐渐适应并稳定下来；同时，亚业态也是一种业态结构高级化的表征，它往往是因突变导致业态创新的结果。所有业态演化的共同点，都是在适应自己的时空中发生的"历史的和逻辑的"高级化过程。例如，表中IaaS、PaaS和SaaS反映了"基础设施服务—平台服务—云服务"的演变高级化。[①]

---

① IaaS(Infrastructure-as-a-Service,基础设施即服务)，PaaS(Platform-as-a-Service,平台即服务)，SaaS(Software-as-a-Service,软件即服务)。对其演化过程可以这样解释：早前，办公室或者公司网站上运行一些企业的应用程序，需要购买服务器或价格高昂的硬件才能使业务运行。有了IaaS公司后，用户可以将硬件外包出去。IaaS公司会提供场外租用的服务器、存储和网络硬件，用户在任何时候都可应用，节省了用户的维护成本和办公场地；不久，为了便于用户开发和应用，PaaS公司在网上提供各种开发和分发应用的解决方案(PaaS,也称中间件)，如虚拟服务器和操作系统，这样，用户相当于租用了一个方便的场地，所有的开发都可在其上进行，不但节省了硬件上的费用，让分散的工作室之间的合作变得更加容易，也节省了时间和资源。现在，不同于以前的"软件是产品"，而SaaS是"软件即服务"，也就是说现在卖软件卖的是服务，如客户使用SaaS软件，不需要服务器、技术维护等，软件商提供一个账号，登录后即可使用软件的全部功能，减去了不必要的运营成本。

应当说，表中最精彩的是，中国服务业在产业融合条件下所发生的多维度的综合性和跨界性创新，它反映了当今社会上灵活的现代服务业业态。在互联网，特别是在移动互联网驱动下，产业融合的方向具有任意性，因而跨界产生了复杂或混杂的交叉性，进而给业态创新方案赋予了随机性、发散性和生动性。例如，全产业链式批发、"体育公园＋购物中心"、DIY家俬体验维修、教育主题商业地产、智慧养老等。这些创新的业态，无不体现出构思者的智慧与经营活力。

2. 以族类细分的多阶业态分类

族类细分的刻画是发生学的方法之一，它在一定程度上反映了事物自然生成和演化的状态和过程。业态分形是新业态在原来业态基础上分化而形成的演化树分叉，并呈现多阶业态枝权分形的趋势。依据宗祖关系对其进行分形，通过描绘出树状图，让读者能直观地看出服务业的演化进程。此处的多阶业态，就是我们所说的"亚业态"或"季业态"等。例如，超市是零售业的一个业态，目前超市又在发生新的二次业态，具体有精品超市、生活馆超市、生鲜果蔬超市、无人综合超市等，而无人超市与生鲜果蔬超市融合中又分化出无人生鲜果蔬超市。总之，一个系列的多阶业态可以构成"业态族"，业态族与业态族之间又构成更大的演化树系统。有关业态的族类细分，读者可参阅第三章和第六章的内容，这里不再赘述。

第二章 服务业存在及其时空体系

服务业的存在源于存在这一始基问题。从发生学视角看，对于服务业这种存在者，它在时空中如何能够使得服务存在是一个基本的问题。它涉及"服务者"和"被服务者"这对角色共生和共在的关系，具体涉及在一定"时域"和"场域"的境遇下如何展开自己，并显现出多样性，让自己有存在价值。本章将讲述服务业的存在性，并概括性地设定服务业赖以存在的生活、技术与体制的时空体系。

一、服务业的存在性

（一）存在与时空

在这里，本书试图从发生学视角说明"服务业存在性及其时空境遇"这一基础性问题。

1. 存在时空与"共生—共存"性

（1）存在、存在者及其时空

"存在"问题一直为古今中外思想家们作为本体论始基性问题所关注。"存在"与"有"在意义上具有本体论的相通。[①] 老子的"有无相生"将"道"推到宇宙本源的高度，并涵盖了"万物"与"时空"。"宇"是空间的意思，"宙"是时间的意思。[②] 据典籍记载，春秋时代程本的《子华子》一书最早提出"宇宙"

[①] 学界对"存在论"，也有其他的称法，就汉语表达来讲，大致类似的有"是论""有论"等。
[②] 就汉字的"时空"来讲，墨子称："久，弥异时也。宇，弥异所也。"（久，通常被通假为"宙"——笔者），尸佼也称："天地四方曰宇，往古来今曰宙。"见《墨经上》。

第二章　服务业存在及其时空体系

这一概念。程本说:"惟道无定形,虚凝为一气,散布为万物。宇宙也者,所以载道而传焉者也。万物一者也,夫孰知其所以起,夫孰知其所以终。凝者主结,布者营散,一开一敛,万形相禅。""凡物之有所由者,事之所以相因也,理之所以相然也……宇宙之宙,理由是以有传也。"① 从其论述看出,道是万物之母,宇宙则是承载万物、传递万物之所在;"宇宙"与"万物"不可分开,万物在时空中,时空不在万物以外;"宇"与"宙"也不可分开。万物聚分,形质更迭,无始无终;事物都有因果,由时间绵延使之得以传承。② 从此可以看出,老子的思想与同时代程本的时空观有相通之处。

"存在"问题,一直是古希腊时期至今西方历代哲学家的追问。直到20世纪上半叶,海德格尔将"存在"与"存在者"作了区分,指出西方哲学史将"存在"遗忘了,而把"存在者"当成了"存在"。③ 就词语来讲,存在者,是"是什么"的意思,是一个凝固化的结果;而存在,是"是"的意思,有一种生成和显现的意味。例如,拿我们今天的话来说,"服务业"是存在者,而"服务提供"(干服务工作)则是存在。同样,我们有时对于"服务业",可能由于价值观问题(如利益最大化追求、对服务的理解偏差等),却遗忘了它本真的服务提供功能,从而产生了服务异化。

"是"总是"是者"所是,即存在总是存在者的存在,所以,要理解和探求存在,就需要从存在者切入(实际上,本书在第一章对复杂的"存在者"——现代服务业作了形式上的界定)。按现象学原理,为了让存在者能够"是"(是出来),就要揭开蒙在存在者上面的"遮蔽",将存在者设为一个没有事先规定的、中立的"此在"(在这个世界中可以是"人"的化身,而对我们来说可以是服务者和被服务者的化身)——一个可以参与生成、显现过程的特殊的存在者。

这个过程就是发生过程。具体讲,这个特殊的存在者可以创造自身的

---

① 《子华子·孔子赠》和《子华子·执中》。
② 根据上下文看,"宙"字中有一个缘由的"由",阐明时间在空间中传递"道"的原因。
③ 古希腊哲学在最初的关于世界本原的学说中,如恩培多克勒关于火土气水的"四根说"(四个始原质)循环有序的变化具有一种生成、流动、结合的含义,"从一中生多"和"从多中生一"分别代表着可感事物的生成与兴灭。海德格尔认为,随着柏拉图哲学的兴起,那种对存在的认识被逐渐被遗忘。

存在,创造一种"是出来"("去存在")的过程。例如,服务业中,或许是以一个"经济人此在"在其内意识活动中的不断反思、联想,再唤起竞争、创新等意向活动中去体验时空性的存在,经历发生过程中过去的、更是当下的体验,不断总结过去,筹划自身,面向未来,开辟新市场等。

类似于上述"宇宙载道传道"说法,时空承载着服务业(服务者、被服务者、服务、被服务等)的发生与存在。服务业在世界中存在(即所谓"在场"或"在世"),是其此在的最基本的时空境遇。它通过时间和空间揭示存在结构,即使其他存在者与世界相互交融,向世界展开自身,展现为"能在"等,也让世界通过它们的存在获取意义,同时世界自身也被给予了一种生成和显现的过程,这样,世界就构成了一张关于存在性的"时空之网"。服务者、被服务者各自都生存于一个自洽的生存与发展环境,他们要伴随这个环境去建构实现谋利欲望的能力,通过在场的时空去探寻、创新等,在运行过程中"相遇",向对方或环境展示自身价值主张,之后各取所需和"共得其所",从而展现了交易的意义,而市场就是他们之间以及他们与这个世界之间得以存在的"时空之网"。这个网络中充满了各个历时中"活"的发生现象。

(2)"共生—共在"性

上面的阐述引出了"共在"和"共生"的概念。其中,"共在"也称"共存","共生"是共同发生。在一定机缘下,存在者与存在者之间可以处于"共在"状态,构成"共同此在"关系。对于"共生",则需要追溯这种关系的发生,有的存在者一定会有某个始源因素在历史的节点上"相遇",进而生成稳定的相互依赖。共生和共在的本质是"为他人之故而存在","他人已在其此在中展开"。[①] 也就是说,没有他人就没有"共生"和"共在"。例如,服务者与被服务者就是不仅是词汇上的共生关系,而且也是意义上的共在关系,不仅如此,它们还是"共同此在"的关系。"共同此在"意味着他们拥有共同的世界,还可能意味着一个共同体。

对于存在者的"共生—共在"命题,可以从两个层次理解,一是卢卡奇说

---

① 张志伟解读《存在与时间》——道客巴巴(doc88.com):46.

的三大类型("无机自然""有机自然"和"社会")的大系统的"共存性",[①]在这里,"人""社会""自然"三个关键词构筑了存在的"共生—共存"性,例如,人利用自然物去生产人造物(去生存),维持自身以及社会生存和运行,然后再生产出自己。它们实际上具有"共时的共生"意义和"历时的发生"意义;二是此在之间的共存共在,突出显现为人与人之间的"相遇"与牵连,体现为一种对日常生活的"操持"关系。其中,自洽了"人离不开人"的内在机制,成为构筑命运共同体的基础。在"是出来"(去存在)中,人与人形成一个"因缘整体",他人随同劳动中使用的用具"共同相遇"。[②] 例如,此在之间总以分工的方式展开,劳动中"相遇"(包括不照面的"相遇")使得人与生产资料、生产工具牵连的生产关系得以展开,往往有以"物"为媒介"相遇"、以货币为媒介"相遇",等等。

总之,存在者与存在之间展现了共生与共在的复杂的嵌套关系。在大系统的时空关系下具体展现出人与自然、人与人、人与社会的"共生—共在"关系。而以人构成的社会形成了结成社会群体的人,他们以繁衍生命、抵抗风险灾害而共生共存,更意味着人与人之间的"牵连"。到了现代和当代社会,人以自然资源为基础,构建的资本、数字、思想等成了人们生存的"不照面"的控制力量,并在社会关系中起着根本性的作用。如今,社会存在的经济基础以复杂的"共生—共存"关系筑成了当代的社会意识的基本特征。

(二) 服务业的存在性:社会时空中的历史发生

1. 三个对称性概念

在日常生活中,我们看到这样的对称关系:处于一方的从事服务提供的服务者;处于另一方的有欲望并接受服务的被服务者。下面将此分拆三对概念加以介绍。

[①] 卢卡奇在融入马克思主义哲学的观点后,把"无机自然"和"有机自然"合称为"自然存在",把"社会"称为"社会存在"。在这个意义上,他的"存在"概念可以说是由"自然存在"与"社会存在"构成的。这三大存在类型具有"共存性",即它们是相互联系、相互交错、相互影响的。参见:G. Lukacs, Zur Ontologie des Gesellschaftlichen Seins(1. Halbband), Hermann Luchterhand Verlag 1984, s., 8.

[②] 张志伟解读《存在与时间》——道客巴巴(doc88.com):(56).

(1) 服务与被服务。服务,是伺候与服侍;被服务,指接受伺候与服侍。

(2) 服务者与被服务者。服务者是实施服务的主体,被服务者是接受服务的主体。二者是一对共存的"角色伴侣"。翻阅史书,其中一些词汇,如古代的祭祀巫娼、庙宇圣界服从、采邑服侍、达官婢侍、官宦保镖等就是曾经的服务者,他们服侍于各自的被服务者。

(3) 服务需求与服务提供。服务需求,是被服务者依据自己出资而向服务者表达出关于服务品质的意志和愿望。服务需求的表达有两类,一类是指令性表达,例如,以权威指定上述词汇中的祭祀巫娼、庙宇圣界服从、采邑服侍或达官婢侍等的专门服务;另一类是习俗性表达(可以理解为市场表达),实际上就是被服务者与服务者的交换行为,如通过某个代价物(如货币)表达购买意愿,其中有市场衍生的镖局保镖、当铺典当、货物提供服务等。一些"指令性"服务被习俗化后,也成为市场表达,如巫娼、家庭服侍、饮食服务等[①];服务提供,是服务者根据被服务者的意志或愿望实施的服务活动。一般情况下,服务提供的内涵有三点,一是面对面提供现成劳动;二是提供非物质商品的实质产品,如网络游戏等;三是附加产品可能是物质产品,可能是非物质产品,也可能二者都有,如饮食加服务等。服务提供是服务者的基本存在方式。

下面,着重对服务者和被服务者这两类存在者(主体)进行考察。鉴于它们是共生共在关系,按发生学方法进行"回溯"式的追问。这里问三个问题:第一,什么导致人成为服务者和受服务者?第二,什么让二者产生了共生关系?第三,什么使得二者共生与共存延续?

2. 什么导致"人"成为服务者和受服务者

这个问题实际上问的是,服务者和被服务者如何成了"存在者",什么是它们发生的"历史意义"。笔者认为,根本的驱动力是生产力发展,它为服务者和被服务者提供了物质和工具环境,而直接的驱动力是权利意识的形成和增长。这二者反映了"物质空间"和"精神空间"在构成一定"历史时空"中

---

① 希克斯在《经济史理论》一书的第二章中,论述了古代的"习俗经济"和"指令经济"。笔者这样理解:二者是不同体制的经济运行方式,前者具有自发的民俗交易特性,后者具有官方指定特征。参见:希克斯.经济史理论[M].厉以平译.商务印书馆,1999.

结合的效应。具体讲,从人类历史发展过程来看,二者的关系发生了两次转换,由"公共式"到"奴役式"是第一次历史性转换,由"奴役式"到"契约式"是第二次历史性转换,这两次转换使得服务者和被服务者存在关系的内涵也发生了变化。

人类曾经历过史前时期漫长的"自我服侍"(即维护生命基本需要的氏族共同服侍)时期。当时,生产力水平低下,生产(采集、狩猎等)的产品只够氏族内部消费,人们共同劳作,相互帮助,出于血缘关系下的自然道德观念,对受到生理限制的长者和幼童进行体恤,因而服侍具有"公共"性质。生产能力的提高使得族群能维持更大的规模,并伴随早期的农耕文明出现,人们聚集于水源附近,为治理自然灾害和争夺土地、河流、森林等资源,部落与部落之间出现武力冲突,体力劳动和资源争夺使男性的地位提高,因而母系婚姻制度的氏族社会逐渐被父系氏族社会取代。从性别角度看,相对于男性,女性在社会的自然分工中逐渐处于服侍者的地位。

此时,正值摩尔根所说的"野蛮时代"。父系氏族社会的出现使得人们从母性生育力崇拜转向了父性体力崇拜。人们遵从"丛林规则",产生了对男性果敢与刚毅的崇拜,人类进入展示"英雄气概"的时代。[①] 随着家庭和私有制出现,社会成员对产品的占有逐渐产生了差别(有了阶级)。为了土地扩张而出现部落间或酋邦间的攻伐,战胜者将战败者从土地上驱逐,对战败的仇者或非血亲的异族俘虏祭祀神坛,或者将其转为"服侍奴隶",奴隶制出现。之后,在从氏族联盟或酋邦[②]到国家的过渡中,暴力和强制性权力逐渐"归一化",确立了奴隶主拥有奴隶的所有权,使得"奴隶服侍"社会化。

从公共服侍到奴隶服侍,标志着服务者与被服务者存在关系的"第一次转换"。奴隶服侍产生的必然性之一在于,人类初期的理智尚处荒芜状态,既处于野蛮时代的"丛林社会",又在开启摩尔根定义的"文明时代"。这个时代,造就了英雄崇拜与君权神授及个人权威的不容侵犯,形成了奴隶主阶级以暴力(或潜暴力)及国家法律形式占有奴隶、土地及其他生产资料的

---

① 凡勃伦.有闲阶级论[M].蔡受百译.商务印书馆,1964:14,18.
② 一些西方学者从文明史角度,概括人类社会组织的初期演化,主张以游群、部落、酋邦和国家为四阶段的社会进化论,与中国史学"氏族联盟"范式有差别。

规则，主人有权处置奴隶服侍者，以满足其日常的奢靡消费。① 这样，被服侍者与服侍者的"共在"采取一方强迫另一方的形式。此外，城邦中的部分自由民也是国王、祭司等社会上层自由的、高级的服务者与侍从。

在这个转换时期，有闲阶级开始出现。凡勃伦（Veblen）也印证了这个时代中人们崇尚英雄的文化现象。② 到奴隶制社会，有闲阶级的社会地位受到法权维护。这个阶级专门从事"非生产性的上层阶级业务，大致归纳起来是政治、战争、宗教信仰和运动比赛"、"高雅审美"和"学术研究"等。③ 凡勃伦说，"在文化演进的过程中，有闲阶级的涌现与所有制的开始是同时发生的。这是事所必然的，因为这两种制度是同一套经济力量的产物。"有闲阶级出现后，又衍生出高雅人士的"代理有闲"及其"代理有闲消费"，即拥有女人和随从代理的炫耀性消费。④

社会商品经济的加深，使得服务商品化扩大，由准商品服务向商品服务扩展。一些同类的服务活动组织逐渐成为行业，并被卷入市场。为适应市场，服务者与被服务者关系必须扩展到为社会公认的契约服务模式，⑤因为只有形成行业内相互有序竞争的市场关系，才能使服务业成立。这种朝契约方式的转向，使二者的存在关系发生"第二次转换"。具体的解释是，随着早期国家形态的出现，稀有的"高端服务"被统治者和有闲阶级（他们往往是"寡头高端消费者"）占据，一旦某个新的高端出现，就使之前的那个"高端服务"最终被市场化，这意味着国家（权贵）对后者服务控制权的弱化，其服务逐步进入平民消费领域，也使得服务者与被服务者的存在关系走向"契约

---

① 古罗马时代，奴隶的服侍分工有手工业奴、农业奴、家内仆役、教师、医师、乐师、兵奴、角斗奴等。

② 有闲阶级，是有资产、生活休闲、以社交娱乐为主和无须拥有固定职业的社会阶层。他们通过在生活中的炫耀来表示自己的阔气，在心理上显示自己的优越地位。有闲阶级是一个跨社会形态的概念。

③ 凡勃仑.有闲阶级论[M].蔡受百译.商务印书馆，1964：5，37，107－114.我国春秋战国时期出现"门客现象"，诸侯国的公族子弟通过养客进行"学术活动"。

④ 凡勃伦.有闲阶级论[M].蔡受百译.商务印书馆，1964：20－21，43，47.

⑤ 《易·系辞传下》中说，"上古结绳而治，后世圣人易之以书契。百官以治，万民以察。"商品市场产生后，古代民间商业服务（如财产的租赁、工商食官的工匠服务等）也大都采用这些契约方式。使用书契晚一些，《周礼·质人》中说，"书契，取于市物之券也。其券之象，书两札，刻其侧。""大市以质，小市以剂。掌稽市之书契，同其度量，壹其淳制，巡而考之。犯禁者举而罚之。"

式"的新阶段。从历史上看,服务活动的市场化是通过"被服务者平民化"的方式进行的。[①] 例如,城市兴起与发展,平民数量上升,既增加了服务者,同时又增加了服务需求的被服务者。同类需求造就同类服务经营者,导致服务者突破准商品服务状态,采用商品交易方式,产生了该行业的市场。这些服务市场的出现不仅扩大了城市空间,使消费和服务多样化,还使与之相关的生产性服务多样化和链条化,而且还使二者的存在关系上升为"市场共生"关系。可以说,市场化是服务业存在和发展的必然过程。

3.服务者与被服务者共在的意向性分析:由意向性到利益共生

本论题是要回答这样的问题,就是什么让二者产生了"共生—共存"关系。

(1) 交易意向性与共生

这里的意向,通俗讲是人头脑中意思表达的指向。服务与被服务虽是人的社会行为,但二者都是个体发生动机且与对方契合的结果。当下社会中的人,是有一定计算能力、含有多种意向(意向集)[②]的此在。具体说,第一,人拥有一定的经验积累及储备于头脑中换算交易利益得失的判断能力。潜意识中总是偏好有利(求好、求便、求欢、求福)而躲避有害(避坏、避繁、避愁、避祸),经济人的人格就是这样演绎出来的;第二,当下的境遇会使人对利弊进行"立义"(认识到意义),在他各自的"意向集"里选择最需要的一组意向;第三,双方的意向互动形成各自的意识流动,通过内时间意识的"统觉",选择出能够与对方"派对"的意向,完成价值判断。经过上述步骤,当事人指向各自的对象,并通过外展行动来实施交易。当服务提供和服务需求行动在场行为被呈现出来时,则表明服务者和被服务者形成,自此,二者就

[①] 古代中国的"工商食官制"早于西周、盛行于西周时期。《周礼》中记载,"府藏皆有贾人,以知物价。食官,官禀之。"当时的"百工"(各类手工业者和商贾)都是官府的奴仆,工作在各种作坊,既是拥有一定技艺的工匠与贾人,又是生产和经营的管理者。因职业属于国家体制,他们对国家、诸侯、贵族有很大的依赖性,要按官府的要求从事生产和贸易,因而不全拥有自由人的地位和权利。春秋战国时期,因私营手工业出现及周王室衰微,工商食官制走向衰落。至战国后期,不少产品的生产与贸易逐渐市场化。

[②] 意向,指人们对待或处理客观事物的活动,表现为人们的欲望、愿望、希望、谋虑等行为反应倾向。它们可分为肯定的和否定或正向和负向两种倾向。胡塞尔认为,人的意识总是指向某个对象并以其为目标的,意识活动的这种指向性和目的性即为"意向性"(胡塞尔.逻辑研究(第三版)[M].商务印书馆,2015.)。与此相关的"立义",通俗指确立意义;"统觉",通俗指综合统一的思考。

建立了合作关系。总之,成为服务者和被服务者是双方意向所达成互洽的交易利益成果①。二者从意向到行动是由各自在一定境遇下"相遇"并经过计算利益得失后才做出的,达成意向类似派对舞池内求伴者在众多参与者中分别选择"舞伴"那样,最终形成合作共舞的共在关系。

(2) 欲望与共生

服务与被服务的意向性表达的终极目的,是源自人意识中的欲望,确切地说,是源自欲望的满足感,包括内心深处的欲望满足。接着,欲望表达就是将欲望由内空间(内心)向外空间(他人空间)输送的过程。欲望有源欲和本欲两种。源欲为始源性欲望,直接表达生理本能,其中又分为两部分,一部分为显欲(开欲),即饮食、身体无恙等;另一部分为隐欲(闭欲),即被社会界面所排斥的私欲,如性冲动等;本欲,即由源欲派生出的欲望,例如,人要生存就要挣钱养家糊口,"挣钱"就成了本欲。人的欲望中绝大部分是被派生出来的本欲。

"民以食为天。"在一定的境遇下,"食欲"与"挣钱欲"可以相配,就结成共生关系;"挣钱欲"的一部分还可以回归到"食欲"糊口的源欲,加固这种共生共在关系。一般讲,社会越发达,"服务需求"的源欲与"服务提供"的能力就越强,以至于社会界面被派生的本欲越加多样化。总之,被服务者的欲望指向是直接的(例如,直达本我的身心愉悦等源欲的满足);而服务者的欲望指向,是一种派生欲望(如挣得货币量的满足等)。这种欲望为的是一种本己的源欲,后者往往回归并展现为影子欲望(如性的满足、食物的满足、住房的满足等,但在一定条件下,可能会有超我奉献)。②

(3) 共赢与共存

用今天的话来讲,共赢就是共享。在此,引出一个经济学中对"经济人"(或称"实利人")解释的问题。如果"经济人"伴侣中的一方不存在对另一方

---

① 有关交易利益的论述将在本书第六章展开。
② 弗洛伊德的"人格三部分结构说"是,人格是由本我、自我、超我三部分构成。本我是最原始的、与生俱来的无意识的结构部分,按照快乐原则,急切寻找出路,一味追求满足;自我,是意识的结构部分,是来自本我并经外部世界影响而形成的知觉系统,处于本我与超我之间,按照现实原则,充当仲裁者,监督本我,适当满足;超我,是人格中最道德的部分,代表良心、自我理想,处于人格的最高层,按至善原则指导自我,限制本我,达到自我典范,如"超我奉献"的利他行为。弗氏认为,上述三者要保持平衡。参见:弗洛伊德."自我与本我".弗洛伊德文集(6)[M].长春出版社,2004.

的胁迫，双方通过市场博弈，可以推出各自都能达到"满意"的结果，即在有限条件下以最小的代价获得物质性补偿的最大化。从深层次讲，西蒙修正的"有限理性"也是博弈的结果。如果服务者与被服务者之间不存在"胁迫"，那么，二者是共赢与共在的。尽管经济人假设被一些人给予道德上的责难，[①]但是在现实社会的"市场场景"（生意场）中具有较充分的表现。只要市场存在，并且博弈的场所、博弈的过程是以道德维系的，市场整体的"纳什均衡"就是"交易在场者"（参与者）之间的"利益共赢"，并能确证参与者是共在的。

(4) 不完备共存

不完备共存，是指双方中强者单赢（不存在双赢）状况下的共存。用今天的普世正义观看，有三类不完备的共存，一是为自然所不容的人对自然界资源的"强行索取"。例如，服务者和被服务者为追求利益最大化而合谋对地球空间进行无限开采，在这里，自然界是弱者；二是被人性所不容的"强权控制"共存。例如，如果被服务者具有强大的政治或社会资源控制力，以至于使得服务者的意向表达被胁迫和被扭曲，甚至被扼杀。在这种非本己意向情况下，尽管是共存关系，但不能构成共赢关系。在历史上，有古罗马时期的奴隶决斗表演服侍、金三角贩卖黑奴后的奴隶服侍等；三是被公平竞争所不容的"垄断控制"共存。在市场条件下，服务者与被服务者的关系产生翻转。具有垄断势力的服务者通常握有有利的话语权（掠夺性定价权），而被服务者常常被迫接受不公平的交易条件。在这种情况下，尽管二者是共存的，但不是充分的共赢。对于这三种不完备共存，不同时空因道德水准不同而有不同的褒贬态度，但是不管怎样，哲学家的批判总是道德批判。

概括以上四点得出，服务者和被服务者之间可行的意向性、互补的欲望、共赢的可达性让二者产生了"共生—共存"关系。即使在非共赢条件下也有"共生—共存"关系，不过它是一种不和谐的共存状态，体现了现实中一种紧张的生产关系。

---

① 不少学者认为，这种抽象实际上就是将人不当成"人"，而当成纯粹的"经济动物"。由于现实中这种"动物"并不存在，所以这种假设的局限性难以避免。

4. 存在的流动性使服务者与被服务者紧密和持续存在:"创新＋分工"驱动

基于物质运动观,存在是流动着的发生,而流动着的事物则发生着新的存在。"分工"和"创新"内涵了动态特质,"分出新形态"就是二者动态的融合,其结果正如本书序论所述,"创新＋分工"意味着人认识发生的深化。它驱动服务业不断创新,而不断流动着的创新结果必然导致服务业内部分工与再分工。这就是存在者的持续存在!这就是当今世界的丰富多彩、理性进步、文明发展的原因!与其说是生产过程的知识化,还不如说是服务业内含的知识量注入生产过程的结果,因为生产要素创新中内含着越来越多的服务性质。

在服务者与被服务者二者的关系中,存在方式最基本的发生逻辑是,知识与智慧引发方式性创新并展现为分工与业态的多样化,使这种创新带来越来越多的人性服务,进而又带来二者共存的紧密性和持续性。伴随知识积累与智慧的提升,服务者与被服务者的知性(技术、理财、设计、谋划及体验能力)水平不断提高。因此,思考如下存在方式问题显得尤为重要:For who(为谁生产服务)、What(生产什么服务、享受什么服务)、How(怎样生产出服务、怎样享受服务)等等。笔者认为,服务者的"创新"活动就是不断根据被服务者的欲望变动来解决这些问题的。这些创新正是"方式性"创新。为了解决存在方式问题,在 For whom 中,"被服务者群"(消费者群)的划定是为了清晰服务的对象,不断用创新来驱动分工和业态多样化,以使服务达到人性化和美好化的目的;"What"是表明设计出哪些多样性的服务产品;"How"则是反映思想因素的"观念",如怎样的设计和怎样的安排等等。值得注意的是,For whom、What 和 How 的系列问题本身就是知识链,是更高级的软性思维,里面可以挖掘更多的智慧因素,而它们是更高级创新的生产要素。

持续创新促进了规模化,带来愈加复杂的劳动、愈加高级的服务和愈加智慧的服务产品,服务者与被服务者形成了更大规模、更加持续的共在。伴随人类从体力劳动到脑力劳动的转换,脑力服务范围不断扩大,意识在时空中的能动性也日渐强大,致使服务业种类越来越精细。难怪今天,一些高端服务业成了精细的"世界办公室"。总之,服务者与被服务者这一对"角色伴侣"共在的水平程度,具有"时空认识发生论"深化的意义。经济发展中的创新,按熊彼特说,可以被"定义为执行新的组合"。服务业在时空中的解构和结构,"永远在改变和代替以前存在的均衡状态。"①

(三) 服务业在社会时空中的存在意义

意义是指事物为什么可以存在。从历史发生学视角看,服务业的存在意义是它在时空中对社会赋予的价值作用。如果这个作用能充分发挥,其存在意义将具体表现为:

1. 给人类身心以达畅,赋予人存在的更高意义

服务业给人的身心带来舒展,使人的生命价值和美学价值得以提升,因而可以赋予更高的人生(存在)意义。服务被视为幸福的"人性抚慰器",它能给人带来终极意义。起初,享受这种"人生意义"仅限于极少数权贵,随着"高端服务"下移,被服务者及有闲者的享受逐渐平民化,意味着社会福祉与美好不断向平民化和平等化下移。人类知识积累和技术进步,社会民主化不断推进,使得服务领域和范围不断扩展,未来社会必是服务型社会,也使得服务能力、水平和机会不断提升,进而使人类生存品质不断提升。

2. 给社会带来集约化,促进社会粘合与和谐发展,赋予社会空间以更多利益

从唯物辩证法意义上讲,服务业本身就是"排除自我服务"的产业,特别对当今中国来说,是市场化的主要推动力量。服务业作为社会的分解剂和粘合剂,不断制造和参与社会精细化的解构,又不断制造和参与精细化重构;服务领域扩展靠精细化分形实现,与此同时,又靠不断扩大的市场推进精细化;服务业的"中介"性质,使其介入和渗透于社会空间各个层面,实现"空间的生产"及其利益;中国服务业的发展,对整合国内及国际产业的市场空间,对促进社会不断变革和和谐发展具有重要意义。

3. 给社会带来时间与空间的节约,赋予社会生产与社会生活以更高效率

服务业给社会带来时空节约,使得生产与生活效率提升,进而促进社会

---

① 熊彼特.经济发展理论[M].何畏,易家详等译.商务印书馆,1991:72.

生产方式和生活方式的进步。服务业的存在本身内含了它的专业化,在相同条件下,服务者的专业技术比被服务者自我服务花费的成本、时间和精力少得多。同时,以专业技术替代社会去认知空间,从而减少人们盲目占用空间资源的误区,进而更有效率地开拓新空间。通过软性产品(符号产品、观念产品、思想产品)的生产,服务业也会降低社会的制度成本,因而使整个社会的生产和日常生活效率普遍提高。

二、服务业存在的社会时空构成

服务者是服务业的人格化身,作为存在者,其生存本质上属于"在世界之中",[①]因而时空构成了它存在的境遇。在上面探讨服务业存在问题之后,下面来定义服务业"在之中"的时空问题。服务业与它紧密关联的世界就是一个在多重关系下建构自己的社会时空。

(一) 三大空间的时代序列与服务业的社会时空

1. 一个表达发生学的社会时空构成

按照序言中对系统发生学关于时空体系的理解,时空具有总体性和局部可分性。本书在此是要为服务业分工、业态多样化及其创新等活动设定一个社会时空的结构体系:它能承载包括服务经济在内的社会经济与社会治理活动,不仅可以展示共时性的"断代"的空间结构,有可以回溯与展望历时性"过程"的时空结构,还有可以透视企业家创新发生的意识时空结构;它能具体被落实到"物理+地理"的日常生活领域、体制与政策领域和技术与信息三个空间中,由此复合并构成真实的社会生活领域;参照历史发生学原理,它能通过为空间附加时间绵延而揭示服务业多样化发生的现代经济学原理,以便让我们进行历史的、逻辑的、统合的研究,展示服务业在历史和当下社会时空中的境遇,以及奋力"是出来"(去存在)、去创新和不断拓展自己的场景。

---

① 在《存在与时间》中,海德格尔将生存论刻画为此在"being-in-the-world",在世界之中存在,即"在之中"问题。

2. 三个空间及其属性

受列斐伏尔"空间的生产"、詹姆逊"超空间"和苏贾"第三空间"等现代空间理论[①]的启示,笔者将这些理论应用于对"服务业存在"问题的分析上。他们的"空间的生产"的结果是"他化"的空间,因而本质上"空间"表述的就是"时空"。下面以图(见图 2-1)的方式,对生活与地理空间、政治与体制空间和技术空间各自的属性进行直观介绍。[②]

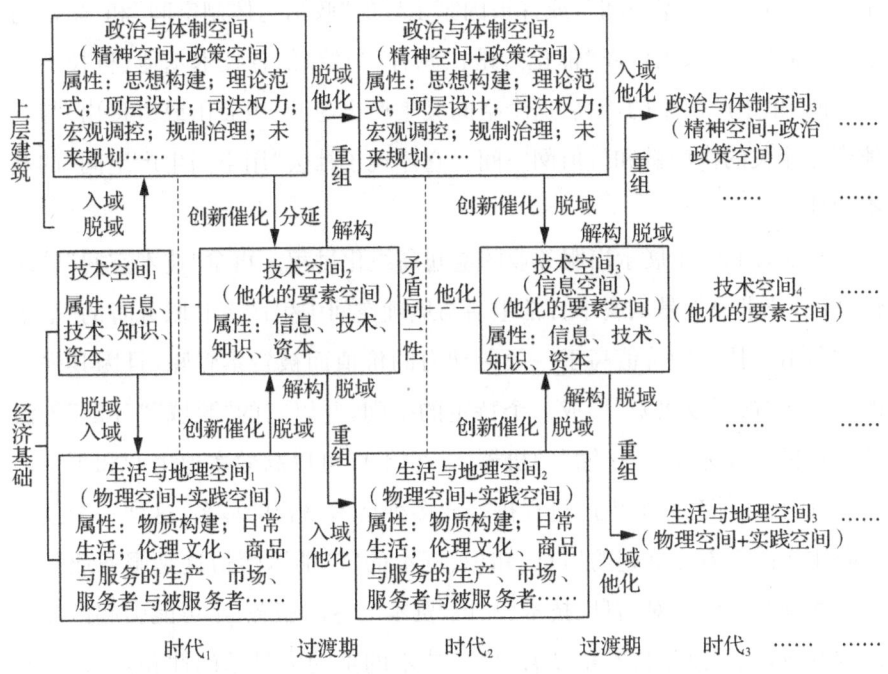

图 2-1 服务业存在的社会时空及空间属性(历史发生学解释)

---

① 在 1970 年代,西方马克思主义理论思潮出现了"空间转向"趋势。这种思潮并没有否定时间的作用,而是用"空间"维度来挑战当时的历史主义社会理论中的统治地位。法国著名学者亨利·列斐伏尔(HenriLefebvre,1901—1991)提出了"空间的生产"理论,他在其"整体的空间理论中"提出"三元辩证法",认为空间是被有意图地生产出来的,空间的生产同任何商品的生产一样,是一种策略性的谋划和政治产物。列斐伏尔之后,又有斯卡特的"流动空间"、布尔迪厄的"场域"、吉登斯的"时空延宕"、哈维的"时空压缩"、福柯的"异托邦"、詹姆逊的后现代"超空间"及苏贾的"第三空间"理论等。参见:王晴锋.从列斐伏尔到苏贾:社会科学空间理论的发展[J].哈尔滨师范大学社会科学学报,2013(2):1-4.

② 每个主体在社会中都有多重角色。例如,某人在某地茶楼里与某客户一起享受着午餐,此时,他们在"生活与地理空间"。他们边进餐边洽谈一笔地产投资生意,此时又在"技术(资本)空间"。饭后,该某人作为政协委员,参加关于"对股市违规披露信息的治理"议案的讨论,他又进了"政治与体制空间"。

首先,图 2-1 展示了空间的体制性。"空间不是自然性的,也不是一个物质性的器皿,它是一种充斥着各种意识形态的产物。"[①]整体的时空体系,实际上就是经济基础和上层建筑向前运行的时空统一体系。其中,每一个时代(历史阶段)都生产出各自空间自身独特的思想建构方式,而思想建构又转过来生产出自己独特的空间体制;在这里,体制与社会生活的双重约束决定了服务业"空间自身的产出",进而又决定了"空间的再生产"。例如,一个交易平台的"技术空间",或许被国家主导的"政治与体制空间"和"生活与地理空间"经过政策创新"催化",是在原有(初始)信息技术基地(科技产业链空间)里生产出来的,然后这个空间又生产出(甚至组装出或链接出)与其他产业相关的供应链和价值网空间。它体现了社会"用空间生产空间"的基本特征。

其次,图 2-1 展示出服务业的空间高级化过程。再拿"技术空间"的属性来说,技术原本是从属于日常生活与地理空间中生产者和服务者的"上手之物",由于技术的价值高于一般劳动力的价值而被资本青睐,且因其强大的功能而"被提取出来"形成一个特定的空间,并以它的"脱域""分延"等流动过程机制成为"时空压缩"的机器。[②] 它不仅可以高效率地生产和再生产空间,而且还使产品的生产过程拼接成多种技术复合的体系;这样一个技术空间比之前有着更优越的信息、知识、资本的"产能",恰恰这是服务业集中进入的领域。没有对信息、技术、知识、资本的专门服务,不可能引起产业的结构升级;从信息化技术角度看,信息技术的推动力是基础性和发散性的,它使服务业乃至整个社会经济发生更广泛、更深入的联系,并产生更细的分工和更多的新服务形式。

再次,从三元辩证的"他化"视角分析,新的"技术空间"本身就是前面"他化"的结果(当今所谓"超空间"就是空间他化的一个结果。例如,资本过去对物理的、有形的市场感兴趣,今天却将技术空间重新整合,涌向无形的、

---

① 列斐伏尔.空间政治学的反思[A].//包亚明.现代性与空间的生产[M].王志弘译.上海教育出版社,2003:62.
② 时空分延,指跨越广阔的时间与空间领域的社会关系的联合;时空脱域,指社会空间中的关系从一个彼此互动的关联中,通过对不确定的时间的无限穿越而被重构的关联中脱离出来。

高端的金融及信息资本的虚拟空间），而随着它向另外两个空间渗透，"他化"出新的"日常生活与地理空间"和新的"政治与体制空间"。图2-1中用虚线表示出"矛盾同一性"与"他化"的三元辩证关系。例如，在"生活与地理空间"中，"场景地理"及"在场可得性"的淡化使原来的"面对面服务"变为他化的"在线服务"（在线会议、在线直播销售、在线医疗诊断），又如，反映新体制空间的"新常态"的精准扶贫政策，对相对低端的乡村服务业进行改造，使之成为他化的新兴服务业等。

最后，将发生学与空间研究联系起来，就必然进入时空方法视角。图2-1将三种空间放入更大的"时代"历史中，为服务业存在和演化设计出了一个"时代迭代"的社会时空体系。笔者为此试图以"脱域""入域""创新催化""解构""重组"等发生性"词汇"来描述空间的"过渡"和"他化"过程，而它们正是社会经济转型中剧烈冲突的断裂时期，其中，解构和重组往往触发新机遇，成为服务业分工细化、业态多样化重要的发生节点。它的意义是使得服务者和被服务者关系的美好度提升，给服务过程的人性化带来历史性进步。

（二）生活与地理时空及服务业存在方式

1. 生活与地理时空

生活与地理时空，是"人—地"空间关系随时间变化而变化的过程或状态。例如，我们在故地重游时，发现乡村村落变成了城市街区，过去整日种地劳作，现在可以在超市购物。这里就体现了时空的概念。如果从共时的空间视角看，人的生活空间与地理空间具有自洽性，体现着本然的人与自然的关系。赋予其上的生活空间，就是以地段、地形、地貌、气候、矿藏等土地与自然生态因素为基础，供人们进行生产、流通、消费等经济活动和人文活动的实体的地理空间。[①] 地域（或地理因素）本身具有明显的空间性质，如果加入时间流，地域的空间序列就被赋予了"人—地"关系的时空变迁，如空间容量与负载物（景观）的变化、国家疆域变化、不动产归属关系变化及资源发

[①] 地理，研究的是地球表层各种自然现象与人文现象以及它们之间的相互关系和区域分异。此定义参阅《辞海》。

现或枯竭等。

在生活空间中,我们定义两种生活形式,一种是日常消费生活,属于消费活动;另一种是日常的职业生活,属于创造性的社会劳动。[①] 所谓日常消费生活,就是以个人的家庭、天然共同体等直接环境为基本寓所,旨在维持个体生存和再生产的日常消费活动、日常交往活动和日常观念活动的总称。[②] 它们有吃喝拉撒、穿用玩行、走亲串门、交友聊天、子女上学、婚丧嫁娶、生老病死等。这些活动以个体的肉体生命延续为宗旨,以日常语言为媒介、以血缘关系和天然情感为基础,以重复性、非创造性为特征,是一种重复性思维和重复性实践的存在方式。

而这里生活空间中的日常职业活动是生产、流通、服务等创造性的经济活动,是人们为了生存和发展必须拥有的生活方式,是"生活与地理空间"中的重要属性。人们日出而作,日落而息,为了养家糊口而谋取一份职业,或者为了实现人生价值而从事一项事业。每个"工作者"以各自的分工在为社会提供劳动,人们因此获得自己日常生活所需的物质生活资料或服务。值得注意的是,从发生学角度看,生产、流通、服务等经济活动存在向高一级"技术空间"跃迁的"潜在"因素。在一定体制条件下,一旦创新得到催化,新技术和新资本将会被"输出"(被提出),在后一期得以"显现"他化。随着时代的延续,"生活与地理空间"和"技术空间"显现出高级化。

2. 生活与地理时空中的服务业

生活与地理时空随时间演化,对此,Krugman 提出引导地理结构演化的两个地理性质(Geographic Nature):它们分别是作为先天性的地理第一本性(First nature)——自然禀赋和作为人类选择的地理第二本性(Secend nature)——聚集与区位。[③] 基于此,国内学者王铮等提出第三本性是信息。[④]

基于第一本性,即先天的物理性,是地段、地形、地貌、气候、矿藏等土地

[①] 匈牙利学者赫勒将社会生产活动、政治活动、宗教活动、哲学研究等归入非日常生活。本书将这里的经济活动视为日常的职业劳动,归入生活空间,并将政治活动、宗教活动、哲学研究归到"政治与体制空间"中。

[②] 衣俊卿.现代化与文化阻滞力[M].人民出版社,2005:191.

[③] Krugman P. First Nature, Second Nature, and Metropolitan Location [J]. Journal of Regional Science,1993,33(2):129-144.

[④] 王铮等.地理本性进化与全球地缘政治经济基础探析[J].地理学报,2016(6):940-955.

与自然生态的地理空间,它为人的日常生活及经济活动提供了最初的物质要素。但是,在地球形成的历史中,地表的资源分布并不是均质的,而起初人类的活动能力受到自然很大的限制,生产和日常消费活动只能在附近的周边空间进行,因而从宏观视角看,产生了自然禀赋的特色性和产品品类的多样性,给人们的日常生活带来了地方性和多样性。不同的民俗民风决定了服务业及其产业组织和服务产品等方面的地域性,也在某种程度上决定了被服务者的消费习惯和享受倾向。

作为第二本性,地域意味着人具有选择便利的内在动力,选择区位并集聚于某区位节点,为经济活动提供便利。人们根据自己的偏好,选择易于产品进行规模化生产和低成本流通的市场空间,在寻求专业性和便利性服务过程中形成集生产和生活为一体的聚集中心——城市。区位论和集聚论表明,服务者和被服务者选择优势区位和经济集聚区是节省成本的方式,会产生更多的价值的机会。区位、地段、交汇地带等由大到小的地理空间,无疑都是服务业集聚的空间。

作为第三本性,几乎人类所有活动与地球表面发生的信息相关。被人们关注的日常生活及经济活动的每个位置节点上都可以产生信息,人们将这些信息连接起来可以描绘出一个空间图像,形成一个空间测绘的认知,并提炼成技术和知识,据此更有效地指导和从事经济和社会活动。例如,商家将消费者所在地域的人口学特征(性别、年龄、家庭等)、生活方式特征(消费偏好、社交习惯、购买力状况)、教育程度等信息提升为知识性判断,实施产品生产、划定商圈、选择店址、组织销售等活动;地域信息往往是第一手资料,具有可明证性,可以成为各个节点进行成本比较、区位和要素流动选择、经济活动分析及投资意向的前提条件。从某种意义讲,它是第一本性和第二本性的基础。基于此,由中介地位和市场性质所决定,服务业更倾向集聚于城市和信息交汇的区域。

笔者认为,还有第四个本性,那就是被"赋权",即接受占有者对地域及其附着物(资源)的"处置"。之所以说它是本性,是因为地域有着"占有者授权"的天然性。起初,地域占据权是自然权利,但随着国家产生,变成一定边界范围内被圈定并被视为国土的地理空间,其内部的土地处置权变成了国家"赋权"。对于地域,一旦占有者成为所有者,就会拥有该地域的空间使用与处置权。由土地所有权决定的空间,意味着人的"生产权利",进而意味人的"生活权利",并衍生出了资源禀赋连带使用的权利与义务,因而构成了复杂的生产关系。对服务业来讲,它赋予服务业的产权与经营权,如自主组织区域性商品流通、参与资源开采与开发、提供贸易报关与通关服务、从事商业地产与房产经营,当然还有依法承担上缴税收的义务,等等。当今,地球上地理空间的几乎任何角落都已经被"赋权"。这个本性是对"政治与体制空间"的直接接受,也是维持第一本性和第二本性的基础。

总之,时间推移形成了社会经济和社会生活变迁的时空图景。通观这一图景,可以看出"生活与地理空间"的物理状况与外形生态的变化,可以看出人们在经济活动中利用资源的能力的提高,也能看到信息、技术、资本等要素的紧密集聚。在这四个本性中,后两个本性凸显出了更强的活跃性。随着信息技术的进步,生活与地理空间的关系产生着越来越高效率的内部链接,土地资本衍生出的生产和服务规模越来越大,它又与信息技术融合并不断高级化和被虚拟化,以至带来向更高一级空间的"飞跃"。

(三)政治与体制时空下的权利配置及对服务业存在的影响

体制是实现政治意图的工具,是一个包罗万象的"权利和义务"的体系,因而随时间变动,也是一个权利时空。

1. 空间(时空)的政治工具性

列斐伏尔在《空间与政治》一书中论述了空间的政治性,其主要观点有:空间一直都是政治性的、战略性的,并认为资本主义社会空间承载的基本功能之一,就是空间的政治工具性,因而使空间成为表现的空间、技术官僚的空间;空间具体化为某个统治阶级的工具、某种权力的工具,统治着一切生活的秩序和思想文化的走向,也介入了阶级斗争;最为集中展示空间政治性的就是城市空间规划,它成为一种国家与政治行动的利益工具;空间与时间一起直接参与了社会关系的建构,二者对资源的控制、占有及分配体现着社会权力结构和利益格局的变动,因而构建了"权利时空"。列斐伏尔针对空间"同质—碎片""中心—边缘""支配—取用"的矛盾相互作用,对资本主义空间政治的统治目的和工具性、空间政治霸权、空间半殖民主义以及消费引导型的官僚社会进行了批判,认为社会主义的空间既不是同质化的,也不是景观化的,而是争取每个人自由解放的空间。[①]

不难看出,空间的政治工具性决定了其自身的权利结构,因而自然也赋予了它体制结构。可以说,空间的政治工具性携带着它的官僚体制,一起"生产"出了实施政治目的的权利空间。

2. 体制及其结构

体制的社会科学语意指,一个社会系统(国家、企业、学校、独立组织等)为自身存在和发展而使行使权利的一整套组织、制度和机制的总和。

我们今天使用的"体制",是一个关于组织制度的整体性概念。它要有体制设立者(思想者和当权者)、维护者和进入体制的参与者三个"局中人",并与一系列机制和制度等属性共同构成。体制设立者通过思想设计出一种机制,授权给代理人组织管理实施,以贯彻和实现设立者的意图。在这一过程中,设立人也是委托者,受托人是操作者(也可能是下一级的、受限的当权者),对象是进入体制的玩家。体制是一个社会组织中关于权利的制度,是社会组织中机构设置、隶属关系及其权力划分、权利与义务实现的制度体系。它不仅是当权者意志实现的组织制度,也是为实现这一组织制度对权利配置的管理体系(如图2-2)。体制又有诸多的分类形式,如经济体制(或称经济管理体制)、政治体制;国家体制、企业体制;计划体制、市场体制等。

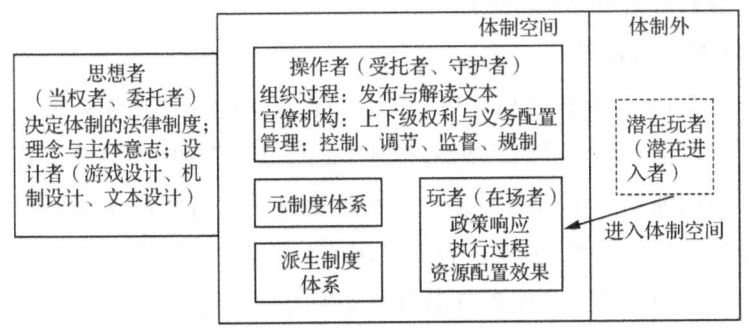

图2-2 体制空间的结构

---

① 徐瑞坤.列斐伏尔的空间政治学研究[J].社会科学动态,2020(6):85-96.

对于体制的结构,国内学者周冰认为,体制中最基本的制度是元制度,而体制内的一组元制度称为制度核,它规定着体制的结构和属性特征。它作为一个系统,可以派生子系统,但子系统不能改变主系统的性状。[①] 这一点,阐明了体制中基本制度的刚性。

一个体制中的元制度,是指使之"成为所是"的、始源性的和最基本的制度或惯例。若干个元制度构成的体系称为"制度核";元制度必须是稳定的,它们是该体制成立的充分必要条件。例如,从理论上看,对于"社会主义计划经济体制",元制度包括以公有制为主体的所有制及所决定的生产关系、宏观经济计划指标及指标分解体系、能够承担经济计划指标的经济主体、保证计划实施的集权式组织管理机构等,其中,前三个是必要条件,第四个是充分条件。它们一起构成了社会主义计划经济体制的制度核。至于配给制、户籍制等则属于派生制度,依据不同的"国情"可以做出取舍。

体制结构中的一个重要属性,就是作为"操作者"的管理机构。它是由国家认定的官员考录晋升机制所形成的一套稳固的组织体系——官僚机构(或称文官机构及其技术官僚)组成。官僚机构的出现是政治和行政分离的结果,理性官僚制也是"三权分立"治理的基础条件。官僚机构本身就是一个工具机构,其中,技术官僚是社会公共产品的生产者和细化生产者,是制度供给的实际操作者。为了能够胜任在专门机构工作和避免管理效率低下,这些操作者必须具备专业的管理技能。

3. 权利时空中的权利配置

(1) 权力与权利

在这里,要分清权力和权利。权力是有权支配他人的强制之力,它是任何层级政治空间设计者发出的排他"支配力"(例如,体制设计者,即当权者发出的强制力量),因而是一个政治概念。它有两层含义:一是政治上的强制力量。例如,国家权力就是国家的强制力量,常见的有立法权、司法权、行政权等;二是职责范围内的支配力量。有一定职务就有相应的某种权力,如官僚机构的官员就是行使职务权力的当权者,不过他们的权

---

① 周冰.论体制的制度结构[J].经济纵横,2013(2):17-21.

力是受限的。

权利,即权力和利益,是人"被赋予的"自身拥有的维护利益之权。它表现为享有权利的公民有权作出一定的行为和应得到相应的利益。例如,拥有一定权能的官员依法享有获得相应利益的权利;被服务者依法享有了解服务产品、服务过程的权利。行使权利必须以法律为依据,因而它也是一个法律概念。

(2) 权利时空中的核心问题——权利配置

从上述"体制结构"的表述看出,权利配置是核心问题。之所以如此,是因为人们历来把"权利"看成一切派生利益的始源。权利与义务的对接才能构成权利空间,而对接关系的变化意味着权利空间的变化,其实质是权利配置发生了变化。体制改革就是在一定设定目标下权利配置方式发生的变换。它往往由集权到分权,或由分权到集权,政治空间往往也因此出现周期性变动。在政治变革或体制改革中,设计者往往首先配置财产所有权(产权)结构,使它为体制所认可,由它同时派生出财产的使用权、收益权和处置权,以及产生各种权利间的相互制约、上级权利向下级权利衍生的内在关系。

从某种意义上说,体制运转就是设计者撬动权利与义务的运转体系。它是设计主体依据自己的意志,决定"谁能做""谁不能做""谁能得""谁不能得"和"谁必须做"的设计。其中,第一和第二个确定了权力和它的界限,第三和第四个确定了利益界限,最后一个确定了义务。所有这些,构成了实践中"权利的配置"。应当说,终极决定者——国家(领导人)是权力辐射范围最大的决定者。权利和义务的关系由此下行到体制空间的各个层面,然后配置到技术层面和社会生活各个空间,进而构成一个活的、内涵复杂的、用政治资源进行的"空间的生产"。因此,权利与义务的关系不仅在政治空间和体制空间中运行,也在生活与地理空间和技术空间中运行,所不同的只是政治的影子投在后者之中,使政治因素具体化、日常化和技术化罢了。

4. 政治与体制时空影响下的服务业存在

国家以政治方式运行的体制,不同程度地规定着各类服务业"生存方式"的选择。例如，按地理时空的赋权本性，国家将重要禀赋资源确立为国有产权，对权利和义务再进行配置，使从事这些资源的服务活动有差别地被纳入体制，有的还以"国家代言人"行使主人资格。先秦时期齐国的山泽利用原来是民营经济，后来，管仲制定"官山海"政策使资源国家化，通过所谓权利层级配置中的"泽立三虞，山立三衡"，[1]把全国的山林河泽统一管理起来，实施"专买专卖"。其中，对于盐，"使国人煮水为盐，征而积之"，[2]采取民营生产，官府作为国家"代理人"按批发价统一收购，负责运输和销售，在流通环节寓税于价，并控制零售价格；对于铁，则让私人开矿冶炼，原料官私分成，[3]铁器制成品由官府统一收购，同样控制好流通环节的价格与赋税，由官府指定官贾零售，销售给农家。除盐铁外，对其他山泽产品（如木材、柴薪、渔、盐等）大致也采取了国有民营的办法，通过国家居间方式控制流通环节。[4] 除历史案例外，当今现实中有国家森林与江海河湖、能源与有色金属矿藏、国家对自然环境保护与可持续发展政策、国家投入的电力、通讯与卫星系统等基础设施，以及高铁、航空、港口、仓库等服务行为，大都是在国有体制下通过资源调动办大事的结果。

　　权利配置也使日常生活中的服务业被体制渗透而依附化。如前所说，日常生活空间常常涉及不起眼的"鸡零狗碎"及"眼不见心不烦"的服务现场。列斐伏尔说，"日常生活代表着一种复杂的多重面孔的现实"。[5] 涉及吃喝拉撒睡等日常生活的服务业，也折射出深刻的政治权利角逐，背后的影子就是以权力为核心对生活服务的顶层设计及其政绩生态。在一个不均质的地理空间，日常生活呈现的现象往往不同，如城市和乡村、贫困地区和发达地区的日常生活在"二元经济"下，社会空间内对于服务和被服务的权利有着不对等的差异。即使一个相对均质的地理空间，也因经济收入和社会地位的差异存在着不均质的被服务权利，并折射出不均质的政治关系。我们

---

① 见《国语・齐语》，"泽立三虞，山立三衡。"韦昭注："《周礼》有山虞、林衡之官。衡，平也，掌平其政。"
② 见《管子・轻重甲》及《管子集校》。
③ 在原料上"量其重，计其赢，民得其七，君得其三"（见《管子・轻重乙》）。
④ 吴慧.中国商业史（第一册）[M].中国商业出版社，1983：148－152.
⑤ Michael E. Gardiner. Critiques of Everyday Life, London and New York: Routledge, 2000: 2－7.

常说,服务业是"窗口行业",其实透视的是政治;还常说"百姓的事再小也是大事",其实将日常生活上升到了政治层面;我们平日的"社区安全""精准扶贫"等也是如此。居民的日常生活服务与国家顶层设计有着千丝万缕的联系,社会生活的下层往往要依托上层以"寻求庇护",其实就是对较大权利空间占有的政治依赖。总之,通过将城市、乡村、社区的各个层次与国家顶层、各层官僚层次的合理对接,才有可能使享受的权利达到平衡。

(四)"技术—信息时空"与服务业存在方式

技术和信息等要素是由服务者与被服务者的活动培育和挖掘出来的,它们植根于生活与地理空间。在初期的"生活—地理空间"状态下,技术和信息对于生产与流通尚停留在"要素"状态,要上升到"技术—信息空间"状态,它们就必须完成技术商品及信息商品向资本形态的转化。这时,由于技术与信息体现为要素市场,并在"空间的生产"中最为活跃,因而当资本持续扩张到市场空间的程度,一个独立的时空就可以"被提出来"了。

1. 技术、信息包裹与资本外卷

技术,是人在劳动中积累的知识、经验及操作技巧,是人类"灵性"的禀赋。还有种说法,技术是人根据生产实践的预期意图和目的,利用自然物、人造物和自然规律创造出的、能改造和控制自然的手段和工具。技术创造的发生过程,是利用已有经验和知识并使新工具和手段得以发生的过程,因而,与技术形成过程中所媒介的信息有着必然联系。在现代社会,随着市场竞争加剧,企业对技术开发愈加重视,促使新市场扩张导致资本外卷化,因此,服务者不仅对技术创新实践过程投资加大,还要将信息作为重要资本注入技术研发中去(如图 2-3)。

图 2-3 中,因果网络的自然过程是在自然规律作用下客观事物变化的因果关系体系,主要用科学理论对其进行解释。一般来讲,产品需要物来承载它的功能;自然物是没有经过人类加工的物,如野生的禽兽、虫鱼、草木及矿物等;人造物是经过人类用已有技术加工过的物,其中的技术被物化了。在对二物选择与组合时,由技术研发者按自然规律进行匹配,形成新技术的"能",然后"赋能"于产品之上,形成新产品。

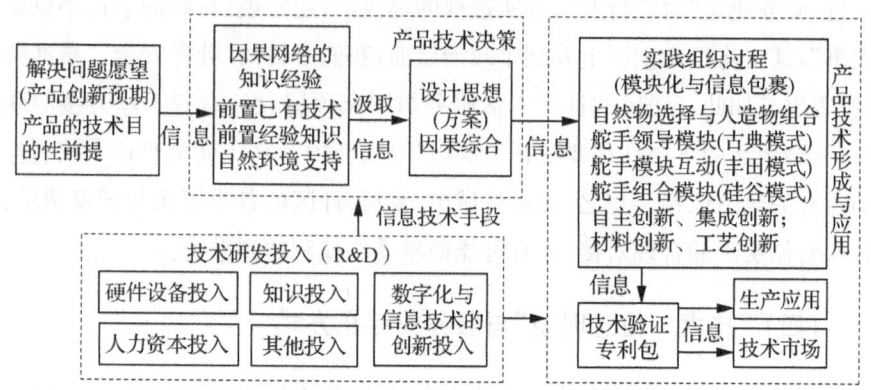

图2-3 技术生成过程与信息和资本的关系

在数字化条件下,产品价值链上的技术已经被软件化了,企业往往建立模块体系,运用模块组合成产品(或系统)。企业获得界面信息和模块之后,可以轻易地进行模块的组合。但是,为了维护自己的知识产权,部件的模块化在技术层面往往要被遮蔽,从而形成"信息包裹"。起初,它指模块的外层的知识和技术结构,后来扩展到某个完整技术专利包的外在信息。不管何种情况,产品真正的技术价值往往隐蔽于被"信息包裹"的深层。

"技术与信息时空"是之前两个时空相互作用下信息资本外卷化的结果。一方面,在当今信息化社会,资本内在的自由意志力求在信息领先中夺取优势地位,在获得时间权利后向新的"生活与地理空间"扩展,因而资本获得外展的利益。马克思说,"资本越发展,从而资本借以流通的市场,构成资本流通空间道路的市场越扩大,资本同时也就越是力求在空间上更加扩大市场,力求用时间去更多地消灭空间。"①信息资本的大量投入,不仅冲破原来的地理要素,还带来信息技术的"高级化"。另一方面,在政治与体制空间,体制设计者(政府)在市场信息化建设的同时,对资本扩张进行维护、规范和限定,力求给资本运行带来效率、秩序和正义,设计者同时获得政绩和利益。这样,企业的权利体系与代表国家的权利体系共同构筑着空间资本化和资本新的空间化,用"信息空间"生产"生产空间",以空间外卷的方式生

---

① 马克思.马克思恩格斯全集(第30卷)[M].人民出版社,1995:538.

产着更大的空间,使得资本权利也变得空间化。①

2. 信息时空

(1) 信息的科学定义研究

鉴于信息化在当今分工多样化及服务业新业态发生中的基础作用,笔者在这里立足于发生学视角对信息的定义进行研究。

什么是信息？这是一个晦涩的难题。在这里,笔者试图下一个科学定义。按"种差＋属"的形式逻辑看,信息的属是一种"存在表达"。这种"存在表达"具有三个基本属性,即种差:第一,是证明事物存在的标识集(自在性);第二,能与感知联系的实现方式(感知存在的物);第三,以增加当下的确定性"消除随机的不定性"(意义性)。因此,其科学定义表达为:信息是存在者(事物)的标识集通过介质在当下被感知确定性的存在表达。②

第一,关于"存在表达"。就一般语境看,"存在"与"存在表达"是相同所指。但是,就本书而言,二者的区别是,"存在"具有内敛向度,一种自在形式;而"存在表达"具有外展向度,一种表达自在的形式。自在等待随机的感知物,一旦被感知就跃升为表达感知物的它在。

第二,关于"标识集"。邓宇等提出的"标识集"具有重要意义,揭示了信息原初自在的形式。标识集也是存在,它也要表达自己,从而形成现象的"此在"(在场物的"在"),而且以集合的方式综合表示。维纳说,"信息就是信息",这句话具有深刻的含义。③

第三,关于"感知联系"。"成为信息"是一个实现过程,最终必须由感知物所感知。感知物是信息的接收器,一旦建立感知联系,对方的"存在表达"(包括标识表达)就被传入,与此同时,感知物就有了"它在"。对于感知物,

---

① 有关空间资本化和资本空间化的问题,参阅:张梧.资本空间化与空间资本化[J].中国人民大学学报,2017(1):62-70.

② 就笔者掌握的文献资料看,大致有三种表达信息的类型:一是"负熵论";二是"传播论",即信息是音讯、消息、通信系统传输和处理的对象,泛指人类社会传播的一切内容;三是"标识集合论",即信息是事物现象及其属性标识的集合,还有人认为是存在物性质表现的改变的集合。参阅:邓宇等.信息定义的标准化[J].医学信息.2006(7):1143-1146.

③ 维纳认为,信息是物质、能量、信息的 logo(标示,表示,表号——表现符号、信号、标号、表征、标识);或"信息就是信息,是物质、能量、信息的标识(表征等)"。参阅:维纳.控制论[M].科学出版社,1963.

感知联系分为同物联系、异物联系。前者是自己感受自己,后者是自己感受他物。

第四,关于"确定性"。香农(Shannon)说,"信息是消除随机不确定性的东西"。这是一个否定性定义,但感知物认知的标识集通常是以肯定判断接受的。如果将其再逆,就变成"信息是确定性的增加",从而与 Wiener 的"信息的本质是'负熵'"说法就一致了。① 这种观点揭示出信息的一个重要性质,即信息是反映现象瞬间的标识,这样,那个存在物的"像"也随标识的瞬间呈现而被微分化。由于存在物在变化,标识总是"不早于"或"偏迟于"不断被感知物感知,以此感受当下的"确定"而消除以前的"不确定"。笔者认为,信息的时效价值(意义)就在于此!"刻舟求剑"的错误就在于,将过去的标识想象成当下的标识。信息,让我们感受"存在":存在是当下存在者的存在,信息伴随存在的流变而变。还有一个问题尚需解决,即信息是"确定性的增加"吗?笔者认为,它或许仅对于历史演化的"认知发生"增加了积累。

第五,关于"介质"。信息空间就是存在物的标识集与感受物之间的范围,换句话说,就是传播和接收的范围。传播和接收必须要有"介质",其中最基本的介质是自然介质,②自然介质是人类与生俱来所仰赖的、自然赋予的、最基础的、最基本的介质。文化介质是人类创造的特有介质,是人类发现、认识和利用新自然介质后的成果,其作用是广延了感知自然介质的范围,是人类精神和自然物质的结合体。文化介质具有工具性质,是"第三方"存在者,最终还要回归到自然介质,让感知物感受到信息。总之,信息介质出于存在,还要回归存在。

依照以上五点,笔者以家居零售服务场景为例来展示信息的定义(如图2-4)。该图之所以是一个时空片段,是因为这个空间场景是当下的,之前可能没有这样多的文化介质。

---

① Shannon, C.E.. The Mathematical Theory of Communication. Bell Syst. Techn. J. 27, 379 - 423, 623 - 656(1948);维纳.控制论[M].科学出版社,1963.
② 自然介质,包括构成光在内的宇宙中各种波、粒、射线、暗物质、引力等,它们或以物质(存在者)或以非物质(存在)方式共同构成宇宙存在的信息空间。在人类的信息空间中,最直接例子有,光能让人看到眼前的景象,空气引起的声波能让人听到声音,等等。它们是人类直接可视、可听或可感的自然介质。人类还利用自身器官的自然介质还包括神经系统、染色体、暗物质等。总之,人类的信息(包括用技术开拓的信息空间)是利用物质的成果。

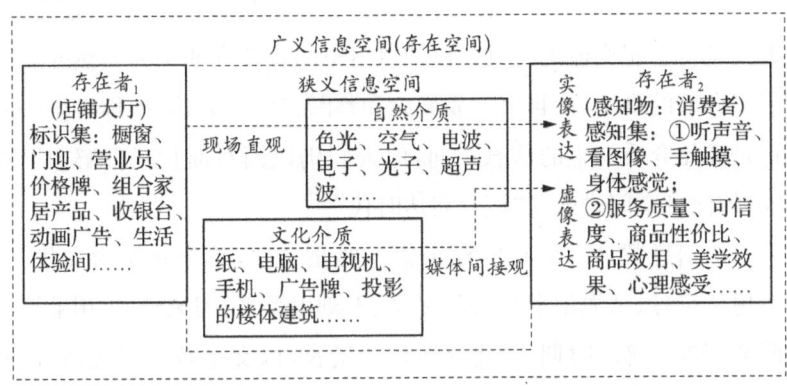

图 2-4　信息对存在的表达：以家居零售服务场景为例的时空片段

(2) 信息时空及其演化：时代序列中的介质高级化

信息时空就是信息空间的时间序列，是信息"泛在"的和发生的时空。[①] 信息时空是动态的，由于信息标识具有时效性，作为过去存在物的信息或者因被遗失已经不是"此在"，或者可能成为经验性的"痕迹"而存在，因此，信息标识与时空具有一定的背离性。发生学就是通过"考古"活动挖掘沉淀的、可感知的遗迹，在回溯中寻找信息时空中过去的存在者和存在状况，以捕捉"潜在"的新知并推断演化的过程。

信息时空体现了"标识集"和"介质"的流变，展示出人们利用自然介质和创造文化介质对"存在表达"方式的历史演化。识别其历史节点可以从每个时代的"标识集"和"首位介质"辨认。随着信息技术的创新与发展，"首位介质"不断升级。具体到服务业，"首位介质"越高级，"服务者—被服务者"的层次越高，服务业发展水平越高。下面，从信息革命的发展历史予以说明。

原初自然介质。首位介质为纯自然介质，而且仅仅是自然介质。当时的信息标识集主要是外部景象和人嘴器官（单音节发出声音信号），为身体器官所接受。人面对物，人面对人，人与人之间靠简单的意会理解。本书称此时的信息空间是"意会时代"。

---

① 泛在，即 Ubiquitous，指无所不在、无所不包、无所不能、无时无刻的存在。

第二，第一次信息革命。概念的统一性带来相互约定的语言信息，语言成为人类进行思想交流的工具。该信息时空的首位介质仍为自然介质。人类有了多音节的词语，而且语言靠概念和判断完成其表达，指称有统一的规定。这是文化介质初生的信息空间，但人们仍以面对面相互理解。不管怎样，此时的信息空间进入了"概念表达时代"。

第二次信息革命。信息的标识集主要是文字，首位介质为文化介质。此时有树丛符号、结绳记事[①]、虎符龙节、刀刻甲骨文、刀刻碑文、用毛笔书写的竹简文字等。这一时期，文化介质快速增长，以文字替代回忆、替代面对面交流。信息空间进入了"文字—符号书写"时代。

第三次信息革命。信息的标识集主要是纸面文字，首位介质为双重的文化介质——"纸张＋文字"。从用笔书写到印刷术，从活字印刷术到印刷机，[②]轻薄的纸质文件携带方便，使人类思想交流的机会和科学信息量骤然增加。此时，文化介质在信息空间逐渐占"主导"地位，信息空间进入了"书籍—报纸时代"。

第四次信息革命。与电器发明及应用相关，信息的标识集主要是电信号及电信号呈现的声音、文字、图像等，并以这三个维度表达信息，其首位介质是可以乘载符号、文字的电话、电报、电影、电视等文化介质。至此，人类可以跨越地理空间进行信息沟通，它是一场"可即时通信"的传播速度革命，标志着人类社会进入以文化介质竞争的信息空间。[③] 信息空间进入了"电话—电视时代"。

---

① 《周易》提到："上古结绳而治，后世圣人易之以书契。"这种记录方式简陋和模糊，反映出人类早期的数据共识约定、用符号替代事物数量的意识。

② 毕昇于1041年发明了泥活字印刷术。德国人古登堡于1445年发明了活字印刷机，让印刷术迈入工业时代。在整个15世纪，欧洲236个城市建起1100多个印刷所，出版了35 000多种印刷品，发行量1500—2 000万册，新思想和科学技术被迅速传播，对欧洲宗教改革和文艺复兴起了巨大的作用。与活字印刷机紧密联系，最早的周报和日报分别于1609年和1650年出现在德国；从18世纪起，英法两国开始出现报纸与杂志的分离。参见：钱萍.古登堡印刷术及其对西欧近代文化的影响[D].内蒙古大学硕士论文，2008：20，22.

③ 1892年，贝尔的第一个试音标志着纽约至芝加哥的电话线路开通；1895年，意大利人马可尼、俄罗斯人波波夫让无线电成为扩展人类感官功能的一次革命；1895年，卢米埃尔兄弟让巴黎人在咖啡馆的电影里看到了火车；1909年，美国加州圣约瑟市设立了最早的广播电台——KOW电台；1929年，英国人贝尔德所发明的"魔盒"——由摄影术和无线电杂交的电视开始进入家庭。——根据"新浪博客"资料缩写。参阅：http://blog.sina.com.cn/s/blog_4abc080a0100071a.html.

第五次信息革命。信息的标识集主要以电子信号为基础的数据,展现为在计算机与互联网中传递文字、图像、影像、经济活动数据、市场信息、在线支付等。其首位介质为复合的多媒体文化介质,能让人类的即时通讯进入场景。互联网的运用使得经济活动全面信息化和通信平台化,信息流引领商流、物流、资金流;移动通信使人类进入泛在的信息网络,通信自由带来无穷无尽的掌控性,成为人们日常生活的交流方式。这是一场全息性质的传播介质革命,标志着人类社会已经处于"社会信息化时代"。

第六次信息革命。信息的标识集主要以互联网、数字和人工智能为核心的 M2M、T2T、H2T 及 H2H 的链接,以制造射频感应数据介质为基础,将智能感知、识别技术与普适计算等通信感知技术广泛应用于网络融合中的传递文字、图像、影像、生产数据、市场信息的表达等。其首位介质是以软硬件复合的"文化物组合"介质,如感应器、卫星、机器人、运输工具等的模块化组合。物联网与人工智能可以传递指令和制动目标物件运行,实现用机器生产信息。用信息生产信息,标志人类社会进入"智慧地球时代"。

(3) 当代信息时空的基本特征:表征的"标识集"虚拟化与被表征的数字资本化

上述依次信息革命的发生就是标识集的发展史,也是标识集虚拟化的历史。其中第一标识集是某次信息革命中所有标识集的代表性显现,第一标识集的时间序列就是信息革命简史。人类的信息文明史一直贯穿着虚拟传输和贮存的潜在变革方式,而今天的信息化社会则是虚拟传输和贮存显示出数字化的方式,其高效率的数字介质快速地、全方位地、不断地与"标识集"相交叉,使标识集不断地多样化和高级化,形成越来越大的信息空间。

当代虚拟现实(VR)技术是一种可以创建和体验虚拟世界的计算机仿真系统。它利用计算机生成所需的模拟环境,进行多源信息融合、交互式三维动态视景和实体行为的系统仿真,使遥距终端感受者进行临境体验。原始"标识集"在庞大的数字空间中被一系列连锁的、并列的引致"标识集"所依次替代,正如有学者指出,当今的数字化虚拟就是人类"中介系统"(思维空间)的革命。① 笔者认为,"虚拟"具体有三重本质属性:第一,替代性。以"文化虚在"替代客观实在;第二,假设性。因分析或体验事物而假设真实;第三;超越性。超出原体的原态,或为创造而设计新体,或基于原体而幻想。这三种属性的共同点是智慧与文化基质。

那么,这样一个时空被造就的动力是什么?"标识集"虚拟化仅仅是这个空间的表征,而被表征的则是数字信息资本及其金融化的内在驱动。这是因为,当代"标识集"的呈现是由背后庞大的、由数字技术堆积起来的。可以说,当今社会几乎所有的资本已经被数字资本所裹挟,并且日益金融化,"金融的血液"流入了"高科技数字创新"的血管。

资本不断向社会的肌体和毛细血管渗透,攫取着信息的时间价值和信息的空间价值,以实体技术和虚拟技术汇聚于数字投入,转换成用光、色、声、滚动的景观、争奇斗艳的繁荣,"标识集"成了当代资本的"Logo"及"卖点"噱头。在这个表征后面,资本驱使数字技术重塑着人们的日常生活消费、生产与流通的生存方式,金融渗透到了支撑大数据、物联网、云计算、人工智能等数字经济的基础设施,也渗透到其应用设施,如工业互联网、车联网、无人机、无人驾驶、无人配送等,最终使这种金融资本化的手段构成了进一步攫取新价值的回路。总之,"技术—信息时空"是一个"用资本生产资本"的器皿,正是它在实现着"用空间生产空间"。技术、信息以及由此构成网络信息技术,给资本拓展加上了数字化翅膀,资本再利用这个网络空间去再生产,加速向全球布局,建构着一种全球化、网络化的空间体系。

3."技术与信息时空"与服务业存在

随着世界进入了社会信息化时代,对于改革开放40多年的中国来说,服务业逐渐凸现出互联网技术及其带动的物联网、人工智能等数字技术体系。

(1)"技术与信息时空"通过内生机制使服务业得到升级和人性化

由图2-1知,"技术与信息空间$_2$"是对"技术与信息空间$_1$"在时空中的

---

① 陈志良.虚拟:人类中介系统的革命[J].中国人民大学学报,2000(4):57-63.

迭代,是已经他化的要素空间。其内含的信息、知识、技术和资本成为"当下"空间中最活跃的生产要素,也往往对后续的政治与体制、生活空间产生影响,带来质量的提升。以时空背景为条件,这些生产要素将内生出比以往更优质的服务业,例如,作为当下高端的生产性服务业,它直接通过数字化设计服务给制造业带来升级;高端消费服务业可以为居民的日常居家生活提供更优质的服务。从今天的数字化及 AI 技术场景可以感受到,虚拟空间把实体空间的物质"动员"了起来,正从多方面实现高效链接,以"多媒体""多感知"及"越来越精细"的即时信息将劳动效率与生活质量不断推向更高水平,使得服务进入更高级的人性化——安全、快乐、自由、友爱与健康等。

(2) 服务业在"空间的生产"中的存在地位越来越重要

"技术与信息时空"驱动的社会时空运行,逐渐显现为以"服务资本"(标识集资本)运行所表征,当下世界呈现出服务型社会的发展趋势,使服务业成为国民经济的先导。领先的西方发达国家出现"服务业化"与"去工业化"(实际上是同一过程),它们实际上也是服务业的资本化和技术化。中国改革开放后,服务业增长日益加速,呈现与发达国家共同的特征,即服务业在 GDP 和就业中的占比普遍上升。[①] 空间地位的提升体现为两个方面,一是在空间经济方面,技术革命带来的数字贸易使得商流、物流、信息流、资金流运行的效率大大增加,形成强大的市场空间,虹吸着更多的经济资源,以技术创新的催化力量拉动生活空间的产业重组、专业化分工及多样化业态生成;二是在空间政治方面,服务业所覆盖的整个产业链领域愈加成为经济利益和政治利益的栖居之所,当利益集团"价格话语权"不可调和时,常常触发经济、政治的"痛点事件",发展成贸易战和金融战,再由经济问题转换为"政治化"而引发社会危机和"世界问题",进而爆发战争。

---

① 以美、日、英及我国为例,1948—2015 年,美国服务业占 GDP 的增加值由 58.9%增加到 81.1%,服务业的就业比重也由 1948 年的 56.5%提高到 84.6%,日本的第三产业占 GDP 比重也已超过 70%;1960—2020 年,英国的服务业占 GDP 比重增加值从 68.38%增加到 72.80%,中国的服务业占 GDP 增加值从 32.38%增加到 54.53%。参见:徐全红,王燕武.中美服务业结构演变比较及其经验启示[J].经济研究参考,2019(13):52.;百库文库;中国、英国历年服务业增加值占 GDP 比重比较(1960—2020).

(3)"实体店＋网店"的融合他化及服务业业态多样化共存

以中国为例,信息技术以一场革命给服务业的店铺形式带来颠覆性的变革。进入新世纪后,电商与实体店发生了冲突("对立"),在电商潮流的冲击下,实体店的业绩纷纷下滑,导致2010年代中期的实体店铺出现倒闭潮。之后,实体店转型、电商组建和兼并实体店,开展了一场"互联网＋"和"＋互联网"翻天覆地的大运动,形成了市场的大洗牌。这场运动的结果,带来了O2O的线上与线下的组织创新——一种通过空间中解构与重组形成网店与实体店融合的"他化"形态。通过线上线下相互引流和服务体验等优势互补,纯电商从B2C、C2C等模式向O2O模式转型,传统商家(如"老字号")为振兴、开辟网络销售业务也以O2O模式进行改造。O2O模式又向酒吧、KTV、餐馆、加油站、理发店、健身房、干洗店、教育机构、旅游住宿、电影预约、外卖、家政服务等行业多样化繁殖,产生更细的业态多样化。进入2010年代末期,随着5G技术的应用,O2O又走向高级化——向新零售方式转型,成为服务业新零售方式的基础组织形式。总之,O2O体系建设使得实体店与网店相互融合互补,"合二为一"共生,业态多样化共聚共存。可以想象,Chat GPT软件的合理应用也将使服务业分工向更细微化发展,必将使服务业存在的生态质量得到进一步提升。

第三章 服务业业态发生原理

上述存在论告诉我们,服务者与被服务者的关系在社会时空境遇中发生,服务业在时空流动中展示它的存在意义。研究服务业业态的发生原理不仅要从发生认识论、系统发生学、历史发生学、发生现象学的一般性理论去思考,更要将它们综合起来,用辩证的方法寻找发生的内在生成机理、分工分叉形式等。基于此,本章要说明三点,第一,服务业经历时空中无数的集聚与分离,逐渐演化成今天的多样化;第二,它传递着一种内在的基本精神——"组织模因"的业态生成机理(如模仿、复制、博弈、筛选、传播、追认等);第三,用"斯密—扬格"定理与"迂回—分叉"原理进一步揭示业态多样化的内在发生机理,并用"树状分叉图"直观表达。

一、服务业的聚分发生原理

(一) 三元辩证法

1. 时空的对立统一性质

从绪论和第二章所述的时空概念得知,时(宙)与空(宇)为一体,时空承载万物因而粘合为一体,由此可以说,时空与万物是统一体。我们还知,时空的本质是动态的。其原因是,时间绵延(相对的动态)引起了空间(相对的静态)的运动和变化。由此可以产生两个推知:第一,与时空粘合的事物的"统一"体,内在有着动态和静态的"对立"。设定一些时间节点,则对应时点上的事物是静态的[①],但是由于时间节点不同,事物展现的静态也不同。一般而言,后到静态含有与先来静态不同的属性,由此构成了对前一个静态的"否定"。第二,在某种语境下,如果将某事物的统一性看作是先在的,则"统一"意味着静态性,也意味着对该事物的"肯定",那么,随着时间推移后来的静态产生,这个后来的静态则被看作是与先在"统一"对立的,意味着对这个先在统一性的"否定"。

以上这两点解释,就是事物的"对立统一律"。它揭示出,事物内部对立双方的"统一"与"对立"是事物普遍联系的基本内容,这一论断可以解释时空及事物内在的动态性和静态性统一,也揭示了在时间绵延中事物通过"否定之否定"螺旋式前进的变化过程,还揭示出时空发展中"统一"和"对立"是事物矛盾运动的源泉和动力。

2."三元辩证法"[②]:发生中的重构式融合

马克思主义的唯物辩证法是思辨性与实证性相统一的结果。[③] 学界普遍认为,辩证法在历史发展中经历了三种基本形式,即古代朴素辩证法、德国古典哲学中的近代唯心主义辩证法和马克思主义现代唯物辩证法。现代唯物辩证法适用于分析包括政治、经济、文化在内的社会时空中的矛盾运动过程。列斐伏尔在《空间的生产》一书中阐述了"三元辩证法",即"肯定—否定—他者",其中,"他者"是前两者综合或融合后的合体(在本书图2-1中探讨服业的社会时空时就运用了这一概念),并以此为分析工具批判了资本主义现实中形塑的空间及其扩张的发生过程,这种方法的理论渊源就是唯物辩证法的三个基本规律(对立统一规律、质量互变规律、否定之否定规律)。运用这种创新的方法,印证了社会空间的对抗、回溯、融合、他化的发

---

① 此设定用的是古代朴素辩证方法。古希腊爱利亚学派的芝诺(Zeno)曾作"飞矢不动"的论证,把连续性与非连续性加以割裂,但在客观上接触到了运动本身所包含的间断性与不间断性的矛盾。由此,他被亚里士多德称为"辩证法的创立者"。参见:梯利.西方哲学史(增订修补版)[M].商务印书馆,1999:27.

② 有关列斐伏尔的"三元辩证法"的具体表达还可参阅:包亚明.现代性与空间的生产[M].上海教育出版社,2003.或参阅英文翻译版:Henri Lefebvre. The Production Of Space. Transleted by Donald Nichoson Smith. Blackwell Publishing,1991.

③ 辩证法发展的第一阶段是思辨阶段,通过辩论达到真理;第二阶段是实证阶段,揭示普遍规律;第三阶段是前面两个阶段的综合,思辨性与实证性达成统一。

生过程。列斐伏尔所谓"日常生活实践和感觉"和"分析的理论和制度",在现实中就是矛盾同一体,或称统一体。二者时常发生"对抗""妥协",因而会成就一个新的社会时空氛围。

为了清晰说明三元辩证法,笔者在这里建立一个"芝诺时空模型"(如图3-1)。设定:

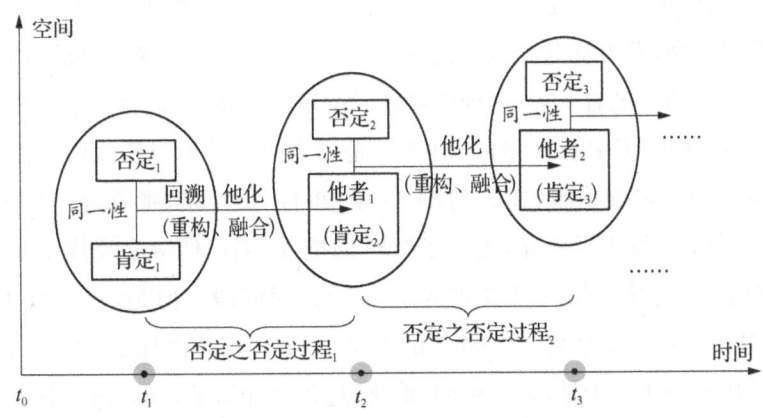

图3-1 "三元辩证":芝诺辩证时空(一)

肯定:指一个矛盾体中的肯定因素,是使一个事物成为该事物自身的因素,也是事物发生的结果呈现。"肯定"从正向上展示存在者及其存在的意义。

否定:指一个矛盾体中的否定因素。对于"否定",应跳过字面意思去理解。它本质上包含一个事物的异类发生因素,是客观上让事物变化的因素。"否定"是改变存在者及其存在的因素。本图表达的否定因素是矛盾体内生的因素。

回溯:指肯定因素与否定因素相结合并化为一体的过程。它本质上是重构式融合,其方式有和平性融合、对抗性融合等。实际上,融合本身也是一种否定方式。

他者:指肯定因素和否定因素经过回溯达成他化的结果,也是新体的肯定因素。在图3-1中,他者$_1$=肯定$_2$,通式是:他者$_i$=肯定$_{i+1}$。

同一性：指肯定因素与否定因素处于同一矛盾体中。①

省略号：表示时空的广延。随时间的延续，空间可以高级化，反映"螺旋式上升"趋势。

在这个芝诺时空中，设 t 为时间。基于唯物辩证法，辩证分析过程分两个时段，②在$[t_1,t_2)$时间段，处于矛盾同一体的社会空间中，肯定因素与否定因素共在，但随着否定因素的增长，呈现量变过程，两因素展开博弈。博弈是求得均衡，双方找共同接受的条件，因而在整体中呈现"回溯"，回溯与融合是等价的。笔者认为，辩证法最精彩的地方就在于"融合"，它孕育着持续量变的"集聚"及其反向量的"分散"，是成为"新化"的过程。随时间持续且量变达到一定阈值时，在 t_2 时刻，一个"事件"发生了，那就是产生了"他者$_1$"，社会空间发生了变异，进入了"他"的境界，因而使融合完成了一次否定之否定的"他化"过程，从此进入了$[t_2,t_3)$时间段。但是，一旦成为"他者$_1$"，其内在本身又孕育了"否定"的力量——"否定$_2$"出现了，呈现出一个新的矛盾统一体。于是，第二轮的"他化"过程又开始了。随着时间延续，社会空间进一步变化，以至于进入第三轮、第四轮……形成螺旋式上升态势。社会时空中不断涌现矛盾同一体内部的对抗、创新、融合、他化、新质诞生等，因而从历史发生学视角看，过去是"历史空间"的社会空间，当下是"现在空间"的社会空间，未来是人们美好憧憬的"期望空间"的社会空间。

需要指出的是，上述辩证过程是用了芝诺的时空切片分割方法，但在现实中，社会时空的变化就像数学家求导后感受到的光滑曲线那样，旧质与新质、相邻的两项他化、相邻的两项否定，都是在不停地运行着，静态的芝诺时空切片不过是为分析方便而假设出来的罢了。

（二）时空中的集聚与分离

列菲弗尔的"三元辩证法"可以解释空间高级化问题，但没有彻底解决

---

① "矛盾同一性"有三个内涵，一是矛盾双方相互依存，互为条件，共处于一个统一体中；二是矛盾着的对立面之间相互渗透、相互贯通；三是矛盾双方在一定条件下相互转化。"矛盾同一性"是唯物辩证法的一个关键性概念，黑格尔的辩证法之所以不能贯彻到底，就在于忽略了"矛盾同一性"。

② 时段意味着时间区间，在方法上给"量变质变律"留下的空间。

其中的多样化问题。这里,笔者试图运用"回溯"和"他化"通过聚与分现象对多样化、高级化和规模化的发生给予进一步解释。

1. 集聚与分离现象

宇宙存在的基本形式就是聚集与分离。它们没有先后,但可以栖居于不同的空间系统之中,社会时空中的文化属性也是如此。"聚集"是众多元素朝某一点运行并形成集合的现象,聚集体是已经或正在聚集各种元素的存在者,集聚到一定时刻需要释放出去,以达到社会空间的均衡;"分离"在意义上是聚集的对立指涉,即从集中点朝外分开并离去的现象。分离,更是对异质离开原质的描述(具有分野、分形或分叉的意义)。

聚集与分离是辩证的关系。它们本是自然现象,但这一对概念具有普遍性,因而具有"本体论"的范畴意义。从时间上看,由一个相对新的"肯定"开始,集聚体内部的"矛盾同一性"就开始产生。空间中"否定因素"("进入积累"和内生积累的异质因素)不断增加,并伴随集聚体成长,"肯定力量"与"否定力量"一直存在着博弈(序贯博弈或持续博弈)。异质性增多,导致融合增多。同时,融合增多,又导致异质性增多。这个过程就是"回溯",它意味着在空间中"聚中有分"和"分中有聚"的"交互涵盖",也为回溯提供了可能的空间。这种"交互涵盖"又可能受更大的"交互涵盖"的流动所把控(可以理解为一个体系向另一体系的流动),进而自然地进入一个趋向处,那就是交汇所形成"他者"的新的升迁。

在时空中,存在者是集聚的产物,也是其他存在者分离的产物。正如海德格尔说,"存在者的存在一定是流动的。"例如,生命中的生与死、"日中为市"的聚集与日落市散的分离、企业的兴衰与财货聚散、商业集聚与扩散及多样化的聚散,等等,都是流动的。这样的"聚散现象"例子不胜枚举,并广泛存在于日常生活中。

2. "集聚—分离"的时空

本书对集聚与分离的解释是对"芝诺时空(一)"的拓展性应用(如图3-2)。不言而喻,聚集和分离各自都是多个物引起的。这里,设 i 为自然数,"·"为进入时空中的事物。那么,集聚是这样一种状态:当某物处于肯定状态时,由包括否定该物在内的多个事物向着这个"肯定"进入或靠近,在图式上以点作为某个原点,并用箭头向点的连接线表示。集聚过程也是经过回溯合成、重构而生成"创新新质"和"原生新质"的过程。分离是这样一种状态:在渡过成为他者的前夕的"一瞬间"(即以线的方式拉长了的瞬间),其内部结构中的"创新新质"离开了"原生新质",并成为一个创新的"他者",在图式上用箭头向发散方向表示。由于创新新质的突变或跃迁,"他者"最终冠以新的称谓。而原生新质是一种改良,仍不算作突变的"他者",但此时它将原来的"集聚$_i$"带入了"集聚'$_i$"(图中带"'"的现象表示改良性质)。"集聚—分离"是"发生"过程,集聚过程是新事物漫长的"潜在"阶段,而分离意味着新事物的瞬间呈现,图中从 t_1 到 t_2、从 t_3 到 t_4 都是一瞬间,它意味着"搬家式另起炉灶"的迅速开始。从历史发生学意义上讲,分离后无论新进入"集聚$_{i+1}$"还是"集聚'$_i$",过去均成为历史。但是,每一轮新形成的"他者",都是创新新质推动的一次"分离"。

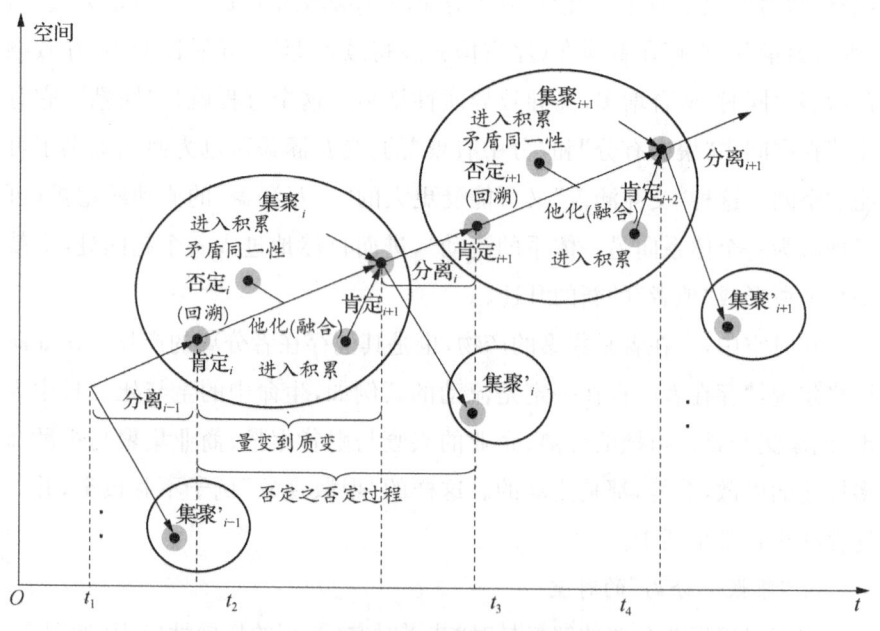

图 3-2 "集聚—分离":芝诺辩证时空(二)

图中的"聚分现象"展现出两种路径,它们都可以是连续的。一种是"……集聚$_{i-1}$—分离$_{i-1}$—集聚$_i$—分离$_i$—集聚$_{i+1}$—分离$_{i+1}$……"中的一个芝诺片段组合,它是一个确定的和纯粹的持续创新路径,其通式由"—集聚$_i$—分离$_i$"表示;另一种是带有改良性质的或非纯粹创新的芝诺片段,在本图中由三个分离可以分别引出。它们的路径首先表现的原质改良,其后是否会出现新质创新是不确定的,例如,其中可能有"……集聚$_i$—分离$_i$—集聚'$_i$—分离'$_i$—……"形式,也可能有"……—集聚'$_i$—分离'$_i$—集聚$_{i+1}$……"形式等,它们带有"'"的片段并随时间而平移,表明了对过去状态改良的当下存在。

3. 事物在集聚与分离中的多样化、高级化和规模化

时空中这两种形式的路径共存,一起构筑了事物发展的多样化、高级化和规模化。

第一,关于集聚与分离中的多样化发生。创新新质成为跃迁性的"集聚$_{i+1}$",而原生新质处于延宕性的"保留"状态并同时平移到了"集聚'$_i$"。这两种新质各自又要接纳新的集聚因素。随着时间推移,集聚与分离如此不断迭代分化,新质又不断分异,一方面"他者"的代际不断增多,之前被迭代的"他者"延续存在;另一方面,原生新质的改良者不仅留存,而且也存在创新的机遇。因此,整个时空的历史就是多样化的历史。

第二,关于集聚与分离中的高级化发生。"—集聚$_i$—分离$_i$"通式内涵了三元辩证关系,可以称为创新本体论的标准型。其中,"回溯式升迁"是矛盾双方通过和谐交融、交互涵盖、理性控制等得以优化的发展方式。由于创新新质具有"主动发生"性,而原生新质具有"被动发生"性,因而创新新质的突变带动了改良新质,可以使得整体的质量得以升迁。它概括了存在者不断进步的存在方式,使得分离出的新集聚存在者获得了新的意义,从而把一个空间命题不断推向高境界。高级化就是这样发生的。

第三,关于集聚与分离中的规模化发生。以上图来说明,在之前的分离基础上,以集聚$_i$作为事物肯定的基础,从t_2开始到t_3的区间,新的集聚包含多个事物进入积累,由能量集中、积累到饱和,是集聚$_i$内生的规模化,其中特别是创新新质这种异质力量(否定$_i$)的规模提升。随着时间的推移,分离越来越多导致新集聚也越来越多,每一个集聚的内生规模化合成并积累为整体的更大规模。规模化就是这样发生的。

4. 集聚体的内聚引力与分离向力

按照系统发生学原理,聚集体的构造是一个层级系统,"聚与分"也展现出层级规律,反映上下层级间和层级内相互的排斥力、融合力的交互关系。在图3-2中,集聚圈由左向右在时空中演化,圈内的结构与功能都涵盖着吸收与耗散的动态结构体系。引力产生着集聚,集聚又会产生更大的引力,使集聚圈越来越大,进而又产生着分离力;而这种分离力(以数个箭头线表示),是脱离原集聚体的部分存在者指向另一些集聚体的向力,是含有新质的流出意向和意义指向。决定分离线方向的因素有:"肯定$_{i+1}$"的向外动力、原集聚体"集聚$_i$"的推力,也可能有一个目标聚集体"肯定$_{i+2}$"(如国民经济发展计划或被追赶的样板国家等意向空间)的拉力。这一切力的大小及它们的综合力最终决定了分离时选择新集聚体的方向。

聚集体的引力取决于它的内聚力。内聚力来自聚集体不断"进入积累"的服务创新力量。集聚使得人际交互的频率加快,不仅使交易成本降低,创新机会和交易利益增加,而且带来市民积极向上的精神和新生活方式,[①]伴随多样的建筑形态、丰富的社会活动、繁忙的商业活动、人性化的市民社交、宜人的环境质量,不断地汇集着经济生活、社会生活和文化生活等多方面的活力,如展现出活跃的经济集聚、驰名的服务品牌、完备的公共服务、便利的地铁与交通设施、温馨的社区与娱乐休闲环境、丰富的文化生活、优质的文化教育与艺术社团服务等。

"此处"的集聚,实际上往往是"彼处"的分离。那么,为什么会迸发出这样的向外分离的力?回答是,聚集后力量的外溢,其动力的根本源于聚集体内部交互主体间带来的创新意识。聚集体是开放的空间系统,存在着维持系统平衡的耗散结构效应。例如,按照第二章关于时空叠加的空间生产理论,技术及资本的扩张具有向外"脱域"的本性。一个增长极的增长往往具有惯性,内部各个主体的"进入积累"及主体间竞争导致集聚地的地租提高和生活成本上升,使得聚集地出现"超饱和"现象。此时,会有两种向外的力:一是更大增长极的示范及拉力——"趋向更大中心"的分离;二是,创新外溢(示范

---

① 从古至今,城市一直是新生活方式的风标,是社会新生活的创造者和领先者。

传播),走向低势力地带,寻求新市场——"去中心的传播式"分离。

分离的后果是,第一,释放了聚集体内部不断"进入积累"造成的压力;二是带来了多样化的创新,导致了多元文化的繁荣。这种分离还可以向精神空间引申,在"现在"元素积累到一定的紧张程度后,被一种与现代相对的"后现代"元素所释放,等等。

总之,对于不断发生着的集聚与分离现象,经过"本体论"的抽象,可以作为一对范畴来分析。其中,蕴含着"新""旧"交替的创新意义。"聚集—跨界—交融"是创新的内生路径,"分离—传播—交融"是创新的外生路径,这两种路径常常是交织在一起的。

(三) 服务业在社会时空中的集与分:历史发生分析

1. 习俗经济下服务业的初始集聚与分离

这个命题实际上在探讨服务业的起源和它的社会化(职业化)过程。如前所述,始源性欲望(即原欲)是人行为活动的意识根源,它与人身本能的欲望需求相关联,如一个人的吃、性、行、用、住、穿的欲望(前两个带有动物本能性质,后面依次增加着社会文化性),由此又派生出的连带欲望,即本欲。在今天看来,人类早期低下的生产力限制了两种欲望及其实现水平,因而多数人处于"马斯洛需求"的浅层次状态,使得早期的服务活动多以提供物品的服务为主,因此,服务业的初始集聚主要形成于早期的集市或市井地带。

在习俗经济[①]占主导的历史空间中,庆祝丰收、族人互换产品、集市,以及"日中为市"的自发交换、固定等价物的出现等,逐渐形成了由市场安排的秩序。从一些学者对史前时期三次社会大分工的研究[②]可以看出,与前两次社会大分工不同,第三次社会大分工出现了商人阶级,它是不直接进行物品生产的职业,其领域性就是专门从事买卖的转手交易,这种行为实质上就是服务行为。正由于这种专门的服务提供性,商业才是最早的服务业。

[①] 习俗经济是因袭并流行一定范围、时间或区域的自发的民间经济。
[②] 恩格斯在《家庭、私有制和国家的起源》一书中提到的发生在东大陆(即欧亚大陆——笔者)原始社会后期的三次社会大分工就是:游牧部落从其余的野蛮人群中分离出来;手工业和农业的分离;商人阶级的出现。

今天看来,古代社会因生产力发展及人口等状况,社会时空中的集聚速度很慢,导致一个新分工形式的发生过程往往经历数百年,更久远的甚至经历数千年的时间。现举中国古代史说明。中国在5 000年以前的"仰韶文化"时期就有了交换活动,后来又有了禹时期"懋迁有无"的发展。[①] 当交换中使用贝做一般等价物后,[②] 人们就将"做买卖"称为"贾"。此间商族人祖先王亥曾驾牛车换物,后逐渐演化为商品交易的服务活动,从而开始了商业服务的职业化,直到商周之际的第三次社会大分工时期才形成商人阶级。据《吕氏春秋》记载,"凡民自七尺以上属诸三官,农攻粟,工攻器,贾攻货。"[③]应该说,此时的商业产生了初始集聚。商被灭亡后,一些商遗民传承"殷人重贾",驾牛驱马出门,行旅贸易于四方,贩运各地物产,商人的"族人"内涵渐渐被"买卖人"内涵所替代。这样,商人的语义成了买卖人,贾被分离出来,于是"市井"(聚落区中心的水井地带)出现。为方便交易,坐贾集聚于市井附近,并逐渐职业化。后来,人们将坐肆售物的叫"贾",跑长途贩运贸易的人叫"商","坐贾行商"由此而来。

2. 早期"指令经济"下的服务业集聚与分离

初期的指令经济是通过准社会组织机构(如氏族首领、酋邦组织等)发布"号令"实施的经济活动。在中国上古史的"大禹治水"中,如果没有指令性动员,不集聚当时各业,如生产工具制造、车马与货物运输等,实现治水方案是不可能的。[④] 这种社会动员是靠权力集团在指令控制下的超自然力量进行,往往产生人为性的行业集聚;国家形成后,指令经济成为支配性体制。另外,也不乏指令经济转向"市场化"的"分离"现象,在转型中,往往出现有限的指令经济。下图(图3-3)展示了三种集聚(分离)方式。

[①] "懋"通"贸",即贸易。此句为买卖货物,互通有无。见《书·益稷》及《日知录·卷二·懋迁有无化居》。

[②] 中国历史上商品交换活动中最早使用的贝类货币出土于河南殷墟妇好墓等地。据考证,其年代为公元前19至前16世纪。

[③] 参见《吕氏春秋·上农》。

[④] 《史记》记载,大禹治水时,"陆行乘车"。相传夏代设有"车正"之职,专司车旅交通、车辆制造。奚仲曾担任车正,在其封地薛(今山东滕县)为夏王制造车辆,并"建其旒旌,尊卑上下,各有等级"(参见《续汉书·舆服志》)。可以推测,车辆运输不仅用于当时水利工程,也支撑当时的社会动员。例如,"命后稷予众庶难得之食。食少,调有余相给,以均诸侯。"(参见《史记·夏本纪》)

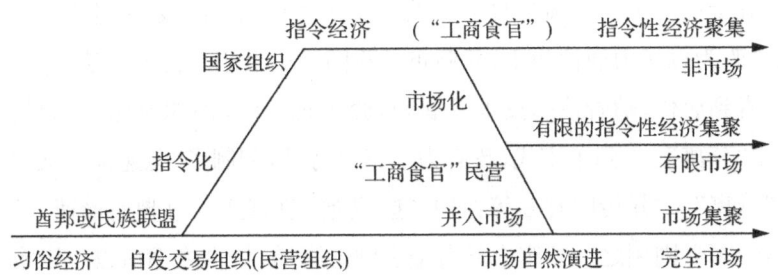

图3-3 历史与社会空间中的习俗经济与指令经济及集聚方式

当"历史时空"进入国家状态之后,国家组织者通过指令控制社会经济,而习俗经济逐渐退居从属地位。国家拥有暴力机构,潜在地支撑着统治者的法权,因而统治者可以通过超经济的法权收拢、培育和安排服侍者,并使他们在权力阶层指令下集聚。例如,王室经济、采邑经济中拥有各种技术性(不少在当时是高新技术)和非技术性的工匠和奴仆,他们的工作具有职业性,不少职业还具有世代性。历史上,这类为统治者服务的服务者,未达到广泛的社会化,可以被视为准服务业。例如,古代中国的"工商食官"①制度、"盐铁专卖"制度、邮驿业制度下的职业群体,就是在国家指令下成为这种服务行业的。随着社会发展,当被更高级的指令性服务取代后,有些服务产品先后被市场化。

下面以中国古代的邮驿为例,说明指令经济带来的服务业早期的空间集聚与行业分离状况。一般认为,中国古代的邮驿通信在殷商盘庚年代由国家指令设立,其目的是在整个统治区域内传递公文信息。它还有其他服务功能,如接待宾客以及承担转运物资任务等。到西周王朝时期,邮驿已经形成网点集聚,并形成了主要交通干线的陆路交通网。其干线被称作"周行"或"周道",包括庐、舍、路室和候馆等,提供行旅、饮食、休憩等多种服务。当然,这种指令经济的服务组织所服务的对象必然是统治阶层。到春秋战国时期,驲、遽、传、传遽等邮驿机构在各国已经发挥作用,形成了"良马

---

① "工商食官",是中国周代,尤其是西周、春秋时期工商业发展的基本制度,归属于官府的手工业者和商贾按官府的规定和要求从事生产和贸易,属于国有经济成分。

固车,五十里一置"①的邮驿体系。秦代邮传实行固定路线,由过去以专使通信为主改为以接力通信为主,并颁布了我国历史上第一部通讯法——《行书律》。直到唐代,随着造船技术发展,水驿出现,并逐渐职业化,从而使邮驿业产生"分离"。② 到了宋代,政府为了军事行动,创制了"急递铺",又出现了一次"分离"。"驿传旧有三等:日步递、马递、急脚递。急脚递最速,日行四百里,惟军兴则用之。熙宁中又有金字牌急脚递,如古之羽檄也。以木牌朱漆黄金字,光明炫目,过如飞电,望之者无不避路,日行五百余里。"③

3. 服务业的交汇性集聚与分离:长途货运服务的产生

服务业早期的集聚与分离一般与人们集中于物质消费相关联。例如,古老的运输业就是由早期运输活动与商品买卖活动交汇而产生的行业。下面,笔者运用"三元辩证法"进行分析(如图3-4)。

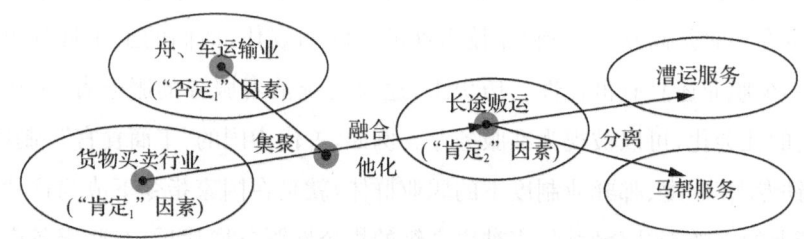

图3-4 漕运、马帮等专业服务业的产生

运输经历了从自我服务到专业服务的过程。从中国上古史看,早期的人们大都沿河而居,为适应捕鱼和渡河需要,在火和石斧的应用基础上,水上交通工具——木舟应运而生;另一件大事是,人们懂得了驯养牛、马、骆驼和大象等动物,用它们代替人力运送货物,并供人骑乘。相传在神农时期,就有了车,到大禹治水时,车已经用于水利工程。后来,商族人王亥因马少和饲养困难而驯牛,以牵牛鼻子而服牛,从而开启边买、边运和边卖的"三位一体"的行商模式。不过,这一阶段的运输大多是自我服务。

---

① 参见《韩非子·难势》。
② 有资料记载,唐朝全盛时共设驿有1 639个,其中陆驿1 297个,水驿有260个,水陆相兼的驿有86个,从事邮驿的人员达2万余人。由此可见,此行业的"分离"已经达到相当细致的程度。转引自"百度百科";隋唐邮驿。
③ 参见《梦溪笔谈》卷十一。

专业长途运输的产生("分离"出来)需要如下条件:第一,有一定市井文化基础的人口聚集区;第二,集聚区内有基本的商品需求,特别是生活必需品(如盐巴、茶叶等支撑集聚区生存的物品);第三,有能够使交通工具运行的道路(通道)。例如,中国古代商部落的"驾马服牛"技术推广后,用畜力运输商品的行业——"马帮"产生了,他们在北方山区、青藏高原和云贵高原一带采用马匹运输。而南方因地表河网密布,为适应"水乡市井",则应运而生了船舶运输行业——"漕帮"。应当指出,长途运输活动一般要投入商品资本,具有专业性质。其货运服务目标就是客栈或市井中的座商,因而自然有批发服务功能,运输商往往在前一批次就被告知了商品需求信息。伴随国家形成,长途贩运被指令化。为组织大规模运输,加快运输速度,提高负荷量,统治者征用徭役开山筑路、开通运河等。到春秋战国时期,诸侯各国为争夺中原霸权,纷纷修筑能够通行战车的道路。秦统一中国后,大修驰道,"车同轨"、兴路政,使车辆直达全国各地。汉朝时期,张骞、班超出使西域,又开辟了通往西方的"丝绸之路"。伴随集聚与分离,运输服务业呈现多样化。伴随国家介入,长途贩运、漕运及运河开发纳入指令性范畴,而民间的"马帮""漕帮"等逐渐成为边远地区的运输业态模式。

4. 衍生性集聚与分离:金融服务业的产生

所谓衍生,指从母体物质生出新物质。衍生本身就是一种"分离"。例如,早期的金融分离是由参加商品交易的商人衍生出来的(如图3-5)。

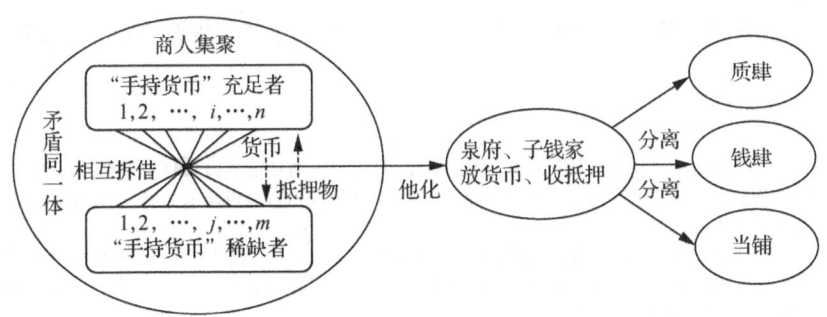

图3-5 泉府、子钱家、钱肆等服务业的产生

这要追溯到公元前256年以前的周代。当时,市场上聚集的交易者主要使用实物货币和金属货币。交易活动的频繁使借贷行为越来越多,货币需求量增加导致利息提高。于是,一些手持大量货币的大商人、贵族办理赊贷业务。《周礼·地官·泉府》记载的"泉府",就是一种"掌以市之征布、敛市之不售、货之滞於民用者"的官员。[①]

经过几个世纪漫长的衍生过程,到战国时期,放款取息现象已成普通的事情,秦统一中国后,将秦的货币制度推行全国,秦汉时期出现了专门靠放债取利的人——"子钱家"。它以不定期放款借予他人并以此取得高利为主要业务。因此,学界一般认为子钱家为商业银行的雏形。到了汉代,一些子钱家的资本相当雄厚,甚至政府有时为筹措军费要向他们借款。[②] 后来,到南北朝时期,出现了兼办信用业务的机构——寺院。当时佛教盛行,寺院遍布各地。僧尼在政治、经济上都享有不少特权。寺院不仅从事宗教活动,而且经营大量土地,兼营放款业务。此外,除了传统的信用放款,社会上还出现了质肆(典当业),专门从事抵押放款经营活动。质肆起源于汉朝,南北朝时有较多发展,当时还称之为"质库""质舍",唐朝称之为"典""当"。

二、服务业业态发生机理假说:组织模因生成原理[③]

学界在研究系统的"演进"进路上,对由"构成论"(Constructivism)转向"发生学"问题给予关注。国内学者李曙华(2005)提出用"生成元"(生成某物的最初物质)作为系统发生论(生成论)的逻辑起点,苗东升(2007)用"有

[①] "泉"通"钱"。此段文字即为掌管市的税收,收购市上滞销商品以待将来需要时出售,管理人们对财物的借贷及利息。由于贵族及大商人都属于上层统治者,故设泉府之官,表明借贷活动具有官办性质。
[②] 《史记·货殖列传》上说:"吴楚七国兵起时,长安中列侯封君行从军旅,齎贷子钱,子钱家以为侯邑国在关东,关东成败未决,莫肯与。唯无盐氏出捐千金贷,其息什之。三月,吴楚平。一岁之中,则无盐氏之息什倍,用此富埒关中。"
[③] 研究生成问题,不仅有"基因"(gene),还有"模因"(meme),后者特别用于研究文化现象的生成问题。

生于微"解释系统生成的原初问题。① 笔者依据中文语言表意,认为"发生"是一个总过程,而"生成"应是发生过程中最后结果的描述,"构成"应是发生前后状况的结构分析。构成论与发生论可以相辅相成,一个表示静止状态,一个表示运动状态,"静"与"动"为辩证统一。

(一) 组织分析:由"他化"到"业态胚胎生成"

1. 组织设定

为论述方便,现对包括服务业企业在内的经济组织内部构成做如下设定:

组织单元:组织中由人构成的最小单位,如某科室、某柜组、某销售部门、某小店等等,它主要是组织内部类似于车间、工序的基层组织。

组织系统:由一系列所有组织单元构成的完整组织。一个给定的组织系统存在着属于它的整体性状(这句话应该是一个公理)。

他化组织单元:不属于上述系统整体性状的"组织单元",也称异化的组织单元。按发生学方法论,它可能是未来被追认的"发生元(生成元)",具有可能的"潜伏意义"。

他化组织:持续接受携带他化质料的信息并使得他化的组织单元增多而形成的组织。

生成组织:他化组织中随着持续积累异化的组织单元,是最终形成的新组织。

2. 服务业业态发生Ⅰ:商业模式——可能的"潜伏"胚胎的孕育过程

下面笔者用四个切片(如图3-6系列),通过运用静态和动态结合的分析方法进行描述,对每个图的状态(短暂的均衡)做静态分析,对切片之间的

---

① 李曙华试图借助《周易》"乾坤二元"的意义界定"生成元",认为生成元是未分化的整体,不是基本构成部分;生成元可生可灭,本质上是过程;部分由分化生长而成,同时具有整体性和分形性;决定生长的是信息,而非原子量。但苗东升认为,李曙华并未讨论生成元如何生成,与各种生成论描述类似,是用定义的形式给定的。苗东升试图在有和无之间应引入一个新范式"微(wei),称之为Bit,比特",把它定义成以微不足道的物质能量载荷并传送的未来系统的信息核,以阐明"有生于微"命题是系统生成论的基本原理。参见:李曙华.系统"生成论"与生成进化论[J].系统辩证学学报,2005(4):44-48.;苗东升.有生于微:系统生成论的基本原理[J].系统科学学报,2007(1):1-6.

过渡(累进并趋向新均衡的过程)做动态分析,目的是分析业态的"胚胎"形成过程。我们的分析在下列假定下进行。第一,基本假设。假定市场规模和服务业企业产出是报酬递增累进的,即 $m<n<v<u$,企业据此依次增设组织单元;同时,随着市场规模增大,企业的规模是增大的;这些状况可以被企业预计到。第二,初始假设(图3-6-1的状态)。假设一个服务企业在某一时刻的初始状态是帕累托最优状态,也就是说,该企业内部经营品种、经营方式、资本及服务业产品生产和市场交换是均衡的。设 C_A 为企业组织单元($A=1,2,3,\cdots\cdots$)。下面我们展开分析。

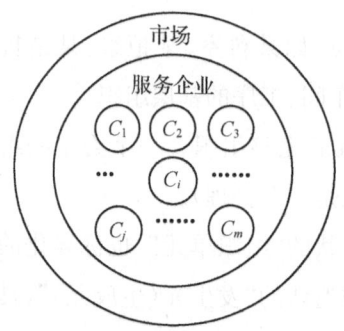

图3-6-1 初始稳定性状与市场均衡

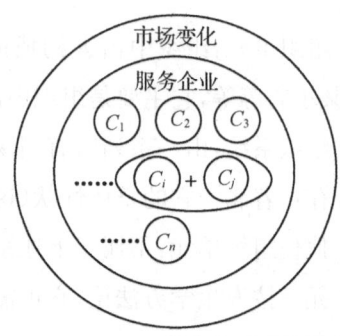

图3-6-2 他化组织单元与系统不均衡

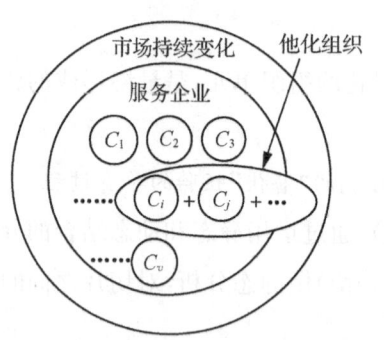

图3-6-3 持续他化产生新质主导模式

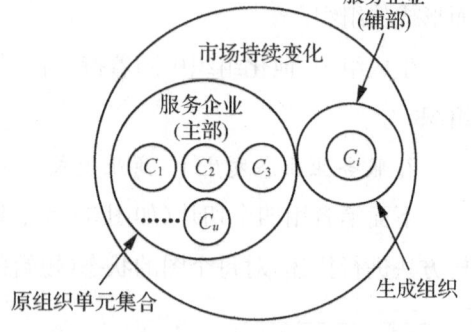

图3-6-4 C_i"生成组织":业态胚胎显

图3-6 由"他化"到业态"胚胎"生成

首先,从图3-6-1和3-6-2可以看出,由于企业是一个开放系统,所以,市场规模变化必然要打破企业内部的初始均衡状态,并可能带来"利"或"害"的预期。针对这一变化,该企业除了改变与市场的博弈策略外,还要对企业内部组织单元之间的构成进行调整,例如将 C_i 和 C_j 进行整合。企业及其内部诸单元整合的目的很明确,就是要获得更有利的存在。为此,进行技术和经营方法的改革与创新,因而使得整合目的与动力一起合成为创新驱动的因素。图3-6-2展现出,企业总规模扩大了,机构由 C_m 增加到 C_n,带来从 m 到 n 的报酬递增。可以说,由于 C_i 和 C_j 的结合,企业实现了边际增长。

其次,从图3-6-2和3-6-3的变化可以看出,市场规模持续朝同一方向变化(扩大),打破图3-6-2时的相对"均衡"状态,导致企业持续对外和对内进行调整,例如对"C_i+C_j"的"组织单元"进行持续投资等,使其成为"C_i+C_j 系列",并获取进一步的边际增长。对图3-6-3分析可以看出,在"C_i+C_j"持续"吃进"其他"组织单元"后,该服务企业显示出其"新质主导模式"的雏形,并展示出其"他化"趋势。具体讲,"C_i+C_j 系列"的目的与行动指向了服务企业的"特色",就是走向"他者"或"新质"状态,企业整体因此彰显特色,而能获得更多的利益。

最后,从图3-6-3和3-6-4的变化可以看出,市场规模持续扩张(从 v 到 u)刺激企业内部继续调整,或许是 C_i 吞吐资源的能力更加强大而同化了其他组织单元,也或许是"C_i+C_j 系列"整体的同一化,总之,最终形成了一个以新质 C_i 为代表的"他化"形式。这个具有特色的新质(非整体性状)就是业态胚胎的"生成组织"(未来业态形成后才被追认[①]);对图3-6-4进行分析可以看出,该服务企业明显分为主部和辅部两部分,主部为原质,由原来"组织单元"的集合组成,其中主要包含原来的核心业务;辅部为新质,即生成组织,由两个圈的 C_i 表示,是该企业的新业务。这个 C_i 最初可能由原来大企业的非核心业务构成,现在脱域而出,成为一个"业态胚胎",即新商业模式,是一种裹挟信息并能够处理信息的、他化了的新"质料",显然 C_i 系列已经是辅部的核心业务了。

3. 对"业态胚胎"(新商业模式)的发生学解读

这里,就"业态胚胎"生成突出地强调两点:第一,这个他化了的、包含新质

[①] 从发生学视角看,此时还未形成服务业业态。胚胎只是候补状态,可以理解为一种商业模式。如果幸运地不被"夭折",今后它有可能演化为一个服务业的物种——业态。

的"生成组织"并未与原来母体企业割裂,它还附着在母体企业身上,仍具有母体的性状、原来的遗传密码,继承着同一种企业文化、同一种企业价值观及面对市场变化的处理方式等,但它的"新质"确实与原来的企业性状不同了;第二,所谓"业态胚胎"是一种"微"。按苗东升说,"有生于微"表明微还不算是有。因此,"业态胚胎"还不是业态,只是母体企业的一种商业模式,却有可能发展为"被候选"的业态,成为业态的必经之路就是商业模式的传播。不过,这是事后才可知的,有些商业模式可能还要被淘汰。

(二)模因分析:从"模因复制"到"业态生成"

图3-6-4中的"生成组织"是一种由原商业模式演化出的新商业模式。这种新商业模式所继承、裹挟的前商业模式的理念、文化、惯例、方式等,就是"模因"。因此,"生成组织"就是模因的载体。笔者下面试图用模因传递来解释一种新商业模式可能发展到新业态的过程。

1. 有关模因概念的设定[①]

模因:文化遗传的基本单位,类似于遗传因子。它的遗传方式是模仿(复制)。就我们的话题而言,它是"商业模式"的"模"的因袭。

模仿[②]:照某种现成的样子学着做的行为。它涵盖两个向度,一是从行为角度看,它含有样本(一个现成的被参照对象,即模板)和再现行为(一种描摹、复制行为)两个过程要素;二是从意义角度看,它包含着样本存在的意义、认知与动机和传播行为四个要素。

宿主:模因"寄宿"的一切组织单元或一切组织体系。

任何一个信息,只要它能够通过广义的"模仿"过程而被"复制",它就可以被称为模因,如理念、方式、样式、语言及词语;制度、传统风俗、民风、潜规

[①] 牛津大学的道金斯在探讨基因自我复制及相互竞争促进生物进化的基础上,于1976出版了《自私的基因》一书,首次正式提出文化进化的单位"模因"。他把模因定义为文化传递的单位,通过一个过程而从一个人的头脑跳入另一个人的头脑之中。这个过程,广义而言,可以被称为模仿。参见:里查德·道金斯.自私的基因[M].卢允中,张岱云,王兵译.吉林人民出版社,1998.

[②] 实际上,对于模仿,早在古希腊时期柏拉图、亚里士多德就提出过(主要视角是文学艺术对现实的模仿)。19世纪末,法国社会学家塔尔德指出:社会交际起源的所有相似物都是各种模仿形式的直接或间接的结果,整个人类历史就是一部模仿的历史。模仿是社会发展和存在的基本原则,是社会进步的根源。参见:塔尔德.模仿律[M].帕森斯英译,何道宽汉译.中信出版社,2020.

则;宗教、建筑、音乐、绘画、仪式广告;等等。可以说,只要形成社会化的现象,都是模因遗传的结果。任何"流行"的社会文化现象必须经过模仿(复制)才能成为现实。

2. 遗传信息的复制与传播

作为文化遗传因子,模因就是遗传的信息,它靠复制和传播而生存。国内学者何自然等对国外"模因论"曾作过如下总结:① 以 Dennett 为代表的信息观把模因看作一种信息图式。它把这种模因理解为作为信息模式进行个人的记忆,这种模因可以被复制到另一个个体的记忆中;② 研究模因符号观的代表者是 Deacon,他把模因看作一种符号,认为模因作为载体的一个标志,可以通过感染人类的思想、改变他们的行为而进行复制;③ 以 Gatherer 为代表的思想传染观坚持模因是文化遗传单位或者模仿单位,是一种可以直接观察到的社会文化现象。他们把它当作一个想法或理念,寄生在受感染的宿主(模因植入的主体)的大脑中,改变他们的行为,促使他们复制和宣传这种想法或理念;④ 以 Gabora 为代表的文化进化观则把模因看作是连接生物进化和文化进化的桥梁,认为模因是一种社会文化进化单位,与文化或社会表现形式一起存于大脑;它担当基因的角色,作为第二类型的复制与进化因子,体现在人的大脑或社会组织中,或存储在书籍、电脑和其他知识媒体中。①

3. 服务企业的模因复合性

"服务—被服务"关系的广泛存在性,使服务企业成为一个开放型的、综合性模仿的经济组织。众所周知,企业是一个蕴含理念、方式、管理、技术、产品、营销、员工与客户关系等多元文化信息的社会复合体。因而,企业模因属于复合型集合。首先,从纵向和横向看,它的纵向历史传承,就是文化模因的自我传递;但企业大多是横向模仿,可以说是向市场学习,通过吸收外界信息来调整自己,这样才能使内部与市场达到均衡。在横向信息交流中,作为宿主的企业,形成了自觉模仿和不自觉模仿、显性模仿和隐性模仿等。其次,从文化模因的稀缺度看,有一般社会广泛存在的普通文化模因,

---

① 何自然,何雪林.模因论与社会语用[J].现代外语,2003(2):200-209.

使企业不失一般社会组织的性质；有构成企业或行业经营与营业过程的文化模因，使其不失行业归属的企业性质；有构成某企业经营特点的文化模因，使其不失行业中独特的地位；有构成企业创新精神的理念、技术、方式的文化模因，不仅使企业有独特的社会地位，而且使企业锐意进取，进而可能成为引领商业革命（服务方式进化）的先行者（详见图3-7模因金字塔）。

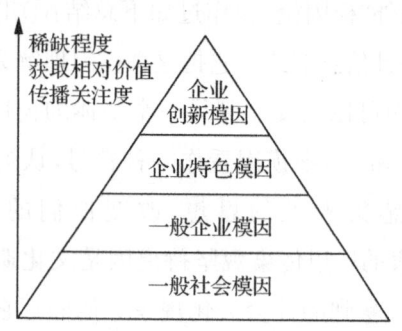

图3-7　企业文化模因复合金字塔①

4. 服务业业态发生Ⅱ：样板商业模式——模因博弈中的新业态生成过程

（1）模因博弈

企业竞争就是模因博弈。其实，初始的"组织单位"就携带着模因进行竞争。图3-8在图3-6系列基础上，描述了在历经博弈、均衡、归一化、样板、被模仿及业态最终生成的过程。模因竞争同样适应"物竞天择，适者生存"的法则，适用模因变异、进化的解释。任何一个商业模式及其支配其存在的理念，刚产生时会面临各种压力，如合法性、投资风险、可否持续等，归结为顾客头脑里会不会接受和持续接受这种模式下的产品。作为企业文化输出的模因，是要争夺人们的注意力资源和记忆保存时间，以此获取和挖掘更多的价值。例如，价格竞争中所谓"新概念"和"让利"、非价格竞争中广告与商标的"符号崇拜""logo博弈"等，商家制造出的模因在传播中形成公众的"注意力"，通过深入人的大脑，形成长时间记忆，让各自的"排他性"成为语言模因的利益竞技场。②

---

① 布罗迪.思维病毒[M].叶俭慧译.浙江人民出版社，2014.
② 排他行为有正当的和不正当的，市场上出现的"冒用商标"就是一种以不正当方式驱逐正当方式的模因混淆。

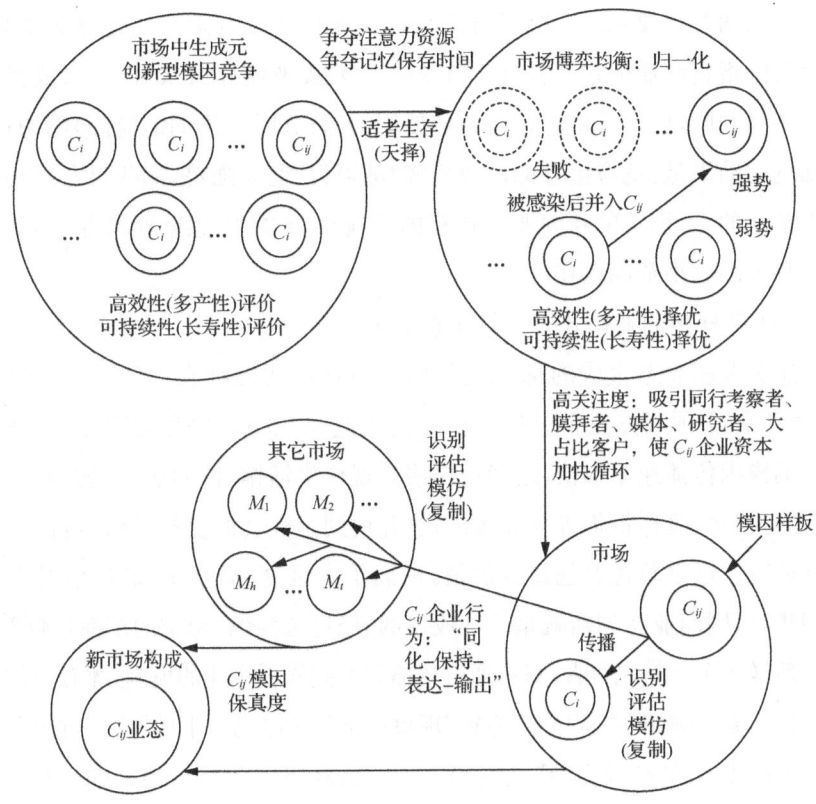

图3-8 模因竞争—模因样板—业态生成[①]

但是,"注意力"和"记忆力"争夺往往是简单模因的作用方式,而高层次的模因竞争是在企业的高端技术和深层次理念上。例如,百货店及其传播、"超市复制"及其"连锁复制"等都曾经在当时历史条件下的竞争中扮演过新业态的角色。总之,模因博弈的层次越高,未来成为新业态的可能性就越大,特别是对那些具有革命性意义的新业态而言。

(2) 模因筛选

在五彩缤纷的新模式中,什么样的模因才能优胜?笔者认为,一般的通则是"高效性"(多产性,fecundity)和"持续性"(长寿性,longevity)。这是被

[①] 为揭示现代服务业业态的生成与创新机理,笔者将生成过程以这种拓扑图模型方式展示出来,使之直观化,旨在让读者更清晰地理解这一过程。

"录取"的两个重要标志。"高效性"指新商业模式及其理念的复制频率高,"持续性"指新商业模式及其理念作为一种方式被业界所认可,并形成稳定的规则与制度,也最终进入社会共同使用的语词(固定语词汇模因)库中;模因筛选的结果是:适应生存的商业模式"被逼得"变为强势,那些昙花一现或者小范围的、不稳定的新商业模式有的被淘汰,有的因感染而被兼并,有的以弱势模因而小范围存在。

(3) 新样板商业模式——新业态生成

服务业新业态生成的标志是新样板商业模式被社会广泛认可。进入21世纪后,中国服务业企业通过信息化改造及"O2O"化和数字化,新商业模式的模因传播速率加快,还涌现出诸如现代生活馆、体验店、外卖、共享单车、众包快运、直播带货等新商业模式,并得到全社会的复制、被认可而成长为新业态。这里蕴含着创新的价值,内涵了高难度、高水平、高价值的创新模因集合,因而业态创新就是一种成熟的、经过考验的、稳定的革命性创新。

新样板企业是先行者,只有通过传播和复制样板企业的模因,才有可能形成社会现象。例如,生鲜品"新零售"现象就是阿里巴巴旗下的"盒马鲜生"、腾讯—永辉旗下的"超级物种"、京东旗下的"7 FRESH"等样板传播的。有学者提出,模因必须经过同化、保持、表达、传输四个阶段才能得以成功复制。[①] 样板商业模式是综合利益性模因的集合,传播往往靠经济实力、信誉、品牌形象及其体系的自身语言来表达,但一切都根植于其深层次的理念之中。因此,成功的复制是体系的传播和复制。除了传播和复制方式外,还传播和复制精神。成功的传播与复制内化了模因的同化力、保持力、表达力和传输征服力。它要落实到时空中,以自己的规则与识别符号,通过精细扩散和跨界扩散,奔向多个市场,赢得广泛认可。例如,我国物流领域的第三方物流,曾作为一种"整合储运资源、非资产型化"理念的新业态,随着市场经济的发展,后来扩展到第四方物流、第五方物流、第六方物流、第七方物流,几乎每一次扩展都是新的跨界。[②]

---

① Heylighen, F. What makes a meme successful? [A]. Proceedings of 16th International Congress on Cybernetics(Association Internationale. de Cybernetique, Namur, 1998.
② 在第五章图5-3中笔者勾画了物流的演化,其中,第七方物流就是与金融业跨界形成的金融物流业态。

5. 样板企业的发生方式

样板企业一般是新业态的原创企业,其发生有三种方式,即母体裂变式、对等融合式和单独飞来式。

(1) 母体裂变式

母体裂变,指某企业母体由于内部控制力弱化一部分独立出去而产生新的经营模式。这种方式如果具有很强的生命力(长寿性),能够在市场环境中得以生存、感染并普及,有可能成为新的业态。

(2) 融合方式

它指两个或多个主体对等的融合,并与新技术、新方式或新产品交汇融合而成的新经营方式。就是说,"生成组织"之间相互融合形成一种"他化"的方式,以此为基础的创新元素被市场复制,进而形成多个组织相结合的新业态。

(3) 飞来方式

它指由某空间之外楔入该空间的一种未曾存在过的商业模式。在现实中,这种方式一般由政府主导,采用培植或孵化的方式,扎下根后通过复制形成新业态。例如,麦当劳就是早期飞来之物,中国本土的快餐业借鉴了其不少的先进方法和理念,从而扩展成快餐业态。

6. 关于"模因保真性"与服务业业态生成

服务业新业态形成过程中,作为"一种产业化"被模仿和复制的新商业模式,涉及到初始模因的保真性问题。所谓保真性,就是指新业态与初始模因有着一脉相承的对应关系。Dawkins 在《自私的基因:30 周年纪念版》中论述了影响模因成功复制的三种特性:长寿性、多产性和复制保真度(Copying-fidelity)。[1] 参照中外学者对语言模因保真性的研究[2],笔者认为,在新业态模因体系中,保真度具有二分性。深层结构(如理念)的传承上往

---

[1] Dawkins, R. The Selfish Gene: 30th Anniversary Edition[M]. Oxford: Oxford University Press, 2006: 34 - 36.

[2] 就掌握的资料看,目前关于模因论的大部分文献限于语言及文化传播方面,很少介入对服务业的研究。笔者在这里拿语言模因进行对比,研究业态复制变形问题。语言模因宿主对模因的语言信息是根据语境需要进行取舍的,进而可以形成模因在保真度上的差异,取舍的根据是效用最大化且满足自己的基本语用偏好。这一点对解决服务业业态文化的维持和传承、投入和创新及统一化和差异化中具有借鉴作用。参见:张建华.语用偏好对语言模因复制保真度的影响[J].沈阳师范大学学报(社会科学版),2016(3):70 - 74.

往具有较高的保真性,但在表层结构(如营业场景)却一般存在变形现象。将其与语言模因相比,语言模因具有形成和传播过程的成本低廉、形成期短暂、变化速率快的特点;而一种商业模式成功地被市场认可(即成为一种业态)一般要有三种使其稳定的因素:第一,"宿主"的沉淀成本。移植一个样板商业模式的模因具有直接的投资风险及利益所得,一旦进行了投入,宿主一般不会轻易变更;第二,"宿主"的"契约系统"。通过系统设计并融合样板文化不仅需要一个有定位和周全的论证,更是宿主成员的共同意志与信念;第三,"转型期较长"。需一定时间积累,分步骤进行改革,以平衡各种关系。这三点导致当样板企业形成业态后,总体业态架构及模因体系就自带稳定性,其模因的"长寿性"恰恰体现了稳定的一面。

另一方面,与语言模因类似,一个商业模式在传播中也会有变形现象。被宿主选定的商业模式在复制中也存在这样一种现象,即任何一个"宿主"在习得别人商业模式时,都要依据自己的偏好和实际状况做出取舍,以取得利益最大化。基于此,同一业态的服务业企业往往有不同的特点。这为以后模因可能变异出"新发生组织单元"带来候选契机。我们可以看到,一个新业态又发展为亚业态,由于模因不断变异,又有了更新候选的分叉点,于是,业态演化树也有了新的分叉,如此不断轮回,才使业态演化树越来越繁茂。

三、业态多样化发生的"迂回—分叉"原理

(一)"斯密—扬格"定理解读[①]

从发生学视角看,分工多样化的演化过程,就是经济体系中一系列"意义"发生的历史,在我们的认知图形上,这些意义就是历史节点。对此,我们可以用"迂回—分叉"来解释。

1. "斯密—扬格"定理的内涵

扬格于1928年在其《报酬递增与经济进步》的演讲中重新发掘和发展

[①] 笔者根据扬格《报酬递增与经济进步》原文,结合发表在《经济社会体制比较》1996年02期的译文(贾根良译并提出解读见解)进行解读,其中借鉴了译者的部分见解。

了斯密定理,指出"分工取决于市场规模,而市场规模又取决于分工,经济进步的可能性就存在于上述条件之中",后人称之为"斯密—扬格"定理。它表明,一方面,分工受到市场规模的限制,另一方面,市场规模又取决于购买力,即生产的数量,也就是分工的水准,从而分工一般地取决于分工。这是一个报酬递增的动态累积过程,经济进步的可能性就蕴含于此。

基于广义市场①的概念,扬格将斯密定理解释为"分工一般地取决于分工"(the division of labour depends in large part upon the division of labour),强调这不是同义反复。② 他认为,这意味着现代经济体制的结构中,不断冲破经济均衡力量的反作用力比我们通常理解更广泛和更根深蒂固。生产组织的每一重要进步,包括技术上的新发明、科学成果在产业上的新运用,都改变了产业活动的条件,并对产业结构的其他方面产生反应,而这些反应发生的作用永无止境。因此,变化是积累的,以累进的方式自我繁殖(Thus change becomes progressive and propagates itself in a cumulative way.)。

2. 迂回方法的经济

在《报酬递增与经济进步》中,扬格特别强调了两点:其一是,表现为报酬递增的主要经济是生产的资本化或迂回方法的经济(the economies of capitalistic or roundabout methods of production)。这些经济又主要与现代形式的劳动分工的经济相等同;其二是,迂回方法的经济,比其他形式的劳动分工的经济更多地取决于市场的规模。扬格说,现在人们谈论较多的是产业的一体化,认为它是工业产出增加的伴随物或自然结果。但是,与此相反的过程即产业的分化现在和将来仍然是与生产增长相联系的典型的变化类型。他说,随着产业间劳动分工的扩大,一个企业以及它作为部分构成

---

① 扬格称其为与贸易联在一起的生产活动的集聚,其中蕴含着,它必须是某种平衡,不同的生产活动必须是成比例的。英文原文为:An aggregate of productive activities—tided together by trade—carries with it notion that it must be some sort of balance, that different productives activities must be propotioned one to another. 参见:Allyn A. Young. Increasing Returns and Economic Progress, The Economic Journal,. Vol. 38, No. 152. (Dec. 1928):533.

② 笔者认为,从语义上看,"分工"是一个"正在进行"的概念,"分工一般地取决于分工"这一命题,实际是两个相对的"正在进行"的关系。从更深层次的意义上讲,意味着两个"正在进行"的循环在历史发展中会永不休止。

的产业,失去了其统一性(identity)。这个企业内部经济分解成为专业化程度更高的各个企业的内部经济和外部经济。这种分解是对工业最终产品市场的增长所创造的新形势的调整,因而,产业间的分工是报酬递增的媒介。①对于上述迂回方法的经济,扬格认为,报酬递增中成本和收益的均衡状态的"适当概念是一个动态均衡"(a moving equilibrium),在报酬递增条件下,成本不会比生产增长得更快。②

3. 迂回方式的经济也带有空间布局功能

值得注意的是,扬格提到,这个迂回过程可以促进产业经营更好地地理分布……一系列工业过程中的重要部分就是要考虑靠近某种原材料或是便宜的动力供给地,也要考虑靠近其他产业或廉价的交通地,以及靠近人口更密集的中心,更专业化的产业可以把区位优势和某些较小的折中因素更好结合起来。但是,由产业间的劳动分工所获取的最大收益是充分地体现了资本化或迂回方式的经济。③

(二) 几点重要认识和启示

1. 五点认识

涉及服务业业态多样化,笔者对斯密的分工思想和扬格的论述概括为以下五点:

第一,分工取决于市场规模,而市场规模又取决于分工。二者是相互决定的关系。

第二,市场本身意味着分工,因而可以说"分工一般地取决于分工"。其中创新(技术创新、方式创新)是不断打破均衡的力量,使市场和分工不断自我累进和繁殖。

第三,上述累进的双向关系依托于双向关系中资本化或迂回方法的经

---

① Allyn A. Young. Increasing Returns and Economic Progress, The Economic Journal,. Vol. 38, No. 152. (Dec. 1928): 531.
② Allyn A. Young. Increasing Returns and Economic Progress, The Economic Journal,. Vol. 38, No. 152. (Dec. 1928): 535.
③ Allyn A. Young. Increasing Returns and Economic Progress, The Economic Journal,. Vol. 38, No. 152. (Dec. 1928): 538-539.

济,并以持续不断地运行来实现,它造就了社会经济进步的活的肌体。

第四,可能的经济进步表现为报酬递增,是一种动态经济的运行,即面临新状态的调整,是不同分工水平上的、动态的积累过程。

第五,除市场本身是一个复杂空间外,迂回方式的经济终究也要落实到地理空间(资源占用的空间)及其调整。

2. 对现代服务业业态多样化的启示

(1) 现代服务经济中的"市场规模与分工"呈现复杂化的精细化

现代服务经济运行空间中"市场规模与分工"双向决定的频率越来越快,越来越复杂化和精细化。现阶段层出不穷的服务业新业态正是市场体量不断增大的结果,其中蕴含着不断冲破经济均衡力量的反作用力。例如,类似于德邦、圆通、丰巢等快递已经是新业态了,但当电商扩大了自己的市场规模并呈现亚业态的精细化趋势,急剧增长使电商处于极度膨胀时,快运货物成为瓶颈。在这种情况下,市场规模扩大的反作用力使不少电商介入快递行业,如京东通过旗下的京东快递实施仓配一体,阿里巴巴则通过"菜鸟"驿站介入快递行业(被称为"毛细血管"式覆盖)等,从而引起快递行业业态的细化,出现"电商+物流"形态,并成为快递行业的主流。

(2) 当代服务经济是易于发生迂回的经济

扬格在他生活的时代关注"生产的迂回方法",但在今天已经不能仅仅如此了。今天还有"迂回的流通",甚至还存在"迂回"的消费。一个社会,"迂回经济"涵盖的领域越广,它的社会分工程度就越高和越精细。

迂回经济意味着一个经济体含有"跨界"或"异化"的链式结构。之所以易于发生迂回,是因为这种经济形式在服务业领域的"他化结构"成本较低,并能快速完成一个链式运行。如果比原来慢,就不叫高效的迂回经济。这种"他化结构"常常是服务业新业态带来的,例如当今社会的迂回流通呈现为"迂回批发"和"迂回零售",与批发业和零售业相联系的现代服务业业态也快速精细化,从而加速了社会经济的润滑。再如物流业中出现的金融物流、金融业中的供应链金融、批发业中游离出社会配送业、零售业中出现的"第三方零售"、快餐业中的外卖、移动电商中出现直播带货等,都是迂回经济的表现。至于"迂回消费"则是这样一种现象:消费者要消费某目标产品,必须先消费与之相关的服务,甚至购买后要消费连带的服务,才能完成一个消费链。它可分为"消费前消费""消费中消费"和"消费后消费"三种情况,都属于消费时的"引致消费"。例如,消费者预先经过消费手机流量或互联网络权限的"迂回",然后才能上网查询信息;去购物中心购物时的市内交通、购物中心内的饮食等连带消费;购房或买车时,先按揭贷款或办理分期付款才有消费行为;目标消费品的后续维护与修理服务、接受送货上门服务等都属于迂回消费。

(3)"迂回经济"中"迂回起点"的发生意义

笔者在此追问:在"迂回经济"的每个迂回中,那些"迂回起点"的内涵和精神是什么?就服务业来看,现代服务业业态起始点存在于"迂回起点"中,具有"发生意义",是他化的生成组织的标志,由此开始了一轮累进式自我繁殖。由于迂回经济本身是动态经济,任何一个始点,以及该始点后的延续,都离不开持续创新,以前创新过的技术和方式已成为历史和今天创新的基础(见图3-9)。

首先,它是发展里程碑式的节点。为论述方便,笔者将服务业新行业的分叉点命名为"扬格起点"。它们是发展到一定阶段历经无数次市场筛选而不败,应运而生的新业态。在第三产业的迂回经济节点上,如在迂回流通、迂回零售和迂回消费中,一般都对应着一定时代下服务业新业态的起点;同样,在制造业行业内部的一些分叉点上,也有生产性服务业的新业态,例如,定制式产品设计、方案设计、外包式企业管理服务等新兴业态。

其次,它构筑了一个多样化的、紧密的社会经济体系。越来越多的新业态迂回节点,使经济体系整体趋向于高级化,展示了"聚合"发生的超越性。从图3-9-1的纯粹直接经济,到3-9-7的迂回经济体系,经历了初期零售商、多家制造商、多个批发商、配送商、其他形式的零售商、外卖商,以及消费金融、交通等其他服务形式的插入的历史过程。随着信息技术发展,分工体系由原来局域性、碎片式的连接到整个经济体系通透、紧密化的连接,由此"共筑"了整个社会经济。正像扬格所说,经济增长由此产生。

第三章 服务业业态发生原理

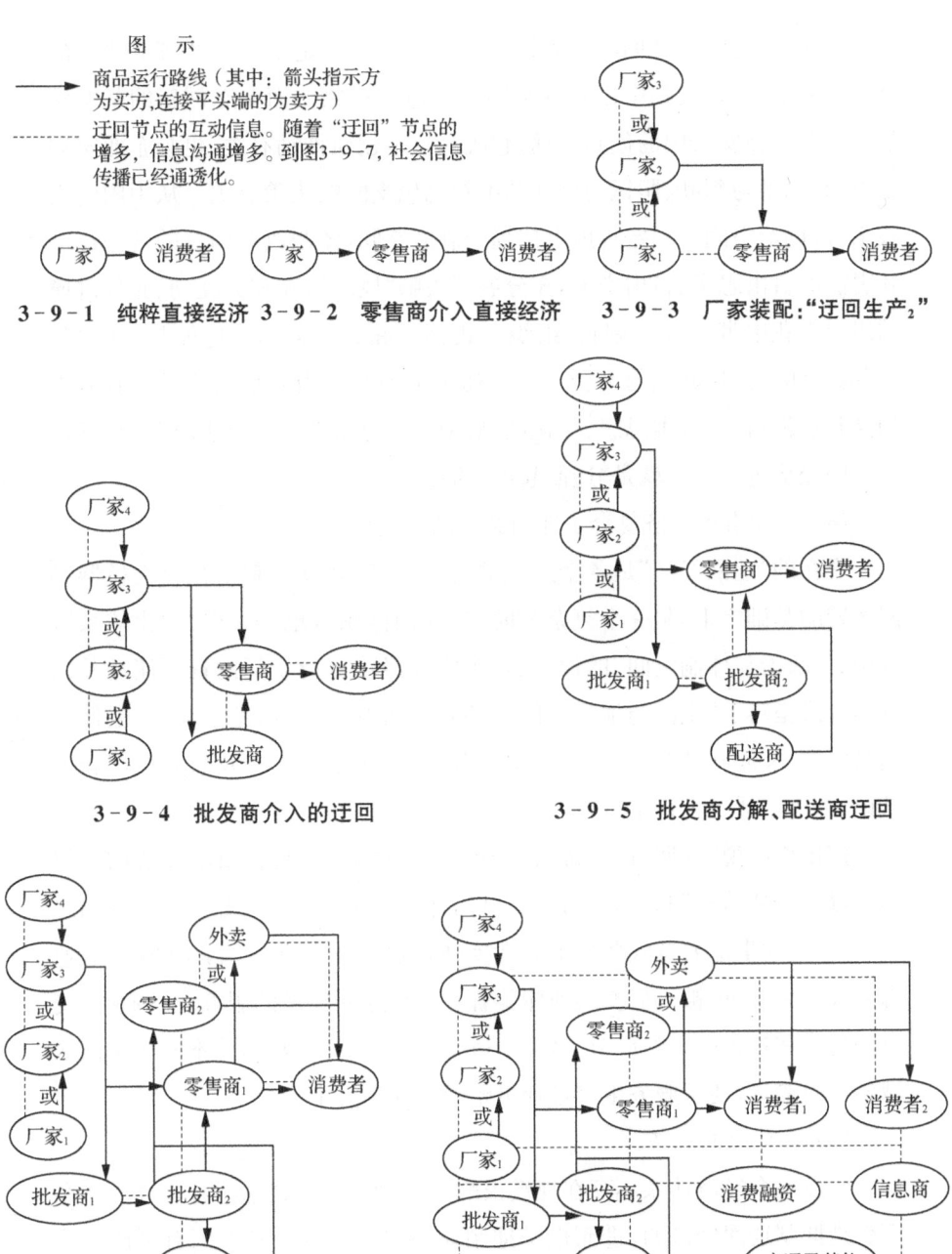

图3-9 迂回经济的结构演化:以服务业集聚为例

再次,它是体系性创新的表征。新的分叉点一定来源于经济实践中的"创新"活动,也是实践中创新者头脑中智慧的产物。而业态创新的基本源泉是企业家在实践中的创新劳动,它既与技术创新推动有关,也与企业家创新意识、思维与判断、胆识与韧性和由新思想支配的决策有关。从中国的实践来看,创新空间在一定程度上依赖于制度空间,体制改革的目的就是让创新者能够自由思考、自由交流,充分展开头脑"风暴",在充分互动、充分碰撞的思想火花中带来技术创新、组织方式创新和思想创新。这就是"迂回起点"的内涵。扬格起点的集合是一系列历史创新和当今承接历史已有成果的高起点创新,是人类思想、文化的结晶体系,正是"分叉的迂回"带来扬格所说的经济进步。这就是"迂回起点"的精神。

(4) 当代市场经济复合了迂回经济的时空集聚

现在的"迂回经济"是各个产业的迂回经济,建立在整个社会大机器协同运转的基础之上,是一个复杂的时空"迂回体系",也是一个"发生体系",其中有"政治与体制空间"的设计、各个实体经济运行空间的资源流动并以资本方式坐落于"生活与地理空间",还要覆盖"技术与信息空间"的上传下达与引领,又回归到"生活与地理空间"的日常生活。它涉及新农村与新型城镇、都市生活及人口集聚,等等。

按扬格所说"迂回过程"带来"地理分布"的启示,现代市场经济的空间集聚,最终要"落实"和"回归"到城市与乡村、土地与物质资源等实体空间之中,这个空间坐落着各式各样的企业实体,其中,服务业以"目不暇接"的业态方式集聚着,更被人们真实地体验着。作为迂回经济的服务业新业态,受市场规模和各种因素的调节,坐落于适合自己选址的地段,并不断向生活区域各方面渗透,使得服务生产过程更贴近人的真实生活。

(5) 一个反向思考

假设一个经济体系不存在规模报酬递增,那么,这就意味着该经济体系至少是抑制迂回经济的,进而也是抑制业态多样化的。其原因有可能是这样的传导机制:当不存在规模报酬递增时,经济体系至少不可能有持续增长的购买力去支撑更大的市场规模,从长期看,就不可能产生扩大的分工。在这种情况下,必然导致该经济体系中的"迂回"处于停滞状态,甚至导致其处于萎缩状态。如果靠强权"迂回",就有可能造成"迂回不经济"状态。此时,服务业业态的整体发展必将受到抑制。

(三) 服务业业态多样化的种群发生:以树状分叉图为标识

根据对"斯密—扬格定理"的解读及业态多样化"迂回—分叉"原理,参考种群发生学(Phylo-genetics)研究生物实体性状中物种单元之间系统树的原理和方法,笔者下面对服务业业态多样化的树状分叉关系进行描述。

1. 树状图及其意义

树状图,是将各个节点之间存在"一对多"生成关系的线段连接为树形结构的图形。其中,相邻节点间是父子关系,除两边的端点外,每一节点只有一个父节点,当节点与节点间的父子关系不存在交叉时,便构成了典型的树状图。

树状图是思维的可视化,是一种对离散结构层次关系的思想建构。[①] 笔者在序言中谈到老子的发生论,"道生一,一生二,二生三,三生万物",以及"名可名,非常名"的论述,为我们勾画发生树状图提供了思想基础。在某种思想设计下,我们可以调动高层的思维和能力,将树状图的节点"事件化",用连线反映历史上"分离"发生的过程,也可以理解为本章前面"集聚"与"分离"原理中的分散、分异、撕裂等。

2. 业态树状分叉图及其类型

(1) 总体性、直观性地综合概括业态多样化历史

服务业业态的树状分叉图,是反映"服务—被服务"的历史演绎过程和体系的宏观描述,它表达从上位到下位迁移线路上大致的业态生成关系、发生机理和历史进路;其好处是业态同化过程直观明了,对整个连续的业态发生事件进行宏观把握,但其最大的短处是,因业态发生非常复杂,因而不能完整地再现企业微观的"复合模因"的继承关系。

---

① 树状图中一端向外扩散,在形式上表达的"分形"是人对"分离"进行分类的意识,反映了人们观察事物的整体视野。从语义上看,"分形"对对象的研究更有意义。涉及分形问题,数学中有"分形理论"(Fractal Theory)。它描述的几何分形一般是大体系复制小体系的演化分形,反映了人的整体视野;普里高津分叉(Puligaojin's Bifurcation)一般是二分的形式,反映了人的局部视野。二者都具"类型化"的逻辑思维性质。

近年来,中国业界对于新业态现象时常用到"物种""物种图谱"等字眼,[①]甚至永辉云创科技有限公司将其旗下的生鲜超市称为"超级物种"。尽管如此,由于服务业业态多样化过程是细化的社会分工现象,现实中的分类仍然是被社会习惯默认或法律认定的制度化体系,加之企业组织体系本身又是交叉的、跨界的复合模因继承的系统,它不可能像生物种群那样有着相对清晰的基因去被追溯及归类。鉴于此,笔者只能采用多种方法综合描绘多业态的树状关系图,即综合吸收发生前后的年代关系、性状相似的表征关系、共祖的分支关系、分布上的产业归属关系等显型方面进行模态设计,以展现服务业业态的多样化。

(2) 树状分叉图的基本型及其解释

树状分叉图的基本型,是用回溯的方法对一个业态发生"事件"节点的上位或下位关系的理论表达,是对族群基本信息的说明。下面,笔者用图3-10的两个子图进行解释。

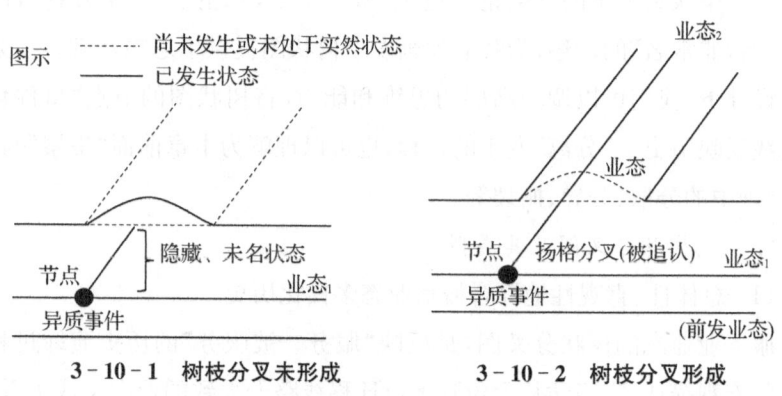

3-10-1 树枝分叉未形成　　3-10-2 树枝分叉形成

图3-10　树形分叉图基础型及其标识

上述树形分叉图的基础型中,"异质事件"是异质组织单元的"生成元"。在图3-10-1中,"树皮"尚未被突破,所以该树枝内的活动处于被隐藏阶

---

① 刘章明等在《商贸零售行业零售业态新物种图谱》中将下列16家零售企业:盒马鲜生、超级物种、百联RISO、半山集市、Zeitgeist、Amazon Go、7-Eleven、名创优品、网易严选、朴梵家居、Signature、小e微店、缤果盒子、Take Go、淘宝会员店、Moby便利店等列为中国零售业态的新物种。https://max.book118.com/html/2021/0416/7145006163003115.shtm.

段,未来的"业态"处于"潜伏"或未名状态,即使在胚胎生成时,也属于一种新商业模式;而在图3-10-2中,随着异质因素的不断成长,终于突破"树皮"长出"新芽",它标志着业态生成,这时,新业态有了"名分",意味着其新商业模式被模仿、复制和传播。而"闷芽",就是长不出"新芽"且没有名分的状态。业态生成后,原来异质事件的节点就成为分叉点。由于服务业多样化的链条中又增加了一个"迂回",于是,这个分叉就被"追认"为"扬格分叉"。

(3) 应用型树状分叉图

为方便直观,笔者对基本型进行了简化,得出了应用型树状分叉图。现对图3-11的规则予以说明。

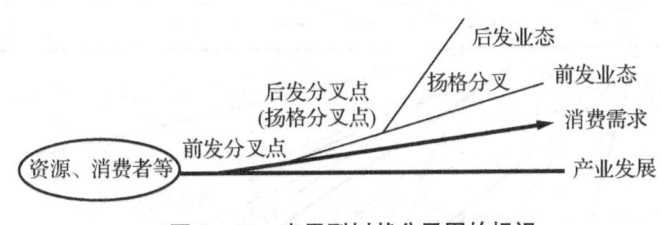

图3-11 应用型树状分叉图的标识

由上看出,应用型树状分叉图省略了基础型的处于隐藏、潜伏状态的组织活动。

3. 细分的多阶业态分叉:以旅游服务业业态多样化为例

从多阶视角进行业态细化分类,可以描绘出树状图。它要在前发业态线上画出新的序贯分叉线,以展现服务业的演化进程和业态多样化的产业环境。

图3-12大致直观地回溯了以旅游业发展为主线的服务业业态的演化状况。每种需求(带箭头的线)及其增长是树的大枝,分叉处延伸的枝就是相应的业态族,分叉点就是业态发生点处于被追认的潜在状态。还要在分叉线顶端标出相对新的业态符号(文字);分叉点的次第越处于高位,业态的进阶就越高,就越向树的末梢发展,因而所展示的业态就越新。分叉点是一种假设,即假设"后发业态"是在"前发业态"的基础上演化出来的。从此图看出,服务业业态逐步向多样化和精细化发展。为便于理解,下面列出关于旅游服务业业态树的演化模型。不过,它仅仅是旅游服务业现实生活中的一部分,更是整

个服务业业态分形结构中的"冰山一角"。有关类似的研究还要在第六章进行"多样化"创新研究时展开,这里不再赘述。

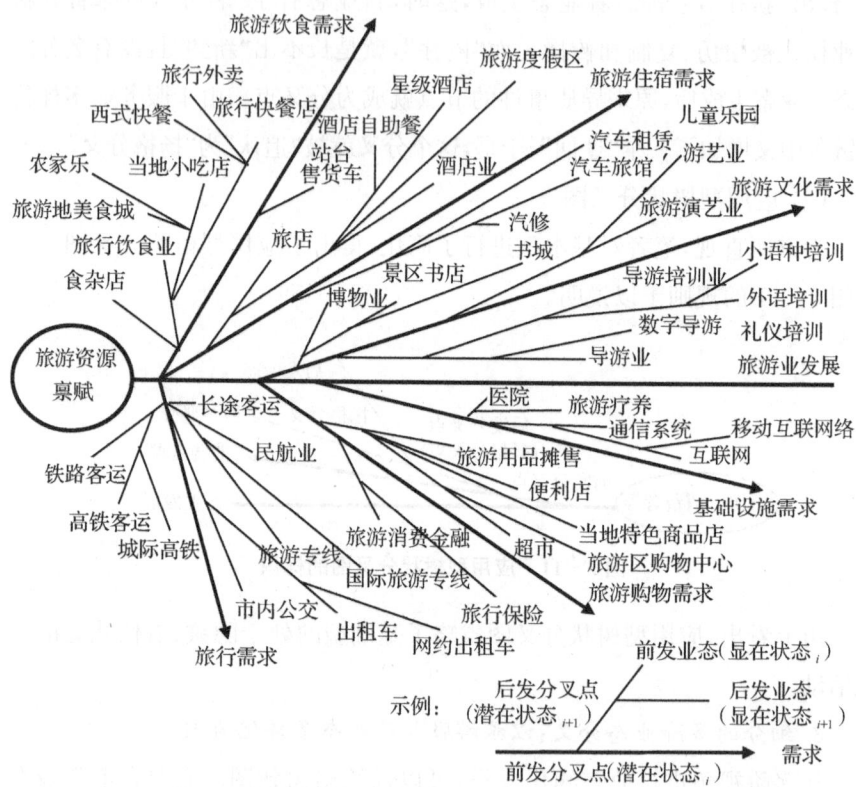

图3-12 业态多阶发生的演化树模型:以旅游业种群及相关业态为例

第四章 现代服务业业态的源初、萌起与成长
——体制时空变换与历史发生学视角[①]

本章用历史发生学"回溯—前进"的方法,构筑研究现代服务业业态的源初、萌起和成长的框架,以此探寻不同历史境遇下业态生成、生长的选择逻辑,特别是体制时空穿梭中分工和业态的基本形塑,并以"历史性原则"和"现象展示"来梳理分工和业态多样化中"意义的历史"。新中国成立以来,服务业形象地经历了"三大改造"的"受限的种子"、计划经济指令的"闷芽"[②]两个时期。对现代服务业来说,这两个时期的服务业都是"源初"的传统服务业。之后,服务业经历了改革开放的"萌发与发育",逐步进入现代服务业的历史时期,由此带来今天市场经济敞开的"勃发"式集聚(对现代服务业的业态集聚将在第五章讨论)。

一、时空设定

(一) 四个时期划分

为便于时空分析,本章针对服务业业态结构的变迁,划定中国经济体制

[①] 历史发生学是一种研究方法,它研究事物的起源、联系和发展。本章用"回溯—前进"方法,将服务业业态的"现代"回溯到"传统",并对其建立了整体的联系,构筑了探寻现代业态的源初、萌起和成长的框架。业态随时间绵延而显现,尽管时空展现出"改造"和"改革"两次巨大的时代断裂,规则改变有很大力度,但现代业态的显现仍与源初传统业态的潜在相关联,如都有黄牛、社交(吃讲茶)式茶楼、栈单交易(类似于现今的仓单交易)、综合商城、百货店、专业店等。本章还以历史发生学的态度,依照"历史性原则",以"历史第一性,逻辑第二性"探寻体制时空对分工和业态的形塑及不同境遇下业态生成、生长的选择;既然探讨分工和业态多样化,那么更需要用"现象展示"来构筑"意义的历史"。

[②] "闷芽",指种子被播到地里迟迟不发芽的现象。它连同"萌起""成长"等,有生物发生学的寓意。

经历了四个时期(如表 4-1)。"业态"这一概念是改革开放后才使用的,为便于"回溯",需要将新中国成立以来 70 多年用于服务业的语言"统一化",概念的历史统一性恰恰也是历史发生学的态度。

第一时期(1949 年至 1955 年):"一化三改"时期,是多种所有制转向公有制并向社会主义计划经济过渡时期。非公有制服务业作为"受限种子"而使多样性趋于萎缩。

第二时期(1956 年至 1978 年):社会主义计划经济时期。中央集权下的"四制"(条块制、单位制、配给制和户籍制),造就了这个时代服务业业态的"一贯制",形成了指令下的"业态闷芽"和固定的业态结构。

第三时期(1979 年至 2011 年):向社会主义市场经济转型时期。这一时期分为两个阶段:第一阶段为 1979 年至 1991 年的改革开放初期,是现代服务业业态的"萌起"时期。第二阶段为 1992 年至 2011 年,是现代服务业的"发育"时期,并形成了不断创新的业态结构。

第四时期(2012 年至 2030 年):新时代中国特色社会主义市场经济时期。它是当今现代服务业业态的集聚性"勃发"时期,又分为 2012 年至 2020 年和 2021 年至 2030 年两个阶段。通过两个阶段的建设,中国服务业将建成现代化服务业经济体系,并形成具有世界水平的服务业业态创新体系(第四时期的内容将在第五章阐述)。

(二) 时空设定的主要历史标识说明

1. 中国服务业的时代划分与命名

表 4-1 存在着交错的时期界定,反映了观察的不同视角。笔者将 1992 年之前认定为传统服务业,其中含新中国成立初期的"传统服务业 1.0"(属于旧式服务业,也属于第一次过渡时期)和"传统服务业 2.0"(包括计划经济传统服务业和现代服务业的萌起时期),将 1979 年—1992 年定义为第二次过渡时期;1992 年之后为"现代服务业",并分别包括 1.0 和 2.0 的两个发展分期;传统服务业时代属于现代服务业的源初和萌起时期,而现代服务业时代包括其业态发育、成长和勃发时期。

表4-1 新中国成立以来经济体制时空与服务业发展中重要的历史性标志

设定项目时间段	1949—1955	1956—1978	1979—1991	1992—2000	2001—2011	2012—2021	2022—2030
时期划分	向社会主义计划经济过渡（对私改造）	社会主义计划经济	向社会主义市场经济转型（渐进式改革）			新时代中国特色社会主义市场经济深化发展期	
			初期	中期	完善期		
合作体制及产权基础	公私合营化	公有制化（全民与集体所有制）；计划协作	市场化；多种经济成分并存；股份制；公有制多种实现形式；规划产业协作	国际化；加入WTO；外商企进入；国际并购	全球化；国际性多边合作组织；国际共有；人类命运共同体		
生产与流通技术能力	工业化初探	自力更生，备发图强	资金、技术与管理方法引进	信息化及诸技术发展	互联网＋，＋互联网	中国创造、中国智造	
消费时代及其表征	"吃、穿"	配给食品与用品	"家电"及其升级		宽带与手机	"实物＋虚拟"消费时代 三网融合及移动流量	物联网生活
	实物消费时代						
服务业时代命名	传统服务业过渡期（旧式服务业）	传统服务业	传统服务业2.0	现代服务业初创期	现代服务业1.0	现代服务业2.0	
	现代服务业源初（凋敝与闷芽）		现代服务业萌起过渡期	现代服务业发育	现代服务业成长	现代服务业初放（具备当代服务业态创新肌体体系，即机制）	
服务业态主要表征	百货商店（商场）、专业店、杂货店、集市	百货商店（商场）、专业店	百货商店（商场）、农贸市场、专业店	超市、便利店、专业店	购物中心与综合体、商业街、超市、便利店、专业店等	服务业多元化融合、生活体验馆、网购与快递、外卖、新零售业态等	新零售、新金融、新物流、人工智能、无人店、无人机物流等

121

续 表

设定项目 时间段	1949—1955	1956—1978	1979—1991	1992—2000	2001—2011	2012—2021	2022—2030
服务组织网络状态	单体		直营加盟（特许）连锁	互联网平台（网店）	互联网＋；互联网；O2O	移动互联网与物联网融合	
传媒工具与通讯服务	书信；书报	广播、收音机、书报；书信、公用电话、电报	黑白电视、书报；1G手机（大哥大）	彩色电视、家用电话与BB传呼；2G手机	平板、彩电、2.5G手机、笔记本电脑、宽带、电子邮件、微博QQ	移动互联网媒体、4G手机、自媒体（微信、QQ、推特等）	5G及以上手机、传感器及智慧全息通讯媒体、AI运用
主要支付方式	纸币（重货轻币）	纸币		纸币、银行卡代币	纸币、银行卡、网付	支付宝、微信、银行卡	电子货币（指纹与人脸识别）、数字货币
城市（间）通勤与出行工具	步行（少许公交车）	自行车、公交车	自行车、公交车、摩托车、企业班车	私家车、企业班车、摩托车、出租车	地铁、私家车、摩托车、出租车	城际高铁、地铁、电动私家车、网约车、共享单车	磁悬浮及特快高铁、智慧城市出行等
厨房从原材料到餐桌	全程自我服务为主	加工过程少许外购，以自我服务为主		半外购式加工材料＋半自我服务	超市生鲜外购＋自我后续服务	网购拼盘＋自我加工；外卖（厨房功能减弱）	网餐及视频外卖定制（厨房功能蜕化）
家具消费	必备物（手工制作）	必备物（部分购置）	市场中选择购置	"财富拜物教"	随购房而系列购置	家居体验与定制（个性化）	家具3D打印

日常生活普及举例

2. 服务业在体制上的两次大转换

从体制视角看,第一次大转换是由新中国成立初的旧式市场体制向计划体制转换,其间国家资本主义方式逐渐替换私有经济,资源配置方式最终由主要靠市场转向社会主义的计划体制。此后,服务组织公有制化,服务业业态随之被"固化";第二次大转换是由计划体制向市场体制转换,资源配置方式转向政府规划下运用市场价格信号和产业的市场协作。在这个体制下,企业依法拥有了完整的自主权和决策的灵活性。中国加入WTO后,服务市场向国际延伸,外商服务企业逐步进入国内市场,参与国内竞争并融入本土的体制环境。第二次大转换使得现代服务业业态呈现多样化发展。

3. 消费时代与服务业业态

表4-1展示了"实物消费时代"和"'实物+虚拟'消费时代"。在"实物消费时代",主流消费品用于吃穿用的需求。在21世纪到来之前,提升到家用电器消费;由于实物消费特征,服务业的主流业态表征为零售业的百货业(如百货店、百货商场)、专业店、农贸市场与集市等。发展到较高阶段时,就开始出现超市与便利店(包括连锁形式);到了"'实物+虚拟'消费时代",主流消费品层次提升,注重于信息消费、发展性消费和娱乐性消费,服务业业态在之前的基础上向购物中心与商业综合体、商业街等规模化扩展,它们越来越具有综合服务性质,其中不乏非物质商品的服务。这个时代中的"虚拟"主要指与互联网相关的消费,其中实物消费依靠网店或互联网平台完成流通过程,同时不少消费品本身就是虚拟商品,如影视、网络游戏及数字产品消费等。

4. 日常生活丰富化、服务组织网络与业态多样化和高级化

表4-1反映出,服务业在穿越各个体制下的购物支付、传媒、通勤、家庭消费等日常生活领域中,业态表征发生了变化,其基本趋势是多样化和高级化。例如,在通勤服务中,从初始的靠人步行到公交车,再到出租车、公交车、城市轨道交通等服务;在支付方式中,从纸币支付到网上、银行卡及数字货币支付等;在传媒服务中,从初始的报业到广播电视,再到宽带、电视传输等服务形式;通讯服务中,从纸质书信到公用电话,再到固话、手机传输、网络聊天等服务形式。改革开放后,特别是随着信息化发展及计算机的普及,

在互联网和移动互联网推动下,服务业业态多样化速度加快,服务网络不断迈向精细化并呈爆发式扩展,进入2020年代后,在物联网和人工智能推进下向高端跨越。

"历史从一开始就无非是源初的意义构成和意义沉淀之间的相互交织和相互蕴含的活生生的运动。"[①]从历史发生学视角概括看,在新中国这个大的历史时空中,服务业所呈现的意义归结为三点:一是饱含了中国服务业业态生存的历史经验,二是开启了现代服务业业态航程,三是为中国特色的现代服务业业态体系奠定了基础。

二、新中国成立初过渡时期的服务业及其业态结构变迁

(一) 历史背景与服务业的基本状况

1. 基本社会背景

1949年10月新中国成立后,中国经历了土地改革、国民经济恢复、抗美援朝等重大历史性过程和事件,到1952年底和1953年初,第一个五年计划即将开始时,社会生活中出现了新的矛盾。具体讲,经过三年的国民经济恢复时期,新民主主义社会制度已经在全国范围内建立起来。在生产力方面,新民主主义社会的生产力水平仍然很低,发展很不平衡,摆在中国工业化面前的问题十分突出;在经济结构方面,新民主主义经济以国营经济、合作化经济、私人资本主义经济、个体经济和国家资本主义经济等五种经济成分构成。随着国家有计划的经济建设的大规模展开,私人资本主义企业与国家各项经济政策、国营经济及国家利益及本企业职工利益的冲突越来越明显。尽管此时社会主义因素在经济上和政治上都已居于领导地位,但非社会主义因素仍占有很大的比重,两种因素的矛盾和斗争不可避免。因此,依照当时的国家意志,对新民主主义社会进行社会主义改造不可避免。

---

① 胡塞尔.几何学的起源(引论)[M].方向红译.南京:南京大学出版社,2005.

2. "一化三改"的过渡时期总路线与改造的基本方法

中共中央1953年制定的过渡时期总路线这样表述:从中华人民共和国成立,到社会主义改造基本完成,这是一个过渡时期。党在这个过渡时期的总路线和总任务,是要在一个相当长的时期内,逐步实现国家的社会主义工业化,并逐步实现国家对农业、对手工业和对资本主义工商业的社会主义改造。这就是"一化三改",①它意味着基本的权利结构在这个过程中要发生变化。

对资本主义工商业改造的基本方法是,有步骤地实行国家资本主义。②党规定了从低级到高级的各种国家资本主义形式并有步骤实行,在充分利用资本主义工商业的积极性、限制它的消极性的过程中,逐步改造资本主义生产关系。

3. 过渡初期服务业的基本状况

在过渡时期初期,资本主义工商业③在国民经济中的比例较大。例如,在1950年,资本主义工业的产值占全国工业总产值的51%,资本主义商业的商品零售额占全国商品零售额的85%。这一时期,中国的经济结构以农业为主,大部分地区以小农经济为主,服务业比例不高。而在服务业业务上总体是向消费者提供实体商品,非物质性服务比例不大。1952年,中国第一产业劳动力所占比重为83.5%,第二产业劳动力所占比重为7.4%,以服务业为主的第三产业劳动力所占比重为9.1%。④ 在这样的社会经济背景下,自我服务占据了人们日常生活的很大一部分。在没收了官僚资本控制的金融、铁路与公路交通运输、邮政等服务业外,国家接管了重要产品(如粮食、能源等)的批发业,又取缔了色情服务业,靠市场运作的服务业主要有饮食业、一般生活用品的批发零售业及其他日常生活服务业,如理发、浴池、照

---

① 史学上将"过渡时期"的开始时间定为1949年10月。有关该时期的"总路线"的具体内容,参见1953年9月25日《人民日报》第一版。
② 国家资本主义,指资本与国家政权相结合,由国家掌握和控制的一种资本主义经济。1949年至1956年,中国的国家资本主义经历了初级、中级和高级三种形式。初级主要是私营工业企业的产品由国营商业收购,私营工商企业向国营商业批购商品等;中级主要是私营工业企业接受国家的加工、订货、统购、包销,私营商业主要经销、代销国家指定的产品等;高级主要是单个企业公私合营和全行业公私合营。
③ 此时的资本主义工商业,是在官僚资本被没收并成为国有资本后,所剩余的民族资本主义工商业。
④ 中央政府门户网站.新中国60周年:经济结构不断优化升级重大比例日趋协调(www.gov.cn).

相、洗染、游艺杂耍、演艺、钟表、修理等,其中不少属于低端行业。

(二) 对私改造中的服务业结构变迁:源初业态及多样性萎缩

基于服务业上述结构,下面从批发业、零售业、生活服务业和外贸业等方面讨论这一时期的业态变迁。

1. 批发业业态变化

缘于流通服务中对货源控制的天职,对服务业的社会主义改造首当其冲的是当时的批发业,特别是关系民生的批发业。

(1) 改造初期的业态存在形式

对私改造之前,由于批发商经营品类的分工、分业很细,尤其是在大城市,专业批发商显现出较强的行业性业态特征。他们为控制市场而专攻业务,一般经营一种或几种接近的商品。批发经营的业态是多向度的,新中国成立初期批发业态的形式及特性如下:

第一,从流通过程看,存在不同流通阶段的批发商。新中国成立初有收购商(专做农副产品和手工业品的批量收购业务)、贩运商(专做城城、城乡的贩运批发业务)和代理商(专做代客批发业务从中收取佣金);从同一种商品的交易量视角看,有一级批发商(趸进趸出)、二级批发商(趸进小趸出)、三级批发商(小趸进小趸出)、批兼零、零兼批,有的批兼服务(如兼营修配或加工制造,或兼营报关、运输、仓储等)。

第二,帮会式批发商和茶楼式批发商。新中国成立初,"帮会式"经营和"茶楼式"经营存在着差别性,也有二者相融合式的经营。这些方式不仅是批发商销售文化的历史传承,而且也是"帮""情"与"利"的结合体。"帮会式"在经历了近代从商帮到会馆再到同乡会的变迁后,多保存了地域与同乡关系的派别,他们往往以帮会及其规则形式垄断专业批发业务。[①] 一些帮会

---

① 帮会往往与行业垄断相关联。例如,上海国产颜料批发商由"苏嘉"籍构成,称为"苏派"(如"素绚堂"等),后来又有"甬绍"派;湖州商人以批发丝绸居多,称为"湖派"。再如,武汉的粮行中,有各种品类帮派,当地的"汉帮"因地利人和而主营杂粮(如"德厚堂"等),客帮中的"湘帮"依长沙米市及水运便利而主营大米、黄豆;河南帮主营小麦、杂粮等。参见:中央工商行政管理局、中国科学院经济研究所资本主义改造研究室.私营商业的社会主义改造[M].生活·读书·新知三联书店,1963:114.

式经营,因帮内具有信誉机制,其营业形式由"等客上门"衍生出"放账交易"的经营形式;[①]茶楼的功能不仅在于其字面,它更具有社交、交易、信息与情感交流平台的性质。上海的粮业、煤业、布业、糖业、豆业、钱业、丝业、茶业等各业大亨乐于开茶楼或赴茶楼聚晤,使茶楼的地位独树一帜。批发商与"茶楼"平台结合产生的是"吃讲茶"生意,也是一种"情面"经济。在茶楼里处理成交(或悔交)业务的同时,又派生出"茶楼经纪人"(俗称"白蚂蚁")及其"顶屋市场",有不少茶楼甚至还夹杂了色情媒介及其专业性的交际活动,以助力生意成功。[②]

第三,衍生批发商。它是指由某种批发商形式衍生出来另一种批发商。除了上述茶楼批发业务派生的"茶楼经纪人"外,还有许多类型。例如,有因货物堆集而衍生的"堆栈业",批发业务与堆栈经营融合,由"专业保管堆栈"进而又衍生出"码头堆栈""金融堆栈"和"转运堆栈"(其中"甬派"甚至直接在货船上做批发业务)等多种业态;[③]再如,牙行代理批发及其衍生业态。[④] 副食品批发商因鲜活性猪牛羊、鸡鸭蛋鱼、干鲜果品、蔬菜等的鲜活性,在储运受限条件下,为减少风险,让牙行代理批发业务。新中国成立初期,牙行的居间投机性受限,仍衍生出三种业态形式,一是专替卖方代理的牙行。它通常有较大的仓库和栈场,服务设施完备,如粮行、渔行等;二是专为买方代理的牙行。它一般与买方订有契约,订明品质、价格、数量、交货日期等,既大量预收货款以图利息,又靠压级压价以获取双重利润;三是以代购代销兼营的牙行。它一般拥有雄厚的资金,从事代购代销经纪业务,有的还自营购销。牙行这三种业态的代理,又有进一步的亚业态发展趋

[①] 放账,即贷款或赊销,具有"金融性"。由于不少批发商具有"放账业务",笔者认为,"等客上门"和"放账交易"是帮会式批发的两个业态雏形。有的批发商家将这两种方式混合,针对不同的用户群使用不同的方式。

[②] 新中国成立初期,上海有仍有70~80个茶楼。有影响的茶楼,如城隍庙的春风得意楼、青莲阁茶楼、聚宝茶楼、一乐天茶社、迎仙凤舞台(戏院)等。顶屋市场,指一种生意说成后在茶楼顶处签约画押,后衍生为茶楼经济的交易模式。关于茶楼式批发,请参阅:中央工商行政管理局,中国科学院经济研究所资本主义改造研究室编.私营商业的社会主义改造[M].生活·读书·新知三联书店,1963;115.

[③] 井园园.民国时期汉口堆栈业研究[D].华中师范大学硕士学位论文,2014.

[④] 牙行,指旧中国时期为买卖双方介绍交易、评定商品质量、价格的居间商行。因"牙"通"互",牙商通互商,牙商具居间的意思。

势,如代收购、代存栈、代喂养、代办屠、代出售、代办手续、代赊零款等;又如,其他衍生形式。如栏商栈单交易(类似于现今的仓单交易)、远期合同交易行、期货行,栏商①还有掮客、跑合②、黄牛等,后者这些经营形式的规模有的小到个体经营。

第四,商人雇主制批发。商人雇主制,指由商人为小生产者提供原料,加工为成品后,由该商人进行包买包卖的产销联合体制。从组织角度看,它是一种以商人为中心、与多个小手工业作坊相结合的松散联合体。③ 笔者根据有关资料概括,商人雇主制在新中国成立初期的经营有以下四种亚业态形式:第一,包买商式批发。商人卖给小生产者原料,批量收购其产品;第二,散工零收式(分散作业制)批发。小生产者从商人处领取原料进行分散加工,按期交纳成品,按件领取工钱;第三,商人设场式批发。商人开设工场、开矿、冶铁、造纸、制糖等,包其产品收购和销售;第四,商人租地式批发。商人以租地形式雇工种植茶叶、果木、蔬菜等,使种植、加工、运销联合在一起进行批量销售。④

(2)向国有批发商业过渡的批发业态:"转""留""包"中的改造方式

从1953年初开始,最初的国营批发业逐渐具有替代私有大批发商的力量,于是实施"专业建站改组"。依据营业(业务以采购、供应、组织加工、订货等)所控制的地域大小,可划分出三种国营批发形式:"中央站"(一级站)

---

① 栏商,俗称"栏头",一种代客买卖的行业,属于城乡之间物资交流的中间商,其营业方式的特点是以收取佣金为主的货栈经营,由卖主将货物以栏框形式存于栈内而得名。栏商经营的商品都是涉及人们日常生活的必需品,如经营鲜活商品的有生猪栏、牛栏、鱼栏、鸡鹅鸭栏、蛋栏、果栏、菜栏等;也经营其它商品的有柴栏、咸鱼栏、海味栏等,还有自营或兼营出口业务的栏;再如,堆栈,即放货的场所,如贮藏和放置货物的场地、仓库等空间。

② 跑合,旧时指说合生意。

③ 方显廷.华北乡村织布工业与商人雇主制度[J].政治经济学报,1935.3(4);日本侵华史料.北支农村织物工业与商业雇主制度[R].东京商工会议所,1936;徐从才.流通创新与生产者服务体系构建[M].中国人民大学出版社,2011:208 - 210.

④ 新中国成立初期,商业雇主制的分散地域广大,人数众多,大都以分散的手工业者为组织对象。商业雇主对手工业者在组织上实施系统化纵向控制。如北京市百货业的女帽批发商户"永盛公",将原料(人造丝、毛线、扎花等)发给"广增"手工作坊合成线,将毛丝分给"梦如意"染坊染成黑色,再将丝发给"牛街"50个伊斯兰女织帽面,将毛线分给一批家庭妇女织里里,将帽面、帽里、扎花、珠石交给三家妇女制成成品,最后"永盛公"销往河北保康、首都、上万及内蒙古少数民族地区。见:中央工商行政管理局,中国科学院经济研究所资本主义改造研究室编.私营商业的社会主义改造[M].生活・读书・新知三联书店,1963:120.

和"省级站"(二级站)和负责组织当地货源的批发机构(后来成为三级站)。同时,供销合作社与国营商业进行分工,国营商业以城市为主,供销合作社商业以农村为主。以上形式的业务以批发部和批发店为主要营业机构。

在国有批发商业中,从"店"的角度看,分为国营批发店、国营专业批发店和中心批发店三种业态形式。它们都具有货源控制性质、计划执行性质及当时社会环境下的政治指导性质,并具有行业领导性质和业务监督性质。

在私营批发服务的改造中,1954年后以"包"和"留"为主。前者是指,对于艰难或无法经营的私人批发商,由国营批发商将其人员包下来分配工作,进而导致原来的企业不复存在;后者是指,在国营商业领导下,实施委托与代理经营,因而予以适度保留。"留"产生两种过渡性业态:一是经批店,是国营商业以国家已经全部或大部分掌握的商品委托私营批发商经营,并由其转批给零售商的形式;二是代批店,是由国营商业把商品委托给私商,按国营公司的批发价格转批给零售商或小商小贩,从中取手续费。这两种形式自1956年全行业实施公私合营后,转为国营批发店。

1955年第一季度数字显示,上海市已经拥有国营批发机构166个,人员达9 988人。该市百货公司由原来2个一揽子(综合)批发部,发展为8个专业批发部和35个批发所。天津市在重点行业设立国营中心批发店和专业批发店,到1955年第三季度,仅纱布、百货、文化用品、煤建、油脂、专卖等六个公司就建立64个,工作人员有1 201人。为加强对私商的领导,有的国营批发店划分若干供应区,批发部专人负责每一供应区商户。[①]

(3) 过渡期批发业规模变化及售货形式的业态格局

对资本主义工商业的改造,使一些投机性行业失去生存土壤,伴随业态逐渐消失或削弱,多样性发生萎缩。而国营批发业和供销合作社批发业务

---

① 中央工商行政管理局,中国科学院经济研究所资本主义改造研究室编.私营商业的社会主义改造[M].生活·读书·新知三联书店,1963:207.

逐渐壮大,呈现出计划机制的批发业态。例如,从规模上看,私营批发额绝对数在缩小,同时私营批发占比也在减少,批发金额自1950年的80.38亿元降低到1955年的14.42亿元,占比从76.1%降到4.4%,到1956年降到1%。[①]数字的大幅度变化,主要是大量私营批发商被改造的结果。

经过对私改造,一些对国计民生影响大的私营批发商号(如纱号、布号、糖商、纸商、盐商、粮商等,原本具有较大的投机性),私营专业批发商逐渐消失。例如,武汉专做投机买卖的33家纱号仅在1950年就集体转为运销业;一些居间性行业的业态也逐渐消失,如牙商、栏商、中间转运商等。在政府指导下,大量转向土产运销业,或转向在产地购买的"直供零售店";一些被称为资、封文化商品性质的专业店,如与外国资本主义相关的时装、洋酒、进口百货、金银首饰经营等商行,与崇拜封建意识相关珠宝玉石、古董与迷信品经营等商行,因失去消费者而陷于衰落或被淘汰。[②]另外,原本正在"业态化"的服务,经整顿变为企业内部行为。例如,上海市蔬菜地货业以营业陋规为名,取消了产业链上个体的外佣、拆包、堆装、打篮、接待余力、客饭与客借等辅助性的亚业态服务形式,这些服务业务被蔬菜企业内部化。

2. 零售业业态变化

从当时零售业的店铺形态、专业性、经营方式等诸要素看,中国过渡时期初期的零售业存在多种主要业态,如店铺类的有百货店、商场、专业店、专业代销店、杂货店;小商小贩[③]类的有货郎担(挑售)、摊售,等等。

(1) 过渡初期的主要业态

第一,百货业。新中国成立初期,除了在所有制方面有国营百货商店和私营百货商店之分外,还有大型时尚百货店和中小型一般百货店之分。少数大型户专门经营高级消费品,设有宽阔的门市部,人员较多,资金较雄厚;

[①] 中央工商行政管理局、中国科学院经济研究所资本主义改造研究室编.私营商业的社会主义改造[M].生活·读书·新知三联书店,1963:26-27.
[②] 中央工商行政管理局、中国科学院经济研究所资本主义改造研究室编.私营商业的社会主义改造[M].生活·读书·新知三联书店,1963:79-81.
[③] 新中国成立初期,统计部门将雇主雇佣2人及以上的商业视为商店,雇佣1人或单干的视为小商小贩。见:中央工商行政管理局、中国科学院经济研究所资本主义改造研究室编.私营商业的社会主义改造[M].生活·读书·新知三联书店,1963:173.

但全行业以中小型（特别是小型）户所占的比重较大。

少数大城市（如上海、天津、北京、青岛、广州等相对发达的城市）是当时"高端服务业"的聚集地。从业态角度看，在过渡时期初，百货零售业一般是独立采购经销商（如上海的永安公司和先施公司、北京的亿兆百货、广州的大新公司、天津的劝业场百货、青岛的德源泰百货等）和产销结合的专业经营商（如北京瑞蚨祥布店等）。许多综合性商城（如天津的劝业场、上海的永安资本集团等）是以百货零售业为主力店的综合服务商，其亚业态现象（此处指公司的"业态内部化"）非常明显。以永安资本集团为例，1949年新中国成立时，永安资本集团有6个联号企业，分别是香港永安公司、上海永安公司、永安纺织印染公司、永安银行、香港永安水货保险公司和永安人寿保险公司，仅在上海永安公司旗下就经营除时尚百货（环球百货）外，还有旅社（如大东旅社的旅馆、酒菜、茶室、弹子房、西菜间、跳舞厅、饮冰室等）、游乐场（"天韵楼"游乐场）、跑冰场（"永安"跑冰场）、茶楼（"七重天"的舞厅、西餐、茶饮、咖啡等）、影院（"永安电影院""天韵电影院"等）、银行、人寿保险、纺织印染（生产棉纱棉布的纺织厂和印染厂）等。过渡时期，按国家政策仅对境内部分实施改造。[①]

中小型（特别是小型）百货店虽不是高端商店，但在全国占的比重较大。它们经营包括针棉织品、丝毛织品、化妆用品、钢精制品、搪瓷制品、床上用品、花线纽扣、水瓶、料器、服装等数千种商品。随着私营批发商业"留转包"比例的增加，"国家资本主义"形式的百货业比例也在上升。

第二，专业店。它以自然行业与商品分类进行划分，越是经济发达的地区，划分越细，表明零售业的专业化程度越高。例如，在过渡时期，上海私营零售业中有88个行业，广东省有66个，天津有51个，江西省有29个，内地

---

① 即对内地的永安百货公司与永安纺织印染公司等进行改造。1956年永安百货公司实行公私合营，1966年实行国营，1969年改名上海第十百货商店，1988年更名为上海华联商厦。参见：王有枚，缪林生.上海永安公司史料[J].安徽大学学报（社会科学版），1979（1）；百度百科：永安公司[OL]. https://baike.baidu.com/item/永安公司/860097？fr=aladdin.

更少。① 各地的专业划分不同,导致"专业"与"综合"具有相对性,如百货与服装常常是"混业经营"。

按第三章中发生的"聚分"原理,对商店的"综合性"和"专业性"的界定应具有相对性,每一细分的上一层都具有相对的综合性质,而下层细分具有相对的专业性质。这样,就形成了专业店的细分业态。例如,新中国成立初期,上海市在电器用品零售业的细分中就有电器材料、电筒电池、通讯器材、水电器材、电瓷、旧灯头等专业;天津市的纸业零售业中就有机制纸、毛头纸、草纸、土洋画、迷信品等专业。有的与其他分类相交叉,如医药用品零售业可细分为国药业和新药零售业,而国药业的上层综合性行业是农副土产品零售业。

第三,"游艺市场+商场"。游艺市场与商场是服务业集合区。在过渡时期初期通常以标志性娱乐设施为主力店,大型的如上海的大世界、广州的海珠大戏院等,以零售店及其他生活服务业为配套设施。而在过渡时期后期,逐步以百货店为主力店,辅加其他类型的服务配套设施(如理发店、钟表修理行、食品店、茶社等)。在西部地区也有这种业态,如西安市解放路(1949年5月之前为中正路)的"游艺市场",内有影院、食品店、茶社、旅社、杂耍、舞厅、零售店等,这些业态至1955年被"碎片化",一是"去色情化",二是"专业服务化",如成为专业浴池、影院等,三是"小型零售化"和"小型服务化"。

第四,杂货店及其他。杂货店,也有小百货店之称,是居民日常生活中各种杂品,如食品、调料、罐头、糖果、零食、小型用品、土杂等商品的小型零售店,一般设在居民区;也有为数众多的"厂商一体"的前店后厂式小经营商,如北京的全聚德烤鸭店、同仁堂中药店、张一元茶叶店、内联升布鞋店及天津的狗不理包子店等。

(2) 过渡中改造过程的业态形式

在过渡过程中,不少零售业态属于临时业态。

---

① 贵州在1950年1月成立了第一家国有商业企业——贵州省贸易总公司,于4月分为包括百货在内的7个专业。参见:史笔青.贵州私营百货业改造纪略[J].贵州文史丛刊,1990(4):47-51;中央工商行政管理局,中国科学院经济研究所资本主义改造研究室编.私营商业的社会主义改造[M].生活·读书·新知三联书店,1963:175.

第一，通过改变经营方式和方针，即"普通化＋专业化"，对高档零售商业进行引导和改造。对于私人精品高档商店（当今叫做精品店），国家通过货源配置让它们趋于大众化普通商品的店铺，并实行薄利多销。例如，在上海市，有的百货公司改售必需品或代销土产品，实质上成为专业店；大批银楼和珠宝店等精贵品专业店改售日用品，成为综合性零售店；高档西服店成为普通的人民服装店；在广州市，之前有精品百货店十几家，后来仅存"岭南""华美"两家，其余都改为出售大众货物的普通店；汉口友平呢绒店转为布匹店；福州市高级香烟铺转为中低级烟铺。其中有多种转法：如由批发转为零售；由"就地转手"和"代客买卖"转为"产区自运自销"等。[①]

第二，通过令其重组，即"分散化"和"联营化"，对其进行改造。这种做法是让私营服务业由大化小（或称分散化或小型化）和实行联营（或称集中化），从而导致业态结构发生变化。分散化的效应是座商（相对）减少，摊贩（相对）增加。例如，全国私营座商户数由1951年222万户降到1953年150万户；而私营摊贩户数1951年为206万户，到1953年则升为237万户，直到1954年二者都降了下来。[②] 座商减少和摊贩增加的现象表明，零售业这种分散化更趋于专业化或单品化业态。集中化是指若干企业在保持原有组织的基础上联合经营其业务的一部分或数部分。因各行各业对联营组织的要求不同，一般分为两类营业形式，即"联营公司"和"联营处（所、社及小组）"，而以后一类居多。

第三，通过"代销（经销）店化"对经营重要商品的零售业改造。专业代销（经销）店，是一种国家资本主义的过渡形式。过渡时期，经营关系国计民生重要商品（如粮食、棉花、布匹等）的私有零售商成为被社会主义改造的首批对象。由于国家对这些商品要实行统购统销，因此，一种过渡性业态——"专业代销店"应运而生（如表4－2）。

---

① 值得注意的是，一些私营批发业转向了零售业，如在天津市，粮食、花纱布、百货、纸等行业的批发商由座商大批转为零售商或批零兼营的城乡贩运商。不久以后这些商贩又被联营化方式进一步改造。见：中央工商行政管理局，中国科学院经济研究所资本主义改造研究室.私营商业的社会主义改造[M].生活·读书·新知三联书店，1963：89－92.

② 1953年9月，国家公布了"过渡时期总路线"，1954年社会主义改造进入新阶段，私营座商降到226.1万户，摊贩降到188万户。此处资料来源：中央工商行政管理局，中国科学院经济研究所资本主义改造研究室.私营商业的社会主义改造[M].生活·读书·新知三联书店，1963：25.

表4-2 私有粮食、棉花和布匹零售业"代销(经销)店化"

行业	称谓	生成方式	生成代销店(经销店)的形式或发生过程
粮食	粮店	直接	联合代销店、合并代销店、摊贩合并代销店、建立中心粮店
棉花	棉花店	间接	批购零销→联合与合并经销店或代销店→专业经销店或专业代销店
布匹	布店		经销店→代销批购零销商(店)

注：本表由笔者根据上述《私营商业的社会主义改造》中关于私有粮食、棉花和布匹零售业改造过程的相关内容绘制。起初是批购零销、经销和代销这三种形式，后变为后两种形式。

第四，通过联营、合作、代理对于小商小贩经营的改造。因小商小贩经营的商品不重要，基于集体化理念，对其改造的路径是："联营化""合作化"和"代购代销化"。

按当时的分类方法，小商小贩有两大类，一是小商店，亦称杂货店。在城市中主要经营食品杂货、山货土产，经商职业固定，为座商性质；二是摊贩，具有行商性质，有些经营地点不固定，有些采用街道定时设点、地摊、集市、流动营业(走街串巷、走乡串寨)售货方式。摊贩又有四种：副食品摊贩、日用品摊贩、小手工业制品摊贩和旧货荒货摊贩。在农村，专业的小商小贩人员少，半农半商者居多(为农忙生产、农闲经商的季节性商贩)，而且经营分业很粗，一般为一揽子经营或跨业经营。农村中的流动商贩销售农民日常生活需要的零星用品、收购废旧物品，具有销、运、收的功能。在社会主义改造中，国家对小商小贩采取的是限制和清理的政策。

小商小贩的"联营化""合作化"和"代购代销化"形成了以下几种过渡性业态形式：第一，经销店或代销店。主要在城镇，小商小贩直接与国营商业建立联系，实行经销或代销，包括联购分销、联购联销等；第二，合作商店。这是城乡一种互助合作形式。其中，城市以联营方式居多；第三，供销社合营店。它是与农村供销合作社合营和联营形式；第四，代购代销贩运商。它是农村流动串乡货郎担的经营方式。

(3) 对零售业改造的结果

从所有制角度看，由于零售商不具有控制货源的性质，因此，国家对零售商的改造与批发商的步骤和办法不同,对其改造不那么剧烈,因而变化趋势也较缓慢。在改造过程中,国家资本主义的形式增加了。从1950年到1955年,私营零售商占比由80.5%下降到17.8%,延续到1957年降到2.7%,私营零售额从1950年到1955年由101.83亿元降到57.62亿元;含国家资本主义及合作化零售占比由1%升至14.6%,延续到1957年为31.6%;国营零售额占比由8.3%上升到31.9%,延续到1957年为41.7%;合作社商业零售额占比由6.6%上升到35.7%,延续到1957年降到24.0%,这是由于国营零售额占比上升的结果。①

3. 对外贸易行业的业态变化

在过渡时期,国家实施外贸管制,从而限制了进出口商投机活动。为贯彻过渡时期总路线,发展对苏联和其他兄弟国家的贸易,保证工业化所需成套机器设备和其他器材的供应,进口贸易由国家掌握,统一使用外汇。同时,在国营进出口商主导下,对私人进出口商进行社会主义改造,按行业"归口"管理,统筹安排经营。在此背景下,私营进出口批发商转化成两种过渡性准业态。一是"归口联营"形式,即按商品经营范围进行专组联营,纳入国家外贸体系之中。其中有"集资—联购—联运—联销""集资联购""集资联销"和"集资—联购—联销",并逐步归于国营外贸公司的计划之中;二是"代进代出"形式,即成为国家委托经营的组织形式,商品归国家所有,但企业产权归于获得佣金的资本家所有。以出口批发商为例,涉及的出口商品有丝绸、食品(菜果、酒、山干货等)、药材(如国药等)、花边、草帽、皮毛、肠衣、工业品8个专业。到过渡后期,即1954—1955年,主要以"代出"为主。出口的国家和地区有新加坡、印度、印度尼西亚、澳大利亚、英国、中国香港等。

4. 过渡时期其他服务业业态的变化

(1) 初期的业态格局

这里的其他业态指饮食业、旅店业、理发业、浴池业、照相业、洗染业、

---

① 中央工商行政管理局,中国科学院经济研究所资本主义改造研究室.私营商业的社会主义改造[M].生活·读书·新知三联书店,1963:26-27.

影剧院、委托拍卖等生活中服务业的业态形式。现举前六种说明(如表4－3)。

表4－3 饮食业及其他服务业及业态状况

行业	业态	亚业态或引致业态①
饮食业	中餐业、西餐业、便饭业、面食业、早点业、茶楼业、小食品业	① 中餐业、西餐业中,有酒菜业、厨房业②;② 茶楼业中,有清茶馆、综合茶楼;③ 早点业中,有座商、摊贩;④ 小食品业中,有小店、夫妻店,连家制作店、摊贩;⑤ 引致业态举例:西餐业引致的歌舞厅、俱乐部、茶室等;综合茶楼引致的餐馆、歌舞厅等。
旅店业	旅馆、客栈、大车店③、客庄④、旅艇	① 大车店有:综合性车店、马店;② 旅艇有:水上旅舍、季节性夜宿船;③ 引致业态举例:客栈引致的茶馆、浴池、烟酒店等;大车店引致的停车场、小饮食店、草料店等。
理发业	座商、摊商	① 座商中,有店内理发、上门理发⑤;摊商中,有固定理发与流动理发;② 引致业态举例:高档座商中有专业烫发与化妆;在摊商的流动理发中,有城市的上门"提箱理发",有遍布城乡的"挑子理发"。
浴池业	大型浴池、中型浴池、小型浴池	引致业态举例:大型业态中配有修脚、理发、搓澡等服务,有的独立为辅助性、专业性的服务机构。
照相业	摄影店、摄影摊	引致业态举例:画像业等。
洗染业	大店洗染、连家铺、摊洗;干洗店⑥、洗衣店	引致业态举例:洗熨房、染坊、织补店等。

注:本表由笔者根据《私营商业的社会主义改造》中关于饮食业及其他服务业改造过程的相关内容绘制。

(2) 改造中的过渡业态

新中国成立初期,除少部分国有服务业外,国家赎买了一些大型的服务

---

① 此处的引致业态,是由于某业态的存在而引起的其他业态存在的现象。例子可见表中"大车店"。
② 这里的厨房业,是一些大城市在新中国成立初期延续新中国成立前专为个人承办宴会和为商号、写字间、团体包饭的中餐业和西餐业,有的存在"外卖"业务。至1956年,西餐厨房定制消失。
③ 亦称车马店,其服务对象是长途贩运进城的商人和马帮,配备停车场地、饭菜与饲料等,新中国成立初期常见于中小城镇。
④ 大城市(如上海)专为外地私商开设的驻庄宾馆。
⑤ 新中国成立初,一些大城市(如上海、北京、广州、天津等地)的高档理发企业不仅有店内理发业务,还有固定的上门理发业务,后者是一种业态雏形。
⑥ 干洗是一种对各类衣物材料、织补、染烫等全能通晓的技术性行业。

企业，使之加入国营经济中，如上海的"锦江饭店"于1951年6月挂牌营业，成为新中国第一个国宾馆。但是，总起来说，国营经济在一段时期内很少经营饮食及其他服务业。因关系民生，大部分由个体经营，国家主要对它们进行行政管理和业务安排。行政管理包括登记、价格、取缔投机和违法、改革陋规、加强爱国及卫生教育等。1955年中期，对其改造试点在全国各地展开，至该年底公私合营户已有1 250户，从业人员达到5 783人，分别占全国总数的1%和0.5%。[1] 1956年，饮食业及其他服务业大规模的改造相继展开，至年底很快实现了全行业的公私合营，并归于或形成如下业态：

第一，直接转国营店。对原业主因逃亡或犯罪并有经营特点的大店直接转为国营店。

第二，合作店及合作小组。对于规模较小的上述服务业从业者，组合成合作店。例如，在照相业中，对于有一定规模的照相馆，合并后组织合作照相馆；对于连家店，不宜并店合营或合作的，则组织合作小组。

第三，公私合营店。对有一定规模、家店能分、账册较全的上述服务业私商，进行定股定息，实行公私合营。例如，在饮食业中，西安市将从业人员5人以上的大户和一部分有特色风味的小户，如爆肚、涮羊肉、凉拌拉面、牛羊肉泡馍等都实行定股定息，实行公私合营。

第四，代销店。对于上述饮食业、理发业或洗染业等的小户或流动摊贩，不让他们进行制作，指定只能代销（如代销烧饼、果子、包子、丸子等）或分散经营。

第五，个体店。这种形式是上述服务业中占比很小的、被保留的私人商贩。

以上公私合营店和代销店都是过渡性业态，在当时具有不确定性。若干年后，不少公私合营后的企业转变为全民所有制（国有）企业，而代销店一般转为集体所有制企业。

总之，市场体制与计划体制并存是过渡时期业态结构的基础。市场机

---

[1] 中央工商行政管理局，中国科学院经济研究所资本主义改造研究室.私营商业的社会主义改造[M].生活·读书·新知三联书店，1963：333.

制虽逐渐受到限制并缩小,但毕竟在一定程度上存在自主决策权,初期还能引发新业态。但是"三改"的目的就是要使资本主义商业服务业在同行业竞争上逐步失去优势,最终剥夺其发展的权利。

三、计划经济时期"四制"体制中的业态:指令下的"业态闷芽"

社会主义计划经济是国家在生产、资源分配以及产品消费各方面由政府事先进行计划的经济。社会经济计划运行天然具有"制定者"和"执行者"自上而下的指令传递性质,因此,必须采用高度的中央集权制,用强大的公有制和庞大的官僚机构来制定和执行经济计划。这种体制被苏联、东欧八国等社会主义国家所采用。1951年春,中国中央人民政府政务院财经委开始着手编制第一个五年计划。1953年至1957年的第一个五年计划以重工业为核心,其中突出以苏联援建的156个项目为主的工业建设项目。到1956年底,全国工商业实行了全行业公私合营,标志着对资本主义工商业社会主义改造的基本完成。自此以后,形成了社会主义计划经济运行体系。

(一)集权下的"四制"与服务业发生逻辑

1. 计划经济的集权体制

集权(Centralization),指只有最高管理者才拥有决策和行动的权利制度。中央集权特指由最高管理者决定大小事务的国家政权制度。中国计划经济时期的中央集权制体现了两个基本内容:第一,在公有制主导地位基础上,国家或中央政府是经济运行中决策的核心和主体,对经济活动采取直接指令性的决策和行政管理,而企业只执行既定的指令;第二,资源按计划配置是贯彻指令的基本方式,是社会运行的核心机制。国家制定自上而下的计划体系,不仅要负责宏观方面的资源配置,甚至对微观方面的配置,如企业经济活动和个人收入支出都做出计划,以实现资源在微观主体间的配置。

2. "四制"与服务业业态发生逻辑

中国计划经济的体制空间是靠户籍制、条块制、单位制和配给制四个制度支撑的。这四个制度的复合"制造"并"锁定"了计划经济时期的服务业业态(如图 4-1)。

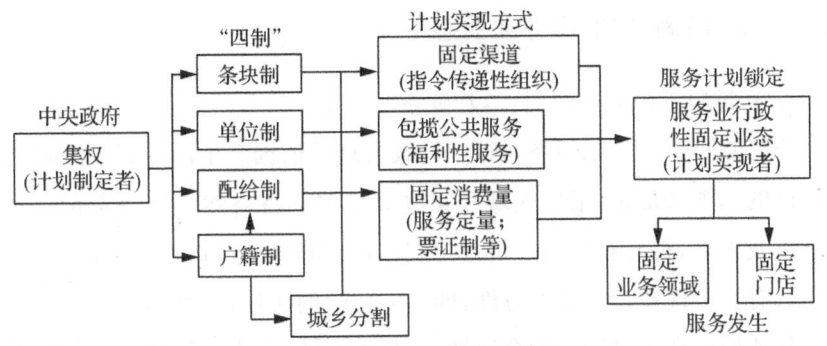

图 4-1 计划经济体制下的服务业锁定

中央政府是计划的制定者,计划的基本动力来源于"赶超理念",实现工业化是首要的迫切任务。依照苏联的经验,依靠"集权"方式的直接动员可以使得赶超在较短时期内获得成功。由于农业国短期实现工业化的资本不足,因此,必须通过"以农补工"和"以消费补生产"的方式,并在集权保障下通过构建计划体制来保证实施;而"条块制"是执行整个社会计划体制基本的官僚架构,"配给制"则是实现工业化过程在资源不足及消费不足条件下均等分配的保证措施;"户籍制"是使城乡人口分割,以保证工业生产与农业生产的基本分工,是保障城市就业、社会生活稳定、实现计划的基础性制度;"单位制"本质上是实现计划、进行政治动员的基本制度,它有福利性服务分配的重要功能,不同级别的单位拥有不同的福利性服务。上述"四制"及其相互联系构成了中国计划经济最基本的体制空间。

在"四制"条件下,一方面,中央政府的计划需要靠传递指令的行政部门分解到生产与流通部门,以形成计划供给,其中城乡分割不仅意味着农产品与工业产品的分工,而且意味着从农民那里更多地索取;另一方面,国家必须制定可行的配给结构和配给量,并以服务定量(票证)形成计划需求;在国家计划以内,对于不同单位实施不同的福利;最终的结果是通过计划流通、票证消费和包揽服务将服务业锁定于行政体制之中。而行政体制为不同行业、不同等级、不同区域(包括城乡)的服务业规定了固定的业务领域,进而锁定了业态的门店形式,由此,国家计划的资源配置与运行得以实现。

(二)"四制"中的服务业业态

1. 户籍制下的城乡分割:二元服务业业态

户籍制是落实计划经济运行中行政管理的依据。中国计划经济时代户籍属性的基本特征是,根据地域和家庭成员关系将自然人划分为农业人口和非农业人口,将其对应的户口称为农村户口和城镇户口。[①] 这种二元户籍制度具有三个性质。一是地方性,即地方行政的居住地锁定,它给定了自然人在其地域生活不可逾越的合法性;二是等级性,突出了城乡二元分配制度的等级,城市过多地向农村索取,形成就业、教育、社会福利的城乡等级分割;三是世袭性,"农村人"和"城市人"以自然人形式遗传于后代,竖起了一座身份高墙。[②] 户籍制也为计划经济的配给制、单位制提供了依据。

上述二元户籍制度的三个性质导致了当时城乡"二元服务业业态",给服务带来双重不平衡性,并使这种不平衡带来固化。具体讲,一是从业态结构看,城市服务业态结构相对完整,农村服务业态结构不完整。例如,城市有浴池业,但县域及农村一般没有;二是从业态质量看,在城市表现为现代、高端与高质量服务状态,在农村却表现为传统、低端与低质量服务状态;城市零售业业态结构比农村的健全和精细,如在百货业态中,城市多是高端、规模大、专业划分细致、销售名牌及优质商品与优质服务的商店,而农村多是低端、规模小、缺少优质、销售一般品牌和一揽子商品的店铺;三是城乡人口不能流动,特别是随着剪刀差的扩大,加固和拉大了上述二元趋势的不平衡,形成城乡服务业越来越大的鸿沟。

[①] 1954年,中国颁布实施的第一部宪法中,规定公民有"迁徙和居住的自由"。1955年,国务院发布《关于建立经常户口登记制度的指示》,规定全国城市、集镇、乡村都要建立户口登记制度,开始统一全国城乡的户口登记工作。1958年1月,以《中华人民共和国户口登记条例》为标志,中国政府开始对人口自由流动实行严格限制和政府管制。第一次明确将城乡居民区分为"农业户口"和"非农业户口"两种不同户籍,实际上废弃了1954年《宪法》关于迁徙自由的规定。1975年修宪时,正式取消了有关迁徙自由的规定。

[②] 除非以下情况发生,可以使身份发生改变:服兵役、考学可以使"农村人"变为"城市人";犯罪、干部犯错误或知识青年"上山下乡"运动等可以使"城市人"变为"农村人"。

2. 条块制与服务业业态

"条",是由中央直属部委到所管辖企业自上到下的一种指挥体制。"块",是以各级地方当局统管的行政区域。条块制是集权条件下行政管理职权自上而下的纵向和各个级别的横向共同构成的块状体制。它被比喻为两种指挥体系把整个国家切割成不同的条块。

随着1956年对私改造完成,作为计划经济主要领域的商业、供销社、粮食、生产资料、外贸等行业,逐渐纳入了国家条块的控制、管理之下,并使之高度国有化,形成了生产资料流转和生活资料流通分割、城市商品流通和农村商品流通分割的管理体制。国家先后又成立了粮食部、农产品采购部、水产部、第二商业部、城市服务部、物资部、全国供销合作总社等。这些部的系统又在纵向设置了省、市、县相应三个权利层级的管理部门。1958年与1962年,国家先后恢复和建立了各级专业公司(最高一级为总公司),实行上级业务部门和当地对口的行政部门双重领导的制度,从而使条块制度细化,[①]进而使经营组织的业态固定化、单一化和专业化。下面从商业、供销社、粮食、生产资料系统的条块视角对业态系统进行说明:

在条块制下,组织城市商品流通的商业批发业业态呈现"专业+批发站"模式(一般设总公司和一级批发站,设省级公司和二级批发站,设市级公司和三级批发站。其中,有的在业务上以总公司领导为主,如五金机械、交电器材、化工原料等公司;有的在业务上由总公司和省级商业厅、省公司和市级商业局分级领导,如纺织、百货、糖烟酒、食品、医药、中药材、石油、煤业、建筑器材等公司)。而零售业则承接三级批发站的商品,其业态呈现市级第一商业局管辖下的"门店"模式,如百货店、专业店、杂货店、商场等;饮食业、仓储运输业、劳动保护用品、蔬菜供应及其它服务业的业态也呈现出地市第二商业局(或专业局)管辖下的"门店"模式。服务业业务基本上被行政权力指定化、指标化。

负责组织农村商品流通的供销合作社(简称供销社)曾于1958年并入商业部,并使其归于国营商业。1962年,国家恢复供销合作社及其集体所

---

① 参见:万典武主编.当代中国商业简史[M].中国商业出版社,1998:113-114,138.

有制建制,①又于1970年并入商业部,于1975年再度确立为国有制。② 其经营机构分为中央、省、县、基层四级,实行统一领导、统一计划、分级管理、分级核算、各负盈亏、基金调剂制度,③由于行政体制实行"条块制",被称为"二国营"④。供销合作社存在期间,主要经营农副产品、部分农业生产资料、部分日杂品、城乡废旧物资、集镇和农村的零售和饮食服务等,业态形式与国营商业不尽相同。农村零售业中有百货店、日杂店等,也存在很细的专业店,如副食店、肉店、布店等,还有农副产品收购站(通常收购粮食、棉麻、油脂油料、畜产品、农家手工、废铜铁、土特产及其它商品)、农资供应及修理站、运输队等生产性服务机构。供销合作社除了以上商业服务门店外,还有合作小组、贸易货栈、商办加工厂等。⑤

计划经济时期粮食系统的条块是这样的:"粮食部—省粮食局(厅)—地市粮食局—区县粮食局—乡(社)镇粮食管理所"。它是专门贯彻执行国家粮食收购计划、进行计划分配的组织体系。但是,作为组织粮食流通服务的基层组织——粮管所的性质是国家认定的一种特定的企业组织,⑥其下属单位有两个基本业态,一是粮(油)收购站,二是粮(油)店,其辅助业态还有仓储、运输、加工单位等。在县域附近,粮管所还承担着上一级行政机构下达的粮油计划收购(或征购)与计划供应的双重任务;在城市,粮管所的主要业务是接收上一级行政机构的粮油调拨,执行粮油计划供应。有的城市粮管所兼备粮食中心店的职责,领导数个基层粮店。必须指出,粮油计划供应是在严格的户籍制下以配给制的方式进行的。

物资部系统是生产性供给的服务部门,部分类似于当今市场经济的生

---

① 参见:中共中央.关于国营商业和供销合作社分工的决定.1962-06-24.
② 供销社合作社的顶级领导机构被称为"中华全国供销合作总社",是全国供销合作社的联合组织。所有制性质几经变更后,于1982年恢复为集体所有制。
③ 参见:中共中央,国务院.关于供销合作社几个问题的通知.1961-05-04.
④ 林文益认为,"文革"中供销社在县级以上的为全民所有制,以下的为集体所有制,后者名为"集体",实质上承担"国营"义务,这种状态是"二国营"的形式。参见:林文益.关于供销合作社所有制问题的研究[J].经济理论与经济管理,1997(5):32.
⑤ 有关计划经济时期供销合作社的业态,可参阅:王媛.国家、市场、农民:1949—1965年农村供销合作社研究——以饶阳县为例[D].中共中央党校硕士学位论文:18-19.
⑥ 粮管所是参照机关、事业单法工作制度的专业公司,其性质是执行行政与经济双重职能的国有企业。参阅:蒋梓莹.粮管所撤销的社会学分析[J].社会发展研究,2015(1):109-135.

产性服务业。由于物资种类繁多并附带各自独特的技术,因而其行业与网点一般具有专业性。在计划经济条件下,物资系统仿照苏联体制,否认作为物资的生产资料是商品,其"流通过程"被称为"流转过程"。资源配置是在计划分配与管理制度下由政府实施非经济的"调拨"行为,以重要物资综合平衡和计划分配为基本原则,将物资按其重要程度被分为"统配物资""部管物资"和"地管物资"三种,实施分级管理的条块制。[①]

总之,条块制下商业、供销社、粮食、物资、外贸等服务部门的业务被锁定于"块"中,机构(所谓"企业")被画地为牢,门店业态被行政设定并被固于"牢"中。这就是条块制下服务系统运行的基本写照。

3. 单位制条件下的服务业业态

第一,单位制与单位人的含义。目前,学界对单位和单位制没有统一的定义,此处指社会主义计划经济条件下的单位制。笔者认为,单位指具有公有制单独核算资格的非自然人的社会基层实体,如学校、政府部门、公共服务事业单位,还有工厂、商店或商场等企业单位。这个所指,仅反映出其"专业分工"组织的经济意义,显示出其成员的生产(工作)性空间。其实更重要的,单位是执行国家意志的行政性组织,存在超经济意义,它显示的是实现国家依靠公有制实施政治控制、社会动员、社会资源再分配的社会成员归属的空间。而"单位制"指的是,国家对上述经济组织和行政组织高度集中而形成的权力与义务的运行与管理体制。它使经济性组织与行政性组织达成统一,形成下级对上级、个体成员对单位的依赖,一般认为,受"苏联元素"及其"一长制"影响。中国计划经济的单位制起源于新中国成立前根据地时期的共产思维模式与公营经济体制,具体讲是"公家人"管理实践模式。[②] 在新

[①] 在国家经委物资管理总局基础上,1964年成立了国家物资管理部,下设金属、机电、建材、木材、化轻、储运6个总公司,并以省物资管理局、地市专业公司、地方供应(收购、储运等)站三个级别形成贯彻计划的条块制。物资系统设置的经营网点共计3 744个,生产资料服务公司达152个,职工共计20万人,被固化的业态形式多样并形成单线的计划协作关系,多形式的业态包括物资收购站类、仓储类及供应站类、运输类等运营机构,按审批的计划(可分解为年度、季度或月度计划),完成"购运存销"过程。参见:万典武主编.当代中国商业简史[M].中国商业出版社,1998:156;肖惠朝.北京市物资体制研究(1949—1966年)[D].首都师范大学博士学位论文,2012.

[②] 田毅鹏,苗延义.单位制形成过程中的"苏联元素"——以新中国成立初期国企"一长制"为中心[J].吉林大学社会科学学报,2016(3):80-90.

中国成立前夕,中国共产党接管东北城镇时以"经验惯性"延续并发展了单位制,有学者称之为"典型单位制",①即东北树立的典型延续到整个计划经济时代。总之,中国的单位制是建立在社会主义公有制、中央计划经济体制和中国共产党领导的三个基础之上。需强调的是,公有制是单位制的基础,私有者被排除于单位体制之外。

第二,单位制的三个性质。由于国家将发展经济的重点放在工业化方面,城镇又是工业集聚地,因此,几乎一切城镇地区的就业人员都是由国家计划分配至"单位组织"的人员。他们与国家的依附关系最为深刻,因而使其单位组织具有功能合一性、非契约性、资源不可流动性等内在特质。功能合一性是指党政企一体拥有生产、生活、福利(如住房、医疗、养老、托儿,甚至子女上中小学等)、政治动员、社会工作(如结婚与离婚登记、邻里冲突调节等)等的全能性质使单位成为一个完全意义的保姆;非契约性是指单位人由国家计划分配且单位无权选择,工资、待遇等与单位无契约关系;资源不可流动性指作为人财物的国有资源不能与其它所有制混合,单位人依附的所有制关系具有终身性。

第三,在单位制挤压条件下的服务业业态。伴随职工低收入和低消费的刚性,单位制造就了单位服务包干的福利政策,以及由此引起的单位总体的全社会性、单位的人格依赖性,使得所有单位占据了整个社会很大一笔服务需要量。这个被占据的量有两重含义,一是实际上成为单位内统一的自我服务,二是成为职工低收入和低消费刚性政策的理由。这两者将社会性的服务需求(非单位制服务需求)挤压在狭小范围内,使社会上相对精细的消费需求无暇被顾及,因而造成服务业业态整体的低端性。单位制对社会服务业的挤压还通过冲动的"社会集团购买"方式②获得消费品,不仅固化了单位制本身,而且还时常冲击非福利性消费品的市场可供量。

由于行政性的服务业业态缺乏市场基础,加之低收入和低消费的惰性需求,因此不可能刺激新业态的自发产生,这就必然使政府以设计者的姿态

---

① 田毅鹏."典型单位制"的起源与形成[J].吉林大学社会科学学报,2007(4):56.
② "控制集团购买力"可视为当时一种常见的参与宏观调节的"看得见的手",是一种行政手段。改革开放后,"控制集团购买力"有时成为政府的一种调节杠杆。

参照以往的经验,依据现有规模粗略地进行服务业行业规划及业态划分。

4. 配给制与服务业业态

配给制,是在资源短缺条件下为保障生产和基本的日常生活需要,由政府依靠行政手段将资源和生活必需品按额度进行分配的制度。20世纪,苏联和中国等社会主义国家中的经济活动,包括国民经济运行、企业产供销的资源运行等经济活动,以及家庭和个人的日常生活,如职业的选择、消费品的消费等大都采用配给方式。中国在计划经济时期,生产的配给主要靠生产资料的计划调拨方式进行,中央对工矿企业采用实物配给,无偿供应,企业将产品上交,由上级进行分配。对居民日常生活的消费品配给,采用票证方式进行计划供应。

就消费品的票证来看,中国在1950年代初期实行的票证有粮票、食用油票、布票等。进入60年代后,由于物资极端短缺,百姓生活必需品供不应求,全国许多地方发生饥荒,政府不得不迅速在城镇实行以票证为主的配给制,对生活必需品按人按户进行定量控制。据资料显示,当时全国的2500多个市县和其下属的一些镇分别发放和使用各种商品票证,甚至一些大企业、厂矿、农场、学校、部队、公社等也印发票证。这些商品票证通常分为"吃、穿、用"三大类。吃的方面,除各种粮油票外,还有猪牛羊肉票、鸡鸭鱼肉票,各种糖类票、豆制品票及蔬菜票等。穿的方面,除了各种布票外,有化纤票、棉花票、汗衫票、背心票、布鞋票、棉胎票等。用的方面,有肥皂票、手纸票、洗衣粉票、火柴票、抹布票、煤油票、各种煤票、电器票、自行车票、手表票、商品购买证等;票证又有临时票、机动票;有定点票和非定点票,等等。

配给制贯彻国家对资源、物品与服务的计划配给,进而固化了服务业业态。具体表现在:

首先,通过门店实现政策搬运。店面营业过程是执行行政命令的配售过程,因而门店成为执行票证政策的分配性组织,从而使提供消费品的服务企业成为配给物品的输送机构,也成为实施低价管制、按户口、标准平均分配程序的"政策搬运"门店。

第二,业态的营业区域性被配给制锁定。例如,地方票证令门店网络的区域范围必须固化,用A县的票证不能在B县购买,从而因执行计划而造成区域分割。再如，一些配给性商品与户籍人口紧密相关，如冬存菜、鸡蛋、节日食品、婴儿牛奶、农村返销粮等定点供应，形成消费者对区域内商品的必选性。

第三，一些经营重要商品（如粮棉油等）的机构，由于定量配给制，实际上成了全国性的国家垄断配给的专业性连锁门店网络。例如，国营粮店（凭居民粮本供应）、国营油脂公司（凭油票供应）、国营煤店（凭煤本供应）等，使用同一种验证、登记、计量、收费、考核等流程。

第四，"卖者支配地位"的营业方式。短缺造就了一种"卖者支配买者"的商群关系，居民要承受为得到物品去搜寻、排队、等待、怠慢而付出的代价。顾客持票排队，获取配额，没有挑选商品的机会。"后门腐败"，即"走后门"，也是"内部人—关系户"照顾指标及优先购买的现象。

第五，服务业业态呈城乡二元结构。配给制偏向于工业化的社会群体排队，因而国家对城市的配给优于对农村的配给。由于户籍制让农民囿于土地，城乡分割让工农业产品的价格剪刀差不断扩大，导致农民无法形成较大的购买力。因此，城市配备商品的质量和数量要优于农村，由此决定了城乡服务业的较高端业态和低端业态的明显差距。

（三）计划经济下服务业业态的"闷芽"特征

1. "闷芽"毕竟是"芽"

从发生学的"回溯"角度看，计划经济下服务业业态是经过过渡时期改变后的业态形式，还保留门店的"壳"，不可避免存有过去的记忆，有的甚至操作技能还原样保留着。另外，计划经济时期，几乎所有服务业的"老字号"都成了国有企业，国家为其注入大量资金，在当时成为行业的领军企业。恰恰是这些国有企业，如"全国十大百货商店"、老字号（北京同仁堂、恒源祥、天津狗不理包子、上海锦江饭店、王麻子剪刀、王老吉冰红茶等），作为今天成功的"芽"，不少在改革开放后成长为服务业的主力。它们有的为股份制改造、公有制实现形式、民营化做出了贡献；有的创新产品品牌、服务品牌和企业品牌，进入国际市场；有的是国有控股的上市公司，成为现代服务业业态的佼佼者。当然，这些都是后话。不过，这个后话也正是发生学的一种回溯性的悟觉。

2."闷芽"为什么"闷"

笔者认为,闷就闷在"行政性外生"的客观生态及其形成的"一贯制"体制上。

(1) 计划经济造就"行政性外生"的服务业业态

在计划经济条件下,行业和业态是由政府在"四制"框架下设计出来的,户籍制的人口量、条块制的机构组织、单位制的福利包揽、配给制的定量供应,形成了"四位一体"的坚固体制,唯一的办法就是政府对业态进行精致且雷同的设计。例如,政府编制计划及其贯彻实施,必须将计划指标落实到企业及其门店营业活动的组织过程,通过让经营什么和经营多少实现对企业精准的行政性动员,使企业成为政府进行集权管理的一种方式和落实计划的工具,最终实现社会资源配置。可以说,这是当时中国服务业企业业态被设计的基本逻辑。对于这种业态源于行政设计的形式,笔者称之为行政外生业态(相对于市场经济条件下的企业内生业态而言)。业态形成机制是"国民经济行业计划→服务计划配套→国家拨款→门店用款→人员计划配备与服务项目",是一种非竞争状态下的行政外向指定、无内在激励的业态生成方式。

(2) 计划体制将服务业锁定成"一贯制"业态

服务业企业运行被纳入计划后,业态具有固定性特征,这种固定不变具有"终身制"性质,经营业态固定不变已经在全国司空见惯。源于"三固定"(固定渠道、固定价格、固定经营方式)理念,服务业企业纳入计划,受"条块制"制约,既要求服务经营方式固定,又要求业务不能跨界,导致服务企业经营模式数十年一贯制,因而服务业业态变化不大,几乎没有质变,其根本原因是这种严格的制约禁锢了创新思维。即使由工业新开发所需新设的服务业门店,其安排往往是被复制过来的,所不同的只是同一业态门店数量的增加而已。另外,批发业态中的一级站、二级站和三级站是三个级别的批发组织,几乎遍布全国商业的各行各业,它们自成立那天起就将商品经营种类的业务进行了地域划界,各站"井水不犯河水",把持自己业务区域范围,除非因特殊原因向上级升格、向下级降格或撤销。再如,根据笔者走访调研,西安煤矿机械厂(1951年始建,1960年隶属于国家煤炭部),按国家计划在福利区设了一家中型百货商店(按当时标准),依"单位制"原则,为解决职工家属就业,商店设为"大集体"所有制。该店营业厅面积大约300平方米,店内员工近30人,从1960年代中期到1980年代中期除了经营品种稍有变化以外,商店面积、员工数量、职工收入等状况几乎一直未变。其实,这种"一贯制"是计划经济时期服务业的普遍现象。

(3) 长期低收入政策导致低消费水准,服务业业态处于普适性的低端状态

工业化的"高积累"和"低消费"政策导致人们普遍收入低下,使更多的"自我服务"不能形成精细的消费者群,从而构造出普适性的、低端取向的服务业业态。例如,饮食业多以门店营业的有限差别形式存在,长期采用饭店与饭庄、饭馆、食堂、餐点四种业态形式(大部分是后三种),各种饮食店向高级"再精细化"没有必要。其中,饭店与饭庄在市中心,多以大型建筑体的门店形式存在,内有多种类的吃、多规格的住及洗浴等多功能服务项目;饭馆门店多现于一般街道,规模不大,不少饭馆具有专业性,如菜馆、面店、泡馍店等,经营主食(米食、面食、粉食等)与各种炒菜;食堂、餐点设于生活街区,经营日常的油条、豆浆、豆腐脑、葱花饼、春卷之类的简餐等。在"保障供给"方针下,这些店铺长期不"倒闭",长期不扩张,维持"满足现状"的固定规模。

(4) 服务业业态以有限维度和执行计划任务进行简单考量

"低消费"与"低收入"使服务业集中于商品的"保障供给"上,几乎不存在"方式性"创新因素,只能以粗陋的方式赋予划分商品品类,因此"门店营业"和"经营品类"成为简单的辨识维度。由于经营方式固定,服务业业态一直反映门店规模和商品种类。

对服务业来讲,执行计划是一种被动接受"刚性指标"的行为,完成任务成为经营的目标。在公有制经济占绝大比例的条件下,与靠近中心商业区那些大店的"高大名优专"高端服务相伴随,更多的还是设在城市街区、县镇的中低端业态,加上农村供销社系统的"二国营"模式,计划供应使服务业以落实国家"票证"政策为考核核心,各级服务机构经营日常用品或日常服务被"程式化"。

笔者认为,在计划经济条件下,服务业业态作为"芽",它们对种子具有记忆,具有成长为现代业态基础的可能性,但作为"闷芽",它们被锁定在指令体制中而处于僵化状态。

四、向社会主义市场经济转型初中期:现代服务业业态的"萌起"与"发育"

(一) 对市场的认识深化与体制改革推进

1978年至1982年,中国提出并实施"以计划经济为主,以市场调节为辅"的方针,到1984年提出"有计划的商品经济"的运行机制,又于1987年将这种运行机制总体上归为"国家调节市场,市场引导企业"的机制,终于在1992年的中共"十四大"上正式确立市场在资源配置中起基础性作用的"社会主义市场经济"改革目标。由此,经济改革进入了整体推进的新阶段,它经历了以下几波重要推进:

1. 宏观经济的体制改革推进[①]

第一,价格体制与市场化改革。中国经过艰苦的价格"闯关改革",于1990年代初实现了商品价格的市场化,放开除石油等极少数产品以外几乎所有商品的价格,意味着中国的商品市场基本形成。同时,发展服务市场,建设生产资料、劳动力和资本等要素市场。要素市场建设的重大事件是,1980年代初在恢复股票、国债等证券发行的基础上,于1990年末又设立上海和深圳两个股票交易所。到世纪之交,商品市场和要素市场都已初步建立,之后它们在资源配置中起到愈来愈大的作用。

第二,金融、外汇管理和财税体制改革。1983年9月,国务院颁布了《关于中国人民银行专门行使中央银行职能的决定》,除规定人民银行的中央银行职能外,将原有四大国家专业银行转变为国有独资商业银行,增设若干家非国有独资的股份制银行。证券公司与人民银行脱钩,将中国人民保

---

① 吴敬琏.中国经济改革三十年历程的制度思考[J].农村金融研究,2008(11):35-36.

险(集团)公司分解为人寿保险、财产保险和再保险等三个保险公司等;实行对境内机构经常项目下的外汇收支、银行结汇和售汇制度,实现"有管理的浮动"汇率制和汇率并轨,1994年形成了人民币汇率形成机制,使出口导向政策得以全面实施;也在同年,中国在全国范围内用"分税制"取代财政收支的地方包干制;同时,税收体制也按照统一税法、公平税负、简化税制、合理分权等原则,推行增值税、统一个人所得税和加强税收的征收管理等,在1990年代后期初步建立了新财政税收制度的基本框架。

第三,国有企业"股份化"(公司化)改制。1993年,国有企业开始建立"现代企业制度"(现代公司制),于1994年7月实施《中华人民共和国公司法》。到1990年代末,明确提出除极少数由国家垄断经营的企业外,所有国有企业都要进行股份化改制,以建立有效的公司治理结构。经历实行政企职责分离、将垄断性企业改组为竞争性企业并进行资产重组后,在股权多元化基础上,改制的上市企业(多数是国有独资集团公司下属的二级企业)大都搭建起公司治理的基本架构。股份化改制实质上是产权制度改革,它包括所有权制度改革、经营权制度改革、处置权制度改革和收益权制度改革。

第四,确立多种所有制的基本经济制度。1998年《中华人民共和国宪法》修正案规定,我国多种实现形式的公有制为主体、多种所有制共同发展是国家的"基本经济制度"。据此,国家对国有经济布局进行"有进有退"的调整,缩小国有经济的范围,以便寻找能促进生产力发展的多种公有制实现形式;国家"放开搞活国有小企业",鼓励个体私营等非公有经济的发展,大部分国有中小企业在世纪之交以多种方式实现了改制;同时,基层政府所属的乡镇企业通过股份合作制、整体出售、成为有限责任公司或股份有限公司等实现改制。

2. 服务业的初期改革

中国服务业的现代化发轫于改革开放初期的两个举措,一是扩大企业经营自主权,二是提出流通领域的"三多一少"。1980年9月,国务院转批国家经委《关于扩大企业自主权试点工作情况和今后意见的报告》提出,要使国营企业"在人财物、产供销,拥有更大的自主权";1982年10月,全国商业工作会议上提出了建立以国营商业为主导,多种经济形式、多种经营方式、多条流通渠道的少环节、开放式的系统改革商品流通体制的构想。之后,"三多一少"流通格局逐渐形成。初期的改革开放,为现代服务业业态的形成和发展创造了体制条件。这些体制条件集中为一点,就是造就服务业企业选择经营方式的自主决策机制。服务业现代业态的选择就是靠体制改革积累带来的自主决策机制推动的。

从1978年中共十一届三中全会召开到1980年代中期,是中国第二个过渡时期的前段。由于"三多一少"打破了计划经济的"三固定",商业企业进货渠道的选择开始多样化。为支持当时大型零售商店这一服务业标志性的业态,在中共十二届三中全会(1984年10月)以后,以城市为重点的经济体制改革全面展开,全国形成了兴建大型商厦的热潮。不仅商业系统,许多国营单位、地方政府以及各行业部门也纷纷立项上马,仅从1986年到1990年,中国新建的大型零售商场就相当于前35年建设的总和,并形成诸如上海市第一百货商店、北京百货大楼、南京新街口百货公司、广州南方大厦百货商店、哈尔滨第一百货商店、天津百货大楼、武汉商场、西安民生百货商店、长沙中山路百货大楼、重庆百货大楼等一批标杆性的零售企业。到了1990年代初期,大型商场的发展速度更快。[①] 与此同时,改革开放初期的"三多一少"政策、企业扩权及涌动的"下海潮"等,又使得传统的零售业结构发生变化,有的传统业态(例如,从事外贸活动的"友谊商店"利用外汇券指标拓展国内市场)得到短期发展,有的传统业态(如中小型专业性零售店)却受到较大冲击。

(二) 现代服务业业态萌起与发育:原生培育与嫁接方式

伴随改革开放,中国现代服务业萌起于的第二次过渡时期,经历十多年的扩大企业自主权、承包制和股份制的改革发展,到1992年后步入发育成长阶段。这个过程以本土原生的培育和引进外资嫁接相结合的方式进行。

[①] 据有关资料统计,年销售额在1.2亿元以上的大型百货商场,1991年只有94家,1992年增加到150家,1993年达到291家,1994年和1995年分别达到488家和624家,年销售额在10亿元以上的大型百货商场,1992—1995年分别是2家、7家、10家、21家,仅5年时间内大型商场的数量增加了5倍多。参阅:刘彦文等.中国零售业发展沿革及现状思考[J].中国商贸,2010(18):38.

1. 萌起(1980年代至1990年代初期)

在改革开放政策和发挥国营零售业主渠道的作用下,由于国家发展多渠道流通,现代服务业业态,如自选商店、超级市场、便利店、西餐厅等以国内独资、中外合资合作等方式开始出现在中国市场上,由此标志着传统业态格局开始破冰,也标志着中国现代服务业业态的萌起。

(1) 从"自选商场"到"超市"的原生培育方式

伴随企业自主权的扩大,仿照国外经验与结合国内企业实际,本土超市也开始被培育和发展。1984年,北京首家超市——四季青蔬菜自选市场(为菜农所办)在海淀区中关村开业①。同年,上海粮油食品自选商场开业,它既是上海最早的超市之一,也是当时上海最大的超级市场。尽管早期自选商场遭遇水土不服,但这种全新的购物方式悄然走进了中国人的生活。1990年,广东东莞虎门镇诞生了我国第一家超市——美佳超级市场;1991年5月,上海联华超市股份有限公司创建(同年9月曲阳店开业),成为首家以发展连锁经营为特色的超市公司。之后,各地纷纷出现区域性的单体或连锁超市。

(2) 引进外资的"嫁接"方式

1981年4月,第一家真正意义上的超市——"广州友谊商店超市"开业,它虽是专以外汇券进行交易的国有全资企业,但对国外超市的初始尝试属于嫁接方式;1983年,第一家中外合资西餐厅——北京马克西姆餐厅开业;1987年11月,第一家肯德基餐厅在北京前门繁华地带开业;1990年10月,第一家麦当劳餐厅在深圳开业;1992年,7-Eleven通过香港怡和集团旗下的牛奶国际公司代理进入深圳,并在深圳开设5家7-Eleven便利店;1993年3月,港资的"百式"便利店进入上海,之后7-Eleven、罗森便利店也相继进入。

2. 发育(1990年代初中期至后期)

以邓小平南方讲话为标志,中国有了市场经济的概念。它不仅标志着中国社会主义市场经济的起端,也标志着现代服务业业态的诞生。

---

① 它是全国首家照搬国外模式的蔬菜超市,由于对蔬菜、副食品等进行包装销售而失去价格优势[参见:关于新中国第一家农民办的自选市场有什么介绍? 爱问知识人(sina.com.cn)]。与不少初期自选商场一样,当时的消费者不习惯到超市购物,在开办初期一度鲜有人光顾。

1995年，国家推出《全国连锁经营发展规划》，旨在"九五"时期发展连锁超市，由此我国零售业开始了大力兴办超市和连锁商店，从而开始了现代服务业之旅。① 1997年被称为中国的"连锁经营年"，大中型连锁超市企业的销售规模迅速递增，销售增长明显高于社会商品零售总额的增长与传统百货商店的增长，成为当时各种零售业态中发展最快、最具市场活力与竞争力的零售业态。据中国连锁经营协会提供的资料，截至1998年，以"超市"命名的年销售额超过一亿元的超市公司就有22家之多，它们共同拥有门店数1 530个，每家超市平均拥有门店数69.55个，平均每个门店的年销售额为1 192万元。1999年，联华超市的销售额达到73亿元，利润5 333万元；2000年销售额首次突破百亿元，比1999年增长53%；此时上海连锁业"三巨头"——联华、华联和农工商超市分列全国零售业10强的第一、第五和第八位。到2001年，在全国前百家零售企业中，以超市为代表的新型连锁企业有33家，其中有23家超市连锁，3家仓储连锁，1家专业连锁超市。它们的商品销售总额合计为1 155.23亿元，占百强企业商品销售总额的49.32%，同比增长54.5%，增长速度高于传统百货业态的企业38个百分点；它们的零售额合计944.63亿元，占百强零售企业零售额的49.63%，同比增长44.4%，增长速度高于传统百货业态的企业16.6个百分点②。

1990年代后半期，尽管中国出现一些百货商场发展停滞的现象，但超市连锁，甚至仓储式超市、便利店连锁及"十元店"类型的折扣店业态发展起来。一些商家将一批小食品店、副食店、小粮店等改造后实施连锁化，并成为便利店。在1995年前后，上海出现了"可的""联华""光明""良友""818""好德""21世纪便利"等本土便利店。连锁经营方式推进了超市、便利店的规模化。到1996年底，上海已有1 300家便利店，北京有613家，其食品、副食品和日用杂货的品种达3 000—4 000种，食品销售额占

---

① 实际上，在1980年代中后期，中国一些大中型百货商场就开始设立自选商场或自选柜台，小商品批发市场设自选摊位，可以说，这些是萌发的原始形态的超市。在1980年代末和1990年代初引进和尝试兴办了一些超市，但大部分在开始经历了失败，到1990年代中期，经历低谷后，才慢慢有了起色。

② 以上数字资料来源：陈敏.我国商业零售业的发展历程及其业态变迁分析[OL].百度文库. https://wenku.baidu.com/view/52e7a1563c1ec5da50e270eb.html.

销售总额的 80% 左右。①

现代服务业的发育和初期发展还可以从以下数据反映出来。以零售业为例,截至 1997 年底,涌现出以连锁方式经营的全国十大超市和(或)便利店公司有:上海华联超市公司(销售额 203 700 万元,门店 248 个)、上海联华超市有限公司(销售额 192 837 万元,门店 230 个)、上海市农工商超市总公司(销售额 100 706 万元,门店 57 个)、北京超市发连锁经营公司(销售额 70 024 万元,门店 74 个)、深圳市万佳百华股份有限公司(销售额 66 663 万元,门店 2 个)、上海捷强烟草糖酒(集团)连锁公司(销售额 48 939 万元,门店 102 个)、上海一百集团东方超值有限公司(销售额 47 373 万元,门店 13 个)、山东新星购销总部集团新亚商场(销售额 38 947 万元,门店 11 个)、上海百佳超市有限公司(销售额 36 576 万元,门店 21 个)、北京市朝阳区副食品总公司超市总部(销售额 32 731 万元,门店 12 个)。②

3. 现代服务业的初步集聚:购物中心、商业街及商业综合体兴起

现代服务业初步形成的标志之一是,多种服务业业务复合于一体的购物中心、商业街及商业综合体的兴起。"多类服务"聚合,在本质上突破了"零售业态"专用的概念,如第一章所述,开始或已经进入"经营方式+门店"的业态战略,业态实际上开始多样化。

(1) 购物中心的发展

实际上,购物中心本身就是服务业诸业态共存的一种集聚方式。加入 WTO 后,步入 2002 年,中国当时最大的购物中心——上海正大广场于该年 10 月正式开业。该购物中心总投资达 3.35 亿美元(约合当时 30 亿元人民币),分地上 10 层,地下 3 层,建筑面积为 24.2 万多平方米。中心内设有 1 600 个车位的停车场,有 1 000 多个国内外知名品牌的专卖店和专业店,有 100 多家餐厅和一个可容纳 3 000 人就座的体育馆及复合电影馆,还有书店、家具店、摄影工作室、儿童乐园、汽车展示场地和 20 米宽的室内试车车

---

① 于淑华.中国零售业发展现状研究(三)[J].中国商贸,1998(18):48.
② 江山.我国连锁经营的现状与对策[J].上海管理科学,199(3):28.

道,还有酒吧、雪茄俱乐部、游泳池、健身房等诸多设施。①

随后,继上海港汇商城、广州天河城、北京国贸中心的陆续开业,我国内地开始拥有了一批真正的购物中心。例如,重庆在2003年出现了面积2万平方米的"三峡广场地下购物中心";武汉广场经数次改扩建,于2006年武汉广场购物中心开始营业。这些购物中心的经营内容突破了单纯百货店的模式,小规模的娱乐、餐饮项目取得了一定的成功,也带动了内地纷纷上马建设购物中心。到2005年,全国已开业和正在投产建设的大型购物中心和摩尔商城项目共400多个。随着私家车数量的增长,开始出现建在市郊的购物中心,其形式也逐渐丰富,展示出购物、生活、娱乐、文化、旅游等不同主题的亚业态形式。例如,东莞的华南MALL根据自己的经营特点,定位为超大型主题式购物公园,成为中国首个大型"室内+室外"的家庭娱乐中心,为华南MALL的游客带来新奇的梦幻之旅。此外还有,诸如被称为"亚洲体验"之都的广州正佳广场,以体验式的购物模式改变消费者的生活;上海单体规模最大的购物中心"城市交通枢纽型"购物中心,把大型公共交通枢纽与商业活动中心结合在一起;以时尚文化为主题的上海新天地社区性购物中心,具有浓厚"海派"风格的都市旅游景点;作为社区型购物中心,上海友谊南方商城在布局上以家乐福超市、友谊百货、好美家建材超市3家龙头店企业为先导,分别满足工薪阶层、居民日常消费、家庭装潢的需要,其一系列社区服务项目为几个社区的居民带来方便。②

中国购物中心的出现和集聚发展有如下原因:改革开放使人们的收入增加,进而使日常生活日趋社会化和现代化;城市化过程使人口和产业向城市集聚,生产方式和生活方式向规模化、集约化、市场化和社会化方向转换,消费市场扩大刺激零售业和其它服务业与之相适应;经济发展使私人轿车

---

① 中国内地购物中心的发展可上溯到在1990年代中期对香港的学习(1966年,香港第一家现代意义的购物中心——海运大厦开业)。临近香港的广东企业以及香港地产开发商率先起跑,通过开发商业物业,以多业态、多业种综合经营方式,在北京、上海和广州等城市引入了购物中心,很快带给了当地消费者以新的购物方式、生活方式、休闲方式和服务方式。这个时期称为内地购物中心的"萌芽期",在经历了5—7年后,内地标准意义的购物中心才开始稳步发展起来。此处上海正大广场的资料来源于"百度百科"提供的信息。
② 朱静.沪粤两地大型购物中心差异化研究[J].商业经济文荟,2006(6):44-45.

逐步进入大城市的居民家庭。2000年,每千户城镇居民家庭拥有家用汽车5.1辆,比1997年增长168.4%,[①]汽车家庭化使得生活节奏快速化,加之双休日制及节日休闲时间的延长等,使得购物观念发生相应变化,"快速便捷""一次购足""购物+玩乐""购物与生活"等方式逐渐被人们接受。

(2) 商业街的改建与扩建

商业街体现了服务业业态的交叉与融合发展。进入2000年后,中国大中城市意识到商业街的城市名片作用,于是掀起了对原有商业街的改造热潮,其首要目的就是发展多业态,以增强其购物和休闲功能。例如,上海南京路在1999年结束改造时,只保留了3家大型综合商场,把原来用于购物的比例由70%降到59%,餐饮的比例由6%提高到12%,增加了茶市、咖啡厅、保龄球馆等休闲娱乐场所,加大了娱乐功能;在北京的商业街改造中,对王府井商业街在1999年至2001年间进行了"北延、东进、西扩"的第二期改造,调整了商业业态与业种结构,丰富了商业街的服务功能。其中,对金鱼胡同进行清理,强化了其旅游休闲功能;整治了东华门夜市,使其成为东华门美食坊,从而突出了东华门大街的餐饮功能;在利生体育商厦前广场增加体育娱乐设施;之后,又有东方广场近10万平方米的商场开业以及新东安"老北京一条街""活力香港一条街"的建设。经过这次改造,王府井商业街购物、餐饮、娱乐功能的构成比例达到67%、20%和13%,已不仅仅是一条商业街,更是休闲、娱乐、旅游的场所。[②] 在此前后,在全国有影响的南京新街口商业街、苏州观前街、沈阳中街、大连天津街、芜湖中山路步行街、长沙黄兴南路商业街、乌鲁木齐中山路商业街与天津和平路商业街等也进行了扩建和改建(以上这些商业街被誉为"全国十大商业街"),商业街业态更加丰富和多样化了。

据中国步行商业街工作委员会统计,各地兴起改建扩建商业街,全国县以上城市商业街在2006年存量超过3 000条,总长度已达1 800公里,总规模超过1.5亿平方米。[③] 尽管部分商业街改造出现"大型化、盲目化、同质

[①] 费明胜.从零售业态的生成机理看我国购物中心的发展[J].商业研究,2002(22):52.
[②] 汪旭晖.我国城市中心商业街改造建设的系统性思考[J].经济前沿,2006(10):17.
[③] 韩徽健.中国商业街——现状篇[J].中国商贸,2008(4):20.

化、形象化"现象,但各地逐步意识到商业街合理定位的重要性,因而开始注重城市或街区的基本功能和独有特色,并与当地的消费习惯、消费能力、历史文化等相融合,使商业街向"时尚""历史""艺术""主题""生活习俗"等文化特色方向发展(见表4-4)。

表4-4 全国部分文化特色商业街业态结构资料汇编①

地方街区名称	文化底蕴与主要业态或品牌
成都太古里	【文化底蕴】毗邻千年古刹大慈寺,有大片川西建筑特色的历史街区。【主要业态与品牌】1. 主力店:Palace百丽宫电影院、方所文化、Ole'超市;2. 时尚品店:爱马仕(Hermès)、古驰(GUCCI)、卡地亚(Cartier)、范思哲(Versace)、Alexander McQueen、Maria Luisa、I. T、Michael Kors、Max&Co.、MARNI、ETRO等;3. 餐饮店:米其林星级餐厅、鼎泰丰、正斗、KABB凯博西餐酒吧、Bluefroa蓝蛙、Element Fresh新元素、Wagas沃歌斯、LIAN尚莲泰国料理、LIME GARDEN青悦越南料理。
上海新天地 2001年开业	【文化底蕴】"一大会址"的红色背景与保存完好的魔都石库门建筑旧区。【主要业态与品牌】以具有石库门文化内涵的特色餐饮、酒吧、咖啡店、点心店为主,餐厅有中式餐厅、欧美餐厅、东南亚餐厅、酒吧和茶坊等。商铺中有经营知名品牌的服饰精品店,经营家居饰品、传统文化工艺品的店铺,以及电影院、美容会所、健身中心等。该区还展示文物艺术品拍卖、书店、演艺娱乐等各种文化商业,特别注重其小型化、多样性、高品位和商业性,老建筑的历史感与新生活文化品位相结合。
重庆新天地	【文化底蕴】嘉陵江畔古村落,西接红岩革命纪念馆,南靠虎头岩,北临嘉陵江。汲取重庆山水文化、人文内涵以及历史元素,将古老山地村落、旧时的工业建筑以玻璃和钢结构的现代元素表现。【主要业态与品牌】餐饮特色与文化空间布局交辉相应。其中有重庆天地的COSTA、海洋馆、百丽宫、舌尖记忆美食馆、漫咖啡等特色品牌,还有全市最美足球公园、城市农场、天地湖、山地公园等。

---

① 表4-4由笔者综合互联网上关于"全国商业街排名""十大著名商业街""文化特色商业街"及各自商业街的网页资料绘制而成。商业街的孕育和形成既有传统的历史积累,又有现时的打造,还要受当时人的集聚因素影响,一般至少要经过数十年的时间才形成规模。本表选取的文化特色商业街品牌2010年前后已经在全国领先了。因资料所限,在所列的"主要业态与业态品牌"中不可能完全追溯到现代商业业态成长期的原貌,有个别的不免夹杂了2012年之后计算的规模和进入的新业态。即使如此,也并不影响它们当时在全国的领先地位。

续 表

地方街区名称	文化底蕴与主要业态或品牌
宁波老外滩	【文化底蕴】唐宋以来就是最繁华的港口之一,曾于1844年开埠,为"五口通商"中最早的对外开埠区。江北岸边曾为英、法、美三国侨民居留区,发展为五方杂处的洋场,聚集了大英领事馆、天主教堂、巡捕房、洋行、码头、轮船公司、夜总会、饭庄、戏院等。【主要业态与品牌】面积为4万 m^2,主要为休闲产业:酒吧、高档会所、特色餐饮等业态。区内有金融业、行业会馆、生活天地、世界美食、城市公寓、酒店、展馆和江堤休闲服务,仅650米长的中马路上,就布满了近50家酒吧和休闲咖啡厅。整个商业区为集居住、经商、展览和旅游于一体的历史文化街区。
佛山岭南天地	【文化底蕴】临近的祖庙是岭南人千年的精神图腾,依傍而建的古建筑群底蕴依旧。【主要业态与品牌】引进西餐厅、酒吧,保留诸多佛山本土文化品牌;引入时尚品牌、高档服饰、环球美食、精品商店、品味cafe、动感酒吧等,让历史与时尚和谐融合。除保留大量文物古迹,还打造岭南文化园区,展示岭南书画、陶瓷、剪纸、雕刻、木板年画、灯色扎作等艺术珍品,同时设博物馆、剧院、展示厅、画廊、工作室等,提供艺术交流平台。
成都锦里2004年开业	【文化底蕴】曾在西蜀时期就是商业街,被誉为成都版的清明上河图。该街以明末清初川西民居作外衣,以三国文化与成都民俗作内涵,使之集旅游购物、休闲娱乐为一体。【主要业态与品牌】面积为3万 m^2,借势武侯祠及三国文化,浓缩成都生活的精华。其中有茶楼、客栈、酒楼、酒吧、戏楼、手工作坊、工艺品摊点、工艺品店、土特产店等,还有最富特色的风味小吃店,有荞面、三大炮、牛肉焦饼、黄醪糟、糖油果子、甜水面、凉面、卤菜、汤麻饼、久久鸭脖子、牛肉豆花、三合泥、糖油果子、撒尿牛丸、臭豆腐、油茶、牛肉焦饼、酸辣肥肠粉、钵钵鸡等小吃。
上海老码头	【文化底蕴】老上海的十六铺,有民国时期黄金荣、杜月笙的码头及仓库。【主要业态与品牌】面积为1.6万 m^2,沿江汇聚上海滩餐饮娱乐的江景商业。在广场部分,主要包括特色休闲会所、主题餐饮与特色酒吧(中西餐饮、咖啡馆、茶馆等)、创意零售(手工制作、画廊、制衣、服饰鞋包)等。在办公区域,主要包括创意产品工作坊、艺术家工作室和创意办公室等。
南京19122004年12月开业	【文化底蕴】毗邻南京总统府,以民国风格建筑构成,得名于1912年1月1日孙中山先生于南京就任中华民国临时大总统与中国千年帝制终结的历史事件。当时的南京城聚集着诸多政要名流和学术大家,是中西文化交汇之地。【主要业态与品牌】面积为3万 m^2,以大量的酒吧为主体,搭配休闲餐厅。其中有:99HOUSE bar、立煌酒吧、乱世佳人(小乱)、苏荷酒吧、TOUCH&TOUCH2、7CLUB、TNTCLUB(TNT潮人会所、原A8)、TT酒吧、往事吧、百度酒吧、棒棒堂KTV、后街酒吧、传奇1912酒吧、乌克兰风情吧等。

续 表

地方街区名称	文化底蕴与主要业态或品牌
北京南铜锣巷	【文化底蕴】至今有740年的历史,为北京最古老的街区之一,乾隆年间才改名南铜锣巷,有王府旧宅、名人故居,其中有齐白石旧居。【主要业态与品牌】为创意商业与文化故居结合的标杆型商业街区,有餐馆(后现代家常菜餐吧、闻香趣)、酒吧(胡同酒吧、青竹园酒吧等)、咖啡店(沙漏咖啡)、牛奶屋(文字奶酪店、蜂蜜酸奶、省列号等)、珠宝店(爱博珠宝)、过客吉他吧、创可贴服装、手工艺品店(南国风工艺品店、天堂屋、剪王)、工艺作坊(瓷器工坊、陶坊、京工坊、ZAKKA)、齐白石旧居纪念馆等。
杭州"南宋御街+鼓楼+河坊街"	【文化底蕴】南宋御街是800年前南宋临安的中轴线,当年铺了一万多块石板,故名店老店云集;河坊街则是传统老街,鼓楼是当年防倭寇报警用的。【主要业态与品牌】主要有:餐饮(五芳斋、银花正宗馄饨店、望仙楼、周记靓菜馆、皇饭儿厨工坊等)、酒店、服装、珠宝为主;有商店(滨江综合商场)、旅馆、咖啡馆、民间文化的博物馆、休闲、美发店、足浴;有工艺作坊、"都锦生丝绸""天堂伞"、国药老字号店堂(其中胡庆余堂、叶种德堂,以及万承志堂、张同泰堂、泰山堂、方回春堂,被称为杭城"六大家");还有经营玉器、明清瓷器、名人字画的古董店及各种文物店等。
武汉楚河汉街 2011年9月	【文化底蕴】民国风情建筑结合异域风情建筑,汇聚楚国以来文化及名人元素。【主要业态与品牌】面积为1.8平方公里。其三个商业步行街,都具有购物、餐饮、文化、休闲、娱乐等功能。主要有NIKE、MORGAN、DAZZLE、无印良品、C&A、优衣库、星巴克、哈根达斯、麦当劳、翠华茶餐厅、LAVAZA、Jamica blue、辉哥火锅、黄记煌、文华书城、KARTEL等品牌商家的旗舰店;有鹿港小镇、青花元年、周大福集合店、HAMMAN音像、柏斯琴行、90+红酒、论道生活馆等;还有杜莎夫人蜡像馆、迪士尼旗舰店、艺术画廊等文化品牌,以及全国万达广场的旗舰店等。
重庆磁器口文化商业街	【文化底蕴】磁器口于嘉陵江畔历经千年(瓷器是这里的特产),也是去往成都货船的码头,集巴渝文化、饮食文化、红岩文化、抗战文化、沙磁文化、码头文化、宗教文化等为一体。【主要业态与品牌】汇聚山城民俗文化,独有美食、名特食品制作店铺(如制作椒盐花生、毛血旺、千张皮、豆腐乳、聚森茂酱油等、陈麻花、张飞牛肉、合川桃片等作坊)、书场茶馆、画坊、书画室;有民俗文化饮食业态(私家菜馆、火锅馆、龙抄手店、船家与渔舟等);还有旅游纪念品店铺(丝棉店、古玩玉器店、竹木工艺店、瓷器作坊、扎染印染坊、刺绣微雕坊等)。

续 表

地方街区名称	文化底蕴与主要业态或品牌
乌镇	【文化底蕴】乌镇曾名为乌墩和青墩，有六千余年悠久历史，是江南六大古镇之一，也是典型的江南地区汉族水乡古镇，有"鱼米之乡，丝绸之府"之称。1991年开放，被评为浙江省历史文化名城。【主要业态与品牌】体现特色水乡文化价值，拥有"度假＋商业＋文化＋娱乐"的产业链，形成了标准化的商家管理协助体系、景区运营新模式和跨界娱乐圈；有老街、观前街、河边水阁、廊棚等组成，民俗陈列馆（故居、作坊、书院、当铺、戏院）、旅店、餐饮、美食、特产商铺等。
西安大唐不夜城	【文化底蕴】特色曲江新区建设的大唐不夜城，被打造为重现大唐盛世风采，以李世民、玄奘等历史人物为主题的文化艺术雕塑点缀其上。北起大雁塔南广场，南至唐城墙遗址，东起慈恩东路，西至慈恩西路。【主要业态与品牌】面积967亩，涵盖精品百货、大型连锁超市、品牌旗舰店、时尚餐厅、休闲娱乐中心、儿童体验中心等，是集购物、休闲、娱乐、观光等功能为一体的文化商业中心，为一站式"家庭主题非常体验"街区。

(3) 商业地产热与商业综合体的服务业态组合

1987年12月1日，土地使用权在改革开放后的"第一拍"，由深圳房地产公司以525万元购买罗湖区东晓路一块8 588平方米的使用权而成交。随着中国城市化的发展，特别是加入WTO后，许多城市的发展进入升级换代阶段，土地放量与城市基础项目，如城市开发区、住宅新区、商业新区建设及购物中心、商业街配套等交相辉映，使得商业地产开发逐渐生热。在商业开发领域，以商业地产开发为基础的项目，一般倾注于物业型购物广场（如上海和北京的时代广场、上海的梅龙镇广场、长春的万达广场等）、商业街（如表4－5所列），以及连锁购物中心等商业综合体项目，[①]其形成机制如图4－2。

[①] 商业综合体的提法源自"城市综合体"的概念。城市综合体是以建筑群为基础，融合商业零售、商务办公、酒店餐饮、公寓住宅、综合娱乐五大核心功能于一体的"城中之城"，是功能聚合、土地集约的城市经济聚集体。而"商业综合体"，又称摩尔商城，则是将城市中商业、办公、居住、旅店、展览、餐饮、会议、文娱、交通等城市生活空间的三项以上服务功能进行组合，并在各部分间建立一种相互依存、相互裨益的能动关系，从而形成一个多功能、高效率、复杂而统一的服务综合体。

第四章 现代服务业业态的源初、萌起与成长

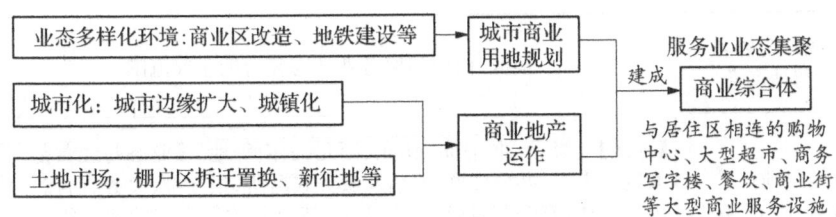

图 4-2 商业综合体的形成

表 4-5 十家全国性商业地产及商业综合体资料汇编①

商业综合体名称与地产商	地区、商业与服务业业态复合的主要范围
万达广场；万达商业地产股份有限公司	【地区】除西藏和台湾省以外的全国各地，往往为当地的地标性商业建筑。【业态与经营范围】一般都包括购物中心、娱乐中心和城市公寓，集大型商业中心、城市步行街、五星级酒店、写字楼、公寓等，集购物、餐饮、文化、娱乐等多种功能于一体，有独立的大型商圈。
华润万象城；华润置地有限公司	【地区】广东、江苏、江西、河南、山东、安徽、浙江、四川、福建、辽宁等地，往往为标志性商业建筑群。【业态与经营范围】汇集高档百货、大型超市、品牌旗舰店、电影院、真冰场、各色餐饮等于一体，集零售、餐饮、娱乐、休闲、文化、康体、办公、酒店、居住等诸多元素为一身，包罗万象，是消费者（市民和游客）生活体验的一站式消费中心。
太古汇；太古地产	【地区】广东、浙江、湖南、内蒙古、吉林、上海、江苏、安徽、山东、河南、重庆、陕西、辽宁、福建、河北、湖北、四川、江西、海南、贵州等地。【业态与经营范围】商业、零售、酒店及住宅物业组合，云集全球180多家国际品牌及知名食府，还有世界顶级名牌时装、别致家居生活精品。
高德置地广场；高德置地集团	【地区】广东、浙江等地，打造"城中心，心中城"城市中心综合体系列。【业态与经营范围】有"家门口的购物中心"（区域型购物中心）、儿童世界、百货公司、朱美拉酒店（如朱美拉酒店等）等。

---

① 商业地产及商业综合体是大尺度的资本运作，它在地块项目阶段就规划了服务业的主力业态，建设项目的最终结果是一个街区性的购物中心、大型超市及辅助商业设施、商务写字楼或商业街等。表 4-5 由笔者综合互联网上部分商业综合体各自网页介绍及有关资料绘制而成，其所含服务业业态大致符合 2010 年左右业态成长阶段的发展状况。

续　表

商业综合体名称与地产商	地区、商业与服务业业态复合的主要范围
恒隆广场；恒隆地产有限公司	【地区】上海、天津、江苏、山东、湖北、云南等地。【业态与经营范围】有购物中心、办公楼群、酒店及服务式寓所，集金融、商务、居住等功能为一体；有轻奢时尚、高端休闲、特色餐饮等丰富的业态组合，品牌涵盖珠宝手表、时尚配饰、餐饮、电器家居产品、个人护理化妆品、超市、休闲及娱乐等。
嘉里广场；嘉里集团有限公司	【地区】河南、陕西、广东、辽宁、江苏、浙江、福建、山东、上海、安徽、辽宁、重庆、天津、浙江、湖北等地。【业态与经营范围】投资多元化、经营酒店、房地产、货仓、食品工业、保险、运输、贸易等
万科城市综合体；万科企业股份有限公司	【地区】广东、江苏、北京、上海、四川、天津、河南、福建、辽宁、江西、安徽、陕西、湖南、山东、湖北、云南等地。【业态与经营范围】商业、办公、居住、旅店、展览、餐饮、会议、文娱和交通等城市生活空间的三项以上进行组合。
联盛广场；联盛集团	【地区】浙江、安徽、江苏、天津、重庆、江西等地。【业态与经营范围】常以大型国际时尚消费体验中心，集购物、休闲、运动、文化、餐饮、娱乐、酒店、公寓等多种业态为一体。

商业综合体是集合交通节点、信息可达性、人口高密度、功能集约性与工作生活复合性、建筑风格于统一性、相融合、大尺度的经济生活空间。因此，它天然的特性就是业态多样化组合，并且这些业态与消费精细化具有内在的联系。正是城市商业业态多样化引导了商业地产的升级与变革，形成休闲商业聚集的全新创造，成为代表城市品牌与生活方式、代表各种休闲需求实现的服务标志区。商业综合体，使得商业办公、文化娱乐、教育培训、商务招待、健体美容、选货购物等，通过"消费功能＋模式＋商业空间"创新，复合了各种零售业与服务业业态。例如，百货商店、超市、专业店、专卖店等不仅叠加了各种功能——购物、休闲、娱乐、餐饮、文化、服务等，还注重时尚、现代、前卫等理念的灌输，并在购物、娱乐、博览艺术众多功能中常常突出一个主题去营造场景消费。购物式摩尔商城一般以家庭式消费为主导方向，设置大面积超市、家居家电体验区、儿童及青年游乐设施、文化广场、餐饮

区,能覆盖老中青三代需求,并以各类专业店适应各类消费者的需求。此外,还设置各类特色店吸引国内、国际游客。

本章通过上述三个时期服务业变迁的描述,展现了不同体制空间下的业态集聚方式。当发展到第三个时期,在现实的"生活与地理空间"中,经营实体商品的商业和经营虚体商品的服务业都发生了空前的集聚,购物中心、商业街、商业综合体呈现出空间资本的集中。伴随城市化进程与土地资本价值的提升,为中国人带来日常生活、购物、休闲等新的立体式生活方式。在经历源初根植于土壤和冲出闷芽之后,在改革开放的政治与体制空间中,现代服务业业态由萌起、发育到成长,不断地内聚着勃发式集聚和分工与业态多样化的发生性能量。

第五章 融合与发生:当今互联网空间的业态集聚与多样化

本章总体上将服务业业态看作是"共时性"的集聚现象①,扩大的集聚是分离频率加快的表征。按照辩证法原理,融合本身就是分离,拆解后的融合生成着具有异质属性的新质,不断的融合发生着不断的多样化。我们当下看到服务业的"正在集聚"不仅是作为时空中发生性构造的融合成果,而且也是对未来构造的融合过程。本章主要探讨第四个时期(即2012年至今)的现代服务业业态的集聚、融合与多样化状况。这一时期,中国进入了"新时代中国特色社会主义"的发展时期,在建成"现代化经济体系"中,现代服务业业态创新正如火如荼地进行着。

一、互联网发展与现代服务业业态转向:线上与线下融合

中国的互联网及其发展,显现于新世纪之交到当今互联网和数字化社会的发展时期,它跨越了第四章设定的"渐进式改革"中后期之后,进入当今"新时代中国特色社会主义"发展时期。研究中国当今互联网下的服务业,离不开"电子商务"的发端及国内互联网的初期发展。

(一) 从电子商务到"互联网+"的现代服务业

1. 电子商务及其发展

电子商务(Electronic Commerce,EC),指通过使用互联网等电子工具

---

① 当然,从局部角度看,这个共时性也有相对的时间的历时层次。

进行的商务贸易活动。它是商品和服务的提供者、广告商、中介商、消费者等交易主体以计算机网络为基础实施交易行为的总和。

随着中国第一家互联网服务供应商——瀛海威于1995年成立,普通百姓开始初识互联网,标志着中国进入了互联网时代。1997—1998年,三家互联网门户网站——网易、搜狐和新浪相继成立,同时,第一笔互联网网上交易获得成功,它宣示了中国电子商务运行的开始。当时,国家经贸委信息产业部联合启动开发电子商务大型应用试点工程,"8848"等B2C网站正式开通,从此,网上购物进入了实际应用阶段,随后于1999年开始了政府上网(电子政务),并开始了企业上网、网上纳税、网上教育(网络大学初始)、远程诊断(网络医院初始)等广义电子商务。2000—2009年,电子商务交易方式逐渐多元化,从传统的B2B主体形式,向ABC、B2C、C2C、B2M、M2C、B2A(B2G)、C2A(C2G)等方式扩展。①

2. 初期的电子支付

电子支付是电子商务运行的关键环节,它的出现被看做是交易方式的一次革命。在"三金工程"②基础上,招商银行于1998年率先推出网上银行(简称网银)业务。之后,一些非银行类的企业开始进入支付领域,形成第三方电子支付公司。它实际上是一种最早"第三方化"的金融新业态,也是互联网金融的初始业态形式。

3. 互联网网民的初期发展

支撑大规模电子支付需要人口基数大幅增长的互联网网民人数。1997年,中国网民人数为67万,到2002年猛增到5 800万人,其规模已达世界第二位;到2009年底达到3.84亿人,居世界第一位。网民的大规模增长折射出电子商务的快速发展。2007年网络零售额为561亿元,到2010年猛增到5 131亿元。③

---

① 以上字母符号代表的是:B为Business;C为Consumer;A为Administration;G为Government;M为Marketing,即营销机构;B2A=B2G,即Business to Administration=Business to Government。
② 即1993年底由国家组织的金关、金卡、金税三大工程。
③ 数据来源:CNNIC数据:http://blog.sina.com.cn/s/blog_466b03000100k2w3.html 和百度文库,"2010年中国网络零售发展现状及产业规模",https://wenku.baidu.com/view/47e19083e53a580216fcfefa.html;另注:以上数据包含移动网民数量和移动网络零售数量。

4. 移动电子商务、移动网民移动支付的发展

移动电子商务是指通过手机、PDA（掌上电脑）等手持移动终端从事的商务活动。按表4-1的时代设定，从2011年起，中国进入"移动互联网"普及时代，网民由5.13亿人（手机网民数达3.6亿，占比达70.2%）达到2020年底的9.89亿人（手机网民增至9.86亿，占比达99.7%）。[①] 伴随移动电子商务扩大，电子支付模式逐渐由支付网关型发展为自建支付平台、第三方垫付、多种支付手段结合模式。目前，支付方式正进入数字货币时代。

随着移动通讯的发展，特别是智能手机的使用和融入居民日常生活，移动互联网的社会经济功能日益增强；第三方支付作为一种新的支付平台，越来越被广大消费者接受，微信支付、支付宝支付等新兴第三方支付平台几乎普及到生活中各个方面。例如，2016年中国社交网络支付（支付宝和微信财付通）的市场规模达到近18.5万亿元人民币，到2020年底移动支付交易规模近250万亿人民币（其中支付宝和微信支付占83.7%，二者交易规模达209.25万亿元，两家企业合计瓜分了近90%的移动支付市场）。[②]

5. 数字人民币支付

我国央行于2014年成立专门的研究团队，对数字人民币发行和业务运行框架、数字货币的关键技术、发行流通环境、面临的法律问题等进行深入研究，2019年11月宣布数字人民币基本完成顶层设计、标准制定、功能研发、联调测试等工作。之后，相继在深圳、苏州、雄安新区、成都及北京冬奥场景启动试点测试，并有序扩大为"10+1"，增加了上海、海南、长沙、西安、青岛、大连6个试点测试地区（其中"1"为冬奥会场景）。[③]

数字人民币通过运用区块链原理，在安全性、便捷性、费用成本等方面都有相对优势。例如，数字人民币支付即结算，不存在清算环节；实时到账，

[①] 中国新闻网.http://www.dztv.tv/col/1317106039062/2018/02/01/1517468006212.html 等。

[②] 资料来源：联合国旗下机构"Better Than Cash Alliance"（优于现金联盟）数据报告.电商数据，见：http://www.ebrun.com/20170421/227262.shtml；360个人图书馆："支付宝和微信支付的市场占有率各是多少？哪个以后的发展会更好？"http://www.360doc.com/content/18/0520/16/14106735_755475195.shtml。

[③] 有关应用方面：2021年6月，苏州轨道交通5号线及北京轨道交通开启全路网数字人民币支付正式运营，所有车站自动售票机均支持数字人民币APP扫码支付与乘车体验测试，之后亿通行应用于APP线上购票等场景。资料来源：数字人民币_百度百科(baidu.com)。

数毫秒内即可完成交易;安全级别高,利用密码学来实现数据货币的防伪造,防篡改,防复制。此外,流通费用低,没有存款利息。从 M_0 的费用体系看,数字人民币是央行向公众提供的公共产品,不计付利息,央行也不兑换流通等服务收费。不仅如此,它还在人民币国际化方面具有重大意义。

(二) 互联网发展中的实体店与网店

1. 业绩反差

一方面,中国的实体店在互联网发展背景下,在与网店对决中于 2011 年后逐渐走下坡路,到 2014 年前后出现"关店潮"。[①] 另一方面,网店的业绩却快速增长。在互联网日益普及的形势下,由于价格优势、交易透明及交易无须临场的性质,越来越多的消费者选择网购(如表 5-1)。具有标杆性的中国电商十大平台企业,阿里巴巴、京东、苏宁易购、腾讯电商、唯品会、亚马逊中国、当当网、国美电商、1 号店、凡客诚品等旗下网店的交易总额迅速增长。例如,阿里巴巴中国零售交易市场的交易总额在 2015 年达到 2.95 万亿元(GMV),一举超越沃尔玛,成为全球最大的零售体,又在 2020 财年达到 7.053 万亿元,在全世界首次突破 1 万亿美元。[②]

表 5-1　近年来网络零售与实体零售增长率对比　(%)

项目＼年份	2011	2012	2013	2014	2015	2016	2017	2018	2019	2020
网络零售(万亿)	0.78	1.31	1.85	2.79	3.88	5.16	7.18	9.01	10.63	11.76
增长率(%)	100	67.5	41.2	50.7	39.0	33.0	39.3	25.5	18.0	10.63

---

① 2014 年前后有,北京的"百盛百货"和"华堂商场"关店,上海的"瑞兴"(淮海路)"美美""先施""OPA 商场"等百货店先后撤离,广州的"好又多"(东山口店)"新供销百合"等连锁超市停业,长沙的"世纪华联柏丽晶购物广场""沃尔玛分店"关张,成都的"NOVO 百货"(天府广场店)"人人乐连锁超市"(几家门店)接连退出,沈阳的"伊势丹""尚泰""雅仕"等百货巨头退出市场。参见:龚雯等."实体店还有未来吗?——对实体商业现状进行深入调查和思考"[N].人民网—人民日报,2015-07-13-07:15,http://house.people.com.cn/n/2015/0713/c164220-27292702.html.

② GMV(Gross Merchandise Value,网站成交金额),为电商平台企业成交类指标。见:中国电子商务研究中心.云观咨询.2017 年阿里巴巴集团年度专题报告[R/OL].http://b2b.toocle.com/detail-6430941.html;游民星空.世界首个!阿里巴巴 2020 财年交易额破 1 万亿美元[EB/OL].https://www.gamersky.com/news/202005/1290694.shtml.

续　表

项目 \ 年份	2011	2012	2013	2014	2015	2016	2017	2018	2019	2020
实体零售（平均%）	—	—	—	5.8	5.6	4.6	5.7	5.6	4.5	—
其中(%) 百货店	—	—	—	4.1	3.4	1.3	6.7	3.2	1.4	—
其中(%) 专业店	—	—	—	5.8	0.3	3.1	9.1	6.2	3.2	—
其中(%) 超市	—	—	—	5.5	6.8	6.7	7.3	6.8	6.5	—
其中(%) 购物中心	—	—	—	7.7	11.8	7.4	6.4	6.0	6.8	—

注：本表数据根据中商情报网和搜狐网有关资料计算得出。2020年大部分数字因新冠疫情出现反常增长，故未列出。表中数字参阅：① 中商情报网：http://www.askci.com/news/chanye/20170407/17275995401.shtml；② 搜狐网："商务部发布零售业报告：实体业态普遍好转，增速明显分化"http://www.sohu.com/a/154687581_394405；③ 搜狐网："零售行业发展趋势分析2018年实体零售回暖持续增强"http://www.sohu.com/a/244200504_473133；表中2017栏中购物中心占比为2018年第一季度数字。④ 2017年及以后实体零售数字来源：2020年中国百货零售行业市场现状与发展趋势分析亟待转型升级_业态(sohu.com)和 https://ecoapp.qianzhan.com/detials/200717-cc46bba6.html。

2. 实体店被逼向"＋互联网"：走向信息空间与生活空间融合的O2O

走向O2O(Online To Offline)，是将线下的商务机会与互联网结合，让互联网成为线下交易的前台的经营模式。[①] 2013年6月，由中国当时最大的实体商家——苏宁开始实行线上线下同价，成为O2O模式本土化的发端。之后，O2O模式在中国开始进入发展阶段。

实体店向O2O转型，实际上是"＋互联网"，展现出转型的"三条路线"。

第一，"实体店＋互联网＋体验服务"模式。一些实体店"＋互联网"后，走"网上营销＋实体体验"路线，定位于满足消费者需求，集购物、娱乐、休闲于一身，如万达广场、上海城市超市、上海大悦城等；其特点是，与个性场景体验结合。在装修设计、经营品牌等方面避免同质化，以愉悦体验留住顾客，将购物与品玩、休闲捆绑在一起。

第二，"实体店＋自建电商渠道＋优势品牌"模式。一些实体店通过自建电商，走"实体店互联网技术化"的路线，扩展渠道并巩固自有品牌优势，既可控制商品成本又可掌握价格主导权，如凡客诚品、王府井自有品牌

---

① 广义来看，只要企业在产业链中既涉及线上，又可涉及线下，都可称为O2O。

"firstwert"等，挖掘和打造"中国品牌"，其品牌设计体现中华文化和地方特色，试图把线上的流失从国外消费者那里拉回来。

第三，"实体店＋线上开放平台＋商家"模式。一些实体店与自建的网络平台无缝衔接，走"开放平台"路线，实现门店与自建网络平台的融合，如国美、苏宁易购、大润发、店店旺等企业通过线上平台将优势扩大，并依此增加其它转型网店的集聚。

3. O2O 服务属性演进

一般来讲，服务企业的 O2O 商务模式需具备五大要素：独立网上商城、国家级权威行业可信网站认证、在线网络广告营销推广、全面社交媒体与客户在线互动、线上线下一体化的会员营销系统。也就是说，一家企业在合法认证后兼备网上商城及线下实体店，具有网上社交与营销功能，网上商城与线下实体店全品类价格相同，即可称为 O2O。

线上与线下结合，会产生新的业态属性。伴随我国移动电子商务爆发式增长，有些业态属性迅速扩展功能，也使得 O2O 本身发生了演化（如表 5-2）。

表 5-2 O2O 模式的服务业业态属性演进[①]

O2O 形式 项目	O2O 1.0	O2O 2.0	O2O 3.0（走向"新零售"）
关键词	团购、促销	手机、APP	微信、支付宝
互联网	PC 互联网	移动互联网	
基本要义	以信息促进线下流量配置	移动平台＋信息服务	移动平台＋第三方支付清算
平台性质	信息平台	服务平台	"服务＋运营"（开放平台）
解读	线上与线下初步对接。利用线上推广的便捷性把相关的用户集中起来，再将线上的流量倒到线下。	建设平台以提升线下商家服务能力；配合团购和 LBS，将 1.0 时代实物交易型电子商务变为服务交易型电子商务。	移动终端第三方支付清算体现 O2O 平台生态的底层应用与能力，O2O 模式设计的平台可不断拓宽，该清算平台对于共建生态圈起至关重要的作用。

① 关于"业态属性"的含义请参阅第一章的服务业业态定义部分。

续　表

O2O形式 \ 项目	O2O 1.0	O2O 2.0	O2O 3.0（走向"新零售"）
功能及特点	单向互动；宣传媒体属性；求得用户规模；以团购低价驱动。	平台补贴；做大流量；贴近消费者；涉入高频日常生活场景。	平台经营；持续互动；智能推送；用户体验；数据积累；接入更多电商资源；以众包合作解决长尾订单问题。
涉及服务业领域或有关例子	以美团为代表的线上团购和促销等；与之相同的有大众点评团、拉手网、糯米网等团购网站。	上门服务，如按摩、化妆、送餐、送生鲜、洗车、滴滴打车等上门服务活动。	多用于众包物流、配送领域（如生鲜、商超产品）；例如，"饿了么"从外卖转接蜂鸟系统，对接第三方团队和众包物流。

注：① 表中的 LBS 即 Location Based Services，地理位置信息服务；② 团购网站，主要提供美食、KTV、电影票、酒店、婚纱摄影等团购服务。③ 本表由作者据"餐饮卖预定 2.0"一文及其他资料绘制。参见：tps://cloud.tencent.com/info/3478.

（三）解构与重组：线上线下融合与现代服务业新结构

1. "O2O 化"本身就是解构和重组

无论是实体店转型，还是电商组建和兼并实体店，都是市场洗牌过程，反映了第二章所说的三大时空的结构变动。具体讲，涉及现行体制空间和信息化社会背景下的产权重组、地域划分、商圈变化、价值链重构、消费偏好变动、技术能力组合与驱动力转变等。市场的自组织可以将适应因素保留，将不适应因素解除，转移到可适应领域。中国近年来实体店和电商所参与的 O2O 过程，就是空间中的解构与重组，也是推动着中国经济结构的一种解构与重组。其中，电商对互联网（包括移动互联网）的天然依赖性，对 O2O 的形成具有重要意义。

这种解构与重组可以萌发服务业新业态的创新效应。实体店与网店联姻就是时空关系做出相应调节的过程与结果，表现为在上述"三条路线"的解构与重组实践中创新性的异质被催化。当今的儿童业态、生活馆体验式业态、快餐、农家乐、外卖、直播带货、各类文化服务、城市的共享单车、出租车业的"网约车"、轻轨与地铁、城际高铁等，都是通过对消费者群（或基于消费者群)空间的数据挖掘,通过创新组合并进行催化的结果。

2."O2O化"就是O2O的一般化:未来互联网实体店与电商概念"消失"

按照发生学及第三章的理论,从某个时空视角看,"O2O化"就是一种他化。电商与实体店的冲突(对立)带来了O2O的"他化"——网店与实体店"中和"(回溯)形态,它印证了空间"三维辩证"论题。互联网对旧时空的解构方式是,突破并消解旧时空中限制边际增长的桎梏,与此同时,重新组成一个相对新的较高边际增长的新常态的时空体系,并依次循环往复。但是,有一点是必然的,即未来的店铺一定是以互联网为基础的实体。互联网将一个万象的世界集中到一个咫尺方寸的显示器平面,改变了店铺形式和人们的日常生活方式。"一般化"的博弈结果就是"信息＋体验"结合的实体店,进一步的完善属于"后O2O"状态。随着市场交融的复杂化,未来的商店将在O2O体系中运行,因商店都是"触电"后的实体店,所以电商概念必将"消失"。

3."新消费"与"新制造"夹逼与融合下的基本型:O2O及其体系

步入信息化社会后,随着居民收入提高与现代消费者成长、技术引进与研发创新及产业结构升级,处于中间地带的服务业及业态结构在市场经济作用下也发生了质的变化。

(1) 新消费:收入增加与理性的网络消费者崛起

从历年情况看,中国居民收入伴随GDP增长而增长,与1978年相比,2020年城镇人均收入增长了117.72倍,农村人均纯收入增长了127.84倍,而且多数年份居民收入增长高于CPI上涨。[①] 在收入增加的同时,城乡社会保障制度的逐步建立和健全,居民总体生活质量逐步改善已经是一个不争的事实,同时,近几年一系列利农与精准扶贫政策使城乡差距正在缩小。再从反映居民家庭富裕程度的恩格尔系数变动看,城镇居民家庭由1980年的57.3%下降到2020年的29.2%,农村居民家庭由67.7%下降到32.7%,

---

① 1978年的城镇居民人均可支配年收入为343元人民币,2020年为40 378元;1978年农村居民家庭人均纯收入为年均134元,2020年为17 131元;中国的CPI指数主要包括食品、烟酒及用品、居住类消费(不包括房价)、交通通信消费、医疗保健个人用品、衣着、家庭设备及维修服务、娱乐教育文化用品及服务八大类(购房与购车等大件支出未包括在内)。数据来源于历年的《中国统计年鉴》。

2020年全国恩格尔系数达到30.2%（已达联合国富足标准），[①]反映了居民消费习惯和观念的变迁及服务消费需求的日益增加。可以看出，以城市为引领，衣食住行消费日趋理性化，休闲与精神消费增加助推生活向较高层次的理性消费递升。

值得注意的是，推动理性消费的是中国80后、90后甚至00后的"新生代"消费者群，其服务需求决定能力和需求占比逐步提升，并随着每年新增就业、就学而增加，网络使用的娴熟使其"接受线上传达理念，实施线下消费体验"，在网购及网上支付中从尝鲜到习惯，已经成为"三个50%"的生力军（即居民法定节假日的消费在全年消费额中占有50%的比例，居民周末消费在全周消费额中占有50%的比例，居民每天晚上6点以后的消费在全天消费额中同样占有50%的比例）。这部分人群，特别是大学生，是可塑性强、有着强烈激情、成功欲、博览欲和丰富创造力的特殊消费群体。他们在购物、考取证件、升学、留学、求职、娱乐、游戏、交友、时尚、旅游、新闻、文化等方面需要更多的信息，并具有较强的信息自通与操作能力（包括获取信息的能力、分析信息的能力和利用信息的能力）。在他们的信息消费过程中，个体占有的信息越多，对信息需求就越大，并带动父辈的网络消费，使得网络消费已经渗透在吃穿用居行及教育等各个方面。

（2）新制造：工业互联网战略与"中国智造"崛起

工业互联网（Industrial Internet），指以新一代信息通信技术与工业经济深度融合的新型基础设施、应用模式和工业生态，通过对人、机、物、系统等全面连接，覆盖全产业链、全价值链的全新制造和服务体系，[②]是工业系统与高级计算、分析、感应技术以及互联网连接融合的集成体系。[③] 它将智能机器、高级计算、工作人员三种元素融合起来，赋能于工业及产业的数字化、

[①] 数据来源于历年《中国统计年鉴》。
[②] 见360百科，https://baike.so.com/doc/5871806-30567318.html。
[③] 工业互联网的概念最早由美国的杰夫·伊梅尔特（GE的CEO）于2012年提出。就这一领域，1967年，一些日本学者比照"工业化"提出了"信息化"的概念。见：Tadao Umesao（梅棹忠夫）*On the information industry* from Wikipedia；法国学者西蒙·诺拉和阿兰·孟克合著的《社会信息化》（1978年话语版）（商务印书馆1985版），论述了计算机与远程通信紧密结合而产生的远程数据处理对社会发展的巨大影响，建议法国政府用国家政策来促进信息化。

第五章 融合与发生：当今互联网空间的业态集聚与多样化

网络化、智能化。

中国在改革开放后实施"现代工业自动化"战略，在互联网技术交互发展的基础上逐渐发展为信息化和工业化的"两化融合"战略，制造水平与发达国家的差距正在缩小。2008年，原信息产业部等部委组建成工业与信息化部。2015年，推出《中国制造2025》计划，[①]其中对"工业互联网"的解读是，它不仅包括利用工业设施、物联网和大数据实现生产环节数字化、网络化和智能化（德国工业4.0式智能工厂），还包括利用互联网与工业融合创新实现制造产品的精准营销和个性化定制，以重塑生产过程和价值体系，推动制造业服务化的发展。[②] 中国的"工业互联网"数字化，以及"两化深度融合"和跨界发展，使物联网、云计算等新一代信息技术在工业领域得到应用，逐渐从"为了消费"的领域内卷到"为了智造"的领域。目前，智能制造、3D打印、工业机器人等已经成为重要的应用领域，其智能装备制造不断加速。例如，格力集团、长虹电器、三一重工等企业以智能手机为切入点，面向智能家居、工程机械等细分领域；青岛3D打印研究院、武汉金运激光公司等机构推出3D在线打印平台，将客户需求、设计师、制作工厂、物流配送等资源汇合，可以实现创意产品的个性化定制；工业机器人正从汽车、电子、金属制品、橡胶行业向纺织、物流、国防军工、食品原材料等领域渗透。[③]

（3）"夹逼—融合"效应："O2O化"与适应性创新的必然选择

设当一个系统存在A、B和C三个相互排列而联系的不同领域，且系统内的信息可流动。如果A、C两个领域的结构分别依各自选择的方向变动，则二者中间地带的B领域处于双向被夹逼状态，那么，有可能通过在B领域

[①]《中国制造2025》确立我国制造业的"三步走"战略，大体上每一步用十年左右的时间，到第二个100年，实现从制造业大国向制造业强国转变的目标。其中，五大工程，即制造业的创新中心建设工程、强化基础工程、智能制造工程、绿色制造工程和高端装备创新工程；十大领域，即新一代信息技术产业、高档数控机床和机器人、航空航天装备、海洋工程装备及高技术船舶、先进轨道交通装备、节能与新能源汽车、电力装备、农机装备、新材料、生物医药及高性能医疗器械等。

[②] 笔者根据苗圩对《中国制造2015》解读的理解。参见：工信部部长苗圩解读《中国制造2025》[EB/OL]. http://www.sohu.com/a/15795636_114834.

[③] 深圳中企智业投资咨询有限公司.中国工业互联网产业发展情况分析报告.第4页[EB/OL].百度文库,https://wenku.baidu.com/view/2206ac3711a6f524ccbff121dd36a32d7275c74d.htm.

的双向融合产生"他化"的新结构；A与C各自的博弈能力决定B与A和C融合程度，B的"他化"呈现出三者混合博弈的均衡状态。这就是"夹逼—融合"效应。

中国当今互联网空间下服务业新业态发展，在一定程度上体现了这个效应。从服务业现实的深层结构看，一个服务行业的两边存在"网络消费者"和"中国智造者"两个各自崛起的结构变动，可能（或必然）导致相应服务行业结构处于被纽拉状态，进而可能迫使其发生解构和重组，并以"他化"形式融合成适应各自势力的均衡状态。根据第三章的"集聚与分离"原理，"夹逼—融合"效应还可以解释服务业竞争中的"突围"情境及业态持续细化现象。

在社会信息化和互联网支付效率背景下，新技术与新生产方式（如智慧制造）诱发出新的生产者的"用户群"，而另一极的收入增加与新消费方式（如信息流量消费者）诱发出新的"消费者群"。这两个"群"对市场上的产业和服务业造成纽拉，并使产业和服务业结构发生解构与重组，如促使一些企业获得发展机遇，导致另一些企业退出、转换或处于挣扎状态。例如，中国互联网及移动互联网的发展，使网店"势力"逐渐扩大并处于博弈的优势地位，产生"可吃进效应"；而实体店"势力"后处于弱势地位，遭遇"被冲击效应"。实体店"突围"和网店"吃进"的共同方向是"O2O化"，形成二者融合的"第三方业态"。这种业态获得成立，就意味着边际收益递增并能产生规模扩张。目前，随着"网店+体验店"的持续集聚，竞争又可能产生差别化，会分解出更细分的不同的"用户群"或"消费者群"，进而产生新一轮的解构与重组。不过，新的重组结果是在"后O2O"状态下衍生出的一种"亚业态"，即更高阶的业态，以后会按此不断地重复与持续，形成"业态多样化"。

在"新消费"和"新制造"双重势力夹逼下，以数字化为基础，融合线上线下渠道与资源、满足新一代消费者个性化需求为核心的"他化"——"新零售"快速崛起。通过科技（包括黑科技）赋能，第一，围绕着"新零售"业务模式，"新物流"和"新金融"正在崛起。第二，作为"新零售""新制造"和"新消费"各自线上线下的重要纽带，"新物流"正形成新的"端到端"供应链物流新模式，助力客户体验与消费价值增长的"新零售"和以生产效率提升为主的

"新制造"模式;第三,"新金融"则围绕"新零售""新制造"和"新物流"战略,为消费升级、制造业与物流业推动社会经济的增长注入新动能。

(四) 服务业业态四大领域的新集聚与新融合

1. 新时代"集聚—分离"的发生学意义

服务业业态多样化的分工史是新业态的集聚历史。任何"当下"的新业态被"之前"的新业态所推进,形成连续不断的"集聚—分离"效应,其时空轨迹就是"意义的历史"。

2012年至今,中国进入"新时代中国特色社会主义"的发展阶段,在这个"新时代"中,先后经历了供给侧结构性改革、"一带一路"倡议实施、"互联网+"运动、中美贸易战、抗击新冠肺炎及当下的国际新挑战等"大事件"。这些时空中每一个大事件,都给新业态的生成和发展带来契机。例如,供给侧改革带来生产性服务业的发展契机,一带一路战略促进了跨境电商腾飞,"互联网+"使得电商与实体商结合起来,中美贸易战促使服务业全面进入国家经济的"双循环",抗疫带来的"宅经济"诱发了网络服务的精细发展。仅从抗击新冠肺炎疫情来看,就催生和强化了一些网络服务的新业态,如上门蔬菜、网络课堂、网络会议、网络培训、网络就诊等[1]。

当今时代的"集聚—分离"与当今现实空间的"事件"所"相遇",并在信息化与"互联网"技术为基础的"物联网""数字化""AI"的催化和强化下,服务业呈现繁花似锦的新业态现象。当然,它更是现代化经济体系建设过程的呈现,因为从服务业新业态可以推出一个"乘数效应"的整个大时空的支撑体系。

本章大题目中的"融合与发生"就是要探讨新业态体系的呈现,意欲展示它们经过潜在状态到萌发与成长状态,再到当下"勃发式集聚"的时代结果。

---

[1] 以在线办公为例,阿里巴巴的钉钉、腾讯的企业微信和腾讯会议、字节跳动的飞书、华为的WeLink等办公软件支撑了居家的办公、教育、会议、培训、医疗等应用场景,即使在后疫情时代也有大量用户。

2. 新时代服务业体系

近年来,伴随5G和物联网及数字化技术的应用,现代服务业业态结构进一步细化和提升。例如,上面提到的生产性服务业,细化后导致分类的深化,在通常专业性的"外部型"生产性服务业基础上,出现了"制造业服务化",展示出了"内部型"生产性服务业业态特征,其业务常常是贴近企业的设计、后勤、扩展训练、岗前培训、价值链管理、组织协调、人力资源管理、会计、法律咨询,还包括物品定制、维护和修理、融资、运输、安装、系统集成和技术支持等。

在"新零售"思维下,业态结构呈现并强化了"四新"和"三性"。其相互融合的"四新"是新技术、新业态、新模式、新产业相互渗透;"三性":一是运行中具有"动态变化性",即服务业业态涉及的服务内容,随着最新技术和模式的突破而发生快速响应;二是"轻资产性",服务业业态一般是以知识积累、智力资产开发、转化和应用为核心,依赖核心人才团队建设的轻资产组织;三是"需求主导性",以用户群和消费者群为核心打造价值链,让用户和消费者的需求成为"四新"的萌发土壤。

生产性服务业涉及领域面广,物流业和金融业在现代市场经济中具有基础性地位,而且它们的业务已经渗透到消费领域,强化了服务业的集聚。为方便研究,本书将当今的现代服务业新业态概括为四大领域的空间集聚体系(如图5-1),并以此在下面进行论述。

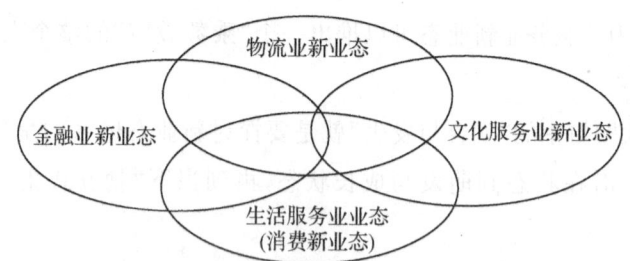

图5-1 现代服务业四大新业态集聚体系

二、物流新业态

物流业态，指物流企业为满足不同的生产和消费需求，由相应要素组合而形成的不同经营形态。从整个物流产业看，物流业态可分为制造业物流、工程物流、金融物流、危化品物流、冷链物流、快递物流、零担物流、保税物流、港口(园区)物流、连锁零售物流(配送式物流)、直销物流、回收物流等。本书先研究信息化条件下现代第 N 方物流业态的演进状态，然后研究几个以互联网、物联网为基础的新物流业态。

(一) 现代第 N 方物流

第 N 方物流(NPL)体现物流业态的历史演进，包括第一方物流、第二方物流、第三方物流、第四方物流、第五方物流、第六方物流和第七方物流等序数系列。其中，第三方物流是 1990 年代后期时兴的一种独立运营的专业物流业态；从第四方物流到第七方物流属于物流新业态[1](如图 5-2)。

1. 第三方物流

第三方物流(3PL)，指企业以合同方式委托给专业物流服务企业，同时通过信息系统达到对物流全程管理和控制的一种物流运行方式。它既不属于第一方，也不属于第二方，而是通过与第一方或第二方的合作来提供其专业化的物流服务，其基本业态形式就是第三方物流业的综合物流公司和专业物流公司。随着 1990 年代生产资料市场兴起，储运业市场化及公路、铁路、航空、港口设施的改善，中国一些企业开始实施储运外包，于是多家第三方物流公司成立，其中位于广州的国内第一家物流企业——宝供物流于 1994 年注册运营。

---

[1] 第一方物流(1PL，即 First Party Logistics 的基数称呼，下同)，指 1960 年代企业"大而全"或"小而全"的状态，物流完全由生产企业自己承担。改革开放初，由采购和销售带来的储存与运输逐渐占主导地位，出现企业自己的物流机构，即第二方物流(2PL)，它是向第三方物流过渡的形态。制造业企业的部件配送及货物配送、商业连锁经营中自建的配送中心等属于第二方物流。

现代服务业时空集聚中的业态多样化演进研究

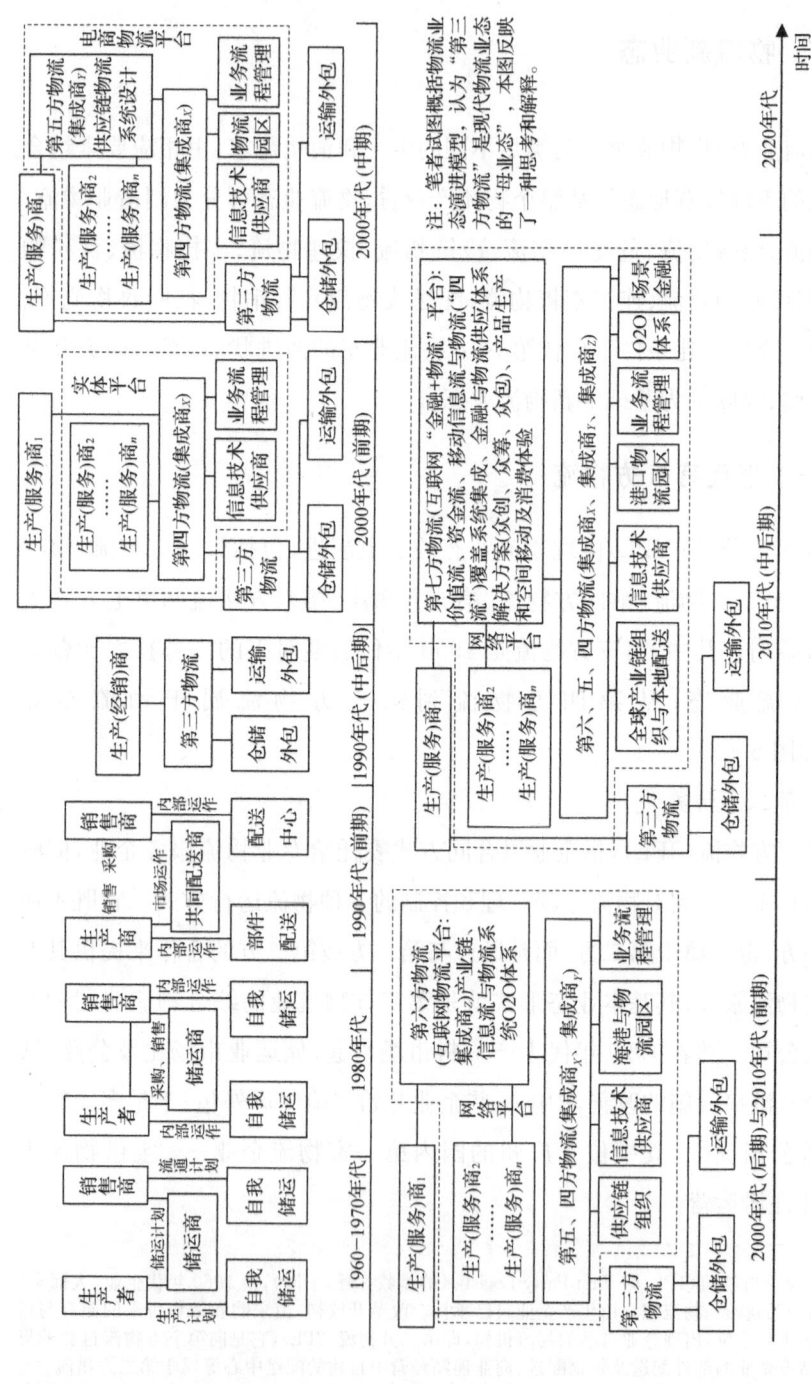

图 5-2 中国特流业演进及业态发展

第五章　融合与发生：当今互联网空间的业态集聚与多样化

2. 第四方物流

第四方物流（4PL），指专门为第一方、第二方和第三方提供物流的规划、咨询、供应链及系统管理等的物流平台。① 加入 WTO 后，在国际和国内大物流建设中，我国不少"小多散"的第三方物流被整合，形成这种物流联合体。它是一种提供系统方案、信息技术与咨询和流程管理的供应链集成商。"第四方"并不实际承担具体的物流运作活动，而是主要提供物流解决方案、联络与整合各方的实体平台。其典型业态是物流战略联盟（异业联盟）。

3. 第五方物流

第五方物流（5PL），指以电子商务技术支持的整个供应链通过组合各接口的执行成员为企业供应链协同服务的园区物流平台。随着电子商务技术向物流业渗透，它在第四方物流基础上，发展成的专门提供、优化和组织信息流的电子商务物流平台。它运用软件编程、供应链管理等方法，除提供物流解决方案、联络与整合各方外，还主导物流供应链建设和运作，并呈现集聚性的物流园区经济。2006 年，国标物流术语确定其"物流园区"称谓。其典型业态是物流园区、联运物流、电商物流。

4. 第六方物流和第七方物流②

第六方物流（6PL），指以电子网络为服务平台，将产业链和第三方、第四方及第五方物流进行资源虚拟组合，通过数字化系统集成，为用户高效提供全程物流操作的综合物流服务。第六方物流旨在促进国际物流数据互动和标准化，形成航贸安全体系，创造第三方利润源，建设保护生态环境的绿色物流网络，形成高端物流体系；第七方物流（7PL），指利用互联网金融交易方法的"物→物"模式，形成凌驾且包含于第一、二、三、四、五、六方物流模式的物流体系，从而加速资金快速安全的流动。它是物流与资金流的产业融合。

---

① 第四方物流是一个初步的供应链集成商，以平台形式为供需双方及第三方物流等提供信息服务。在我国，其初期通常由政府搭建。它也是第五方物流的基础。
② "第六方物流"由中国国际海运网 CEO 康树春于 2009 年提出，"第七方物流"由香港鑫亚集团股份有限公司董事长张长德提出，这两个模式的概念在物流界引起关注和争议。参阅：康树春.蓝色新经济与第六方物流[J].世界海运，2009(2)；张长德.第七方物流[M].中国经济出版社，2017.

· 179 ·

总体来说,中国当代物流业向高端的物流平台发展,物流业态不断多样化、高效化、共享化、人性化。目前典型业态有,快递物流(包括无人机快递)、高铁物流、保税物流、公铁港一体联运物流、城乡物流、绿色物流、金融物流、智慧物流、众包物流等。物流新业态通过组织创新,对内实现智能化和高标准仓储体系构建,实现"人、货、场"的实时联通与有效沟通,对外发展整合物流价值链资源,以构建实施全球化物流的"采购—分拨—本地配送"体系,最终实现生产者和消费者货物的高效直连。

(二) 快运、快递与众包物流

中国的快运和快递业从传统的邮电业中脱颖而出并发展为成熟的业态,它在全国范围内形成以运输干线为基础的通道,并呈"点—轴—面"的空间展开。互联网和数字化使快运快递业呈现网络经济化、产业融合化和国际化,同时众包方式介入,大大提高了快运与快递业务的效率。从业态视角看,快运和快递属于营业性的物流业态,众包物流属于方式性物流业态。

1. 快运与快递

(1) 业态及其发展

快运与快递,是承运方将托运方指定的货物在特定时间内以最快的运输方式,运送和配送到指定目的地或目标客户手中的物流活动。当然,二者也有区别。快运物品一般是"重、多、大",货物运达目的地后的送达方式视情况而定;而快递因物品"轻、少、小"可以送货上门。从理论上看,"快运"偏重于运输;而"快递"偏重于点对点的配送。二者因产业融合,目前企业推出的产品已经有所混淆。它们的主要运输方式有航空、铁路和公路等,更多采取高铁快运方式。国家邮政局网站公布的数字显示,2017年,全国快递企业业务量完成400.6亿件;2020年为830亿件,三年增长了107.2%,当年业务收入达8750亿元人民币。

快运与快递业已经是一个成熟的业态。中国自1980年代就有了快递业务，中国邮政的EMS成为我国首家快递企业。[①] 中国加入WTO后，国际四大快递巨头DHL敦豪国际、FedEx联邦快递公司、UPS联合包裹公司、荷兰邮政TNT陆续进入中国市场，发展各自的分销和运输网络，同时，本土的"四通一达"[②]等快运和快递民营企业发展起来，目前呈众多企业相互竞争格局。在快递和快运市场上，主要的外资速递公司包括DHL国际快递、UPS快递、联邦快递和TNT快递；国内兴起的企业主要有跨越速运、顺丰速运、邮政快递、高铁速递、宅急送、中通快递、圆通速递、申通快递、百世快递、韵达快递、国通快递、天天快递、快捷速递、速尔快递、全峰快递、全一快递、大亿快递、如风达、能达快递、德邦物流、优速快递、京东快递、丰巢快递等多种快递运营商。

(2) 亚业态趋势

亚业态趋势是由于新业务的拓展，特别是在"互联网＋"及"一带一路"倡议推动下所呈现的新业务类型，主要有以下四种：

第一，"快递—电商"同盟。电商急剧增长，迫切需要快递行业实现物品的输送，双方产生共赢的空间，进而导致二者联盟化。这个趋势在2012年尤为猛烈。例如，阿里巴巴集团旗下天猫商城于该年5月宣布与邮政EMS、顺丰、申通、圆通、中通、韵达、宅急送、百世汇通、海航天天等9家快递企业达成合作，这些合作的快递企业基本上是全面涵盖国内物流业务的第一线阵营。

第二，电商快递，即电商自办快递。在第三方快递公司不能满足电子商务企业需要的情况下，电商迫切需要自己的快递团队，一方面能够提高用户

[①] 中国邮政自1980年7月开办国际邮政特快专递业务，标志着我国现代快递业务的开始。1984年开办国内特快专递业务。到1985年，中国第一家专业快递企业——速递服务公司成立。1999年发起万国邮联EMS(全球特快专递)合作机构，2000年开办直递业务，进入物流领域，开展包裹快递业务，提供陆运快递服务。2004年8月，邮政航空公司在国内首次开办全夜航，推出一、二线城市次晨达、次日业务。2007年，正式开办国内电子商务速递业务和经济快递业务。2010年6月，"中国邮政速递物流股份有限公司"成立。资料来源：http://www.ems.com.cn/aboutus/fa_zhan_li_cheng.html。

[②] "四通一达"是申通快递、圆通速递、中通速递、百世汇通、韵达快递五家民营快递公司的合称，均由浙江省杭州市桐庐县人创立，业界称为"通达系"。2016年3月，由于百世汇通改为"百世快递"，通达系后为"三通一达"。资料来源：从"四通一达"到"三通一达"，百世经历了什么？(baidu.com)。

体验,另一方面能够加快资金回流。电商自己做快递能够掌控商品从发货到送达用户手中的整个流程。除了京东商城、凡客以外,还包括1号店、亚马逊中国、好乐买等国内电商也有自己的物流配送团队。京东的"京东快递"是京东商城自建自营的快递团队,于2012年获得牌照,它可以做到匹配用户的收货时间,曾做到每天三个时间段送货上门,被认为第三方物流都难以实现做到。

第三,快递平台与众包。移动互联网的迅速发展,以及用户对"最后一公里"的要求越来越高,电商之间加剧了短距离竞争,于是"同城快递"出现。由于一线、二线城市的同城购物用户对"极速达"和"限时送"有着迫切的期待,一些快递企业加快建设"快递平台",采用众包模式进行快递营运,如四川创物科技有限公司开发人人快递,借助新一代技术搭建快递行业电子商务平台,通过将社会公众发展成为"自由快递人"[①]的方式,让他们根据自己的行程捎带物件,以求得快件不停顿和直送直达。众包传递因多人参与,解决了快递不快、快件爆仓、快递企业成本过高的难题,还为社会大众生活增添了新景象。之后的快递平台企业有:达达快递、闪送、京东众包、您说我办、E快送、51送等,还有云快递及校园快递O2O等。

值得注意的是,快递平台化在向高级化发展。例如,顺丰、申通、中通、韵达、普洛斯领航共同投资,于2015年创建"丰巢",成为全方位开放共享自助的智能平台。其特点是,对于全行业末端快件运营,通过研发和使用运营智能快递柜,破解快递"最后100米"难题。2020年网上平台评价,配送速度最快的快递公司排名是:顺丰快递、德邦快递、申通快递、圆通快递、韵达快递、中通快递、天天快递、宅急送快递、中国邮政快递、百世汇通快递。

第四,"电商+快递+农业"。首先,对于同城快递,在"同城"的时效上有了新的概念。改革以往辐射式邮递体制,建立"集中式邮递"体制,扩大了

---

① 自由快递人,指愿意利用闲暇时间,根据自己的行程,自主选择身边快件并随程捎带的人。人人快递这一概念,旨在在公众中发展快递人,达到随程捎带、快件不落地、直送直达、节约社会资源的目的。

第五章 融合与发生：当今互联网空间的业态集聚与多样化

"同城"的概念，为边远的山区县市进入"同城业务"创造了体制条件（如图5-3）；其次，电商企业在竞争压力下多举措解决"最后一公里"和"最后100米"难题，角逐边远的山区县，开垦城市新空间；最后，为巩固"精准扶贫"成果，"电商＋快递＋农业"成为快递企业和电商企业构筑城乡一体化的模式。以上三个方面催生着"快递＋电商＋农业"的发展趋势，并引发快递新业态形式。

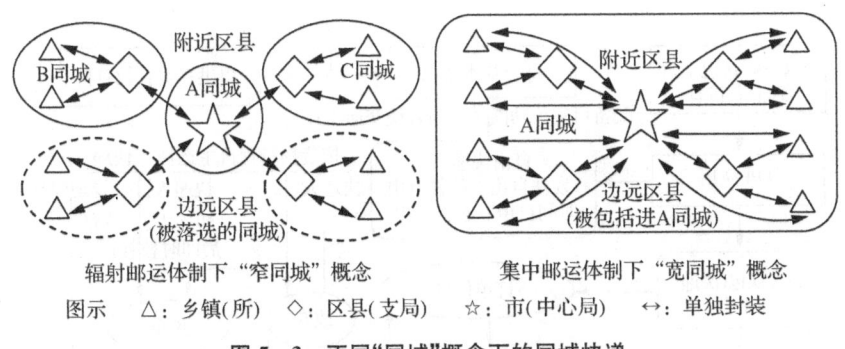

图 5-3　不同"同城"概念下的同城快递

这里提出了一个"囚徒困境"的问题。如果在"辐射邮运"体制下"同城"范围定义过窄，则快递业的均衡趋于附近县区，就要放弃边远区县；而在"集中邮运"体制下，如果把服务范围定义拓宽，又会提高快递邮件及送达成本。怎样才能解决这个两难问题呢？笔者认为，在竞争趋势下，发展"零公里"的多类型众包市场，实现"电商＋快递＋农业"或许是一项明智的选择。

2. 众包物流

众包物流，指在生活服务商 O2O 平台上将原来由企业员工承担的货物配送工作，转包给企业外的大众群体的物流形式。服务商在众包物流平台下单后，由平台上注册的自由快递人（配送员）抢单，或者由平台派单进行配送，有的跨地配送还要传单，之后按单获得酬劳（如图5-4）。其实，Uber 和 Airbnb 采用的也都是众包模式。按三元辩证法理解，"众包物流"的产生是外包和上门经济的"他化"结果。其产生的基本条件具体有两点：一是"上门经济"达到一定规模，二是外包项目可被替代。就前者来讲，随着移动互联网普及、各行业 O2O 兴起,服务业竞争带动上门服务兴起,例如快递、外卖的出现;就后者来讲,物流的终端递送属于简单劳动,只需一部智能手机、一个简单的交通工具,在空闲时间就可以配送货物,因而易被替代,也由于就业门槛较低,适合文化层次较低的无业者和闲暇赚取外快者介入。除以上两点外,还有诱发事件的因素,如促销日物流量剧增出现配送供不应求等,使之应运而生(如表 5 - 3)。

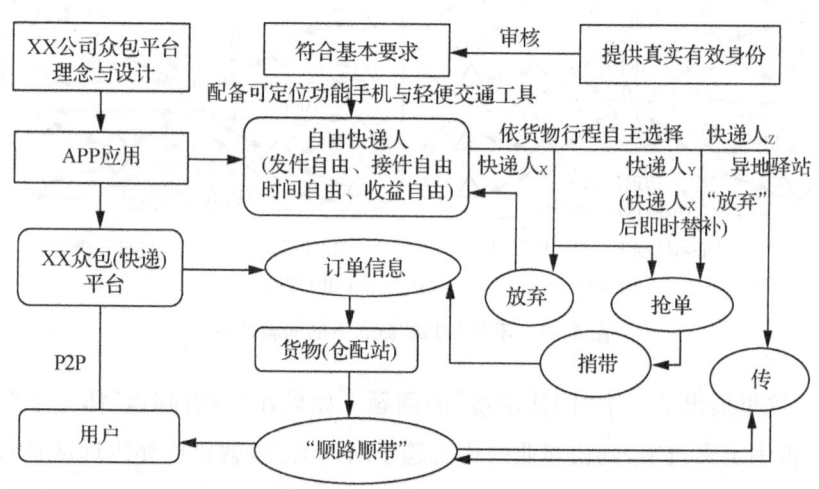

图 5 - 4 众包物流的抢单流程(根据多家众包企业运行流程状况绘制)

表 5 - 3 众包物流模式的代表性企业

企业商号	宗旨(愿景)	众包模式	成立或上线时间	母公司
人人	旨在打造投递速度快、资料信息安全、发件便捷、节能环保的新型快递服务品牌。	自由快递人通过实名认证、绑定银行卡、拍照存档等操作验证,隶属人人快递后,即可派包。	2013.01.	四川创物科技有限公司
达达	以移动和众包方式解决最后三公里的配送平台,为商户提供第三方配送服务。	与饿了么、京东、百度、淘点点等上百家 O2O 平台对接,通过达达 APP 或 API,可为其配送员可派包。	2014.06.	上海趣盛网络科技有限公司

续 表

企业商号	宗旨（愿景）	众包模式	成立或上线时间	母公司
闪送	基于智能交通与快件递送分享理念，致力为消费者、企业及高端商务人群打造高效、便捷、安全的加急件和私人物品专人直送服务。	年满18岁的法定公民可报名，经考核培训后成为"闪送员"。服务时主动出示员工信息的"闪送服务卡"，取、收件时采用专用密码制。	2014.03.	北京同城必应科技有限公司
京东众包	基于京东O2O产品"京东到家"，立足于众包模式和共享经济，向社会招纳自由职业者和闲散劳动力。	只要缴纳一定的保证金，并完成平台相关考核，即可成为配送人。	2015.05.	北京京东世纪贸易有限公司
菜鸟（裹裹）	以覆盖全国仓配网络与大数据决策平台为基础，构建全国范围24小时、全球72小时送货必达的、支持千万就业共享平台。	各地社区和学校有数万菜鸟驿站末端，联合百世、天天、德邦、指尖快递、财神到家、快递兔等快递公司达成众包合作，由数十万众包快递员实现最后一公里配送。	2013.05.	阿里巴巴网络技术有限公司等

注：本表综合上述众包物流企业网页及相关资料（截至2018年）绘制。

快递员的广众性是众包物流成立的重要的充分条件。快递员一般是兼职闲职承包人员，人力资源的成本低和分布广。这种方式能有效整合、恰配和利用闲置资源，缩短配送时间。众包物流企业和拥有简单劳动力的快递员分布于全国各地，物流信息指向容易被接近货物的人员取送，因而取派件效率较高。众包物流模式具有亚业态的发展迹象（如表5-4）。

表5-4 众包物流的分类

类别	解释	次类细分	亚业态征	代表性企业
C2B	客户据自身需求定制或定配产品和价格，或主动参与产品设计、生产和定价	服务于外卖、生鲜等生活服务平台	平台集聚式	达达、我快到、51送、乐快送、最鲜到
		O2O或电商自建的众包物流平台		饿了么"蜂鸟"、京东众包、百度外卖、点我达

续表

类别	解释	次类细分	亚业态征	代表性企业
C2C	客户之间自己把东西放到网去卖,是个人与个人之间的电子商务	普通用户的同城即时配送,发货人不限于商家	散户合众式	人人快递、闪送、E 快送、Postwates(美)、Uber Rush(美)、Gojek(印尼)
		跑腿服务平台衍生出的即时配送服务		邻趣、即买送、DoorDash(美)、Instacart(美)、WunWun
		城际间的众包		空间客车、Roadie(美)

注:本表基于笔者对众包物流及亚业态的理解而绘制,相应资料截至 2018 年。

(三)智能智慧物流

1. 智慧物流的含义

智慧物流,有些学者也称智能物流,尽管智能与智慧有区别,但二者在物流领域有着混合性质。总体来讲,物流的智慧性必须要以智能性为基础。笔者倾向于用智慧物流的概念。① 它是指物流活动在信息技术支撑下,运输、仓储、包装、装卸搬运、加工、配送、信息服务等各环节能实现系统感知、全面设计方案、即时处理及自我调整的功能,并能实现智慧规整、智慧发现和智慧创新的物流系统。② 中国物流与采购联合会和京东物流于 2020 年 4 月联合发布的《中国智慧物流 2025 应用展望》中指出,智慧物流应用的整体架构自上而下分为:智慧化平台(大脑)、数字化运营(中枢)、智能化作业(四肢),基于此,它能以信息技术为支撑,在物流各环节(运输、仓储、包装、装

---

① 物流中智能偏于硬件,智慧偏于软件(其中,智慧物流中的智慧与人的智慧在概念内涵上也有很大差异)。笔者认为,智能包括 What can do,某对象物按一定目的被设置后,能自动实现其功能,如电饭煲被设置后可以定时,执行不同的烹饪模式;而智慧除此外,还包括 What do、Why do、Why not do、How do,它要靠机器人来支撑。例如,智能仓配的高端硬件有搬运机器人系统、无人机、输送传输系统、分拣系统、AGV 系统、无人叉车、自动化立体库、机械臂与挂装系统、新能源物流车、异性分离系统、收寄终端、自动安检识别系统等;而智慧仓配的主要软件有仓储控制及管理系统、订单管理系统、运输管理系统、DWS 系统(灯光、语音、报警)、传感器、数据采集、PTL 系统、自动打包及称重设备、电子标签、生产过程执行系统、IU 云平台、出入库处理系统、工作站与调度系统等。二者在能动性的等级上是有差别的。

② 关于 IBM 对"智慧物流"的理解及概念,可参阅:章合杰.智慧物流的基本内涵和实施框架研究商场现代化[J].2011(21):30-31;还可参阅百度百科中"智慧物流"词条。

卸、搬运、加工、配送、信息服务等)的规整和创新中具有自我感知、全面分析及自我调节能力的物流系统。也就是说,它利用集成智能化技术,使物流系统能模仿人的智能,具有思维、感知、学习、推理判断和自行解决物流中某些问题的能力。总之,智慧物流的内涵是,通过智能硬件、物联网、大数据等智慧化技术与手段,发挥系统分析决策和智能执行的能力,整个物流系统具有自动化、智能化和自我执行化。①

2. 业态的基本工作架构图

目前,智慧物流新业态的架构已经初显,这一业态的三大支撑要素是:智慧化平台、数字化运营、智能化作业。根据阿里研究院高红兵在"2017全球智慧物流峰会"上阐述智慧物流的框架,笔者结合对其理解绘制图示如图5-5。

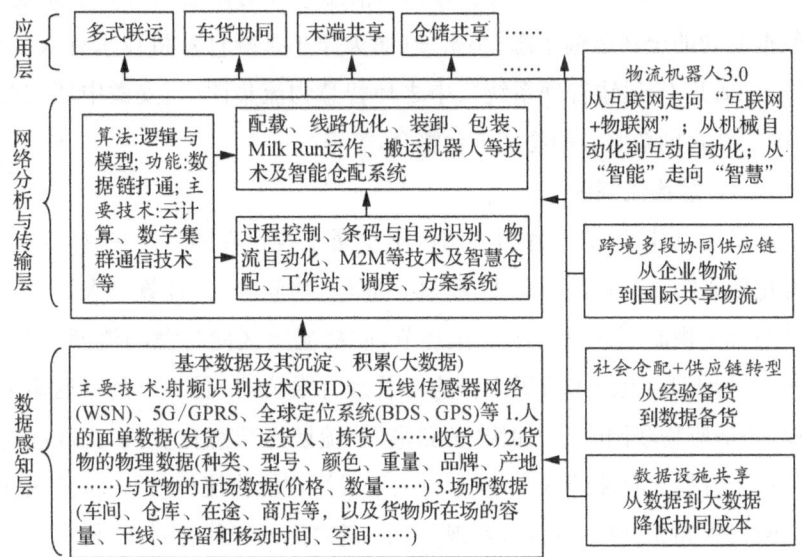

图5-5 智能物流的基本架构与要点

注:"物流机器人3.0"指根据复杂条件完成一系列复杂的动作、能与周围的真实环境互动的物流机器人。物流机器人1.0是指简单的物流自动化机械工具,能完成单一重复的动作;物流机器人2.0指拥有算法控制,能规划工作路径和方式并能进行单方面复杂作业的仓储分拣工具。此图根据笔者对"菜鸟"智慧仓配系统的理解绘制。

---

① 新经济微观察.智能物流和智慧物流有什么区别,亿欧报告说关键是两点(baidu.com).

3. 智慧物流的业态发展状态与趋势

中国的智慧制造必然要带动智慧物流的发展。这种高端物流已经显示出新业态端倪,目前有以下几种形式:

(1) 智能物流平台

智能物流是一种准智慧物流,是智慧物流的前奏。应当说,智能物流在技术上接入物联网及人工智能技术,就能发展为智慧物流。智能(准智慧)物流平台的基本业务有提供物流解决方案、智慧(智能)物流软件与系统和提供行业信息服务。截至2020年,国内较有影响的智慧物流(或准智慧物流)平台主要有欧拉智慧物流平台(属河北欧拉网络科技有限公司)的第三方运输监管平台、派天下中的"物流派——全国智慧物流公共服务平台"(属北京天成恒通信息科技有限公司)、牛到家(属山东纵扬网络科技有限公司)的"同城智慧货运"、oTMS(属上海先烁信息科技有限公司)的"全渠道"与大数据驱动的全新运输生态、小蜜蜂(属天津小蜜蜂计算机技术有限公司)的"Smart TMS运输管理系统"、中之环智慧物流集团(属安徽中环控股集团)的一站式创新服务的物流平台整合,等等。

(2) 智慧物流园区

严格说,现阶段的智慧物流园区不少属于孵化性园区。在物流产业园区孵化新兴物流产业的基础上,移动互联网、物联网、云计算与大数据等技术被融合于物流园区的各个运作环节,使物流园区向智慧物流园区升级。例如,卡行天下(上海卡行天下供应链管理有限公司)是一个公路运输平台企业,为适应物联网时代,加快"公路港"物流园区智慧化步伐,在武汉建成旗下首个智能化物流园区——"卡行天下武汉智能物流枢纽"。该园区通过物联网技术和先进技术装备,实现人、车、货之间的智能化对接,使卡行天下华中区域和全国区域连通,将原来"公路港"物流园区单一平台模式改变为整合干线资源、完善支线配送、突出网络化运作的"公路港"智慧化运营模式。①

---

① 湖北省交通运输厅.湖北:卡行天下武汉智能物流枢纽　引领湖北物流园区智慧化发展变革[EB/OL].智慧交通网新闻中心网页,2015/3/17.http://www.its114.com/html/news/policy/2015_03_48133.html.

第五章　融合与发生：当今互联网空间的业态集聚与多样化

（3）制造端的智慧物流方案服务业

制造端智慧物流，指智慧工厂物流。依照《中国制造 2025》战略，制造业的服务化（包括制造业之间的服务行为）的一个重要内容就是智慧工厂的智慧物流。其中，一是对生产过程的智慧物流，二是对用户的智慧物流。前者属于制造业内部的智慧服务，如 GMCC 芜湖工厂的空调压缩机生产中的 AGV（即自动引导车）、物流滚道、立体仓库及反应生产流程的透明订单等①；后者往往是针对智慧工厂的物流平台，如"智慧工厂在线"类型（家居智慧物流平台也属这种类型）。举例来讲，天津的智慧工厂在线电子商务有限公司（驻天津经济技术开发区泰达服务外包产业园区），从事于"钢铁＋互联网"全产业链整体解决方案，帮助钢厂构建专属的智慧采购、智慧销售、智慧仓储、智慧物流、智慧再生、智慧可视化管理、"智慧 5＋1"供应链智慧化整体解决方案。

（4）流通端的智慧物流

中国的电商进入实体领域后，带来了线下传统供应链体系的互联网技术升级，其线上线下融合形成"他化"的 O2O 式"新零售"业态，由此带来仓储物流的一场革命。目前，智慧仓配和智慧快送新物流模式已经成为现实，并成为未来服务业利用或普及的一个新方向，其核心业务是解决方案、仓储和配送。

第一，智慧仓。已呈现多种小业态，如智慧中心仓（规模较大并具领先地位，如菜鸟、海纳的大宗货物及国内和国际性储运、配送业务等）、智慧迷你仓（也称自助仓储或私人仓储，提供短期、便民、小件寄存等服务）②、智慧无人仓、智慧仓储货架、智慧云仓等。

[案例 1]　2018 年"双 11"期间，位于无锡的菜鸟智慧仓库内，700 多个机器人同时工作。这些 AGV 机器人各自拿起一个包裹将其运送到仓库的指定区域，然后由配送公司接收。该仓库的所在地是使用 IOT（即物联网）打造的物流园，被称为"未来园区"，工作人员进出、车辆导引、设备运行

---

① Zhouxun.将智能物流融入智能化生产中玩转自动化[EB/OL].中研网-行业资讯，2017-05-09.http://www.chinairn.com/hyzx/20170509/162631749.shtml.
② 它近几年兴起于从欧美等国家，后占据香港市场，又发展到深圳、北京、上海、广州、成都等地，为现代都市个人、家庭、公司提供便捷式的储物空间，租期灵活（可一天起租），存取方便。

都实现了数字化，人们通过一部手机就可以轻松管理。此外，菜鸟在天津、广东、浙江、湖北等地也设立了类似的自动化智慧仓库。①

第二，智慧快递。这种快递将物联网、云计算、BDS 或 GPS 定位、路径算法等新一代技术应用于快递平台，旨在给人们提供更方便、快捷、安全等高品质的快递生活。例如，人人快递就有单体智慧快递、智慧快递产业园、智慧无人快递，后者为无人快递驿站，是一种新型的取件方式，体现出驿站的智慧化、大众化、数字化、便捷化等。

[案例 2]　由广东中保斯通集团自主研发的"智慧物流快线"，于 2020 年 4 月开通。它是全球首创的新型轻量化物流运输系统，具备转弯、转轨等功能。它在低空架设索道，云端系统控制穿梭机在索道上运输货物，是新型智能化、轻量化、小批量、多批次运输系统。智慧物流快线运送 100 公斤货物行驶 100 公里，仅需 3—5 元电费，其运输成本与时效性在一定程度上能解决农村电商"最后一公里"问题。②

（四）金融物流新业态

笔者认为，金融物流（Finance logistics），指为确保物流活动进行，第三方物流企业通过与金融机构或非金融机构的融资行为实施的物流经济活动。它通常指第三方物流业与金融机构共同开发和应用金融产品的物流运营模式。在当今市场经济中，物流业还通过 P2P 网贷形式实施金融物流。③金融物流业态的产生除市场经济发展使然外，还有中小企业和金融机构双重纽拉的因素。中小企业面临融资困境，资金需求得不到满足，往往把融资担保视角转向 3PL 企业，从而倒逼发生金融物流业态。另一方面，国内金融机构需要开拓流动资产融资，通过向物流业渗透以缓解银行等金融机构

---

①　资料来源：菜鸟开中国最大机器人仓库；700 多个机器人同时工作—IT 之家(ithome.com)。
②　资料来源：全球首条智慧物流快线正式运营助攻农村物流"最后一公里"(baidu.com)。
③　一些学者认定"金融物流"和"物流金融"为同一概念，本书不可苟同。笔者认为，二者有三点不同：第一，指称不同。物流金融是为物流服务的金融活动；而金融物流则是通过融资进行的物流活动；第二，观察者视角不同。物流金融以贷方为视角，而金融物流以借方为视角；第三，所涉及主体经济活动范围不同。物流金融的融资范围只有在金融机构进行，而金融物流的融资范围可扩大到非金融机构，如 P2P、典当（2000 年，我国国务院取消了典当行金融机构的性质，由商务部监管）、私人拆借等形式。

的竞争压力。可以说,这一业态是第三方及多方物流企业与金融业跨界融合的结果,它反映了物流金融化的趋势。

物流业金融化是现代市场经济中物流业的发展方向之一,金融物流被称为物流服务的革命,是一次业态升级,也被称为第七方物流的形态(参见图5-2中第七方物流)。图5-6以第三方物流为例,反映了物流业三个历史空间的业务范围。中国当今金融物流展现为"亚业态化",有的已经作为物流新业态而问世,如保税仓、海陆仓等;有的已经演化为金融新业态,如仓单期货公司、仓单租赁公司等。从图中看出,金融物流业态及其运营模式是从低端向高端演进的,具体表现为:业态运营从简单向复杂方向演进,从单环节质物监管向供应链全过程质物监管方向演进,从资产融通模式向资本融通模式演进,从静态质押模式向动态质押模式演进,从存货等动产质押模式向权利质押模式演进,物流企业从银行等金融机构获取的监管权利向风险运营方向演进。

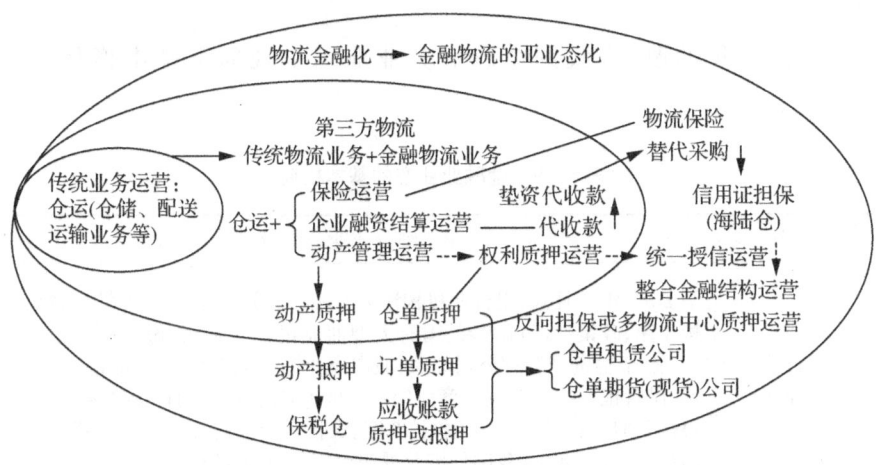

图5-6 金融物流业态演化过程与细分业态趋势

在现实中,上述不少"物种"似乎处于"金融业态化"过程中,但正是这种状态才恰恰属于物流业态。理由是,物流业作为非金融机构,或者直接受益于保险公司等金融机构,或者直接对供应商、采购商提供融资结算等金融服务,或者将本属于银行等金融机构的业务外延到物流企业实施,如由3PL企业送货到中小企业,顺便代理收款业务,抑或利用3PL公司的雄厚实力为中小企业做融资担保业务,进而延长物流企业的产品线,整合物流、信息流和资金流等。这些业务经营形态形成了以物流为"核心业务"、以金融为"非核心业务"的运营模式,因而演进为金融物流业态(当核心业务颠倒时则演进为物流金融业态)。

三、现代金融业态

金融经济活动最主要、最基本的职能是融通货币资金。在传统的金融实体经济中,资金供需双方的匹配及实现主要通过两类中介而分工进行,即间接融资模式的银行和直接融资模式的股票与证券市场。

(一)金融业态格局与新业态结构

经过多年的改革,我国金融服务业业态呈现如下基本格局(见表5-5)。

表5-5 金融业业态的基本格局

业态	业态细分或业务细分
银行业 (居主导地位)	至2022年6月末,银行业机构法人有4 095家。其中,开发性金融机构1家、政策性银行2家、国有大型商业银行6家、股份制商业银行12家、金融资产管理公司5家、城市商业银行125家、住房储蓄银行1家、民营银行19家、农村商业银行1 600家、农村信用社572家、村镇银行1 649家、农村合作银行23家、农村资金互助社39家、外资法人银行41家。此外,我国外国及港澳台银行分行116家。
保险业	业态组织形式:保险公司;互助保险机构。 两大类(业务基本不交叉):① 人身保险(包括人寿保险、健康保险和人身意外伤害保险);② 财产保险(财产险、货物运输保险、运输工具保险、农业保险、工程保险、责任保险、保证保险、海上保险、飞机保险、铁路车辆保险等)。

续 表

业态	业态细分或业务细分
证券业	证券商业态形式：① 证券经纪商，居间帮投资人买卖股票的证券公司；② 证券承销商，帮助企业上市发行股票的证券公司；③ 证券自营商，作为一般投资人的股票买卖者；④ 综合类证券商，同时经营以上三种业务的证券公司。
	业态组织形式：① 经纪公司（证券、期货经纪代理解的代理交易活动）；② 投资公司（股票、债券、期货及其他有价证券的投资）；③ 交易所；④ 证券分析与咨询公司。
信托业	业务形式：资金信托、财产信托、基金托管等。
基金业	业务形式：股票基金、债券基金、混合基金。
其他	① 邮政储蓄；② 金融租赁公司；③ 财务公司；④ 典当行；⑤ 其他。

现代金融过程则以信息化为动力，展现出不同业态的现代分工性质，如金融产品不断多样化和精细化、金融工具的用户群不断可分化，导致金融组织（包括民间金融组织）经营方式的多样化。在互联网及移动互联网时代，金融企业的门店业务形式（如存款的吸收与付出、贷款的发放与回收、金银与外汇买卖、有价证券发行与转让、保险、信托、国内与国际的货币结算等）、经营方式及对象群等现代化业态因素不断增强。除了传统实体金融业在适应信息化和过程中对自身进行改造外，金融新领域不断发生，使得现代金融活动的分工日益复杂化和业态精细化。它展现为几个大趋势，如图 5-7 所示。[①]

（二）互联网支付平台

支付的历史经历了"实物支付—纸币现金支付—信用卡支付—二维码支付—数字货币支付"。当今的中国，"支付"已经越过了纸币现金阶段，而主要以网银、第三方支付、移动支付、数字货币支付为主要支付平台，它们也是当代的支付业态形式。

---

① 笔者认为，数字金融不是业态，而是促进金融业态多样化的手段。

现代服务业时空集聚中的业态多样化演进研究

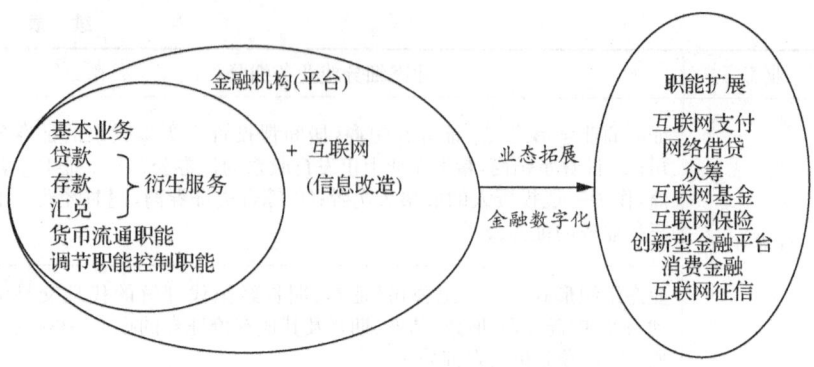

图 5-7 金融信息化与新业态演进中扩展

1. 网银

网银即网上银行,指银行利用 Internet 技术向客户提供开户、查询、对账、行内转账、跨行转账、信贷、网上证券、投资理财等传统业务。网银使客户可以足不出户就能够安全便捷地管理活期和定期存款、支票、信用卡及个人投资等。网上银行业务是传统的银行产品向网上的转移,3A 特征(Anytime,Anywhere,Anyhow)使其营业中的要素与维度具有明显不同于传统实体店的特征。[①]

2. 第三方支付平台

第三方支付平台,指具备一定实力和信誉保障的独立机构,以平台方式通过与银联或网联对接而促成交易双方进行交易的网络支付模式。[②] 中国人民银行于 2010 年出台的《非金融机构支付服务管理办法》,给予第三方支付业务的企业在法律上的主体地位,因而赋予了这类企业在经济社会中的业态属性。

[①] 涉及中国网银的商业银行包括:① 全国性的股份制商业银行:中国民生银行、华夏银行、中国光大银行、中信实业银行、中国银行、中国建设银行、恒丰银行、上海浦东发展银行、交通银行、浙商银行、兴业银行、深圳发展银行、招商银行、广东发展银行;② 全国性的独资商业银行:中国工商银行、中国农业银行;③ 其他中资银行、信用社、邮政储蓄所等,如城市商业银行、住房银行(中德住房储蓄银行)及其它;④ 外资银行,如美国花旗银行、英国汇丰银行、英国渣打银行、香港东亚银行、香港南洋商业银行等在华营业性外资金融机构及代表处等。

[②] 对"第三方支付"信用主体,学界有两种说法:窄派持"非银行机构"论,参阅:容玲.第三方支付平台竞争策略与产业规制研究[D].复旦大学博士学位论文,2012 年;宽派持"银行机构+非银行机构"论,参阅:张慧.第三方支付法律制度研究[D].长安大学硕士学位论文,2013。从营业形式看,笔者持宽派观点。

• 194 •

与传统支付方式[①]不同,第三方支付平台的业态属性在于,其主要职能是利用网络促成交易双方或多方的资金支付与收取,从中获得恰当的费用或赚取差价收益。它是银行将支付安全稳定性向非金融机构延长(让第三方进行业务参与)的金融经济模式。在第三方支付平台上,其运行(营业)的基本过程是:买方选购商品后,使用该平台提供的账户进行货款支付(支付给第三方),并由第三方通知卖家货款到账、要求发货;买方收到货物,检验货物,经确认后再通知第三方付款;第三方再将款项转至卖家账户。[②] 它一边面对消费者(群),一边面对商家,还要面对诸多金融机构,具有双边(多边)的市场效应和平台效应。

3. 移动支付平台

移动支付,指以移动终端设备为载体,通过移动通信网络实现商业交易的支付。它是第三方支付的变种或升级。社会交往手机化,使得移动支付平台成为与第三方支付平台并列的业态形式。移动支付平台,是为用户通过移动设备、移动互联网对所交易商品或服务进行账务支付的金融服务平台。它基于 WAP(Wireless Application Protocol,无线应用协议)标准[③]上展开服务,目标顾客主要是交易地点不固定、具有手机支付习惯、移动着的消费群体。移动支付服务主要分为近场支付服务和远程支付服务两种。

(1) 近场支付

即用手机刷卡进行交易的支付方式。手机的普及产生了大量的移动互联人群,为降低支付成本,二维码支付解决方案应运而生(2016 年我国央行承认了二维码的支付地位)。移动支付依靠 NFC[④] 主流技术,通过手机等手

[①] 人类最初的支付方式是以物易物,后来发展为实物货币支付和现金支付。金融机构(银行)产生后,出现了票据支付和资金汇兑。对支付者来说,现金支付是第一方支付,依托银行的支付是第二方支付。这两种支付属于传统的支付方式。
[②] 陈靓秋.互联网金融模式的分析研究[J].经济研究导刊,2015(5):127.
[③] WAP 技术是移动终端访问无线信息服务的全球主要标准,已经成为实现移动数据以及增值业务的技术基础。1997 年,移动通信界的四大公司爱立信、摩托罗拉、诺基亚和无线星球组成了 WAP 论坛,目的是建立一套适合不同网络类型的全球协议规范,并出版了第一个 WAP 标准架构。1998 年,WAP1.0 版正式推出,2001 年 WAP2.0 正式发布。
[④] Near Field Communication,即近场通讯。

持设备完成支付。目前,具有 NFC 功能的手机已经普及。只要某人的手机和 SIM 卡同时具备 NFC 功能,就可以完成公交出行、超市购物、就餐、住宿及其他服务的小额支付。

(2) 远程支付

传统的远程支付,是通过发送支付指令或借助其他支付工具(如通过邮寄、汇款)进行交易的支付方式。随着手机的普及,支付宝、微信支付成为两个重要的"掌上支付",掌中电商、掌中充值、掌中视频等需要远程支付。

第一,银行卡支付。银行卡(银联卡)具有移动支付功能,并可即时到账。银行卡支付是银联成熟的支付功能之一。

第二,支付宝支付。支付宝(中国)网络技术有限公司是国内第三方支付平台。支付宝公司从 2004 年建立开始,旗下有"支付宝"与"支付宝钱包"两个独立品牌。自 2014 年后,支付宝公司开始成为全球最大的移动支付厂商,在中国境内已经成为普通的支付方式,截至 2020 年覆盖到世界 54 个国家和地区。目前 APP 连接了中国超过 10 亿用户、超过 8 000 万商家及超过 2 000 家金融机构,[①]已发展成为融合支付服务、生活服务、政务服务、社交、理财、保险、公益等多个场景与行业的开放性平台。

第三,微信支付。2013 年财付通与微信合作推出并正式上线微信支付,2015 年后迅速发展为第三方平台。它是由腾讯公司知名移动社交通信软件微信及第三方支付平台"财付通"联合推出的移动支付产品,其安全系统由腾讯"财付通"提供支持,受到腾讯手机管家及多个手机安全应用厂商的保护,与微信支付一道形成安全支付的业态联盟,目前覆盖世界 194 个国家和地区。2021 年,腾讯微信及 WECHAT 的活跃账户达 12.6 亿。[②]

[①] 中商情报网:2020 年支付宝平台全方位服务体系图谱及月活用户规模分析_数字(sohu.com)。

[②] 腾讯网:2021 年微信月活跃用户数量已经达到 12.682 亿_腾讯新闻(qq.com)。

(三) P2P 网贷平台

P2P 网络借贷,即 Peer-to-peer Lending,指个体和个体之间通过互联网平台实现直接借贷的平台(其流程如图 5-8)。[1] 其中,银行等其他金融机构可以不介入。P2P 网贷平台一般提供小额贷款服务产品,办理简单,流程方便,手续快捷,借款人和贷款公司成交之前一般不收取借款人的任何费用。[2] 2019 年 9 月,互联网金融风险专项整治工作领导小组、网贷风险专项整治工作领导小组联合发布《关于加强 P2P 网贷领域征信体系建设的通知》,支持在营 P2P 网贷机构接入征信系统。

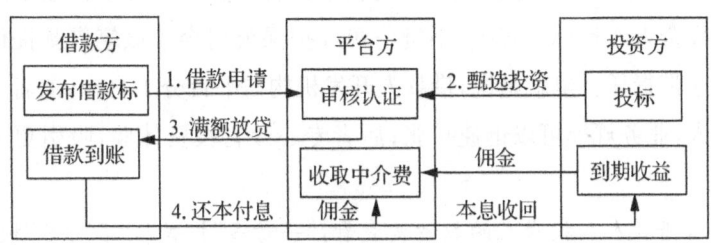

图 5-8　P2P 借贷平台业务基本流程

P2P 网贷衍生出多种运行模式,例如,类担保模式。它是指当借款人逾期未还款时 P2P 网贷平台或其合作机构垫付全部或部分本金和利息。垫付资金的来源包括 P2P 平台的收入、担保公司收取的担保费,或是从借款金额扣留一部分资金形成的"风险储备金"。此外,还有"类证券""类资产管理"等其他模式。下面,从五个向度考察其业态细分。

---

　① 高觉民,赵沁乐.P2P 网络借贷平台信用风险[J].南京财经大学学报,2017(2):96-108.
　② ZOPA(Zone Of Possible Agreement)是世界最早的 P2P 网贷公司,2005 年 3 月成立于英国伦敦,之后扩展到美国、日本和意大利。2007 年国内首家 P2P 网络借贷平台在上海成立。2017 年 7 月综合排名前 10 位的 P2P 网贷平台依次是:红岭创投、安心贷、拍拍网、团贷网、宜人贷、微贷网、翼龙贷、投哪网、你我贷、有利贷。2011 年 11 月—2012 年 2 月遭遇了第一波违约风险。之后,国内各大银行开始收缩贷款。2014 年起,国家表明鼓励这种互联网金融创新的态度。

1. 从线上状况视角看：纯线上模式和 O2O 模式

（1）纯线上模式

借款人与投资人从网络、电话等非地面渠道获取信息；额度较小，多为信用借款；对借款人的信评、审核多通过网上进行。该模式注重数据审贷技术与用户市场细分，偏于小额、密集借贷需求较接近于原初的 P2P 借贷模式，其平台强调投资者风险自负，通过风险保证金对其进行一定限度的保障。国内典型的纯线上模式是拍拍贷。

（2）O2O 模式

其流程是：小贷公司或担保公司一般通过线下渠道寻找借款人，审核后推荐给 P2P 借贷平台，平台在线上再次审核后把借款信息发布到网站上，接受线上投资人的投标。其中，小贷公司或担保公司会给该笔借款提供完全担保或连带责任。也就是说，借款人开发机构与平台分工合作，前者专心开发借款人，业务规模可以迅速扩张；后者专心改善投资体验，吸引更多的投资者。

2. 从借款人和投资人的数量构成看："一对多"模式和"多对多"模式

（1）"一对多"模式

即一笔借款需求由多个投资人投资。此种模式的好处是可以保证投资人的资金安全，由合作的小贷公司和担保机构（往往是大型担保机构）提供双重担保。

（2）"多对多"模式

借款需求和投资均为散打组合，即借贷双方不直接签订债权债务合同，而通过第三方个人先行放款给借款人，再由第三方个人将债权转让给投资者。平台将第三方个人债权进行金额及期限的同时拆分，利用资金和期限的交错配比，不断吸引资金，一边发放贷款获取债权，一边不断将金额与期限的交错匹配，不断进行拆分转让获取投资者。

3. 从财产关系形成的视角看："担保—抵押"模式和"债权转让"模式

（1）"担保—抵押"模式

该模式是或者引进第三方担保公司对每笔借款进行担保，或者要求借款人提供一定的资产进行抵押，因而发放的不再是信用贷款。若担保公司满足合规经营要求,抵押的资产选取得当、易于流动,则该模式下投资者的风险较低。尤其是抵押模式,因有较强的风险保障能力,综合贷款费率有下降空间。不过,由于引入担保和抵押环节,借贷业务办理的流程较长,可能会降低速度。在担保模式中,担保公司承担全部违约风险,因此,对担保公司的监督显得极为重要,而优质担保公司也可能会凭借自身的强势地位挤压P2P借贷平台的定价权。典型的"担保—抵押"模式平台包括陆金所(担保公司提供担保)、开鑫贷(由担保资质的小贷公司提供担保)和互利网(房地产抵押)等。

(2) "债权转让"模式

在该模式中,借款人和投资人之间存在着一个"中介—专业"放款人。为提高放贷速度,专业放款人先以自有资金放贷,然后把债权转让给投资者,使用回笼的资金重新进行放贷。典型的债权转让模式平台包括宜信、冠群驰骋等。

4. 从借贷过程中被选择的借方看:"P2P"模式和"P2B"模式

(1) P2P模式

这里的P2P是指"原生态P2P+互联网平台",其中的借方具有"泛性",既可以指个人,也可以指企业。原生态P2P是最古老的一种私人贷款模式,本质上属于"金融无媒",也不存在线上和线下问题。而在今天,P2P网络借贷的本质是"金融脱媒",它为个人之间的资金借贷活动提供了"点对点"对等进入的网络。

(2) P2B模式

该模式是一种专门的个人向企业提供借款的模式。在实际操作中,为规避大量个人向同一企业放款导致的各种风险,其款项一般先放给企业的实际控制人,实际控制人再把资金出借给企业。P2B模式的特点是单笔借贷金额高,从几百万至数千万乃至上亿,一般都有担保公司提供担保,而由企业提供反担保。该模式需要P2P借贷平台具备强大的调查、信用评估和风险控制能力。典型的P2B模式平台有星投资、普资华企、积木盒子等。

5. 从以上是否融合视角看:单一模式和混合模式

(1) 单一模式

它可以被理解为具有相对的单一性。例如,只做"纯线上"的平台,只是方式单一,它还要依托"理财"业务。当然,相对单一的模式具有相对的专业性,也往往在平台建设之初较为明显。随着业务逐渐扩大,平台逐渐走向综合(混合)化。

(2) 混合模式

一般情况下,P2P 网贷平台都是混合型平台。例如,有的平台既通过线上渠道开发借款人,也通过线下渠道开发借款人;有的既撮合信用借款,也撮合担保借款;有的既支持手工投标,也支持自动投标或定期理财产品。大量线上平台都采用"担保—抵押"模式,其余的采用风险保障金模式或平台担保模式等。随着 P2P 平台竞争加剧,相对专业的 P2B 模式平台发展得较快;同时,毕竟单一平台有风险,因而混合模式平台数目增长得较快。

(四) 众筹融资平台

1. 众筹融资平台及其运行

众筹融资(Crowd Funding),指通过网络平台为项目发起人筹集从事某项创业或活动的小额资金,并由项目发起人向投资人提供一定回报的融资模式。众筹融资平台扮演投资人和项目发起人之间的中介角色,使创业者从认可其创业或活动计划的资金供给者中直接筹集资金。按照回报方式不同,可分为以下两类:一是以投资对象的股权或未来利润作为回报,如"天使汇";二是以投资对象的产品或服务作为回报,如"点名时间"。众筹融资的运行流程如图 5-9 所示。

2. 业态属性

(1) 目标人群

作为双边市场的一种业态形式,众筹融资平台有"双边进入"的人群。一类是款项需求者,求得平等方式竞争,获得项目的资助,成为"主演"。另一类是对项目抱着感情去的投资者,他们看好某项目,希望得到回报,成为

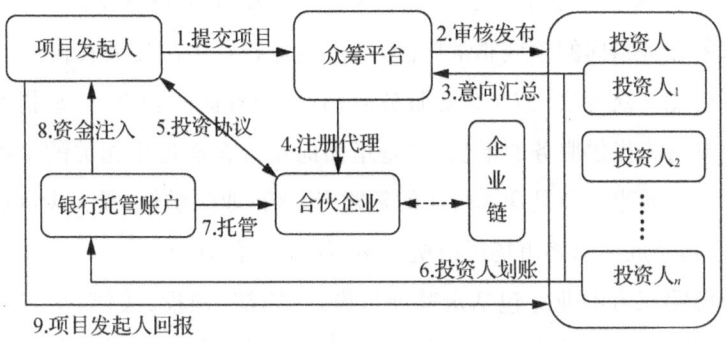

图 5-9 众筹融资运行流程(综合"天使汇"流程等资料绘制)

"粉丝"。平台上的每一类目的"板",对应每一类目的"主演"和"粉丝"。下面以淘宝为例(见表 5-6):

表 5-6 淘宝众筹的主要类目及其通常的目标人群

类目	项目候选人群	对应的投资人群
科技板	新产品研发者、发明爱好者、技术推介者等	喜欢稀奇、有趣的科技产品的人,以男性居多。举例:小Q葫芦车就受到热衷于旅游和运动的人的青睐。
农业板	农业种养殖基地经营者、生态果蔬研发者等	生活在大都市、渴望吃到无化学污染的纯生态食品及非转基因时令水果蔬菜的精英群体。
娱乐板	编剧、导演、歌唱家、艺术策划、足球俱乐部等	明星的粉丝,乐迷、歌迷、影迷、球迷等。例如,演唱会可把一些明星CD、演唱会门票当作项目的回报。
公益板	企业家、有闲阶层、助人为乐的人士等	在网络上关注孤寡老人及贫困山区学生的爱心人士。如果有重病群体需要救助也可以成为项目发起人。

注:本表由笔者根据淘宝众筹 2015 年 12 月资料整理。

(2) 核心业务

众筹融资平台业务的主要内容包括寻找共同投资者、尽职调查、项目公布的流量管理、项目评估、管理咨询、法律咨询、维护公共关系、管理共同资金等,通过组织融资活动,对发起人的项目进行孵化及平台制度建设等。

3. 众筹融资平台的新业态:第三方众筹平台(众筹服务商)

众筹业务指向的领域非常广泛,这一新业态在中国发展较快[①],呈现第三方平台化。众筹第三方(众筹服务商)有两个方面的含义:一是指面向各类项目支持人提供服务的平台,二是指面向众筹企业提供相关的多项业务的平台。众筹服务商是众筹行业的领跑者,该行业门槛低,投入少,范围广,入门容易,是成为众筹市场运行机制中不可缺少的环节。

众筹第三方的业务包括众筹项目设计、路演、领投、法律、平安众筹联盟、知识产权、会计事务、项目咨询、筹资、自媒体、科技园、创业孵化器、图文设计、众筹培训、众筹大学、众筹公开课、公开股权众筹设计、私募股权众筹设计、回报众筹设计、产品众筹设计、公益众筹设计、科技众筹设计、影视众筹设计、发明众筹设计、众筹推广、众筹银行对接、众筹协会、众筹登记、众筹注册、众筹证券、债权众筹设计、众筹筹资设计、众筹人力资源管理、众筹托管、众筹科研、众筹厂家、店铺众筹设计、房产众筹设计、众筹信用等。

就平台的业态种类来看,有以下几种:第一,公益性众筹。国内募捐型众筹平台主要有京东众筹、轻松筹、施乐会等;第二,产品众筹。例如淘宝众筹、京东众筹等;第三,借贷型众筹。一些P2P平台本质上就是借贷型众筹或者债务型众筹;第四,股权型众筹。国内的平台有大家筹、人人投、第五创等;第五,其他复合性众筹。如"产品+股权众筹""产品+借贷众筹"等。就实质来看,国内大多数平台都是复合型的。

(五) 消费金融

消费金融(Consumer Finance),即消费者金融,是为消费者的消费行为和消费过程提供贷款的服务方式。它具有单笔授信额度小、审批速度快、无

---

① 截至2017年年底,全国注册过的众筹平台共有834家,其中正常运营的为294家,下线或转型的为540家;运营中平台的平台类型分布为:权益型平台90家、股权型平台89家,物权型平台62家,综合型平台41家,公益型平台12家。全年共有76 670个众筹项目,其中成功项目有69 637个,占比90.83%;成功项目的实际融资额约为260.00亿元,比2016年成功项目融资额增加了42.57亿元,同比增长19.58%。资料来源:众筹家网:"中国众筹行业发展年报"http://www.zhongchoujia.com/data/30373.html。

须抵押担保、不吸收公众存款、服务方式灵活、贷款期限短等特点。其业务主要包括个人耐用消费品贷款、一般用途的个人消费贷款、信贷资产转让及同业拆借、发行金融债等。从内涵上讲，消费金融不局限于狭义的消费信贷。它包含消费者(尤其涉及个人和家庭)的各种融资活动，如个人金融性资产、不动产、保险或养老金孳息、耐用消费品购买、支付信贷、储蓄、投资、信托，甚至财产继承与转移等；还包括消费者所处的金融环境及其形成和发展的产业链等。因此，消费金融不仅贴近生活场景，更代表着人们日常生活的金融化。

2009年银监会发布了《消费金融公司试点管理办法》，并颁发了消费金融试点牌照。[1] 首批获取试点牌照的公司为北银消费金融公司(北京)、中银消费金融公司(上海)、四川锦程消费金融公司(成都)、捷信消费金融公司(天津)。2013年，银监会又颁布了新的试点管理办法，允许民间资本进入；允许符合条件的非金融企业作为出资人；放开营业地域只能是注册地的限制；增加吸收股东存款业务等，并新增沈阳、南京、杭州、合肥、泉州、武汉、广州、重庆、西安、青岛等10个城市参与消费金融公司试点工作。目前，已形成专门和兼职从事消费金融的业态体系。因资料所限，表5-7反映了2016年的业态状况。

(六) 互联网征信

征信，指依法采集、整理、保存、加工组织和个人的信用信息，向信息使用者提供信用报告、信用评估和管理等信用产品和服务并接受监督管理的活动。[2] 据此，互联网征信，指采集个人或组织在使用互联网过程中留下的各类信用信息，结合线下渠道采集的信用信息，利用大数据、云计算等技术手段进行的征信活动。

---

[1] 在消费金融公司出现之前，国内从事消费信贷服务的机构主要是商业银行、汽车金融公司两类机构，主要以住房按揭贷款、汽车贷款和信用卡业务为主，也有少量以耐用品为对象的消费贷款。

[2] 按《征信业管理条例》第二条，征信业务，狭义上指对企业、事业单位等组织的信用信息和个人的信用信息进行采集、整理、保存、加工，并向信息使用者提供的活动。广义上不仅包括征信机构的业务活动，还包括信息提供者、信息使用者的活动以及对征信的监督管理活动。

表 5-7 消费金融业态要素比较（2016 年状态）

亚业态 要素	银行体系 商业银行	银行体系 消费金融公司	非银行体系 电商平台	非银行体系 分期购物平台	非银行体系 P2P平台
目标人群	银行存量客户，特别是信用卡持卡人。	在银行里没有信用额度或信用额度不够的客户，如学生、农户、短期大额资金的个体商户等。	主要是电商平台本身的消费者，阿里、京东也通过合作方式将客户群扩展至其他电商平台。	主要是分期购物平台本身的消费者，如结婚人群、大学生支付群体。	存量 P2P 信贷客户不能获得银行服务的低端人群。
风控手段	借用银行原有的征信及审批模式，结合消费金融产品特点加以改造。	接入人行征信系统，审批材料相对简单，一般为逐笔审批，时效较低。	依客户消费数据及第三方数据，但数据量有限，风控手段较简单。	审批材料相对简单，时效较高，人工审核结合大数据征信，一般为逐笔审核。	
坏账率	1.2%—2.7%	2.5%—6%	2%—3.7%	3%—6%	
主要资金来源	自身吸收的存款，资金成本低，资金实力雄厚。	股东资金、同业拆借及金融机构借款，部分发行债券融资。资金来源广，资金成本较低。	自有资金。阿里通过蚂蚁微贷为花呗提供资金支持。	自有资金。部分靠搭建 P2P 网站将债权出售，受限于自身品牌，资金成本较高。	将借款人债券打包为理财产品在 P2P 平台募资，由自身品牌影响，资金来源较广，资金成本较高。
典型代表	平安银行—新一贷；工商银行—逸贷；招商银行—消费易；渣打银行—现代消费金融；花旗派、花旗银行—幸福时贷。	北银消费金融、中银消费金融、邮储消费金融、兴业消费金融等。	支付宝花呗、蚂蚁花呗、京东白条、齐家钱包等。	马上消费金融、买单侠、星计划等。	分期乐、桔子理财、趣分期分期理财等。	拍拍贷、惠人贷、积木盒子—读秒。

资料来源：MBA智库.银行行业专题研究:消费金融:零售信贷的下一个风口[DB].http://doc.mbalib.com/view/1bdde7b1992d1925ba49e8265b2e1df.html.

中国征信或互联网征信已经形成业态。至2021年,市场上备案的征信机构有131家。还有众多(有2 000多家)的"大数据公司",虽无牌照与备案,但实际在从事征信业务。这些机构可分为以下五类:互联网巨头(阿里、腾讯、京东、百度等)、老牌征信公司(联合信用、中诚信、鹏元等)、传统金融机构(平安集团、华夏人寿等)、大型集团公司(中国电信、万达、海航等)、新兴大数据公司(拉卡拉、积木盒子等)。作为新业态的互联网征信,其营业过程的基本业务与推出的产品如表5-8所示。

表5-8 中国征信业的产品及业务调查范围

大类	次类	征信主体	目前征信企业(行业)拥有的主要具体业务内容、数据源或服务内容	
核心业务服务	数据搜集与查询	前海征信旗下氧分子数据平台—好信度	企业信用调查、信用轨迹多头信贷行为评估、征信时空地图、手机资讯状况、航客出行统计、人脸识别、银行卡评分、房产验证、地址验证等。	
		鹏元征信旗下天下信用平台	查询就职单位(开发商、投资企业、交易对象等)、完善个人信息、定制专属报告、查看信用报告、对欠钱不还、企业欠薪、学历造假等进行举报等。	
	信用评分	芝麻信用分	考察:信用卡还款、网购、转账、理财、水电煤缴费、房租信息等。	电商数据(阿里巴巴)、金融数据(蚂蚁金服)、公安及合作数据(公共机构及合作伙伴)
		腾讯分	考察:支付、社交、消费、金融、游戏等数据,依"守约、安全、财富、消费"评分,满分为7星。	QQ浏览器数据、手机终端数据、微信数据等
		考拉分	考察:信用卡还款、网购、转账、理财、水电煤缴费、职业信息、住址搬迁历史、社交关系等。	拉卡拉互联网金融数据(POS刷卡记录)、公安及合作数据(公共机构及合作伙伴)

续 表

大类	次类	目前征信企业(行业)拥有的主要具体业务内容、数据源或服务内容	
		征信主体	
核心业务服务	信用评分	中诚信万象分	考察：基于多年为银行提供个人信用评分的实践，结合互联网大数据技术升级的个人评分。	P2P网贷平台、小贷公司、电商及多家商业银行数据（互联网征信联盟）。
		鹏元800	考察：个人基本信息、银行信用信息、个人缴费信息、个人资本状况等。	建立数学模型对个人信用信息进行统计分析，预测未来某时发生违约风险的可能性。
		华道征信猪猪分	考察：租房细分领域、通过给租客打分的方式，让房东可以更了解租客的信用情况。	信贷数据、公安司法数据、运营商数据、公用事业数据、网络痕迹数据
	信用评级	芝麻评级等		
	报告提供方特点	互联网巨头	数据时效性和可靠性较高，侧重于互联网数据和平台自身数据。	
		评级公司	一般性数据，有一定数据积淀和信用评价模型。	
		大数据公司	提供数据罗列式报告，收费便宜。	
垂直细分服务	① 人力资源领域：背景调查、员工合规调查、职场征信数据研究；② 消费金融领域：信用额度、分期还款；③ 房地产中介：租客信用调查、信用房租服务；④ 保险领域：反欺诈、客户信用评价、从业人员准入审查；⑤ 抵押服务领域：免押金租车、共享单车等。			
衍生服务	① 大数据风控：风险预警、贷后管理；② 反欺诈：人脸识别、身份认证、欺诉侦测、多头信贷；③ 商账管理：逾期跟踪、商账催收、贷后失联修复；④ 小微金融服务：企业信用风险评估、中小企业贷款、便捷化定制化产品；⑤ 信用管理培训：企业信用管理培训、员工信用意识培训、信用管理专题讲座；⑥ 商业决策支持：行业和市场研究、精准营销、管理咨询等。			

注：本表由笔者根据互联网上的报道、资料整理所绘制。

四、文化服务业新业态

文化服务业,指专门从事各种文化工作的服务部门,包括新闻、摄影、体育、教育、娱乐、艺术业、出版业、图书馆业、档案馆业、群众文化业、文物业、文化经纪与代理业、广播、电影、电视以及不属于以上分类的其他文化服务业。[①] 现代文化服务业是以当代数字经济为基础的服务业,基于信息化的基本特点,它又具有产业交融性、高附加价值性、精神传播性和地域风俗性等特征。文化是一种软元素,一旦进入市场就能很快融合并跨界于其他产业;它又作为一种高于生活的知性,提高了人们日常生活的价值;无论是精神文化还是物质文化,都是人类的文化留存。伴随人们对美好生活日益高涨的追求,文化服务业在不断发展和壮大,与其他市场不断融合,使内部不断细分化,不断向多样化发展。

由于文化服务业新业态集聚的种类繁多,限于篇幅,本书主要对五类文化服务业予以说明。

(一)新闻与传媒服务业业态

1. 新业态发生的背景

伴随信息化建设和文化体制改革的深入发展,以及新传播媒体对传统传播媒体的冲击、资本大鳄进入、"制播分离"新模式的出现等,我国传统新闻媒体一统天下的格局被打破。目前,形成了以互联网为中心、多种所有制形式的新闻传媒格局,进而展现出多生产主体、多媒介渠道、多业态的新闻传媒服务生态。

2. 新业态形式

(1) 门户网站。它是基于数字技术和网络技术发展起来的一种业态,

[①] 根据国家统计局规定,文化及相关产业中有九大类行业,其中除了第八类(文化用品、设备及相关文化产品的生产)属于制造业外,其余都是服务业。这八类服务业有三个层次:核心层为新闻服务;出版发行和版权服务;广播、电视、电影服务;文化艺术服务;外围层为网络文化服务;文化休闲娱乐服务;其他文化服务;相关层为文化用品、设备及相关文化产品的销售。

分为四种：第一，媒体门户网站。由传统主流传媒体发展而来，如新华网、人民网、光明网、环球网、澎湃新闻、央视网等；第二，商业门户网站。它是互联网媒体发展的主要代表，如新浪、搜狐、网易、腾讯四大门户网站；第三，地方生活门户网站，如北京信息港、昆明信息港等；第四，政府门户网站，如中国政府网、首都之窗、各级政府的网站等。第四种具有非市场性质。

（2）融媒体。它是由传统媒体业态向现代业态转型产生的新业态。例如，由中央级和省级（甚至地市级）报业集团融合报纸、电视台、网站等媒体资源而形成的国家、省级和地级的融媒体中心。具体的例子有，《浙江日报》的"一核多平台多集群"形式和《人民日报》的全媒体形式。人民日报社在2016年就拥有29种社属报刊、31家网站、111个微博机构账号、110个微信公众账号及20个手机客户端，成为名副其实的全媒体集团。①

（3）平台型媒体。BAT（百度、阿里巴巴和腾讯）的介入，为中国新传媒打造出微信、今日头条、抖音、快手、百度百家、淘宝等平台，进一步发展成为平台型媒体。它们具有强大的媒介功能和信息传播渠道。

（4）社交媒体。它是人们用来创作、分享、交流意见、观点及经验的虚拟社区和网络平台。其中，用户享有选择编辑权利，可以自行集结成某种阅听社群，并能以文本、图像、音乐和视频等多种不同形式来呈现。现阶段，社交媒体主要包括社交网站、微博、QQ、微信、博客、论坛、播客等。

（5）自媒体平台。它是普通大众通过网络等途径向外发布、分享自己所见事实和新闻的传播方式。作为一种新媒体，它向不特定的大多数或者特定的单个人传递规范性及非规范性信息，具有私人化、平民化、普泛化、自主化的特征。国内较大的自媒体平台有企鹅自媒体、微信公众平台、今日头条、一点资讯、百家号、北京时间号、UC大鱼号、搜狐自媒体等。

（6）手机客户端媒体。随着智能手机的普及，人们在沟通、社交、娱乐等活动中越来越依赖手机APP软件，产生了手机客户端媒体。手机APP分为手机预装软件和用户自己安装的第三方应用软件，后者主要为社交社区类的软件。社交平台可以黏附巨量的受众者，为新闻信息传播提供较佳

---

① 刘建华.中国新闻传媒业融合发展十二大现状[J].编辑之友，2020(02)：24-25.

选择，成为具有传播力、引导力、影响力、公信力的平台型媒体。

（7）短视频新媒体。短视频新媒体是基于手机终端的移动传播而产生的新兴传播业态。它以短小、直观、丰富的产品特点占据信息娱乐市场。短视频内容包括短纪录片（如一条、二更等）、网红 IP 型（如 papi 酱、艾克里里等）、草根恶搞型（如抖音、快手等）、情景短剧型（如套路砖家、陈翔六点半等）以及技能分享、街头采访、创意剪辑等类型。[1]

（二）出版发行和版权服务业业态

我国出版发行业经过转型和升级，已经呈现出印刷出版、电子出版、数字出版、互联网出版、大数据出版等多种业态交叉、融合、互补、创新的发展格局。它呈现的最显著特点，就是满足不同读者群获取多元化信息需求，以实现信息时空的跨越和多媒体的感受。笔者将上述交融的业态新格局概括为：

1. 数字出版引发的业态

相对于传统图书出版，数字出版指利用数字技术对出版内容编辑加工、制作并形成数字出版物的方式，其主要特征为出版内容的生产数字化、管理过程数字化、产品形态数字化和传播渠道网络化。[2] 随着数字技术的应用，电子出版和网络出版逐渐趋同于数字出版。

（1）数字出版物视角的业态。目前，我国已经形成了电子图书、数字报纸、数字期刊、网络原创文学、网络教育出版物、网络地图、数字音乐、网络动漫、网络游戏、数据库出版物、手机出版物等业态。

（2）数字化运作视角的业态。① 智能出版。它是"人工智能＋数字"的出版方式，是近年来基于数字出版流程再造形成的一种业态。随着人工智能与新闻出版向深度融合发展，AI 技术被运用于数字出版领域，出版流程不断自动化、智能化、系统化，形成"内容生产与提供→编辑、审校和制作→发行与市场推广→信息反馈与回应→……"的智能化运行方式，也成为未来出

---

[1] 刘建华.中国新闻传媒业融合发展十二大现状[J].编辑之友,2020(02):24-25.
[2] 新闻出版总署:《关于加快我国数字出版产业发展的若干意见》(2010)。

版业态的主流模式。②供应链大数据协同出版。它是"上游出版端＋中盘发行端＋下游销售端"产业链协同式的出版。它运用大数据和云计算服务，将出版供应链各级企业的整个链条连接起来，以实现价值链的资产价值(图5-10)。

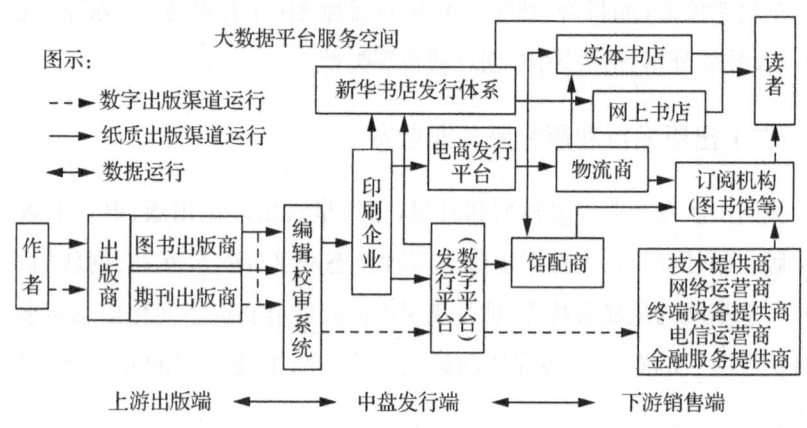

图5-10 大数据服务空间下供应链协同出版:综合渠道模式

(3) 数字化出版亚(小)业态。业态在发展运营中逐渐形成了一些独特的商业模式，它们在每一类业态下又衍生出亚业态。第一，自出版。作者在没有第三方出版商介入的情况下，利用电子图书平台自主出版书籍或出版多媒体产品(也称"原生电子书")。自出版有印刷版(纸质书)和电子版，要求作者全程参与出版过程(类似的经营者有"来出书"自出版、文学作品自出版、京东自出版、微信自出版等)；第二，复合数字出版。利用数字出版技术制作数字出版物，将已有印刷版文献制作成数字版。这种出版只有制作环节，没有选题、写作、录入与编辑环节；第三，语义出版。这种业态形式是，出版商以数字技术为基础，利用语义技术为读者生产自动链接期望信息、进行相关解读的数字出版物。例如，出版物可以自动识别文章内的本体，生成携带语义数据的原始文档；可以自动识别文章内的实体，建立与外部或运用Chat GPT技术资源的链接；可以识别文章主题，勾勒文章结构；可以借助浏览器插件对客户端文本进行语义增强等①；第四，社交出版。借助社交媒体

---

① 王晓光、陈孝.语义出版的概念与形式[J].出版发行研究。2011,11:54-58.

力量将大众引入出版流程的出版方式。社交媒体平台的用户可参与(或部分参与)图书选题、写作、出版、发行的全过程,可担当投资者、作者、出版者、发行者、消费者、读者等多种角色(如时光留影 Timeface、简书等);第五,移动出版。它是将图书、报纸、杂志等内容资源进行数字化加工后,通过互联网、无线网以及传输设备进行传播,用户可通过手机等便携式移动终端阅读数字信息的出版形式。

除上述外,还有知识付费模式(如知乎出版、微信读书、十点读书、豆瓣阅读等)、数字教育出版模式(如清华科技大讲堂、电子书包、微课等)、众筹出版、图书个性化推荐、网上书店等。[①]

2. 网络书店与实体书店

(1) 网络书店模式。其中较大的有淘宝网、当当网、亚马逊(卓越网)、京东网、苏宁易购图书、孔夫子旧书网、杂志铺;中国图书网、蔚蓝图书网、财会书店、依靠吧书店;北发图书网;新华书店网上书城、天猫书城;清华大学出版社、机械工业出版社等大型出版社自出版的售书网站,等等。

(2) "实体书店+"模式。第一,"书店+民宿+餐饮"模式。重庆南之山书店在书店基础上进一步加入了餐饮业态,成为一家具有代表性的多业态网红书店,其场地设有帐篷、沙发床等住宿用具等。类似的还有北京单向空间书店、南京国际青年城市书房等。第二,"书店+百货"模式。例如,苏州诚品书店等。第三,"书店+图书馆"模式。最早出现于内蒙古新华书店,后来山西、山东、广东、江苏等地区也开有"图书馆链接书店"模式。第四,"书店+旅游景点"模式。

3. 版权服务业

版权服务业属于生产性服务业。相对于传统版权,网络版权产业属于新业态范畴。目前,各种网络版权产业形式拓展了产权保护的领域。根据国家版权局网络版权产业研究基地发布的《2020 年中国网络版权产业发展报告》,面对"版权保护需求者群"的崛起,其界定、注册、裁定、保护等服务向专业化和亚业态发展,已经进入网络文学、网络长视频、网络动漫、网络游

---

① 刘乔.数字化背景下的图书出版业态创新研究[D].陕西师范大学硕士学位论文,2017.

戏、网络音乐、网络新闻媒体、网络直播、网络短视频、VR/AR 等细分的专业领域。

(三) 广电服务业与影视艺术服务业

随着信息技术的快速发展,传统的广播电视行业发生了变化,特别是经过三网融合,广电行业向数字化、网络化和双向化转变,[①]出现了地面数字电视、有线数字电视、直播卫星、IPTV[②] 等新的传播方式,向新业态发展,并提供高清、极清、超清、1080P、蓝光、4K 等分辨率不同的"品种"。与此同时,中国影视业在市场化和产业化不断深化过程中,经营模式也不断创新,呈多样化发展态势。

1. 广电服务业新业态

(1) IPTV 服务

在 IPTV 之前,传统的地面模拟电视用户萎缩,有线电视经营一家独大,后者成为高度垄断的行业。2010 年 9 月,四川 IPTV 分平台在全国率先与总平台对接,分流了传统收视用户市场,意味着开始打破垄断。至 2018 年,挂牌运营的 IPTV 直播源已达近 80 家。它采用广电、电信双主体运营模式,由广电负责 IPTV 集成播控平台的建设管理,确保内容安全;电信负责传送和宽带接入,确保传输服务质量。目前,IPTV 已经是成熟的业态。

(2) 直播卫星服务

中星 9 号直播卫星于 2008 年 6 月 9 日成功发射,广电服务业由此开启了直播卫星节目的新业态,主要由中国直播卫星有限责任公司经营。直播卫星带有 22 个转发器,满载时可以播出 200—300 套高标清数字电视节目。至 2020 月 11 月,全国用户累计达 1.45 亿户,服务区域划定比例超过 74%,

---

[①] 电信网、互联网和有线电视网通过技术改造,实现了语音、数据、图像等综合多媒体通信服务的互联互通。于 2010 年 8 月试点,次年 8 月在全国展开;有线电视双向网是电视传输网和数据宽带网两种网络的结合体,既能实现视频节目的点播和回看,又能实现百兆宽带的互联网接入,是有线电视发展的必经之路。

[②] 即 Intelligent Personal Television,智能个人电视,是交互式网络电视,利用宽带有线电视网,集互联网、多媒体、通信等多种技术于一体,向家庭用户提供包括数字电视在内的多种交互式服务的技术。

开展"直播卫星＋党建""直播卫星＋政务""直播卫星＋娱乐"等项目。①

(3) 地面数字电视服务

基于百姓关注和喜爱当地电视节目的实际需要,为弥补直播卫星无法全部直播到户(特别是城郊、乡村、山区)的短板,国家用近10年建设了2 500多个台站,以推进地面数字电视运营。鉴于地面数字电视用无线发射基站的方式实现信号覆盖,具有移动性和抗毁性、不惧灾害与战争环境的优势,为实现"村村通台站",便于宣传国家政策,国家广电总局于2020年发布通知,对地面模拟电视实施关停。这标志着全面实现数字化。②

在地面数字电视服务领域,存在着单频网的拓展服务,它直接通过市场开拓运营,其中移动电视和固定公共场所的服务业态最为典型。第一,移动电视。利用公交车、出租车、地铁等天然、活动载体运营;第二,固定大屏。利用卖场、商住楼、机场、车站、码头、市民广场、公园等公共场所的醒目位置悬挂运营。

除以上新业态以外,还有手机电视、手机直播等业务形式,有的与融媒体交叉,经营主体呈多样化发展,从而使服务产品多样化。

2. 影视演艺服务业

演艺服务业态,即从事表演艺术的企业团体所构成的行业及衍生的经营形态。随着我国文化体制改革的不断深入,涉及电影、电视、歌唱、实景演出、交响乐、歌剧、芭蕾、现代舞蹈、音乐剧、民族戏剧、民间歌舞、杂技、曲艺、皮影等行业逐渐实施市场化和公司化运营,在信息化和"票房"竞争的驱动下形成百花齐放的局面,衍生出复杂多样的新业态。

(1) 影视剧目组织视角

第一,"院线管理"模式(亦称管理公司模式),是对影视戏剧从生产到消费的上中下游产业链全程组织运营的方式。它参与影视剧目投资、IP开发、票务和经纪业务运营、影剧院管理及整合产业链的过程。举例来

---

① 陈连虎等.立足自身谋发展创新扶贫走在前[J].广播电视网络,2020,11:17-19.
② 孙建兵.地面数字电视运营服务探讨[J].中国有线电视,2020,08:967.和国家广电总局发文关停地面模拟电视信号(baidu.com).

说,北京保利剧院管理有限公司,以前以演出经纪、剧院票房收入为盈利点,引入院线管理模式后,在搭建票务营销平台并确保主业领先地位的同时,布局和改组产业链上下游,使其业务向原创制作、演出经纪、演出组织、版权交易、票务代理、线上剧院等多盈利点和多元化业务格局发展。①

第二,"场+团"模式,即剧场与文艺院团合为一体。上海国有文艺院团自2015年开始推进"场团合一",采取"合二为一"方法,形成了稳定的业态。其中,上海交响乐团与上交音乐厅、上海京剧院与周信芳艺术空间、中福会儿艺与上海儿童艺术剧场、马兰花剧场(300人、小剧场、100人微剧场)等的成对结合;之后,中央芭蕾舞团与北京天桥剧场(2017年)、运河大剧院与扬州市歌舞剧院(2020年)等结成了"场+团"组织形式。②

(2) 演出场景视角

第一,综合剧院模式,指大剧院、大歌剧院等。它们具有大规模的室外与室内建筑景观,能容纳众多演员和观众的融媒体大厅和辅助设施,也是国家和地方的主流场景模式。例如,国家大剧院、上海大歌剧院、江苏大剧院等。

第二,商演公司模式,指为商业促销进行专职在场表演的企业。其业务有开幕仪式和模特礼仪服务、晚会策划与主持服务、舞台设计与音响灯光工程以及租赁服务等。其中,模特表演业呈亚业态发展(如礼仪模特、内衣模特等),又衍生出模特培训业、模特经纪业、模特赛事管理等更细的行业。

第三,"演出+庆典",指为节日、盛会、典礼等活动而举行场景演出等活动的行业,一般运用于春节和国庆节等节日、公司开业、个人生日以及婚礼

---

① 大型演出公司有能力进行院线管理。例如,中国对外演出公司(简称中演公司,属文化部管辖的国家演出公司),负责接待来华演出的外国艺术团、组和艺术家,提供管理与服务;代理和经办中国表演艺术团、组和艺术家在世界巡回演出;既承办官方交流项目,又经营商业演出活动;同时将国内艺术作品和艺术家推向国际赛场。参见:杨梦丽等.北京文化演艺发展研究[J].科技智囊,2018(04):72.

② 实际上,场团一体是传统的组织形式,至今也是当今国际通行的体制。我国的场团一体改革实际上是回归市场经济体制的举措。参见:从"单打独斗"到"场团合一"—文化动态—中国图书馆网(chnlib.com)和上海文艺院团推进"场团合一"服务全民—文化—人民网(people.com.cn)。

等庆祝活动。

第四,"演出＋文旅",指在旅游活动过程进行文化、表演艺术活动的行业。它们常常设定一个或多个文化旅游主题,为游客提供休闲体验服务、文娱产品有偿服务并在园区举行表演活动。其中,主要包括实景文旅演艺、主题公园演艺、剧场文旅演艺。①

第五,"演出＋民俗",即反映当地民间风俗的演出行业,内容具有地方性甚至村落性。其艺人来自民间,演出经营遍布城乡各地,多因农事活动、节日喜庆、婚丧嫁娶而举办。

(3) 网络影视剧服务视角

网络影视剧服务,即专门在互联网上以综艺、影视剧目等娱乐视频为解答对象,为用户提供"视频流"进行播放、下载及上传原创内容、在线直播、视频监控等服务。其视频内容来源的主要渠道有向影像生产机构和代理机构购买版权内容、网络视频企业自制、用户自制上传或分享等。在"泛娱乐"时代,尤其是后疫情时代,其业态多样化得到了长足发展。

第一,按应用网络资源的方式分,网络影视业态有两大类型:一是"传统影视业＋网络化＋数字化",属于互联网上的资源平移,如网络新闻、数字电影、数字电视等;二是"网络＋视频制作",即以信息网络为载体的新型影视文化产品生产与经营活动,如微电影、网络剧、网络大电影、网络短视频、网络直播等。

第二,按网络视频的时间长度分,有长视频业态和短视频业态。因受众群体自己的时间配置存在差异,不同企业采用了不同的服务方式。前者具有长尾理论中的"头部效应",后者则具有"填补效应"。其业态及状况如下表5-9所示。

---

① 享有著名国际品牌的主题公园有迪士尼乐园、环球影城等,以及韩国龙仁的爱宝乐园、丹麦的蒂沃利公园、中国澳门的渔人码头等;国内的主题公园有锦绣中华、世界之窗、欢乐谷连锁等。

表5-9 网络影视业态、产品定位及状况

业态及平台企业		上线时间	产品定位及(或)简况
长视频业态	乐视视频	2004年11月	做"平台+影视制作+终端+应用"的垂直生态系统；IP策略、发展电视硬件终端,抢占网络入口资源、多屏互动等。
	搜狐视频	2004年底	提供免费无限的视频空间和视频分享服务；前身是搜狐宽频,拥有综合门户网站的信息咨询资源、用户群等优势。
	优酷土豆视频	2006年6月	文娱界"天猫"；依托阿里大数据,对用户进行精准定位推送。
	新浪视频	2009年3月	中国最主流的分享平台；在新浪宽频、新浪播基础上成立,拥有机构联盟、拍客联盟、原创联盟等资源优势和海量信息内容优势。
	爱奇艺	2010年4月	主攻年轻人群体,视频选择策略偏重年轻化；通过百度在网页端的导流优势,使其PC端流量稳定,继而转化为移动端。
	腾讯视频	2011年4月	定位年轻人群体；影视、新闻、电视台高清直播等内容全覆盖；由腾讯旗下QQ、微信、游戏等产品导流,并通过社交通讯软件,为腾讯视频用户提供更强的社交互动体验。
	360影视	2011年4月	中国最全的影视聚合应用,满足个性化订阅；首家兴趣订阅类影视聚合软件,有全国几乎所有主流视频网站的视频资源和视频数据库。
	华数TV	2011年12月	三网融合平台下的综合视频网站；具有数字电视网络运营平台的优势,有全国卫视、综合台、体育台等的直播资源。
	芒果TV	2014年4月	"多屏合一"的独播、跨屏、自制的新媒体视听综合传播服务平台；网台融合:芒果TV与湖南卫视形成广电行业融合发展的"双子星座"。

续 表

业态及平台企业		上线时间	产品定位及(或)简况
短视频业态	快手(快手科技)	2013年7月	前身是2011年3月上线的"GIF快手"。2013年7月从"工具应用"转型为短视频社区,改名"快手"。
	火山小视频 (字节跳动(今日头条))	2016年7月	推出"百万行家"计划,面向全国扶持职业人群、行业机构,建成视频版的行业百科全书。
	抖音	2016年9月	适合中国年轻人的新生代音乐视频社区,做垂直音乐的UGC短视频。
	西瓜视频	2017年6月	2017年5月,前身头条视频上线,2017年8月升级为西瓜视频;以PGC短视频为主的视频推荐平台。
	秒拍 (一下科技)	2011年8月	借助微博社交优势,以PGC短视频为主。
	小咖秀	2011年8月	对嘴型的搞怪视频分享。
	一直播	2016年5月	微博用户可以通过某直播在微博内直接发起直播,也可以通过微博直接实现观看、互动和送礼。
	美拍	2013年3月	展示才艺,直播分享。

说明:① 长视频,指在互联网媒体上传播时长30分钟的视频,以影视剧为主,主要由专业公司完成制作;短视频,指30分钟以内的视频。② 资料来源:侯顺.中国网络影视研究[D].华中师范大学博士学位论文,2019:71、75,;③ UGC, user generated content,用户生成内容;PGC, protessional generated content,专业生成内容。

第三,云演艺服务、网络沉浸式业态与智慧影剧院。[①] 新冠肺炎疫情期间,各种文化活动纷纷上"云",激发了企业在线上制作作品的欲望和能力,推出了一批符合互联网特点、适合线上观演、传播和消费的原生云演艺产品,由此获得了大量的客户群,发展出了云演出、云录制、云直播、云综艺、云参观等业态;此外,在后疫情时代,出现了网络沉浸式业态。企业通过O2O方式在线上营销和售票,在线下提供在场体验的沉浸式演出。观众的沉浸式体验必须以现代科技手段支撑,对此,《意见》提出,要着力于娱乐产业数

---

① 国家文旅部于在2020年11月发布了《关于推动数字文化产业高质量发展的意见》,其中提到培育云演艺业态和发展沉浸式业态。参见:慧聪音响灯光网.文旅部新政策解读《意见》透露了哪些新方演绎向?[Z].https://www.sohu.com/a/434711257_294136.

字化平台,引导和支持虚拟现实(VR)、增强现实(AR)、5G+4K/8K 超高清、无人机等技术在文化领域应用,发展全息互动投影、无人机表演、夜间光影秀等产品,以沉浸式内容丰富虚拟体验感受。此外,随着数字影院的推广,①智慧影剧院近年来兴起。据《中国青年报》报道,2020 年 9 月,广州大剧院与华为签署协议,开启"云剧院"加速模式,新科技赋能于舞台艺术,以超高清视频、全景视角、自由视角、多屏多视角、VR 第二现场、AI VLOG (Video-blog 的缩写)等创新体验,共同打造"5G 智慧剧院"。

(4) 实体空间场所视角

第一,"+影剧院"或"影剧院+"的跨界模式。它是以影剧院为基本空间元素,整合各方资源,展示跨界合作的门店式场所。例如,影剧院综合体式,即集购物、商务、影剧院、休闲、游戏、餐饮等于一体的商业综合体(上海的大世界综合体、杭州的"华元西溪欢乐城"综合体及其东影时代 IMAX 影城等);再如,"电影+创意互联网""电影+创意餐饮"及"电影+创意零售"等多业态经营的体验式影院生态圈,类似的有浙江横店影视城、洛阳的中原影视文化产业园等。

第二,个性特色的影剧院模式。例如,富于咨询信息的超级剧场。其中,"超级剧场 APP"是为戏剧打造的票务预订及演艺资讯(卡司动态)等服务平台,一般是网上购票,实景演出,并支持线上线下互动。再如,增强体验感受的沉浸式影院。其中,广州巅峰文化有限公司的沉浸式穹幕影院,自主研发出能提供环幕和 5D7D 动感座椅的体验式影院;还有浪漫生活的深夜影院、私人影院、凌晨影院等(多为线上影院)。

第三,从档次、规模和功能上看,有高档的大剧院、中档的一般剧院和低档的小剧场(一些剧院兼有放映电影的功能);还有"表演+旅游+商务"式的文旅兼备综合功能的歌舞厅、卡拉 OK 歌舞厅、量贩式卡拉 OK 厅等。

(5) 衍生业态

第一,演出经纪业。它是为营业性演出进行牵线搭桥、代理业务活动的行业,其细分业态有一般演出经纪人和明星经纪人。前者是为各种经纪活

---

① 数字影院必须达到国家规定的硬件配备并取得放映许可证,否则只能算电子影院。

动收取佣金的个人或组织,实际上是一般的演艺中介;后者是具有开拓市场能力的"专业型经纪人",凭借广泛的社会关系、敏锐的市场意识"包装"艺人,旨在开发艺人潜质,帮助其寻找机会,并获得共享性回报。

第二,影视IP经营业。影视IP是IP与影视改编交叉的产物,泛指网络小说、游戏、动漫、音乐、舞台剧等原创作品享有的财产权利。随着网络经济的发展,IP在市场上的关注度迅速提高,已成为原创作品的"符号"。好的IP是能被读者关注并广泛流传的优质内容,天然具备改编的增值性。目前,影视IP经营主体有IP设计公司、网络影视版权公司及影视公司IP自营等;IP经营方式有一口价买断制(公司买断IP版权)、票房分成制及自有IP运作制。

(四)场馆类文化服务业态

场馆,是以一定文化内涵的建筑空间来展示物品、举办活动、交流信息等人文社会交往活动的场所,也是某类公益性文化活动的社会组织形式。它包括博物馆、图书馆、纪念馆、文化馆、展览馆、体育馆、档案馆、美术馆等。目前,馆类业态多样化呈现细化的"+馆"和宽化的"馆+"两种发展趋势。下面主要介绍博物馆、图书馆和文化馆的业态状况。

1. 博物馆服务业业态

博物馆是征集、典藏、陈列、研究代表自然和人类文化遗产的实物的场所,是对那些有科学性、历史性或艺术价值的物品进行分类,为公众提供知识、教育和欣赏的社会公共场所。它的基本类型有历史类博物馆、艺术类博物馆、自然与科学类博物馆和综合类博物馆。这个分类反映了博物馆的基本业态。[1] 改革开放后,随着信息化设施建设和社会化办馆领域的扩大,非文物系统和私营博物馆的数量不断增加,收藏和陈列不再局限于传统模式,

---

[1] 历史类博物馆以历史观展示藏品,如中国历史博物馆、中国革命博物馆、西安半坡遗址博物馆、秦始皇兵马俑博物馆、泉州海外交通史博物馆等;艺术类博物馆主要展示藏品的艺术和美学价值,如故宫博物院、南阳汉画馆、广东民间工艺馆、徐悲鸿纪念馆、天津戏剧博物馆等;自然和科学类博物馆以分类、发展或生态的方法展示自然界和人类科学发展成果,如中国地质博物馆、北京自然博物馆、自贡恐龙博物馆等;综合类博物馆展示地方自然、历史、革命史、艺术方面的藏品,如南通博物苑、山东省博物馆、湖南省博物馆、内蒙古自治区博物馆、黑龙江省博物馆、甘肃省博物馆等。

博物馆类型日趋多样化和现代化,其业态发展呈细化的"＋博物馆"和宽化的"博物馆＋"两种趋势。

表5－10 博物馆业态细化与宽化(以南京为例)

业态	形式举例	典型场馆(园)举例
细化： ＋博物馆	历史遗存＋博物馆	六朝博物馆、南京古生物博物馆、地质博物馆、非物质文化遗产博物馆、典籍博物馆
	艺术种类＋博物馆	江宁织造博物馆、南京美术馆、南京艺术和建筑博物馆、中国金箔艺术博物馆、金陵竹刻艺术博物馆
	物品名＋博物馆	云锦博物馆、梅园博物馆、兵器博物馆、雨花石博物馆
	被纪念名称＋博物馆	渡江战役胜利纪念馆、南京大屠杀遇难同胞纪念馆、雨花台纪念馆、南京民俗博物馆(甘熙故居)
	产业名称＋博物馆	铁路博物馆、紫荆山天文台、高淳陶瓷博物馆
	数字化＋博物馆	南京博物院数字馆、明故宫数字博物馆
宽化： 博物馆＋	博物馆＋文创	当代创业博物馆、南京中华指纹博物馆、中华农业文明博物馆、科举博物馆、南京城墙博物馆
	博物馆＋旅游(零售、餐饮、图书)	民国总统府＋南京1912、夫子庙秦淮风光带(含孔庙、江南贡院等)、南京博物院＋民国街
	博物馆＋园林	中山陵、南京植物园、中山风景名胜区、汤山方山国家地质公园、南京国防园
宽细综合	展馆细化＋跨界整合	南京博物院：为"一院六馆六所",有历史馆、特展馆、数字馆、艺术馆、非遗馆、民国馆,另有考古研究所、文物保护研究所、古代建筑研究所、陈列艺术研究所、非遗保护研究、古代艺术研究所,并有中国博物馆中唯一的民族民俗学研究机构。文物保护研究所为"文物三甲医院"

2. 图书馆服务业业态

图书馆业态,指为满足不同读者需求而进行知识、信息要素组合所形成的图书馆运行形态。当今,信息资源数字化、文献结构多元化、读者获取信息网络化及书刊涨价等因素,促进了图书馆业态的多样化,使其成为读者的阅读中心和学习场所,并满足不同读者实现信息资源获取、知识资源整合、实施知识权威服务的需求。图书馆业态展现出细化的"＋图书馆"和宽化的"图书馆＋"两条路径,如表5-11。

表 5-11 图书馆业态细化与宽化

业态	形式举例	亚业态或典型场馆举例
细化:＋图书馆	主题＋图书馆	财商图书馆(杭州)、营地主题馆(太原)、汉文化图书馆(徐州)、抗战主题图书馆(长沙)、史学馆、科技图书馆、外文图书馆(厦门)、博物图书馆(东莞)
	阅读空间	文史哲阅读馆、儿童绘本馆(枣庄)、阅读书房连锁加盟(济南)、约读书房、微书房、休闲图书馆
	医学＋图书馆	中医图书馆、医学图书馆、军事医学图书馆
	人名＋图书馆	钱学森图书馆、李政道图书馆、徐特立图书馆、茅以升图书馆、包玉刚图书馆
	食品＋博物馆	咖啡图书馆、奶茶图书馆
	数字化＋图书馆	数字图书馆、移动图书馆、网络图书馆(360)、真人图书馆
宽化:图书馆＋	图书馆＋文创	图书馆＋书画展览、图书馆＋工艺品文创、图书馆＋画室、"雜·書舘"(民营图书馆)
	图书馆＋旅游(零售、餐饮、图书)	图书馆＋民宿、零售店＋阅读空间、旅游景区＋图书馆、社区＋图书馆、图书馆＋书店
宽细综合	图书馆细化＋跨界整合	国家图书馆、公共图书馆、高校图书馆、图书馆联盟、图书馆公共体(专业性学术社团＋图书馆＋展览与报告厅)、读者中心、少数民族图书馆等

注:数字图书馆已经成为各种图书馆发展的基本方向。

3. 文化馆服务业业态(以展览馆、体育馆和文化馆为例)

随着场馆经济的发展,展览馆、体育馆和文化馆呈现多业态细化发展趋势(如表5-12)。

表 5-12 展览馆、体育馆和文化馆服务业业态状况

大类	形式	亚业态或典型场馆(园)举例
展览馆	主题展览馆	规划展览馆、文化展览馆(东莞)、书画艺术展览馆
	会展中心	北京展览馆、东盟博览会博览馆(南宁)、园林展览中心(武汉)、国际博览中心(杭州)、进博会展览馆(上海国家会展中心)
	综合展馆群	上海世博会展览馆群、西安世园会展览馆群、会展产业园
	会展小镇	滇池会展小镇、南京空港会展小镇、郑州雁鸣湖国际会议会展小镇
	展览综合体	中国博览会会展综合体(杭州)、国家会展中心(上海)、广交会会展馆综合体(广州)
	展览馆+N	展览馆+会议中心、展览馆+策展业;展览馆+住宿(餐饮、物流、交通、零售、旅游)等
	产业(产品)+展览馆	工业展览馆(北京)、全国农业展览馆(北京)、油田展览馆(玉门)、花卉园艺展示馆(苏州)、园艺馆、服装展览馆、丝绸展览馆
体育馆	体育中心(综合体)	北京奥体中心、张家口冬奥城、上海万国体育中心、北京华熙LIVE·五棵松、台湾大鲁阁草衙道等
	体育馆+N	体育训练基地、体育+旅游、文化、健康…+N;体育+教育;体育+旅游+乡村
	体育小镇	浙江莫干山体育小镇、威海雅居乐冠军体育小镇、北京国际足球冰雪小镇、青海龙羊峡体育小镇、中汇城海南日月湾冲浪小镇
	体育产业园	环太湖体育圈(马拉松、自行车)、深圳观澜湖体育产业园(高尔夫球场、交通、娱乐、餐饮、健身、零售、文化、咨询、用品与装备制造和社区服务)等
	体育公园	扬州李宁体育公园(体育公园+商业+住宅)、东莞银湖山庄(体育公园+因湖景+别墅群)、南京青奥体育公园(运动场群+训练+休闲)
	体育馆	游泳馆、健身运动馆、棋社、羽毛球馆、拳击馆、射击运动馆、乒乓球馆、艺术体操馆、网球馆、壁球馆等

续表

大类	形式	亚业态或典型场馆(园)举例
文化馆	文化宫	劳动人民文化宫、工人文化宫、民族文化宫、青年文化宫、青少年宫等
	文化综合体	"多馆合一"文化综合体、城市文化综合体、乡村文化综合体("乡村＋田园文化"综合体)
	主题文化馆	红色文化馆、知青文化馆、体育文化馆、陶瓷主题文化馆、音乐主题文化馆、中医主题文化馆、税收文化馆等
	群众文化馆	文化馆＋(图书馆、文学社、戏曲社、文学创作社、美术社、读书社、诗社、养生馆、非遗展示、老年文化活动等);文化馆＋社区生活

注:① 随着信息化发展,上述场馆都不同程度处于数字化中;② 上述许多馆具有展览性,但其意义有区别。例如,展览馆与博物馆的区别在于,前者突出当代物品的临时展出,后者是征集、典藏、陈列和研究遗存的场所。

(五) 设计服务业业态

人类生产的任何产品皆出于设计。设计活动是集美学、艺术学、色彩学、人体工程、心理学、物理学、材料学、工程预算、网络技能等知识技能于一体的高级的人类文化劳动。随着5G技术、互联网及移动办公应用于各个行业,基于互联网和数字化的产品设计方法、经营模式不断专业化,同时越来越多企业选择专业公司的设计产品,使设计成了服务活动,催生了"设计服务"市场化,这一新产业也呈现多样化。笔者将设计服务业业态分为以下三类:

1. 工业设计服务业业态

工业设计(Industrial Design)是指,就批量生产的工业产品而言,设计者凭借训练、技术知识、经验及视觉感受,而赋予材料、结构、构造、形态、色彩、表面加工、装饰以新的品质和规格。① 其核心是使产品对使用者身心具有良好的亲和性与匹配性。国务院于2016年11月印发了《"十三五"国家

---

① 此为1980年国际工业设计协会理事会(ICSID)所下的定义。

战略性新兴产业发展规划》，将工业设计列为国家战略性新兴产业，强调强化工业设计的引领作用，以推动中国制造向中国创造、中国速度向中国质量转变。2019年，我国外观设计专利申请量达到71.2万件，有效量达179.0万件。①

表5-13 工业设计服务业分类、新业态及趋势

基本行业分类	设计服务通项	行业细分
交通工具设计	产品外观设计、模具设计、结构功能设计、品牌设计、CMF设计、设计验证、设计专利服务	飞机设计、机车设计、汽车设计、轮船设计
家居用品设计		家具、门窗、灯饰等各种家居用品设计
工业装备设计		通用与专用设备及机械设计、电路设计
消费电子用品设计		手机、个人电脑、相机、摄像机、游戏机、电子书等日用品设计
家电设计		影音产品、家用电器、厨房电器、家具电器、家用通信产品、小家电产品等设计
展览展示设计		展厅、展台、展位设计、数字展示设计
工艺美术设计		饰品设计、首饰设计、陶瓷与玻璃器皿设计
服装服饰设计		纺织品设计、时尚品设计、时装设计
其他设计		花卉设计（插花设计）logo设计等

注：CMF意为Color-Material-Finishing，即颜色、材料和工艺的结合。

2.建筑与环境设计服务业及其业态

建筑与环境设计（Environmental Design in Architecture），指为营造理想人居与生活空间对建筑物及其环境的设计服务。它是为社会公众创造更好的生存、生活、发展环境而提供整体的设计服务，内容可概括为内环境设计（室内设计）、外环境设计（景观设计），还引申到宏观的规划设计服务。

---

① 产业信息网：2019年中国外观设计专利申请量为71.2万件，有效量达179.0万件_产业信息网（chyxx.com）。

表 5-14　建筑与环境设计服务业分类、业态及趋势

分类	服务项目或行业细分及趋势（举例）	服务业态
建筑设计	建筑工程规划设计、桥梁设计、道路设计、结构设计、给排水设计、消防设计、幕墙设计、暖通设计、水电设计、装修设计、工装设计、化工设计、给排水设计、桥梁设计、道路设计等工程设计服务	建筑设计院、建筑与环境设计研究院、环境艺术设计研究院、专业设计公司、城市规划院等
室内装饰设计	家庭、样板房、宾馆、写字楼、商店、商场、餐饮店、娱乐场所、影院等设施的室内装饰 ① 室内装修：空间造型、空间导视系统、绿化、装饰、壁画、灯光照明以及建筑设施的艺术处理等；② 室内陈设（硬装和软装）家具、灯具、装饰织物、家用电器、日用器皿、卫生洁具、炊具、文具和各种陈设品设计等	
景观设计	风景园林工程设计、城市景观设计（城市广场、商业街、道路、办公环境景观、景观雕塑等）、居住区景观设计（别墅庭院、住宅小区景观等）、城市公园设计、滨水绿地设计、旅游度假风景区等生态园区景观设计	
规划设计	区域规划、城市规划、村镇规划、风景名胜区规划、城市园林绿化规划、生态园区景观规划、农业与林业规划、历史文化名城保护规划等	

注：景观设计，指风景与园林设计，其要素包括自然景观要素（地理与生态）和人工景观要素，它与规划设计等多种设计服务相交叉融合。

3. 视觉传达设计服务业及其业态

视觉传达是以文字、图形、色彩及立体模型等为视觉媒介，通过人的视觉感知力将信息传递给观者。视觉传达设计（Visual Communication Design），则是设计师融入自身情感，传递特定信息，将文字、图形、色彩等媒介进行整合和编排，从而提升作品的信息传达效果和提升观者信息接收程度的一种服务。因此，它是设计者为传播特定事物通过可视形式的主动行为。

尽管视觉传达设计各种服务都有着共同的通项，即用排版、绘画、平面与立体设计、插画、色彩及电子设备等二维或三维空间的影像表现，但由于面对的所有用户可分为不同的"视觉符号"[①]倾向群，因此，视觉传达设计行业仍然产生了

---

① 视觉符号，指人类的视觉器官——眼睛所能看到的可表现事物一定性质的符号，如摄影、电视、电影、造型艺术、建筑物、各类设计产品以及各种科学、文字，也包括舞台设计、音乐、纹章、钱币等。广义讲，能用眼睛看到的事物，都属于视觉符号。

不同的业态分工(如图5-15)。

表5-15 视觉传达设计服务业分类、新业态及趋势

行业分类	服务内涵
标志设计 (品牌设计或 LOGO设计)	以单纯、显著、易识别的形象、图形或文字符号为直观语言对事物进行表示和代替,或表达其意义、情感和意向的设计。有政治性标志、商业性标志、公益性标志、文化性标志。
包装设计	综合运用自然科学和美学知识对商品的外裹物(袋、箱、盒、瓶及其他容器等)进行设计,以保护商品、促进流通和指导使用。
书籍装帧设计	书籍的开本、装帧形式、封面、腰封、字体、版面、色彩、插图,以及纸张材料、印刷、装订及工艺等各个环节的整体性艺术设计。
字体设计	对文字的笔画、结构、造型、色彩及编排按视觉规律加以整体安排的设计,使其具有鲜明个性,使人易认易记。
编排设计	根据文字、图像、图形、符号、色彩、尺度、空间等元素和特定的信息需要,依美感原则和人的视认阅读特性进行组织、构成和排版,使版面具有视觉美感,以适合人的阅读习惯,提升阅读兴趣。
插图设计	用来解释或装饰出版物(出品物)的图画视觉设计。插图,狭义指用于说明和论证的绘画作品;广义指用于说明和论证的视觉材料,如绘画、图表、摄影等。
展示设计	以说明、展示具、灯光等为间接标的物烘托出作为主角的"展示物"的设计。服务于博览会场、场馆、商场、临时庆典、橱窗及柜台等,还涉及展示规划、主题、展示具、灯光、消毒、厕所、茶歇等设计。
招贴设计 (海报设计)	张贴于公共环境中的海报宣传招贴。它通过图形、文字和色彩的创意表现提升视觉传达的效力。包括商业类招贴、公益类招贴、文化类招贴等。
动漫设计 (CG设计)	对漫画、动画结合故事情节形式,在平面上以二维、三维动画、动画特效等相关表现手法的设计,形成特有的视觉艺术创作模式。

注:CG(Computer Graphics)设计为电脑绘图设计。实际上,以上各个行业都具有这种性质。

五、消费服务新业态

(一)当代服务业引领性业态——新零售业态

1. 新零售的引领意义

之所以说新零售是当代服务业的引领性业态,首先是因为新零售产生

于服务业中最成熟、最基础的零售业,当今作为泛零售,[①]不仅使其基础性和末端的功能得以强化,而且扩展到几乎所有的消费服务业;其次,是因为它引入数字技术,赋能于业务过程,给零售带来了一次数字革命和场景革命;再次,还因为它带来"颠覆性"的产业链重组,使生产、采购、物流、门店、消费体验及过程等全方位运行,带动了产业结构和消费结构的提升。总之,新零售传导新生活方式,成为实现价值主张的载体。可以说,新零售的出现不仅给零售业,而且给现代服务业划分了一个新的时代。笔者在第四章将新零售之前称为"现代服务业1.0",在其之后称为"现代服务业2.0"(见表4-1)。

2. 新零售内涵

新零售,是以消费者体验为中心的数据驱动的泛零售形态。[②] 基于此,笔者对新零售的内涵有以下三点理解。

(1)"线上+线下+现代物流"的融合

其目的是为消费者提供全渠道和全方位的服务。其核心是,通过线上的互联网力量和线下的实体店终端形成真正的一体,便于消费者知晓、体验、选择及与消费者跟踪、接触、互动和提出建议,实现全程、全面和全线的全渠道服务。

(2)"数字化驱动"的体系

其基本内容是,以互联网和物联网、人工智能及大数据等领先技术为基础和驱动要素疏通线上线下,实现设计、原材料采购、商品生产及加工、商品经营、结算等整个供应链生态链条的有效赋能,实现"人、货、场"等要素的高效结合。

(3)"消费者中心"的零售本质

新零售从理论上突出通过消费场景实现"消费者价值主张"和"传导新生活方式"。它既有消费体验的实体店,随时、随地、随性的"场景触发式购物",也有完整的APP移动生活系统,可在其中定制、挑选、体验、支付、上

[①] 泛零售,指以普通消费者为主要售卖对象的行业。它超越了零售业,除了百货业、超市、便利店、网店、食品专卖店、鞋服店、家电商店、书店、药店等以外,还包括餐饮、通讯、旅游、影院、健身美容甚至所有消费服务业行业的零售方式。

[②] 此为阿里巴巴研究院于2017年的定义。参见:C时代新零售——阿里研究院新零售研究报告ppt——道客巴巴(doc88.com)。

门、安全、社交、情感与评价等。它内含收集大数据的功能,能建构多样化和个性化的消费生态圈。

3. 新零售的业态表现形式

对于新零售业态的划分,企业界有不少描述。笔者将企业界的理解整理如下:

第一,零售业的新零售。从零售行业的分工看,新零售有五大类业态划分。它们是社区生鲜超市、无人店、新型便利店、精品体验店和新零售小店(如表5-16)。这五类业态综合反映了现阶段零售业乃至现代服务业整体的最高水平。

表5-16 新零售经典业态

业态细分	特点	国内新零售举例
社区生鲜超市	多以生鲜门店形式存在;对物流和仓储有严格要求;注重线上流量,线下主要扮演体验和仓库角色;服务商圈半径3公里。	阿里的盒马鲜生、腾讯的超级物种等
无人店	24小时营业;没有收银员;扫码开门;自主选购;结算支付后解锁出门;从时空上接近消费者,提供便捷、新鲜、健康的体验,适用于多种消费场景。再细分:无人超市、无人便利店(包括微型便利店)、无人餐馆、无人咖啡馆、无人货架等。	亚马逊无人超市、阿里淘咖啡、缤果盒子、腾讯闪快、巨昂等
新型便利店①	通过APP打通线上线下运行,将服务点延伸到消费者最后10米,甚至更短,既接近消费者,也碎片化;满足消费者在办公室近距离、即时性、随机性需求,以此获得来自线下稳固流量。可细分为一般新型便利店、新零售小区、出租车便利店、无人便利店等。	猩便利、便利蜂、果小美等,以及上海"新零售小区"
精品体验店	在"以客为尊"理念下服务于高端消费者,让其感受到体贴;与线上渠道相比较,新零售的精品店就是线下体验的真实场景;通过观众(顾客)参观与参与,与其建立沟通渠道,改进产品和服务。	网易考拉的海淘爆品店、MUJI的酒店和保利YOOYA等

---

① 一般的便利店是零售末梢,是距离消费者0.5—1公里的服务站点。

第五章 融合与发生：当今互联网空间的业态集聚与多样化

续 表

业态细分	特点	国内新零售举例
新零售小店	线上线下融合，以强大的物流链支撑，用个性化产品和个性化服务打造30分钟生活圈；提供24小时的各类服务，包括手机充电、看书休息、家电保养维修、清洁及周围一公里家政服务、话费充值、保险业务等，也有送货上门、提供打印、洗衣、共享雨伞等服务。	天猫小店、小米小点等

注：本表由笔者综合互联网上的报道、相应企业网页及资料整理所绘制。

第二，生鲜新零售。从企业对新零售打造所形成的生鲜业态看，主要有盒马鲜生、超级物种、京东7F、品牌无人物架（如表5-17）。它们是以生鲜为主打品类的新零售模式，是基于智能技术实现的线上线下一体化融合的生鲜零售服务形式，也是现阶段这一领域业态的最高水平。

表5-17 新零售生鲜业态

业态细分	内容	打造主体
盒马鲜生	线上线下一体化店铺经营，既可在线下场景消费，也可通过APP线上购买；既有餐饮与超市功能，还有前置仓储能力，可灵活调配货物，人到场货即到场；专业配送"五公里内半小时送达"，并延伸和优化购物体验；细分：盒小马（500—2 500 m²）、盒马F2便利店（4 000—6 000 m²）[①]、盒马集市（8 000—10 000 m²）、机器人餐厅等。	阿里巴巴
超级物种	为高端超市和生鲜餐饮混合体，定位于轻时尚及轻奢餐饮，以80后和90后等新消费群为主要目标客户；以生鲜为主，经营品类的模块分为波龙工坊、鲑鱼工坊、盒牛工坊、麦子工坊等。前三个工坊可现场加工，现场买单和加工后即可食用。	腾讯—永辉
7 FRESH[②]	主打生鲜海产品的线下生超，提供水果、鲜花、进口肉类和高档海鲜等几千种生鲜产品及食材料理；享受日本金枪鱼、澳洲谷饲牛排等全球食材，海鲜与牛排可在店内交给大厨直接烹饪，提供购物体验场景，等于餐厅搬进7 FRESH；3公里内免费快递，半小时送达。	京东

① F2 为 Fast & Fresh。
② 至2020年底，已经开设了25家超市，16家生活社店。参见：36kr, https://36kr.com//1446317833643907。

续 表

业态细分	内容	打造主体
品牌无人物架	定位于具有封闭性、高聚集人群的消费场景，主要面向办公、综合体等的白领；在互联网、人工智能、智能硬件和移动支付等支持下运行；货架上多为刚需性和即时性的饮料、鲜食、水果等日常快消品，也有卫生巾等女性用品；设备以"开放式货架＋冰柜"组合为主；在社区、学校群体消费等场景，商品品类与上述稍有区别。	果小美—番茄便利、便利客、领蛙、哈米、猩便利、美味生活、便利蜂，后有盒马鲜生、京东到家等

注：本表由笔者根据互联网上的报道、资料整理所绘制。

第三，"新零售"方式的扩展。在上述新零售"经典业态"感染下，我国近年来服务业展开"新零售"运动，通过复制"新零售"思想与方法，融合线上与线下资源，重塑业态结构与生态圈，服务业不少行业中已经产生了"新零售"式的现代服务业业态（如表5-18）。

表5-18 "新零售"向批零一体及部分其他服务业扩展

名称	新零售途径（线上平台＋线下体验店＋物流＋场景）	举例
社区养老、团购、家政新零售	以微信为入口，将商家融入社交平台，组织用户群发起拼团，以较低成本快速获得众多用户，通过直接与品牌商和工厂、养老院、护理与家政机构合作（或以C2B模式，或直播形式等），为消费者带来低价好品。其核心模式为"线上下单＋线下取货（服务）"。	拼多多的虫妈邻里团、京东的友家铺子、淘宝的驿站团购、美菜的美家优、国德老年康养中心等
跨境新零售	为增强顾客体验和信任度而开设线下店，包括旗舰店、体验展示店、进口商品交易中心、合作外店等。实现海关、保税仓、支付、物流等对接，数字化集中三单对碰报关	海口综合保税区的"跨境贸易＋新零售"（京华城店、万达广场店、生生百货店等）
农特上下行、农村电商	在电商巨头带动下，农(渔)村电商形成"跨区域与本地平台、东中西部、农产海货进城和工业品下乡"协同发展格局，基于此建设线下农产海货体验中心及人货场体系。	上下行供销＋物流便民：上行，建立农村服务站点；下行，寻收优质货源与产销对接
商贸城、专业市场	城市和县域商贸城、垂直品类专业市场、县域供销中心等以线上智慧平台运作，联合线下实体，形成物流、批零一体化的商贸体系，并配备O2O场景；构建多元销售渠道，丰富批发分销通路，联合异业联盟，整合供应链资源。	天猫新零售商城、宝宝树新商城、农资农机新零售、亿超眼镜、京东家电、天猫服装、"阿里巴巴—百联"鞋业门店等

第五章　融合与发生：当今互联网空间的业态集聚与多样化

续　表

名　称	新零售途径(线上平台＋线下体验店＋物流＋场景)	举　例
商务办公＋新零售	目标顾客为写字楼物业老总、企业老板、办公室领导等白领阶层；商品为办公普品与新品、饮料小食品、千点千品①等；交易方式有APP、微商城、小程序、店中店触屏等。	"果小美—番茄便利＋办公室用品"、"晨光办公会员店"及"晨光生活馆"等
母婴行业(月嫂)＋新零售	围绕品牌进行数字运营和场景服务：一物一码，打造完整供应链，线上线下联动，门店母婴体验；实施"云货架""互动橱窗""闪电换装""尿不湿体验"等新零售转型。	孩子王母婴，"米多—史努比"一物一码、"天猫—鲸小喜"母婴新零售、凯特亲宝、贝王母婴等
化妆品行业	针对化妆品数量庞大、品牌及规格型号复杂、季节与时效性强和顾客需求强等特点，搭建线上社交平台，提供线下体验式店铺，吸引新生代用户，并打通拥有全渠道的"生活馆"新零售场景。	艾妃丽尔会员中心、五色糖全球美妆潮品门店等；有微商、试妆魔镜、智能货架、无人货架、线下快闪店等模式
美容养生＋Spar＋新零售	"社群＋体验"新零售形式，增强社交与客情关系，从获客、护客、锁客到拓客，形成标准的流程、管理与亲和场景；健全信息化、数据化、平台化、智能化、品牌化、教育化、时尚化、人性化等功能，形成养生的生活生态圈和产业生态圈。	嘉荣SPAR"智慧门店"、李时珍工厂新零售、同仁堂数字化门店、液肽人生及高端仪器体验等
家居装修＋新零售	"线上3D体验＋线下门店＋智能配送"模式；提供设计、施工、验收、保养各流程服务；在"家"场景中，有各种厨卫、客厅、卧室、阳台、花园等，以及家电与家具、门与锁等全渠道的人性化体验链和标准化产业链。	靓家居"智慧＋黑科技门店"、VIP好家居品牌集合店、五星电器—喵装"交互场景"、"有住—全家居"新零售体验店等
旅游＋新零售	在航空"店铺"，消费者可购票、值机、获取航班动态、注册会员、预订或定制度假旅线路、购买周边产品等；旅游生态体系拥有个人及家庭消费、金融支付、度假、B2B业务等场景数据及数据分析和技术能力，满足消费者的旅游生活需要。	"飞猪OTM＋川航"模式②、"皮皮旅游＋新零售"、"携程旅游＋本地门店"模式、"无人酒店＋全球换住"新旅游模式等

① 千点千品大约包含多种美食甜点、休闲娱乐、丽人、生活服务等高品质、低折扣的商品。
② 即Online Travel Marketplace。2018年，阿里巴巴(中国)有限公司与四川航空股份有限公司合作成立川航阿里营销中心，其线上平台由总部设在杭州的飞猪OTM(阿里巴巴旗下"全球游"航司品牌号)运营，线下场景由营销中心运营。参见：中国经济网.线下营销中心＋线上品牌号 飞猪OTM成旅游业新零售模[EB/OL]. http://tour.dzwww.com/shandong/mstc/201805/t20180515_17370916.htm.

· 231 ·

续 表

名 称	新零售途径(线上平台＋线下体验店＋物流＋场景)	举 例
出租车＋新零售	出租车内场景,座背为无人货架,提供矿泉水、甜饮、甜点、幼儿糖果、牛奶面包等,达成"企业、司机和乘客"三赢。	车载便利店；魔急便Mobile Go、GoGo车吧、小而美等
高铁＋新零售	与高铁统一实行线上线下融合,不通过任何中间环节直达消费者,提供"从厂到家"或"从店到车"的人性化体验服务。	"高铁＋体验式家居""高铁＋互联网＋跨地餐饮外卖"等

注:本表由笔者综合互联网上的报道、相应企业网页及资料整理所绘制。

"新零售转型",实际上是一次社会层面的对实体店全面数字化的改造运动,线上线下多渠道流量及"人""货""场"的互通成为必然。它也是新零售思维与之前服务业理念的一次大碰撞,是一次思想理念、技术及运用、服务流程与方式、产业链及其生态、物与人关系、企业与消费者关系的大变革,这一切都表征为效率的进步和生活质量的提高。不过,也应看到,尽管新零售的形式表现为"新物种",但"卖什么""为什么卖""怎么卖"等仍然是它的基本核心内容。

(二)"＋生活馆"业态

1. 含义与类型

生活馆(Living museum或Life hall),指在一定生活主题下吸引目标顾客,通过设定、传播和交流生活方式为顾客提供体验活动的交易场所或会所。商家一般认为,生活馆的"卖点"是生活方式,解决了生活方式问题,就解决了购买问题。生活馆有两类,一类是提供人体功能性服务的场所,如养生、保健、美容等,消费者在直接购买的同时进行身体体验;另外一种是心理体验式的场所,如家居生活馆、布艺生活馆、母婴生活馆等,以完全的实景布置给消费者身临其境的感受,然后决定是否购买。

从笔者掌握的文献看,中国零售业中最早的两家生活馆是于2002年正式命名的上海一家"母婴生活馆"[①]和北京的"西黛 SPA 生活馆"[②]。之后,生活馆这一形式的店铺逐渐发展起来。随着互联网和移动互联网的发展,"生活馆"在我国城市已经成为一种基本业态,目前大多融入 O2O 运作模式,许多采用了"新零售"模式,衍生出精细行业的"＋生活馆"的亚业态体系(参见表 5-19)。

表 5-19 生活馆业态大类

主要大类	细分	已经冠名的生活馆举例(点击百度后随机抽取 10 例)
生活馆平台(连锁)		水中花一站式 O2O 生活体验馆、百姓生活馆、女子 SPA 加盟、中国生活馆商圈、大创生活馆、WHOUS 时尚生活馆、红豆居家生活馆、社区生活馆、米尚壹号全国连锁洗衣生活馆、赛维洗衣生活馆
服饰类	时尚生活、女士服装、男士服装	多多内衣生活馆、moment 服饰生活馆、ep 雅莹生活馆、走心生活馆、集成店红豆生活馆、朗姿生活馆、meli&moli 元素生活馆、七匹狼男士生活馆、男士生活馆小组、胖美美生活馆
饮食与健美类	多类饮食	虫哥生活馆、自留地生活馆、ELECOOK 家庭厨艺生活馆、咕卡甜品生活馆、台湾智慧生活馆、统一饮食生活馆、易之生饮食生活馆、厨彩阳光美食生活馆、哲学花园饮食生活馆、小时候味觉生活馆
	健美 SPA	娇雅美容美体生活馆、团购 108 美妆生活馆、珑悦美甲美睫生活馆、乐汤汇温泉生活馆、女人窝沐浴生活馆、名角女士生活馆、蔓菲国际美容 SPA 会所、芦荟生活馆、瘦瘦零距离生活馆、第一美发生活馆、丝域养发馆等
	医疗、饮品保健等	用心生活馆、曼田生活馆、阳光医疗生活馆、健康医疗园生活馆、乐佳生活馆国珍健康生活、拜廷糖尿病生活馆、茶家生活馆、茶之然——茶主题生活馆、蜂蜜生活馆、咖啡生活馆

[①] 据当时的上海小阿华科教有限公司总经理陈仁华介绍,该公司于 1998 年发展了 110 多家代理商,引进了 1 000 多种产品代理权,如胎毛笔制作、手足印镜框、胎教等,经过四年的经验积累,建起了"母婴生活馆",将已经形成的"3＋"(即店铺、直销与服务一起的特许经营模式)投入到加盟体系,并大规模招商。参见:张然.母婴生活馆孕育新市场[N].市场报,2002-10-21.
[②] 2002 年,北京京露虹公司获享誉世界的法国西黛 SPA 美容店连锁体系授权,负责在中国华北开拓市场,将其命名为"西黛 SPA 生活馆"。参见:佚名.西黛 SPA 生活馆[J].医学美学美容,2002(12).

续 表

主要大类	细分	已经冠名的生活馆举例（点击百度后随机抽取10例）
家居类	房产、装修、汽车	二手房生活馆、未来生活馆、卡尔生活馆、智能家居O2O生活馆、宜家家居生活馆、Kaviar生活馆、格力"最美"生活馆、千景家居瓷器生活馆、汽车生活馆、爱卡汽车TiiDA奇异
旅行旅游度假类	旅行、外出游玩、度假与未来体验	拾年生活旅行馆、十二生活旅行馆、环球旅行生活馆、河口湖自然生活馆、乡村旅游生活馆、快乐乡村生活馆、秋野地自驾游生活馆、酒窝cafe旅行生活馆、海恋度假生活馆、2050生活馆
娱乐休闲类	休闲、运动、球迷、志趣	九壹久生活馆、今昔年华生活馆、365成人生活馆、自由人运动生活馆、杰克体育生活馆、eleven足球生活馆、奥莱运动生活馆、广场舞生活馆、棋牌生活馆、垂钓大师生活馆
文化教育艺术类	思考与读书、琴棋体音美与花艺	创意生活馆、读者生活馆、云南广播电视报昆明读者生活馆、天影电影艺术生活馆、177艺术生活馆小站、诗集生活馆、维也纳音乐生活馆、YAROSE舞蹈生活馆、宜家美术生活馆、爱丽丝花艺生活馆
儿童及游戏类	玩具游戏、游乐园、智能、婴幼儿看护等	都市贝贝创意玩具（童车）生活馆、青少年智能生活馆、快时尚儿童生活馆、酷牛游戏生活馆、迪士尼儿童生活馆、智慧树儿童生活馆、贝贝城儿童体验馆、罗莱儿童生活馆、邻家儿女生活馆、维尼宝贝婴幼儿生活馆
综合及零售类	零售、跨界服务	哎呀呀生活馆、素型生活馆、小资生活馆、19楼生活馆、进口精品生活馆、白领生活馆、众优诚品生活馆、智邦生活馆、片刻生活馆、飞捷意式生活馆（中國CN）
社区家政及养老类	社区家政、养老服务	邻里情社区生活馆、归真源社区生活馆、易栈社区便民服务O2O生活馆、柜美人创新家政生活馆、MoMo elephant母婴O2O生活馆、赛维洗衣生活馆、快乐老人生活馆、好孝心老人生活馆、咱爹咱娘老人生活馆、银发无忧健康生活馆
其他	杂类	宠物生活馆、酒而酒汁生活馆、多明尼红酒生活馆、淘趣移动体验馆、匠心手工生活馆、飞捷意式生活馆（中國CN）、8090动漫生活馆、G.mall生活馆、国际家纺生活馆、一个家生活馆

注：本表根据笔者"网络调研"而绘制。笔者于2020年12月1日至5日随机在百度搜索引擎点击，对各类型生活馆抽取10例填入表中。对于因交叉而重复的，则删去，另选替补直到凑够10家。

笔者用"社区生活馆"举例。社区生活馆，是设于居民聚集区中能提供休闲放松、沟通交流、疏通情感的交易性的公共空间（一般为店堂形式）。其目标顾客是所处社区内的老人、被托管的儿童、没有时间做饭的双职工等，其员工是经过训练后懂得生活、具有心理沟通能力和动手能力的专业人员。在这个开放与可交流的空间中，它一般提供饮食制作、烹饪厨艺交流、知识学习、亲子教育、琴棋书画与休闲娱乐、照顾老人、看管儿童与委托办事等亲和性服务。社区生活馆比其他生活馆，如 SPA 会所、家居生活馆、娱乐性体验馆等，在价格上更具有普惠性质，员工与顾客的沟通更加具有"凡间"生活的亲和力。

2. 生活馆业态的要素

生活馆作为成熟业态，形成了与其他消费性业态不同的要素组合，主要在服务对象、商品组合、门店设置、价格档次、人员构成、沟通方式及经营方式（文化因素）等方面反映出生活性、体验性和文化性等的基本特征（见表 5-20）。

表 5-20 作为业态的生活馆的基本要素

一般业态要素	生活馆要素	要素实现
目标顾客要素	具有享受生活意识和能力的消费者群	追求人的精致、专业、品质；展现顾客的态度、精神、气质；目标顾客与相关顾客兼顾
服务商品要素	与生活相关的商品及品牌	展现服务主题、品牌的文化内涵；档次性、关联性、定制性；主产品与相关产品匹配
经营方式要素	传播生活方式、卖生活方式	人生的教育、爱的教育、价值观的传播、朋友式的交流、生活的顾问
沟通要素	文化、情感、心灵的深度沟通与体验式交流	体验激情、速度、温馨、健美、柔情、豪情、奋发、轻松、怀旧、畅想、历史与时代
人员要素	能理解人性，能对生活进行理性设计	懂商品、有学术与美学修养、有市场经验、富于气质、善于理解的全能式员工
价格要素	依消费群定价	折扣价、加盟会员价、批发价等
环境要素	实景陈列的艺术性及生活氛围	现实商品道具，布置全景生活，营造家庭氛围，模拟生活情境
店址要素	店址与生活主题适配	主流消费商圈、自建或附近有停车场、连锁布局、依照不同地域环境实施差别主题

注：本表由笔者对"生活馆"业态"基本要素组合"的理解所绘制，尚未进行"维度"考察。

3. 生活馆的基本性质与空间运行

现代生活馆在移动互联网、O2O 及数字化时代凸显了它的两个基本性质，即现场体验性质和新生活方式传播性质。

第一，就现场体验性来看，生活馆具有体验价值。它要使每个热爱生活和享受生活的人以个性化的方式参与所向往的生活氛围，当他（她）达到智力、体力、情绪、精神的某一程度时，调动其意识中美好的感觉。生活馆提供的体验能激发体验效果的感性力量，使顾客留下难忘的愉悦记忆。一项服务是无形的，但体验是难忘的，其价值甚至是无量的。

第二，就生活方式传播看，生活馆是生活的指导者。由于当今产品变化、换代频率及消费者生活节奏骤然加快，面对周围纷繁的世界常常产生盲目之感，人们非常需要得到懂产品、懂技术、懂现代新生活的专业"生活导师"的帮助，以便认知、理解和操作现代产品，实现高质量的消费。而生活馆不仅是一个最具实践性的日常生活学校，也具有对生活导师的理念、教育、技能的培训职能。生活导师不仅是生活方式的推销者，也是体验指导者，甚至是生活的设计者和服务者。

现代生活馆的运行正是基于以上两个基本性质进行的。其业态运行的组织方式一般包含四个主体，即消费者、总部、体验店、制作（配送）部。但由于亚业态不同，消费者体验的方式不同，一部分为实体商品的物理性体验，如好太太家居生活馆、19 楼生活馆（食品零售为主）、江宁织造丝绸生活馆等；另一类是对服务的身体体验，如 SPA 会馆。现实中也有许多二者混合式体验，如 MoMo elephant 母婴 O2O 生活馆、佳家家政生活馆、社区便民服务 O2O 生活馆等。在移动互联网及数字化时代，它们各自以不同方式通过 O2O 方式完成其运作过程。

（三）外卖业态

1. 外卖发展及品牌

外卖，指经营者提供外出销售或外出服务的经济活动，如通过送货上门方式将产品或服务卖给用户的交易活动，是一种经营方式的业态。在互联网经济条件下，外卖有了新内涵，它特指通过 O2O 平台，当事人完成 APP

预订、支付、制作与送货的整体性交易行为。外卖提供的商品和服务种类大都是食物、鲜花、蔬菜、纯净水、液化气及一些器物的上门修理等。

起初,一些服务商通过自建物流配送模式开展外卖业务(如"到家美食会""生活半径""点我吧""零号线"等),后来为降低成本,不少饮食服务商利用专业饮食配送公司,采用平台型轻模式,将外卖这一"不必要的业务"外包出去,形成了第三方外卖的升级业态。例如,"饿了么"在 2009 年时开启了饮食外卖的 O2O 模式;美团在 2013 年借助团购的流量优势,进入 O2O 模式的饮食外卖行业,成立美团外卖。随后,BAT 三大互联网巨头也以融资或以自有的方式拥有了"百度外卖""淘点点"(后更名"口碑外卖")、"大众点评"等外卖 O2O 品牌。除了饮食外卖外,外卖还向其他行业扩展,如便利店模式中"宅家家社区"的 O2O 送货上门(武汉)和无门店中"在家点点"的送货上门(广州)、"亿家"蔬菜配送平台的上门送菜(杭州)等。

经历了新冠肺炎疫情和后疫情时代,外卖有了大幅度的发展。下面举 2020 年后饮食业外卖业态及其十大平台为例予以说明(见表 5-21)。

表 5-21　2020 年中国外卖平台十大品牌排名

名称	母公司	平台简述
饿了么	上海拉扎斯信息科技有限公司	专业在线外卖订餐的平台,为用户提供体验服务,2015 年阿里巴巴成为其第一大股东
美团外卖	北京三快科技有限公司	2013 年正式上线,网上订餐的平台,为用户提供快速、便捷的线上订外卖服务,拥有外卖网上订餐平台和专业外卖送餐团队
口碑外卖	阿里巴巴集团控股有限公司	2013 年上线,淘宝网旗下移动餐饮服务的 O2O 平台,与高德地图对接,专注于线下的本地生活服务生态建设
到家美食会	北京到家时代餐饮管理有限公司	成立于 2010 年,通过自建物流提供一站式订餐送餐服务,为城市家庭用户提供知名特色餐厅的外卖服务
外卖超人	上海爱餐商务咨询有限公司	2010 年 10 月在德国柏林成立,前身是 aimifan 订餐网;为中国消费者提供国际性订餐服务,为中英文双语外卖订餐平台

续 表

名称	母公司	平台简述
大众点评	上海汉涛信息咨询有限公司	本地生活信息及交易平台,较早的独立的第三方消费点评网,2015年与美团网宣布合并但保留各自品牌和业务的独立运营
易淘食	易淘星空网络科技(北京)有限公司	2011年成立,为顾客提供订位、订餐、支付、配送等一站式服务平台
生活半径	生活半径(北京)信息技术有限公司	2010年创建,以用户为圆心,日常生活范围3公里为半径的本地生活服务平台,后不断突破增加的半径
零号线	南京零号线电子商务有限公司	2012年6月上线,提供美食、超市在线订购和实时配送服务,为城市消费者带来基于地理位置的消费选择及便捷体验
点我吧	上海点我吧信息技术有限公司	2009年成立,集合专业的在线生活信息平台和线下即时配送物流的第三方餐饮外卖服务商

注:本表资料来源:外卖十大品牌排名—外卖排行榜—牌子网(paizi.com).

2. 外卖业态运行流程

外卖过程实际上是跨平台之间的运行,是数个O2O平台组合运行的过程。其运行机制中有五个基本要素:消费者、第三方O2O外卖平台、制作商户、网上支付平台和物流配送平台。这种"O2O平台群"构成的体系反映了现代经济体系发展的基本方向(如图5-11)。[①]

3. 发展态势及趋势

在新冠肺炎疫情期间及之后,"宅经济"成为互联网和数字经济催生的重要产物,居家办公、线上购物、线上问诊、网络课堂等与外卖相关的新业态被成功开拓。而餐饮外卖作为其中突出的产业,已经借助O2O体系正在形成消费习惯,外卖业务已经是餐饮业的营销场景和开拓新客的机会。据东方财富网数据,中国外卖用户规模已接近5亿人,80后和90后是餐饮外卖服务的中坚消费力量和生力军。截至2020年年底,以工商登记为准,中国

---

① 图中"资金流动"意味着"相关网上支付平台"除了留够流转费外,还有经"相关网上支付平台",消费者向商户交的购餐的费用、商户向第三方平台交的服务费、商户向物流配送平台支付的外包费用等。

第五章 融合与发生:当今互联网空间的业态集聚与多样化

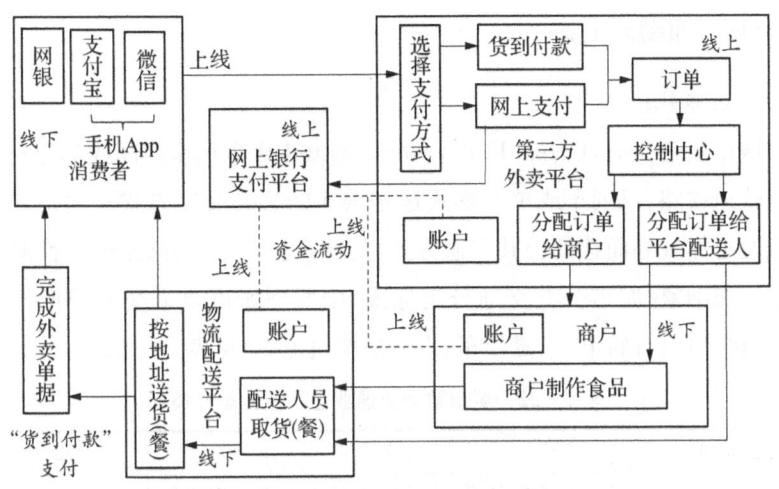

图 5-11 第三方外卖平台及运行机制

注:图 5-11 由笔者对南京香江美餐饮管理有限公司的调研资料整理后绘制。

新增外卖相关企业超过 67 万,同比增长 14.87%。[①] 外卖 O2O 行业整体呈现以下状态:

第一,"懒人经济"促使周末的日订单量超过工作日。目前,城市"周末懒"现象正在促使外卖市场的蓬勃发展。人性化趋势就是"懒人"更多,所以,O2O 各细分行业的创业者利用移动互联网技术,将"懒领域"用户从线下搬到线上,结果又造就了更多的"懒人"。

第二,外卖不再只限于餐饮,全品类会有更大市场,现已扩展到商超、鲜花、上门服务等多领域,使人们的生活方式发生改变。"外卖"的概念越来越广义化,日常消费品已经越来越多地成为外卖市场的一部分。

第三,随着 O2O 实体店加盟的扩展,外卖行业与快递、出租车、共享单车等行业联姻,搭建快速送达或低成本的外卖平台。有的为开拓新市场,出售平台的加盟代理权,通过建立协调的体制机制,实现外卖 O2O 再创业。

总之,外卖这种方式性业态正向全时段、全品类、多样化、标准化和高级化发展。

---

① 参见:https://baijiahao.baidu.com/s?id=1687933564316381919&wfr=spider&for=pc。

（四）通勤新业态

1. 城市轨道交通[①]

城市轨道交通，Urban Rail Transit，指城市中采用全封闭或部分封闭的专用轨道线路、以列车或单车形式运送乘客的公共交通方式。它是依据城市交通总体规划而建的公共交通方式，与城市公交车一样，是公益性服务业业态。在国家《城市公共交通分类标准》中所列城市轨道交通的形式有地铁、轻轨、单轨有轨电车、磁浮车、市域快速轨道等（见表5-22）。

表5-22 城市轨道交通业态及亚业态分类

业态形式		含义	举例
地铁		采用钢轮钢轨体系，主要在大城市地下空间修筑的隧道中运行（一些特殊地段可在地上或高架桥上运行）的大客运量轨道运输系统	全国一线、部分二线城市等
轻轨		用车辆与特制轨道梁组合成一体运行的中客运量轨道交通系统	上海、长春、香港特别行政区等
有轨电车		利用电力驱动车辆在轨道上行驶的轻型轨道交通方式	大连、长春、沈阳等
磁浮车		运用"同性相斥、异性相吸"的电磁原理、依靠电磁力使车厢悬浮并行走的轨道客运方式	上海浦东磁悬浮线
市域快速轨		市域内重大经济区之间长距离、大运量的轨道客运交通	—
	城市铁路	即城铁，在城市市区开行的公交化旅客列车线路，具有站距短、停站多、行车密度大特点	北京的S线、天津京郊铁路S线、南京的S线等；宁（南京）扬（扬州）市域快轨
	城郊铁路	利用铁路干线或修建专用线路，由中心区到卫星城、卫星城到卫星城间的旅客列车线路，用于通勤、通学、旅游、赶集等，站距较大，停车次数较少，行车密度较低	
	机场铁路联络线	从民航机场到市区的快速铁路，线路不仅方便旅客及接送人员，也方便民航职工和沿线乘客	北京东直门至机场线、南京南站至禄口机场线等

注：本表根据国家《城市公共交通分类标准（CJJT 114-2016）》绘制。

[①] "城市轨道交通"原本不是新业态，例如，中国第一条有轨电车线路1909年建于上海南京路。但是，近年来在中国许多城市快速发展起来，其起步建设直接运用了数字技术，因而使这种业态具有了现代性。

城市轨道交通是城市公共交通的骨干,具有节能、省地、运量大、全天候、无污染(或少污染)和安全等特点,属绿色环保交通体系,适用于大中城市。截至 2020 年末,我国内地共计 44 个城市开通运营城市轨道交通线路 233 条,运营里程 7 545.5 公里,车站 4 660 座,实际开行列车 2 528 万列次。①

伴随智慧城市建设,以"城市轨道数字化交通"为代表的智慧交通,成为现代都市的名片。"数字化城市轨道交通"可带来一系列自动售取票机的智能终端,为城市轨道交通线路提供全套联网票务的解决方案,支持银行卡闪付、微信支付、支付宝及数字货币等多种购票方式,以及线下二维码取票功能,全程"智慧"地覆盖售取验票服务。

2. 出租车业及滴滴出行

广义来讲,出租车行业,主要指以叫车搭客出行和将汽车租赁给用户使用的一种行业。其中,后者是一些租赁公司专门从事自驾租车、旅游租车、商务租车、会议租车和婚庆租车等业务的形态。本书指的是前者,即按计程表收费的交通工具,英文为 TAXI。

中国改革开放前就有国营出租车公司,但乘客主要是国内外会议来宾。1970 年代末和 1980 年代初,每年经办广交会的广州被国家指定为对外开放的窗口,准许招手停车业务,成为国内出租汽车行业的初次改革。之后,全国大城市的国营出租车公司发展起来。1980 年代中期至 1990 年代初期,民营和个体开始进入出租车市场,如经营面的、拼车、客货运等,打破了国有一家垄断格局,出租车业进入稳定发展时期,并形成今天所说的"传统出租车业"。但是,作为配合城市公交的补充,出租车行业在中国各城市实行的是特许经营制度,政府对出租车牌照发放的数量、价格、服务等成为(或被归顺为)一种准公用事业机构的单一业态。出租车数量指标和运营牌照是稀缺资源,一般由各地政府主管部门发放,并分配给出租车公司,个体只能挂靠在某一公司,驾驶员没有足够的谈判地位,形成"政府发牌—公司占

---

① 交通运输部网站:2020 年城市轨道交通运营数据发布_部门政务_中国政府网(www.gov.cn)。

有一司机交份钱—寻游拉客"的运营模式。①

随着移动互联网的发展,国际上 Uber 运营模式兴起,②特别是 2014年,Uber 进入中国大陆市场,确定中文名为"优步",其 APP 与支付宝合作,一些大城市开始出现网约车。之后,出租车市场很快自发地形成了"专车""快车"及"顺风车"等服务形式,因而增加了乘客的网约出行方式。2015年,交通部组织"深化出租汽车改革初步思路"会议,出租车行业分为巡游出租汽车和网络预约出租汽车两种业态。2016 年,交通运输部联合公安部等七部门要求各地要促进移动互联网与出租汽车融合发展,引导巡游出租车提供电召预约服务,建立"互联网叫车"模式。从此,出租车行业进入平台化竞争时代,其业态也向多样化发展。

在 2016 年收购"Uber 中国"后,"滴滴出行"至 2020 年仍保持全国十家最大的网约出租车平台。在其排名之后依次是首汽约车、曹操出行、神州专车、嘀嗒出行、美团打车、易到用车、享道出行、T3 出行、AA 出行。近年来,出租车业呈现多种业态,以网约出租车"滴滴出行"为例,如表 5-23。

表 5-23　滴滴出行的九种亚业态(截至 2021 年)

主要业态形式	业务起始时间	主要乘客群或服务提供的要素
滴滴专车	2014 年 8 月 19 日	主要面向中高端商务约租车群体
滴滴快车	2015 年 5 月 7 日	一种优惠出行服务
滴滴顺风车	2015 年 6 月 1 日	定位于共享出行服务,定价比滴滴快车低
滴滴代驾	2015 年 7 月 28 日	采用"起步价+公里数"计费方式,为司机提供结伴返程
滴滴公交	2016 年 6 月 1 日	滴滴巴士战略升级,提供实时公交、包车、班车服务
滴滴小巴	2016 年 12 月 15 日	解决城市主干道之外最后三公里需求,实现与公交站点及地铁站行程接驳,产品首期在北京、成都部分区域开通

---

① 出租车份子钱,即出租车司机按月交给出租车管理公司的运营管理费、税费等众多费用。驾驶员在"份子钱"下与公司博弈,在有利于自身利益选择下,常发生"拒载""绕路""议价"等,造成"越是高峰时段,越是难打车,越是放空车"的现象。

② Uber(Uber Technologies,Inc.)为一家美国硅谷的科技公司。由加利福尼亚大学洛杉矶分校几位辍学学生于 2009 年创立,因其打车软件 APP 而闻名。

第五章　融合与发生：当今互联网空间的业态集聚与多样化

续　表

主要业态形式	业务起始时间	主要乘客群或服务提供的要素
滴滴租车	2016年8月	采取全程线上化服务及免费上门送取车模式
滴滴优享（豪华）	2017年2月28日	投放于北京、上海、南京等城市，用相对专车便宜的价格提供相对于快车更好的车型和服务
滴滴共享单车平台	2018年1月17日	在北京、深圳上线，平台包括小蓝单车和ofo小黄车，其中小蓝单车免押金骑行
滴滴一站式平台	2021年底	涵盖出租车、专车、滴滴快车、顺风车、代驾及大巴、货运等多项业务在内的出行平台，年总收入为1738.3亿人民币

资料来源：① 360百科.https://baike.so.com/doc/10954985-11482956.html；百度百科.https://baike.baidu.com/item/%E6%BB%B4%E6%BB%B4%E5%87%BA%E8%A1%8C/18596106?fr=aladdin.② 360百科.https://baike.com

网约车及其业态运行建立在互联网及移动互联网信息服务平台基础上。总体来讲，它改变了客运结构，改善了服务质量，提升了城市交通效率。具体讲，第一，网约车进入市场，引入竞争机制，促进传统的巡游出租车业进行内部体制改革，在技术上引入现代管理信息系统，最大限度地降低"份子钱"比例，提高驾驶员的服务质量；第二，网约车的平台构建了一个开放的"双边市场"，增加了司机与车源，不同业态对应不同用户群，增加了城市出租车供给，一定程度上缓解了出租车供求矛盾；第三，APP打车软件在移动通信基础上通过定位、邀约、联络、追踪等帮助解决出租车市场供需的时空匹配矛盾，使司机减少车辆空驶，乘客则有了更多车型甚至价格的选择。APP软件还实现了网上支付、清算与补贴、服务质量评价、职业信用等信息透明化，从而使客运水平得以升级；第四，互联网企业渗入出租车业的效果是盘活城市存量汽车资源，使时空匹配成本大幅降低，司机和消费者都有更多有用信息并做出选择，从而减少车辆空驶率，在乘客有更多选择的同时，高峰期或其他必要时段也可以用价格手段增加供给。

3. 共享单车（Sharing bicycle）

（1）创新与发展

共享单车，指在校园、地铁站点、公交站点、居民区、商业区、公共服务区、广场、生态公园、小区门口、道路两旁规定白线以内等提供自行车单车共享服务,是共享经济的一种新形态,也是在一些大中城市里出现的一种出行业态。实际上,其初始业态是"有桩公共自行车"(也称公共单车),后来又细分出"无桩共享单车"。目前的共享单车服务具有如下特点:第一,使用APP,智能解锁,用户出行方便;第二,用户共享资源,因短期出行而经济实惠;第三,运行中低碳和环保。

(2) 发展阶段

截至 2021 年,中国共享单车市场经历了四个发展阶段。第一阶段,2007 年—2009 年为萌芽期。国外兴起的公共单车模式开始被引进国内,由我国政府主导,纳入城市管理体制,目的是解决城市居民生活"最后一公里"的问题,多为有桩单车,2008 年奥运会期间曾为市民和游客服务;第二阶段,2010 年—2014 年为初创期,以"永安行"专门经营单车的企业出现,但公共单车仍以有桩单车为主;第三阶段,2015 年至 2018 年为无序发展期,一开始,随着移动互联网的快速发展,以 ofo 为首的互联网共享单车应运而生,[1]之后,许多企业进入市场,并都获得了大量的风险投资。随着快速规模化,ofo 和摩拜还向国际化发展,[2]与此同时,"倒闭潮"开始涌现;到 2018 年后共享单车市场走向稳定;[3]第四阶段,2019 年至今为健康成长期,众多玩家退出市场,美团、青桔、哈罗、永安行四足屹立,行业逐步过渡到健康成长的盈利阶段(如表 5 - 24)。

---

[1] 2014 年,北大毕业生戴威与 4 名合伙人共同创立 ofo,致力于解决大学校园的出行问题。

[2] 2018 年的一部分数据中,ofo 移动端用户曾跃居榜首,摩拜单车第二,哈罗单车第三;在海外市场扩张方面,ofo 小黄车在新加坡、日本、英国、美国、哈萨克斯坦、泰国、马来西亚、奥地利等 8 个国家落地运营,进入国外 150 多个城市;摩拜进驻新加坡、英国、日本、意大利、泰国等 5 个国家,进入国外 130 多个城市(2021 年,ofo 在中国该行业中排名第五)。参阅:浏阳网.共享单车竞争已现明显差异化布局 ofo 摩拜份额正现七三格局[OL].http://www.lyrb.com.cn/html/qyxw/2017/1117/82585.html.

[3] 此间进入群雄逐鹿时代的三种竞争状态。一是多品牌入局的同质化竞争,如小鸣单车、小蓝单车、智享单车、永安行、北京公共自行车、骑点、奇奇出行、7 号电单车、黑鸟单车、hellobike、酷骑单车、1 步单车、由你单车、踏踏、骑呗、熊猫单车、云单车、优拜单车等 25 个几乎相同的物种;第二是支付竞争,如 ofo 平台实施免押金策略,凡上海用户,只要芝麻信用分在 650 以上,即免去 99 元用车押金,直接开始骑行;第三是联合竞争,如摩拜入驻"微信钱包",又作为合作伙伴在武汉建全国首条共享单车专用道等。以上竞争的结果导致今天的较稳定发展。资料来源:共享单车调研报告—百度文库(baidu.com)。

表 5-24 2021 年共享单车品牌排行榜(前四)

品牌	所属公司	基本情况介绍
美团单车	北京摩拜科技有限公司	2018年美团收购摩拜,2019年更名为美团单车,为国内较早的智能共享公共自行车服务商。颜色:黄色
青桔单车	滴滴出行科技有限公司	滴滴出行旗下共享单车业务,实施全面免押金骑行。颜色:绿色
哈罗出行	上海钧正网络科技有限公司	专业移动出行平台,提供共享出行解决方案,旗下:哈啰单车、哈啰助力车、哈啰共享汽车等产品。颜色:蓝色
永安行	永安行科技股份有限公司	国内大型公共自行车运营商,永安旗下无桩共享单车品牌。颜色:多种

资料来源:2021共享单车十大品牌排行共享单车品牌排行榜【最新公布名单】→品牌网(maigoo.com)。

(3) 治理与成长

近年来,随着治理的实施,"乱骑乱占""押金难退""弃车堆积"与"单车围城"问题逐步缓解,由过去高速扩张的市场占领策略转向打造品牌与服务质量的盈利模式策略,开始谋求环境美好与可持续发展。随着共享单车行业对消费习惯的培育,用户逐渐从年轻人扩展到中老年人。共享单车不只作为一个简单的"最后一公里"的代步工具,也成为年轻学生、朋友们骑行活动的乐趣,成为展示个性 party 的集中方式,在人们心理体验中越来越具有分量。

本章分五个部分描述了我国现代服务业业态在当代社会时空中的大规模集聚场景。互联网空间的媒介传递、体制空间的机制设计、生活空间的落地践行,构造出"集聚—多样化"的生态。其中,集聚与融合带来多样化的诞生、成长,引发出生机勃勃的服务业万象。业态多样化发生于集聚,由分离(融合)引起的新集聚又产生多样化的新结果,如此循环,导致新的亚业态层出不穷。实际上,上面列出的四大类服务业新业态仅仅是服务业的万象一隅,因字数限制,一些未能进入篇幅,如医疗服务与药店、教育产业、企业培训、家政与陪护、审计会计与资产评估、律师事务以及本书开始提到的旅游及旅店服务业态等。不过,在这里,我们要思考这样一些重要问题,当今现代服务业业态多样化发生的原因是什么?其发生机制和背后的支撑因素是什么?如何用发生学和经济学对其进行解释?等等。由此,笔者引出第六章将要讨论的内容。

第六章　交易利益下分工多样化与业态发生的创新机理

——非核心业务与企业家创新的经济学解释

本章是要说明：由于任何经济体都内在地存在着对交易利益的追逐，在交易成本制约下，专业化使得经济体内的非核心业务从核心业务中分离出来。分工多样化及服务业业态多样化的发生正是持续在交易利益与交易成本双重作用下，由非核心业务不断向核心业务跃迁的结果。这一过程的创新始动是经济人内意识对交易利益的"立义"与"统觉"，由此决定了企业家意志、企业家精神的外化及创新体系的运行。服务业业态多样化分叉的"发生树"正由此呈现。

一、交易利益的经济学范畴意义

经济学发现"交易成本"(Transaction Cost)是 20 世纪前半叶的事，之后学界常以它的假设来解释制度、分工等一系列经济学问题，同时，也诱使人们偏重于生产成本、收益及利润、交易成本这些可感知、现实性的概念，即以利益的"负向"概念来分析现实经济问题，而并未将"交易利益"(Transaction Benefit)给予像交易成本那样同等的理论地位。实际上，经济学研究的核心是经济利益，无论是交易场中的"实惠"，还是理论上的"利益最大化"和"满意原则"等，其实说的都是利益问题。笔者感到，交易利益不仅具有"质料上"的物理显现，而且以此为托底，还具有"精神上"的心理显现。无疑，人们进行交易活动天经地义的目的就是获得交易上的利益。交易利益不仅存在于经济领域中的交易活动，也广义存在于人情世故生活时空中的交易活动。交易利益和交易成本，二者或许相生相克,是否可以成为范畴的对称关系?

(一)交易利益的内涵与构成

1. 交易利益内涵

从中国的词源考证,利益是收割谷物带来的好处。"谷物"的物质自身意味着由质料①(hyle,亦称质素)构成的物,谷物带来的"好处"意味着"精神感受"。这里讲的交易利益是交易生成后的利益,是交易者各自从交易物中正在与已经获得的好处(按自愿让渡原则,既然已经交易了,那一定是双方认可的好处),因而交易利益是交易成为"现实"中所感受的好处。交易至少在两个当事人的主体之间进行,因此它本身自带协作的性质,因而存在共同的指向——利益。但由于主体间的生存现实一般不具备获得最大化的苛刻条件,作为经济人的交易各方,只有在博弈均衡中取得并感受利益,因此,他们往往遵循的是有限理性的满意原则。

(1)交易利益建立在交易物的基础上

在市场上,交易物是商品形式。它是交易主体(交易者)相互让与给对方的交易客体(交易对象)。交易物的基本形式有,一是以劳动能量转换的成质料为基础的物体形式,其中,质料指质地和用料(材料),劳动能量作用其上形成交易物;还有一种特殊的交易物,即货币,它是一般等价物,表示一切其他交易物的价值。无论贝类玉类货币、金属货币、纸币、电子货币都有其质料性质。二是以劳动能量直接成为交易物的形式,其中,劳动能量直接作用,即直接赋能于交易主体上。从广义的物质形式看,前者因劳动能量生成物料而表现为"体",故称为被交易的物体;后者因劳动能量直接的、现成的传输而被表现为"态",笔者称之为被交易的"物态"(例如,修理服务就是将"损坏"状态,通过劳动能量转换为"修复"状态)。由此,物体和物态都是

---

① 关于对质料的研究,追溯到古希腊哲学的论述。亚里士多德认为,事物的存在和变化有四种原因:质料因、形式因、动力因和目的因。质料因指事物的构成;形式因指事物具有的形式;动力因指推动质料变成其形式的力量;目的因指事物形成的目的。形式既是质料追求的目的,又是推动质料变动的力量,后三者又可通称为形式因,因此,终归结为质料因和形式因。质料(基质)意味着潜能作用,形式意味着现实,而现实是在先的。参见:亚里士多德.形而上学[M]李真译.人民出版社,2020:8(983b)、266(1050a15-16)。

第六章 交易利益下分工多样化与业态发生的创新机理

广义物的属性。交易物的第一种形式,是有形商品,是"能的物化"形式。交易物的第二种形式比较复杂,当作为无形商品时,它是"物的能化"形式。当作为有形和无形的混合商品时,它是"物能混合"形式。

为进一步理解无形商品的物质性,下面笔者举例说明。第一,完全无形商品。电力服务、电信服务、客货运输服务等,通过电力设备、通信网络、运输设施等物质生产活动,最后提供的是流量商品和空间变动;再如,一些技能性服务如音乐舞蹈、旅店、导游、修理等,通过借助长期的训练、习得的知识而生成专业技能,其背后是物质力量的支撑,如书籍、网络、设施等的投入;第二,不完全无形商品。例如,饮食服务、培训服务等必须伴随有形商品(如制作的食品、印制的教材等)一起才能实现其价值。随着社会经济发展,产品的集成性不断强化,交易物越来越多地采取不完全无形商品的形式。

总之,服务的劳动能量是与物质活动裹挟在一起的,其中的无形商品只不过将物质材料采取隐蔽的方式罢了。

(2) 交易利益是交易主体对各自对方所提供交易物在意识上的认可

一旦与交易相关,交易主体通过被给予的交易意向行为就与交易物产生了关联,以交易双方相互构造对方交易物的客体化行为,对其"表象"(实事)"判断"(实事状态)和"情感"(广延到代现状态[①])进行表达,其中有着不同的"立义"行为。通俗点说,就是要在潜在的交易者各自意识中构造出可物态化(当然包括可物化、可劳务化及可货币化)的对象。上述构造包括对质和量的认定,其中在"质"上有技术与性能、新鲜程度、营养成分、耐用性、便利性等,在"量"上有重量、大小、多少等,还有需求上是否具有迫切性,等等。在商品体的构造过程中,借用胡塞尔的话,其"质料体现了被客体化的行为内容,质性则体现感受的、欲求的行为的特征。"[②]

交易利益反映了交易各方对交易物的共同认可。交易利益是任何交易者贯穿于意识和行为的追求目标。从发生现象学角度看,交易当事人各自

---

① 笔者认为,"代现"是客体化中超实然的符号及品牌崇拜的交易意向性,也可以是一种"情感物化"意识。
② 胡塞尔.逻辑研究[M].倪梁康译.上海译文出版社,1998/1999:386/411.

在"本己性领域"①界定现实的和潜在的意向性,然后相互构造(先验构造)而成为交互主体②,即当认为在利益上有"同感"时就会产生"造对"③,在双方意识认定对象为"满意"或能"实现意图"时,做出交易决策行为;交易由此"发生"而共现,④之后展开它的"后验"过程,以结果来证明是否"满意"或"意图实现"。

(3) 交易利益是交易主体对现实交易物"满意"的体验

从发生学视角看,交易利益体现在对原初意义的追溯——回到真实的欲望世界,一个构造交易利益的真实经验、产生课题及不断"去蔽"的领域。人是一种特殊动物,有满足衣食住行玩等与肉体生存相关的需要,如求"新""多样化""高级化"等,而交易利益具有交易物"体态"上的物理显现,因此可以成为一种托底,让人得到身体的体验。不仅如此,交易利益通过交易物还具有"精神上"的心理显现。人还有精神上愉悦、被尊重、人生幸福的需要和欲望,以交易物为载体让交易者参与,进行创新,进入竞争者折戟沉沙和市场起伏、适者生存的精彩场面。随着文明程度的提高,理性越来越在人的意识中起重要作用,利益观越来越向精神领域倾斜,交易追求中越来越清晰的目的就是"满意"和是否"意图实现"。它是被抽象为交易利益的重要标志。

在一定条件下,为获得交易利益可以超越交易物的物质因素,如抛弃利润或承担亏空损失而去满足精神需求和欲望的体验——被传统观念视为"非理性"的交易。正是从这一意义上,交易者以一种"精神审视的态度"对交易对象进行立义,定位于"器官感觉"的快感,其中既有人性的蕴含,又有道德塑形的诉求,通过对产品的伦理设计,实现建基于质料先天原则之下的

---

① 本己为原初的自己。本己性领域(Primordialsphare),指一个人自己的"元"(原初、第一)属性的领域,如元意识、元印象、元感觉、元基础等,一般存在着先验自我。

② 互为主体存在状态,即主体间性(Inter-subjectivity)。

③ 同感(Empathy),也译成移情。意即某人进入、"把握或理解或经验另一人的意识生活、他人的'体验流'、心理'状态'、'体验'或'心理过程'以及'态度'。";造对(Pairing)为对比化,或偶合,可理解为联想作用。参见:莫兰,科恩.胡塞尔词典[M].李幼蒸译.中国人民大学出版社,2015;65、235.

④ 共现(Appresentation),即连同现前,一种共同呈现,如某人知觉使另一人知觉呈现。参见:莫兰,科恩.胡塞尔词典[M].李幼蒸译.中国人民大学出版社,2015;18.

第六章　交易利益下分工多样化与业态发生的创新机理

价值伦理①——一种交易精神的本体论。

在不同的社会时空下,社会意识会引发交易利益不同的公平性问题。当被资本与垄断集团及其政治法权裹挟时,人们获得交易利益与克服交易成本的活动都具有不平等性,②这是政治经济学和制度经济学解决的核心问题之一。但是,本书从发生学角度探讨分工与服务业业态多样化,因此,假设交易利益的实现机会及制度性交易成本对每一个交易参与者都是公平的。

2. 对交易利益构成的设定

根据以上内涵,设定交易利益由交易基质和交易非基质两部分构成,现在解释如下:

(1) 交易基质

交易基质是物质或能量耗费的产品体或商品体(图6-1)。它是交易利益的质料载体,是交易主体获得的物质对象,是对交易物起实在的支撑作用的存在。亚里士多德在其著名的"四因说"中说,基质(hypokeimenon)是"在一个事物底下的东西,是在最真实的意义上被认作它的实体的。在一种意义上质料被说成是基质的本质"。③ 因此,其基本特征是相对的"形而下"。

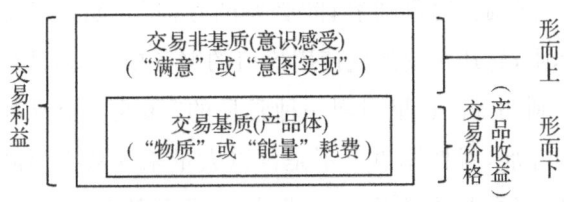

图6-1　一个交易对象的"交易利益"构成

但是,不像自然物那样单纯,交易是社会行为,交易物是自然物与社会物复合的物体和物态。按亚里士多德的形质论和"潜在—现实"的生成说,

---

① 钟汉川.论胡塞尔和舍勒的"质料"概念[J].哲学研究,2007(01):70-77.
② 马克思认为,资本设计出生产剩余价值的制度体系,导致资本家与工人之间的交易利益是不平等的。
③ 基质"就是一种本原,而且它应该先于那些谓述它的东西"。(亚里士多德.物理学(189a30-32,192b32-34).

笔者认为,交易物作为形式,由其生产过程中的材料质素或劳务质素决定,构成未来的使用价值。本质上讲,质素就是基质。交换双方之所以能够认可对方的物品,是因为各自交易物生成的质素具有不同的"偶性"——导致产生不同的使用价值,它们可以产生交换的动力。当两个潜在的使用价值"有缘相碰",唤起互换动机,就可能达成"从潜在性到现实性的运动",[①]进而生成交易品的现实形式。

其实,交易物就是由一系列个别基质相交叉组合而构成的整体形式。[②]在"个体化原则"下,个体质料具有自己切身的基质。可以推断:交易物常常是这样的组合体,即在不同的"有限维度"下,交易物是可分解为质料层次不同的统一体,可以剥离出不同相应层次的切身基质,展示着不同质料层次相对的"形而下"。[③] 涉及交易对象,交易物总体之下的切身基质表现为"商品(服务)+体形式"的一切基本的、必要的构成要件(意味着没有它们就不可能成为商品);成本与收益(成为商品的要素投入与市场价格)、商品的质与量、制作材料与外形、规格与型号、包装与LOGO等,由此可见,其切身的基质已经超越了"单一的纯粹质料"范畴。总之,交易利益必依存于各种切身基质构成的交易物形式的载体之上。

这里,需要强调交易利益容许"必要的亏损"。如果以交易价格来看待交易品的基质,它还包括形成使用价值的财务属性,由此涉及收益的生产成本、税收、利润等。这里强调一种常见的"偶性",交易利益并不以利润高低为评判标准,就像军事上不是仅以大量杀死敌人为胜利的唯一标准那样。例如,当企业处境不利时,即使"基质要件"亏欠,必要的"亏本销售"也可能有交易利益,其意义也许在于"挽救企业"。再如,一笔"折本的并购"也许是企业未来的战略契机;当然,交易利益也存在当下利润的利

---

① 亚里士多德.形而上学[M].李真译.人民出版社,2020:243(或《形而上学》1045b22)。
② 在亚里士多德理论基础上,阿奎那提出"特指质料"的概念,以"有限维度的质料"展现实存性和发生学的生成机制,并区分了"原初质料""泛指质料"和"特指质料""整体的形式""部分的形式"以及"形式本身"和"个体化形式";还提出了"公共质料"和"个体质料"等的分类。它们各自都有自己的基质。参见:段德智.阿奎那的本质学说对亚里士多德的超越及其意义[J].哲学研究,2006(08):59-65。
③ 亚里士多德认为质料是有层次的。尽管一切事物终归为第一原因,但每一事物处于"各有它的切身质料"的层次。例如,如粘液来自脂肪,脂肪是粘液的质料;脂肪又来自于甜质,甜质是脂肪的质料,等等(《形而上学》1043a12、1044a21-23)。因而,不同的切身质料对应不同的切身基质。

益。例如，一笔交易能获得大笔收益，给会计账面带来欢乐自然也是获得的交易利益。

(2) 交易非基质

交易非基质，集中表现为交易主体对"满意"或"意图实现"的体验活动，是感觉或感受交易利益的意识行为。它是主体(此在)对当下或已完成交易的感知、知性、理性的精神意识活动，具有如下性质：

第一，理念性。它是交易者价值观的反映，是形而上的精神意志，是对质料的控制性和支配性的道德力量，成为交易发生的灵魂因素；内含对交易曾经的希望、目的和现实的达成状态（类似于目的因）；含有交易活动的主要动机和信念，意图作为动机成为推动人去行动的现实力量（类似于动力因）。人在清醒的状态，绝大部分的活动都是理性的。

第二，在场体验性。交易非基质是现实的交易给主体带来感官满足的快感，是意识对原欲和本欲满足后的生理反应，如食物的口味甚至营养、幸福感等。它必须是交易主体对利益"明证"或"明见"及其后的体验，包括直接的和当下的身心体验（回忆与联想也属于在场的体验）。

第三，满意意识生成性。交易当事人在对对方的交易物潜在的意向性界定、立义、统觉、反思中相互构造而成为交互主体，产生利益上的"同感"并在意识上"造对"，认定对象为"满意"或能"实现意图"，就做出交易决策行为，交易之后又展开对交易物"满意"的"后验"，等等。

第四，评价性。作为满意的心理状态，交易非基质体现一个人对一种产品的感知与期望之间的比较结果。意识上的评价是对满意程度进行排列，也是双方对产品或服务的事前期望、事中认知及实际使用产品或服务后所得到感受的一种语言表达。

第五，不确定性。在自由意志支配下，只要双方愿意让渡对方的东西，就是对对方交易对象"好处"的认可，因而并不以"利润"为唯一意向，不像质料及基质那样具有相对的稳定性。交易非基质的形式由于交易主体的主观偏好及目的各异而具有"偶性"，这些偶性由市场随机性诱导而发生。

(3) 二者共同构成交易利益

总之，交易利益是交易物的基质和非基质的总和，也就是说，任何交易的利益,不仅涵盖了交易基质,还存在非交易基质的精神感受。一笔交易在市场上进行,如果按照说定交易价格(市场价值)进行交易,它除了交易物的"交易基质"相互转移外,还有双方所获得的"满意"或"意图实现"这些"交易非基质"。"交易非基质"是交易的目的因素,如果不能获得"交易非基质",交易基质构成的交易物就不可能被让渡。同时,如果没有交易基质构成的载体,则不可能为对方传达并获得"交易非基质"。

这里需要强调两点:第一,利润不是交易利益的本质属性。简单地说,交易利益就是"好感+交易价格"。但是,它不以是否获得利润为唯一衡量标准。这里再强调一遍,它就像军事上胜利不是以大量杀死敌人为唯一标准那样,尽管它也重视利润的获得。第二,交易非基质为道德性质的交易利益提供给了空间。作为社会的、理性的经济人,也应该是一个道德人。交易者在一定状态下是一个道德的传播者、践行者,也为此得到"好处"而"满意"。

(二) 交易利益经济学范畴研究

范畴,指对事物进行归类所依据的共同性质,是反映事物普遍本质基本的逻辑概括,是事物种类的本质。利益是存在者的一个基本存在,因此,可以推断,利益是一个范畴。作为社会动物的人,获得利益的操持方式是人们之间的交互活动。在当今社会,人们获得利益已经不在于自给自足式"收割"的狭小空间,而在于普遍化市场交易,即使在社会关系中的非经济领域也广泛存在着交易(如人情交易、权钱交易等)。因此,笔者认为,对于这个"利益+交易"的社会,需要对交易利益进行范畴化。

1. 交易利益范畴表达

上面对交易利益的概念进行了论述。对于范畴理论,学界一般认为有三种,即经典范畴理论、家族相似性和原型理论。它们产生于不同历史时期,其中,语言表达的范畴细化和范畴构造的广泛化展示了人类认知水平和逻辑思维能力的发展状况。虽然亚里士多德的经典范畴理论存在不足,但至今人们对事物的分类还是以他的经典范畴理论为基础。下面,笔者试图主要依据经典范畴理论、家族相似性和原型理论对"交易利益"进行范畴化研究。

第六章 交易利益下分工多样化与业态发生的创新机理

(1)"体、性、变"命题式的范畴表达

亚里士多德在《范畴篇》中列出了范畴的种类关系,他虽然展示了"体、性、变"的关系,但并未清晰地予以表达。① 经过康德的逻辑学列表法和黑格尔的"辩证法"及"数学范畴学"的修正,产生了范畴关系的符号定义式,即复{实/虚}或A{B/C}或合{正/反},一对下位范畴构成它们紧邻上位的一个范畴。这样,"体、性、变"关系成为比种类关系更能揭示本质关系的范畴表达式。如果将"经济"(生产)作为"体",则有经济{收益/投入},其中,收益就是利益;如果将"交易"作为"体",则有交易{交易利益/交易成本};如果将"交易利益"作为"体",则交易利益{交易基质/交易非基质}。这种范畴表达式,使我们能清楚地看到"交易利益"和"交易成本"的对称关系。

(2)"家族相似性"式的范畴表达

维特根斯坦对亚里士多德的经典理论提出质疑,认为范畴并不具有明确的界限,范畴成员的特性不完全一样,因而靠家族相似性(即共相)归属于同一范畴。笔者认为,"交易利益"是"交易"和"利益"两个复合词组成的范畴(利益之前加了"这一个"的限定),其家族成员在这"利益"词汇前第二次加了"这一个",如市场中交易的利益、非市场中交易的利益(后者包括社会交往中相互帮助的利益、政治交易中的利益,还有在黑交易如走私、黑市等不被当局体制认可的地下市场中获得的利益)、黑幕及权钱等非法交易获得的利益等。进一步分析,从广义上看,"市场中交易的利益"与"非市场中交易的利益"并没有明确的边界,在空间中都是资本运行的利益,这在第三章时空体系中讨论过。而在非市场交易本身内部,获得利益的形式也有差别,有的合法取得,有的暗中窃取。但是,家族所有成员的共相,即共有的属性就是"交易利益",所有这些共相都符合"交易利益"的范畴化。

(3)原型理论式表达

20世纪70年代,Eleanor Rosch提出了原型理论,指出"原形"(Prototype)是人们认知时一个范畴中最能体现其他成员的那个"代表",即范畴中最典型

---

① "体"是整体性范畴,"性"和"变"是体的属性的范畴,"性"是一个肯定性属性,"变"是否定性属性。参见:亚里士多德.范畴篇 解释篇[M].方书春译.商务印书馆,1959:9-53.

的一个成员。例如,提到一般的"水果",人们认知的典型是"苹果"(原形)。这个原形与水果范畴内其他成员相比所认知的共有的特性最多,同时与其他范畴共有的特性最少。对比人们在社会中获得利益的方式,在当今社会货币经济发达的背景下,以市场交易方式获得利益最为"典型"。这种"交易利益"的原形,具有地位等级上的优先性、心理认知上的易辨性、经验感觉的完整性、相关线索的有效性等,因而在语言上和理论上具有知识和思维的组织性。

那么,如何找其原型呢?首先,排除第一类状况,即两个非交易的利益,一是"强权掠夺"式获得,二是自给自足式的"自利"获得;其次,甄别出第二类状况,即找出非市场的交易利益,如权钱交易、人情交易、政治交易及"非法"交易等,它们属于交易,产生的利益属于交易利益,但它们不是交易利益范畴的"原型";再次,排除了以上两类利益的获得,就是该范畴的核心原形——纯粹市场的交易利益,其自由交易和自愿让渡的性质距离掠夺(非自由性)和自利(非共享性)两个范畴的关系最远;最后,通过补充假设而广延,例如,加一个假设条件句"在第三章体制时空的'空间的生产'的泛交易条件下",即可将第二类状况的非市场交易获得"交易利益"。

上述范畴化表明,交易利益与交易成本可以是同等地位的经济学范畴,交易利益也可以是其家族的共相,是范畴原型,并具有广延意义。

2. 交易利益范畴在经济生活和经济理论中的认知作用

(1) 生活场景中的心理认定——交易利益的感性范畴

人们通过两个生活场景获得交易带来的好处:一是通过市场对实物商品或非实物服务进行交易,获得现实利益,以获得职业的营谋和事业的发展;二是通过非市场场景对人情世故的事务进行交易,以获得处世的便利性。[①] 前者主要获得以利润、收入等账面为基础的利益。例如,仅从价格方面考察,对于购买方,实际价格比心理价位低,或"优质价廉"的消费,或即使账面亏本但能够维持战略存在都有交易利益;后者主要获得以人际关系与人脉和谐为基础的利益。例如,通过相互帮助(可看作"人心换人心"的交易

---

① 如果从"泛交易"视角看,父母对子女的亲情是"养儿防老"的一种代际交易(贝克尔.家庭论[M].王献生,王宇译.商务印书馆,1998.)。不过,笔者不将其计入假设之内。

行为),会产生人与人之间的亲近感,从而获得更大的社会关系空间的利益。

交易利益存在着心理认定的正效用性质。交易主体对交易利益的认定、评价具有主观性,反映了交易主体的个性心理、情绪意志和现实需求的复杂偏好。主观性可以接通效用价值理念,使得价值认定服从于心理倾向。由于交易过程本身伴随着立义(认定)过程,所以,交易一完成就贴上了"满意认可"的标签。因此,交易利益只反映正效用。笔者认为,塞勒的交易效用理论中的正效用才适用于现实需求的交易利益。①

(2) 经济学理论中的显现——交易利益的知性范畴

从理论上看,斯密的绝对优势理论、李嘉图的相对优势理论、穆勒的相互需求论与比较利益论、"赫克歇尔—俄林"的要素禀赋贸易理论(包括序言里所涉及的)等,证明了"交易利益"的存在。② 在实践中,我们日常生活中广泛存在批发零售交易、产权交易、期货交易、股票交易及伙伴间相互协作的交易等。整个社会能稳定运行,其基本原因就是因为它们都包含着"交易利益",成为支撑社会最基础的存在,正像"交易成本"——一种起着与交易利益"反向"作用力的基础存在那样。甚至负面的交易,如"关联交易""黑市交易"及"权钱交易"等,也存在交易利益,只不过常被当局视为社会不稳定因素进行不同程度地惩罚罢了。只要有交易活动,就有"交易利益";只要有交易利益,就可能有交易活动。只要是交易,双方在自由意志驱使下,达成内心自愿的让渡,就会给双方带来利益,这应该成为一个公理。

(3) 经济科学的体系奠基——交易利益的理性范畴

在经济学中,生产、贸易、分配和消费及其循环概括了社会经济活动的总过程,其中,各个环节存在和涉及直接交易活动和间接交易活动。鉴于交易利益和交易成本都是社会的基础存在,因此,"交易""交易利益""交易成本"属于构成经济学理论框架、体系的基本概念,也是经济学本体论探究社会经济本原或基质的有机组成部分。其中,经济学的理性经济人假设正是

---

① 有关交易效用理论,请参阅:交易效用—MBA智库百科(mbalib.com)
② 庄宏献(2006)论述了交易与交易利益的概念,并从交易利益实现角度研究了产权、价格、企业制度及资本结构、股票市场运行等现实问题(庄宏献.交易利益论[M].上海三联出版社,2006.)。此外,涉及交易问题研究利益的主要领域有:社会利益论(王伟光、郭保平,1988)、合作利益论(陈传永,2007)、共同利益论(何小民,2008)等。

建立在经济活动人格化、具有交易理性选择的"利益最大化"的能力以及交易本体论的伦理道德原则之上；交易概念进入逻辑抽象层次，可以产生"交易"范畴，进而又有"交易利益"和"交易成本"一对范畴。它们属于概念的初始结构体系，是经济学理论或其分支学科的逻辑系统中被抽象、被追溯的形而上学的高位概念和核心概念。

3. 交易利益与交易成本的关系

（1）交易成本

交易成本是人们在对交易活动的组织中所付出的货币、知识、时间、体力等成本的总和。[①] 与"只要有生产，就有生产成本"相对，只要人类有交易活动，就有交易成本，它是人类社会生活中不可分割的组成部分。学界对于交易成本有三个层次的含义解释：一是"发现相对价格的成本"，"发生每一笔交易的谈判和签约的费用"及利用价格机制存在交易对象之外的成本；二是"一定社会关系中，人们在资源交往、彼此合作达成交易支付的成本，包括所花费的时间和货币成本，即人—人关系成本"；三是社会在人际关系治理方面的资源耗费，是制度建构成本与运行成本的总和。一般说来，第一层次的属于可感知性交易成本；而第三层次的属于不可感知的制度性交易成本；第二层次两者兼而有之。

（2）交易利益与交易成本的关系

二者的关系可以这样表达：一切交易成本是为了交易利益所作的耗费，一切交易利益是靠成本和克服交易成本的努力而实现的（如表6-1）。二者关系总体来说，如果从静态看，它们是原因和结果的关系；从动态看，它们往往是互为因果关系。

[①] 科斯在《企业的性质》一文提出了交易成本的概念，用其解释企业存在的原因，认为交易成本不仅限于狭义的市场领域，而且泛指一切与制度相关联的成本。对此，阿罗曾经概括道："交易成本就是经济制度运行的成本"；诺思则进一步指出，交易成本乃是制度建构成本与运行成本的总和。这样，交易成本概念的逐渐流行，催生了以交易成本为核心概念的新经济学研究范式。威廉姆森主要运用新古典的微观分析、比较制度、节约取向来考察经济组织的选择、形成机理和治理体系，形成了与以往"生产成本范式"不同的经济学分析体系。相关文献可参见：R. H. Coase. The? Nature of the Firm [J]. Economica, New Series, Vol. 4, No. 16. (Nov., 1937)：386 – 405.；K. J. Arrow. The Organization of Economic Activity：Issues Pertinent to the Choice of Market Versus Nan-market Allocation [A]. Joint Economic Committee of Congress. The Analysis and Evaluation of Public Expenditure [C]. The PPS. System，1969，1；59 – 73.；诺斯. 制度、制度变迁与经济绩效 [M]. 航行译，韦森审译，上海人民出版社，2008：15 – 26.；威廉姆森. 契约、治理与交易成本经济学 [M]. 陈耿宣译，中国人民大学出版社，2020：132 – 164.

表 6-1 交易成本与以交易利益对应现象分析①

项目	交易成本(TC)	交易利益(TB)
二者区别	① 现实投入；② 硬尺度投入；③ 努力与新努力（未来结果的原因）；④ 存在次级、再次级及新发生的交易成本体系	① 现实结果；② 软尺度评价；③ 后验性结果（利益不确定性；未来可能）；④ 欲望与需求递进（满意→淡化→新欲望）
企业家精神	节约成本的创新努力；技术、研发、知识和思想的投入；技术创新投入；新市场探索及其时间精力投入；克服内部管理障碍	胆识与冒险精神；技术、研发、知识和思想的结果；专利；新市场进入（规模扩大）；治理效率；行业社会地位和话语影响力
品牌、资本、知识与设计	产品品牌和企业品牌的投入与维护；对外金融投资与参股；平面与广告数字、CI 设计投入	产品品牌与企业品牌的无形资产利益；利息收入；融知识与广告一起的推广效果及企业形象符号
SWOT 分析	SWOT 分析中的劣势和挑战；应急事件处理；机会成本	SWOT 分析中的优势和机会；事件化解的意义；机会利益
"威廉姆森"关注	某专业化技术投入及资产专用（人力资产、实物资产、场地资产、知识资产等）投入；交易频率风险；信息不对称及信息搜索投入；营造和谐气氛的投入	某专业化技术形成及资产专用的（享有权、垄断权、天时地人）利益性；交易频率的快周转利益；数据运算、精算效率；和谐场景；渠道控制权能的利益
消费品及其感知	购买之前和之后的花费、时间精力耗费；消费者培训、教育；手机信息流量、网上搜索与购物技能	花费购买时间和精力的结果；"技消费"②利益；消费者忠诚、商品认知与主权意识；物质与精神消费的感知
信息交易与商品交易过程	搜索成本、谈判成本、支付成本、评价成本和风险成本；维护契约成本；网上"非面对面"信誉投入	搜索质量、支付便利、评价迅速、保障性；契约稳定性；网上伦理监督和征信机制
内外关系	克服外生交易成本（社会成本）的投入；公共关系投入；协调员工及内部关系投入；制定和发布（或理解）政策成本	塑造形象的社会利益；信赖关系的价值理性及意义；伦理关系与政策成效

总之，由于交易利益具有经济学理论与实践中的基础存在性，以及在经济学本体论具有重要核心概念的性质，那么，交易利益概念就具有基本"范

---

① 与交易成本一样，交易利益也可以对应交易成本设置一系列指标进行计量。对此，笔者将作后期研究。
② 例如，在消费手机等数字产品时，一个前提条件就是，必须具备一定的感知数字的"技术"能力。

畴性质",也正因为如此,交易、交易利益、交易成本不仅是,而且可以是经济学高级命题的构造性结构的基础概念,这对完善经济学体系具有重大的理论意义。

二、交易利益和交易成本决定下的分工多样化发生:"非核心业务"分离

基于序言中一些文献和学者主要观点的启示,笔者试图通过交易利益和交易成本二者的基础存在关系,探讨创新与专业化作用下"非核心业务"分离机制,进而探究分工发生、分工多样化和服务业业态多样化发生的问题。

(一)交易成本与交易利益的运行

1. 公设与公理

为便于分析交易与分工的发生、分工多样化的发生,现对有关公设、公理阐述如下:

(1) 公理1:只要 TB>TC,也就是说,只要 TB−TC>0,即只要交易利益大于交易成本,就存在交易。对于这一公理,由于对交易利益和交易成本的度量在现实中都存在心理认定的因素,为便于分析,笔者将 TB−TC>0 的正邻域及其正向延伸的区域就视为可交易区。

(2) 公理2:任何不同主体的交易都存在达成协作的交易利益,并且此交易利益可视为等价的。

(3) 公理3:任何一个组织都是其紧邻下游分工的业务综合组织,任何一个组织都是其紧邻上游分工的业务分解组织。

(4) 公理4:任何一个组织的生成都伴随其隐藏着的异质性因素的发生。

(5) 交易利益的补偿定律:当一方提供的交易基质或非交易基质不能为对方承载足够的交易利益时,只有进行一定的补偿,例如数量、质量、式样、服务方式、精神慰藉等,以达到"满意"——交易利益的均衡,交易才能成立。现实中,通过商品比价关系进行补偿就是此定律的一种体现。

2. 交易分工的发生学模型

(1) 关于交易发生的对称均衡

图 6-2 假设有 J 和 K 两个相同主体,它们在直角坐标系中以原点 45°线为对称线展开,彼此均与对方依该线的映射完全重合。图中,"$TB_J \rightarrow \downarrow$"表示 J 的交易利益实线以右和以下的面积,"$\uparrow \leftarrow TB_K$"表示 K 的交易利益线以上和以左的面积;制度性交易成本分别为两个坐标轴和平行于该两个轴实直线之间的面积;两个主体的感知性交易成本分别为 45°实线以左和以右的面积;在$[O,k_2)$、(k_2,H_2)、$[O,j_2)$和(j_2,H_2)的区域(记为四边形 $Ok_2H_2j_2$)内,分别存在两个主体的"隐藏的交易利益"(Hidden Transection Benefit)和"隐藏的交易成本"(Hidden Transaction Cost),前者的虚弧线在 H_2 处与各自的交易利益线相连。我们先讨论四边形 $Ok_2H_2j_2$ 以内这一"未名"区域。

假设信息是可通透的,并且不同历史时期有各自相应的信息通透力。先做这样一个提问:人类是否存在"前商品交换"的历史时期? 并且它是否存在交易利益和交易成本呢? 笔者认为,是存在着的。但是,交易利益和交易成本是以隐匿的方式存在的。如图中左下角四边形 $Ok_2H_2j_2$ 中隐藏的交易利益和隐藏的交易成本。在这个四方形内部,潜在的影子交易成本,如 H_1,仍然使交易无法进行。那么,为什么隐匿的交易利益和隐匿的交易成本存在呢? 我们可以想象,如果想交易,只有两个原因使得交易无法进行,一是产品没有剩余,还不够生产者自用,可看作"内生不交易";二是交易遇到巨大的外部成本,使其"望而却步",甚至对于交易的好处"可望不可及",因此,可看成"外生不交易"。这种外部成本实际上就是交易成本,只不过在当时处于未名状态。这种未成的交易,被外部未名的成本所限制。其次,它以隐蔽方式存在。除了未知名的隐蔽性以外,还与"偶尔的可交换"、简单的交换过程导致的隐蔽性相关,当然,自然与人文环境,如河流山川、部落习俗、族人禁忌惯例等阻隔,也被人们"自然认可"的阻隔而忽略。这些都可归结为初期的、未被感知的"制度性交易成本",属于原始宗教、自然伦理约束的一部分。这说明当时人们对对方可能有不成文的产品要求、不稳定的契约,还有内部人存在对外部人的抵制、对集体秩序的维护意识,等等。它等价于尚未发生的交易区域,是"有生于微"中不显现的

"微"。然而,偶尔的、潜在的、初尝的交易利益还是有诱惑力的。

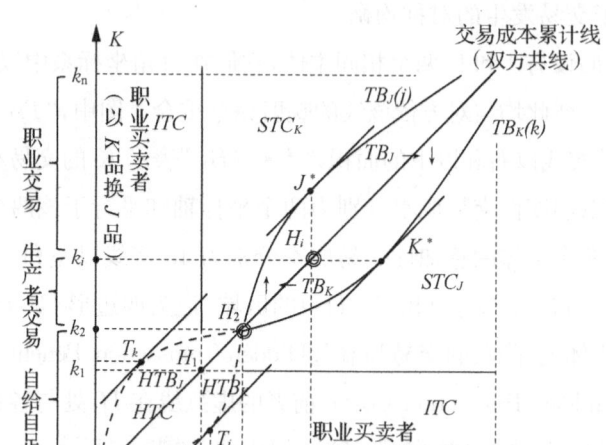

STC:感知性交易成本; ITC:制度性交易成本;
HTB:隐藏的交易利益; HTC:隐藏的交易成本

图6-2 交易利益与交易成本作用下发生的市场交易与分工

再谈一谈最初的交易利益。尽管我们说,没有商品交换,就没有交易利益。但是,按希克斯的说法,古时丰收之后部落之间的礼品互赠,[①]是一种准交易行为的习俗经济,也是一种前商品交换时期的行为,其交易利益具有隐藏性。互赠礼品不仅获得了"异质品"的利益(尽管比价关系不确定和不清晰),还拥有了对方的产品信息,给未来交易的需求转换关系打下了基础。

按照发生学"回溯"的方法看,双方在产量很少的时候,几乎完全自给自足,随着熟练增加或技术更新等使产量逐渐上升,出现偶尔的交换意味着一个可能的社会分工的隐藏状态。商品交易经常化使得人们必须选择一个固定场地进行交易,这样,市场出现了。相对来讲,市场关系是获取交易利益、承担交易成本和克服交易成本的"集大成"。起初,最基本和最能显现出来的交易成本就是"日中为市"状态下费时费力的近半天步行。那时的交易利益就

---

① 希克斯.经济史理论[M].厉以平译.商务印书馆,1987:25.

是市场中有可挑选的物品和相对稳定的约定。后来,进入市场的人不断增加,终于出现了降低交易费用、提高交易效率(利益)的"职业买卖者"。此时,J和K只管生产产品,将产品转销给职业买卖人,自己腾出手来扩大生产规模。这样,就有了生产者和职业买卖者分工的显现。

命题一:在两个相同的经济体之间,如果信息是通透的,并存在相同的制度性交易成本和感知性交易成本,二者对对方产品的边际交易利益转换率($\Delta K/\Delta J$ 和 $\Delta J/\Delta K$)递增,如果在相应的交易成本总量上达到对称均衡,则此时发生交易行为。

我们来看主体 J(由于存在对偶关系,主体 K 与之类似,后面不做赘述)。在四边形 $Ok_2H_2j_2$ 内是一个未名的、潜在的交易域,J 为自己生产获取自我利益(获取自我满足感),据此,定义 J 对 K 的消费欲望的利益转换率为 D,即:

$$D = \Delta K/\Delta J$$

随着自给自足、自我满足及对 K 产品信息的"可通透"性增加,到 $D = \Delta K/\Delta J = 1$ 时,出现了欲望转折点(此处对应 J 的产量 j_1),但是隐匿的交易成本仍然很强大,使之不能与 K 进行交易;之后,在 $D_J = \Delta K/\Delta J > 1$ 状态下,J 对 K 产品的消费欲望愈加强烈。克服交易成本的能力,就是获取交易利益的能力。在主体 J 的生产能力提升和剩余产品增加,以及克服交易成本的能力逐渐提升到一定程度后,终于在 H_2 处(对应 J 的产量 j_2)可以与 K 达成交易了。与之相伴,主体 K 也依此运行,由 45°线对称关系得到 H_2 点处的映射:$D_k = \Delta J/\Delta K = \Delta K/\Delta J = D_J$。根据公设,二者在 H_2 点(图中"◎")处一定都存在交易利益,且二者交汇点位于 45°线上,故双方达到交易的对称利益均衡。此时,已经不再是隐匿的交易,而是发生的交易,即商品交换的显现。

(2) 关于分工发生的对称均衡及其条件

继续拿 J 说事。有了商品交换,不一定就有专门从事商品交易的组织。专门的商品交易组织出现需要一个孕育过程,它要到这样的时刻才出现:面对多个收购和销售市场,去克服复杂的交易成本(如感知性交易成本),且"交易容易程度"能达到最高。①

这里,设定一个"交易容易程度"(TE 值),它是指在一定时期内的交易过程中,相对于使用交易成本所获得交易利益的计量状态,如花费成本后获得的满意度等,记为:所得/耗费。其关系式为:

$$TE_i = TB_i / TC_i$$

在图 6-3 中,$i = 2, 3, \cdots, i, \cdots, n$。交易双方的交易利益大幅度上升,由对称关系,在 j_i 和 k_i 时达到最大值,意味着 TE 值达到最高。这时,一种能以 J 品换 K 品和以 K 品换 J 品、汲取多重交易利益的职业居间买卖者——专门的商品交易组织(今称之为商业组织)产生了,回溯之前,由 j_2 到 j_i 恰恰是产生职业买卖者分工的潜伏期。按历史发生学的思想,这里强调一点,当 $i = 2$ 时,即主体 J 的产量为 j_2 时,就有了分工的潜伏因素。

那么,发生分工的均衡条件研究是什么呢?如果将交易利益 K 线依照 45°线的对称轴展开,则 K^* 与 J^* 重合,而此时正是职业交易组织形成处。在两主体交易对称模型状况下,产生分工组织的均衡条件为:两个主体的交易容易程度相等,且相对于对称轴具有最大凸性,即:

$$\begin{cases} TE_J^* = TE_K^* = Max(TB_i / TC_i) & (1) \\ TB_J(i) - ST_J(i) = TB_K(i) - ST_K(i) & (2) \\ TB'_J(i) = TB'_K(i) = 1 & (3) \end{cases}$$

上述三个条件中,$i = 2, 3, \cdots, i, \cdots, n$。(1)双方交易的最大化自由选择和交易最容易发生的历史时期,反映了交易环境"松而有序"的最佳状态;(2)反映了两人交易模型的对称性;(3)反映了对于 45°线的最大凸性,是交易利益最大和交易成本最低的可能性。总之,对称均衡处于交易容易程度的最高时期。这个时期也是社会稳定及技术创新的最佳时期。

(3) 关于非对称状况下的交易均衡

两个主体重合的对称均衡只提供一个思想实验,现实交易中因交易对

---

① 从大历史视角看,交易组织的发生经历了波浪式的发展过程,每一次商业组织发展都是"交易容易程度"的高潮时期。例如,从夏时王亥驾牛车作贾,到西周商人贩运,再到"百工"及春秋时期自由商人崛起,交易容易程度持续上升;而战乱、"贱商令"时期都是交易成本相对高、交易利益相对低或不稳定时期。中国近数十年来的计划经济和市场经济也充分反映了这种现象。

象的质型差异,往往是非对偶状态,如图6-3。笔者在此只讨论第三种情况(图6-3-3),其它可类推。这里的非对称状态主要是指,在相同条件下,交易者对交易利益(效用)的理解、诉求或感觉是有差别的。

现在,假设这样一个交易:交易主体是迫切使用人才的"用人单位J"和有一定身价的"人才K",交易对象是"住房面积"和"才干"。可感知制度成本是:人才流出的障碍因素和接纳人才的制度条件等。

用人单位的迫切性和人才的稀缺性,决定了图中双方交易利益曲线的现状。根据图中可感知交易成本的起始位置H点,一般的人才可以与用人单位成交,人才获得q_1的"住房面积",用人单位获得"才干"。但是往往有身价更高的人才由于存在"满意差"及障碍而不能发生交易。要破例引进高身价人才,J就要针对"满意差"进行补偿,并花费精力克服制度性障碍。

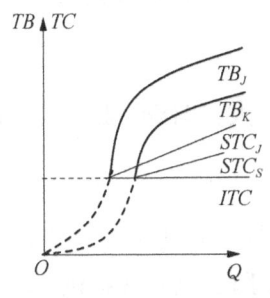

图6-3-1 持续性双差异

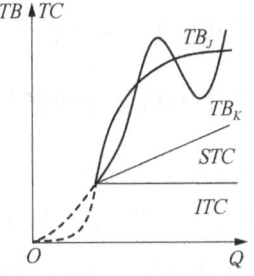

图6-3-2 周期性差异

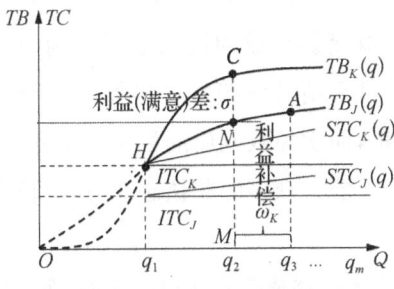

图6-3-3 渐分性差异

图示:TB——交易利益;TC——交易成本;ITC——利度性交易成本;STC——感知性交易成本

当高身价人才 K 在效用满意线上 C 确定了"满意"之后,交易量在 q_2 只等价于用人单位住房面积 M 的影子量,交易者之间存在着满意差 σ 而不被人才 K 所承认,人才 K 需要的交易利益诉求要大于 $TB_J(q)$ 上的交易利益。如果要进行交易,就必须在住房面积上达到的 Q_K 量。设对于 K 的满意差率为 ω_K,$TB_J(q)$ 和 $TB_k(q)$ 分别为 J 和 K 的交易利益函数,及反向的 $CB_J(q)$ 和 $CB_K(q)$ 分别为 J 和 K 的交易成本函数,它们的定义域为(q_1,q_n]($其中\ n=2,3,\cdots,n$),双方在 M 处的满意差为:$\sigma = TB_k(q_2) - TB_J(q_2) - STC_k(q_2) + STC_J(q_2)$,则 $\omega_K = 1 + \sigma/N$。因此,给予人才 K 的量是 $Q_K = q_2\omega_K = q_3 - q_2$,补偿的量为:$q_3 - q_2$。

在"住房面积"和"才干"交易成立的条件下,σ 因交易成本的摄动呈现 $\sigma=0$、$0<\sigma<1$ 和 $\sigma>1$ 三种状态。后两种情形需要 J 方予以补偿,$\sigma>1$ 状态的补偿力度较大。在补偿状态下,必须在影子量 q_2 的基础上增加 ω_K 倍并达到 q_3。此时,双方的交易利益达到均衡。这样,我们就在 $TB_J(q)$ 上找到了 A,并由此得出其均衡状况为 (C,A)。

(二) 技术创新与专业化交易利益扩大:非核心业务"迂回"式分叉

1. 核心业务与非核心业务

所谓"核心业务",指一个经营单位本职工作中第一标志的主营业务。它是一个组织获取交易利益主要和基本的手段,因直接提供核心产品,常常等价于该组织的交易利益,如餐馆给客人提供饭菜制作,并将其送达客人。所谓"非核心业务",指一个经营单位中为核心业务服务的工作,是配合核心业务运行的业务,是获取交易利益的辅助手段。例如,餐馆里招徕顾客、饭菜信息发布、提供住宿甚至清洗碗筷等。再如,对于种植稻米的农民,核心业务是经营田里的水稻,而卖掉收割后的稻米一定程度上则是其中一个"非核心业务"。一个组织可能有众多的非核心业务,但仅有极少数在组织内部发生变异。

在粗分工下,核心业务往往掩盖着非核心业务,换句话说,非核心业务往往"潜伏"在核心业务之中。随着业务规模的扩大,非核心业务逐渐需要专人承担,或通过外包形式分离,逐渐独立而进入专业化。回顾图 6-2,我们可以想象:J

和 K 两个主体起初拿着产品步行到"日中为市"的市场,"生产"本是他们的核心业务,而"卖"应该是他们业务中一个"非核心业务"。但是,随着交易利益的增值,直接进行交易的"卖"与原来的核心业务发生了分离,产生了专门"销售一种产品,购进另一种产品"的主体。分离出来后的该"买卖"业务成了新主体的核心业务,这是一次社会分工。那么,非核心业务的分离过程是如何导致分工多样化的呢?

2. 非核心业务从核心业务中分离的发生原理

命题二:J 和 K 作为主辅业务在一个经济体内部,存在相对低于市场交易成本的内部协调关系。假如其中辅助方(例如 K)规模持续增长,导致整个经济体内部协调成本与市场交易成本一致、并获得交易利益时,K 将与 J 所在的经济体发生分离。

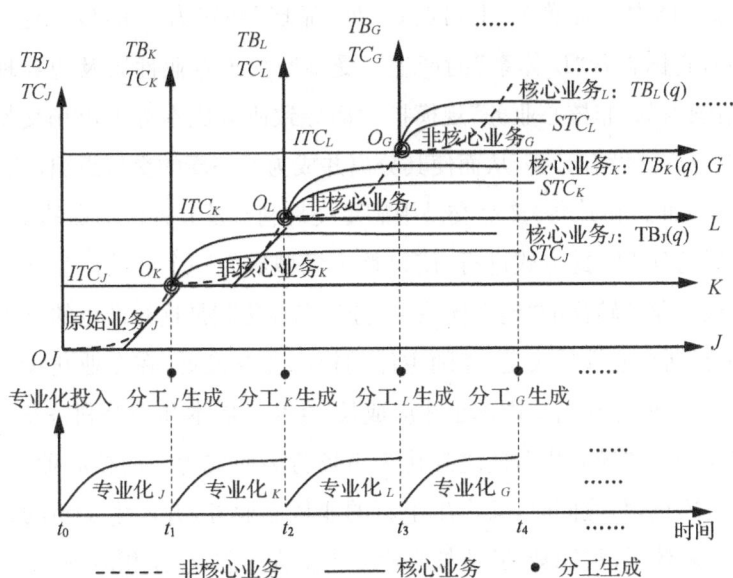

图 6-4 交易利益与交易成本作用下非核心业务分叉与分工多样化

在图 6-4 中,笔者联立了多个坐标系以表达多个主体的运行情况和非核心业务从核心业务分离的历史。设每个主体的主业务为核心业务,并与交易利益等价;同时,设辅助业务为非核心业务。非核心业务是应运而生的内部异质业务,这里假设在"隐藏域"内只选取一个边际转换率最高非核心业务。首先,设定主体 J 的"原始业务"(从 t_0 到 t_1)为简单的、综合的粗分工经济。随着产量持续增加,伴随交易欲望的增加及"专业化"过程,克服制度性交易成本 ITC_J 的能力不断增强,到 O_K ("◎")呈现出一个结果——分工 $_J$ 的生成,出现了专门从事市场交易的组织,这个组织的核心业务就是"做买卖"[即 $TB_J(q)$],虚线(原始业务)则成了其隐藏状态。从 J 的虚线到 J 实线的核心业务 $_J$ 实线恰恰在 O_K 这一拐点处完成过渡。

然而,一旦成为一个独立的组织,就在这一拐点上生了至少一种"异质"的"非核心业务"(如非核心业务 $_K$),意味着一个新的"K 体系"开始发生。组织 J 内部的"非核心业务 $_K$"最具活力,发展到一定程度后,边际增长持续大于"核心业务 $TB_J(q)$"的边际增长。这一过程要归功于 K 技术从 t_1 到 t_2 的专业化创新过程,它是一种新生力量,随着"非核心业务 $_K$"不断增长,应对 ITC_K 的能力相对增强,于拐点 O_L 处"显现"并转为 L 的核心业务——$TB_L(q)$,它标志着"L 体系"的产生。受科斯关于企业性质及边界理论启发,在组织内部"非核心业务"规模扩大而导致协调成本等于市场交易成本时,内部协调就没有必要,从而使其分离并成为另一新的交易组织,①在与外界交易者(如 J 和 L 等)产品交易中满足交易利益及其补偿均衡的条件。

之后的分工如此方式进行,使得整个模型成为一个连续产生非核心业务并向核心业务转换的"连环体系"。分工多样化就是这样产生的。图 6-4 说明:由科斯企业性质决定,伴随主体的核心业务发展,在专业化投入的基础上,非核心业务在组织内部也相应成长,在交易成本和交易利益双重作用下,非核心业务"异质化",使之外化为市场行为而成为新的核心业务,其中"◎"为转换点,与此同时,又产生了新的非核心业务,并产生了新的计量体系。这些新体系以"隐蔽的"非核心业务内生为标志,也是相应新分工的"分叉点"。如此连环式上升发展使得分工多样化。

---

① 科斯在研究企业性质及企业边界时表明了企业与市场的替代性关系,认为企业组织内部没有价格信号,资源配置主要靠企业家的自我感觉、经验和判断,随着内部交易的扩大,生产要素调配也更加复杂,经验和判断的失误也会增多,使新增的资源使用效率逐渐降低,从而决定了企业的边界,以至于在持续扩大的情况下,企业部分组织完全由市场替代(Coase, R. H., The Nature of The Firm, Economica, n. s., 4(1937a), 386 - 405.)。事实上,笔者认为,从某个角度看企业内的协调成本等价于隐藏的市场交易成本。

3. 多样化的分叉

命题三：任何一个生成的组织内部具有这样的结构：其中各部分之间、部分与整体之间存在组织他化的异质体因素，它与同质体因素展开博弈，直到某一时刻在纳什均衡[①]状态下产生分叉点。回溯其延续的多样化，它是序贯纳什均衡集的演进过程。

为什么会发生"分叉点"？既然是组织，它内部必然存在多个部分的组织运行的结构，并使之成为一个有机整体。概括地讲，任何组织都有两类基本结构——核心业务和非核心业务，其内部运行流程呈现出不同程度的分工，例如，对内负责生产和对外负责联络的分工等，它们都是未来业务成长的"候选者"。历史发生学可以追溯寻找到其中一个成功的"非核心业务"——创新的、后来在市场上显现的"核心业务"。至于刚才所说的组织，具体讲，它在内外部因素作用下，在交易利益诱惑力和交易成本压力的内外环境双重作用下，要解决遇到的问题和提高组织运作效率，就必须进行结构调整和技术方法上的创新，进而导致整个组织体系内部与外部、内部机构之间的协调与重组，其中各层次之间的博弈构成了历史性的序贯场景。当其中一个异质体从"混合"的核心业务中脱颖而出，于是，"第一号"的"非核心业务"就发生新质分叉点的"突变"，这是第一次"质变"。从发生学观点来看，非核心业务从初期分叉之后到外化为市场行为之前，一直处于"隐藏"的未名状态。随专业化的技术创新及创新体系建设的继续积累，当力量积蓄到这样的程度，按科斯定理，以至于内部各种协调成本累加高于外界的交易成本时，这个"非核心业务"就外化为市场交易，进而发生第二次"质变"，由潜伏状态转入交易利益的显现状态。

简言之，第一次质变有了"新质"，第二次质变有了"显现"。前者是扬格分叉的潜在状态，后者是扬格分叉以后"迂回"的实现状态。对于前者，其"是其所是"是"因后者是"被追认出来的。

[①] 纳什均衡，是指参与人的这样一种策略组合：任何参与人单独改变策略都不会得到好处。也就是说，如果在一个策略组合上，当所有其他人都不改变策略时，没有人会改变自己的策略，则称此组合为一个纳什均衡。由非核心业务转化为核心业务形成的"动态序贯纳什均衡集"的各条路径意味着业态多样化的演化树。

从发生学视角看,以隐性的非核心业务跃迁为显现的核心业务为标志,所形成的"动态序贯纳什均衡集"路径意味着业态演化树。它可以追溯到每一个原来组织刚形成时质变的瞬间,这些标志都是一定历史条件下各种力量较量所产生的纳什均衡。从图中看出它们也是多样化中的"分叉点",体现了扬格"迂回经济"的分叉点的内涵。对于这些"分叉点",历史发生学为它演绎了一个分工多样化的、"动态序贯纳什均衡集"的历史画卷。对此,笔者有三点理解:

第一,受"迂回经济"整体均衡的制约,多样化分叉是交易利益和交易成本许可范围内的经济。所谓"迂回经济",就是在主体之间"中间插一杠子"的规模经济,换句话说,"迂回"是经济的,不经济的迂回必然退场。因此,它在宏观与微观的历史进程的规模经济范围内,实现一个既是"不断地不均衡→不断地均衡"又是理性和经济的分工多样化。均衡,就像随机撒下一把柴棒,因力学牵引使得各个柴棒之间相互搭撑寻找各自的平衡关系,最终求得柴堆整体均衡;如果不时动一下其中一根柴棒,会引起整个结构变化从而又会达到新的均衡,如此不断循环,变换着一个个新的结构形式。多样化就是在这种均衡与不均衡的历史中演化出来的。

第二,多样化分叉,受持续不断的博弈与创新力量激发而发展。归于交易利益的诱惑与交易成本压力,依照公理4,组织中的异质因素既是自带的和自洽的,也是未来异质实现的候选者,伴随时运在博弈中成为成功的分叉。既然是异质,其内在存在着专业化的力量,专业化是在某一领域交流、学习、模仿、研究而形成专门的异质化(他化)过程。越来越细致的专业化就是多样化的分叉。

第三,多样化分叉,是组织生成时内涵非核心业务生成元、孕育、过渡并成长为新质的核心业务的社会分工体系化过程。依照公理3,在组织形式上,多样化分叉就是在整个历史演进中组织上下游的不断分解,在"核心业务—非核心业务—新核心业务"不断转换中实现迂回,进而形成越来越细致的分工结构体系。

三、创新机理：经济人内在意识、发生性构造与企业家外化意志

人类今天取得的成就，无疑是从小到大、从简单到复杂进行创新的结果。可以说，"万物之灵"为人之所是，归于其创新意识。就此话题，发生学在寻找原初性时，关注于"欲望"（生存）和"创新"（手段）的源初意识，二者互动交错带动和深化了人的创新实践。

（一）经济人的意义与内在意识的性质

以往研究意识问题大都以微观个体为对象，笔者将其带入对经济人的研究，试图类比对一般人的内意识研究，以还原作为人的经济人的人性。

1. 经济人的解释意义和揭示意义

经济人假设起源于西方享受主义哲学和斯密"看不见的手"的理论，西尼耳从定量角度确定了个人经济利益最大化公理，穆勒在此基础上总结出"经济人假设"，由帕累托将"经济人"名词引入经济学。该理论把人当作"经济动物"，认为人的一切行为都是为了最大限度满足自己的私利，这个对微观个体进行的抽象，作为假设的逻辑前提，为的是对经济学理论分析、解释、推导的需要，以避免在经济学主题展开中陷入对"人性"无休止的争论。

但是，这一假设仅仅具有"解释"功能，而不具有"揭示"功能。经济人的行为，被刻画成在追求利益最大化时在无差异曲线上机械性计算的选择，并倒推出消费品组合完备性偏好。经济人仅仅是一个经济动物，不是"自由的"选择者，例如，经济人是不容许有"必要的亏损"的自由等。这样，它不可能揭示出存在者（此在）面对不确定的生活境遇如何运行内在意识的主动欲望与人的灵性，也不可能内生出经济人的创新力。

揭示经济人的内在意识，意味着经济人需要被敞开。西蒙的"满意原则"是对经济人假设的一次重要修正。笔者认为，西蒙的满意原则符合上面

论述的交易利益内涵,因为在当今市场社会,满意是交易主体间的共同原则。[1] 但是,他仍然忽略了触发满意的人类意识行为。实际上,理性经济人是一种开放的意识存在,其人格化集中体现在意向性上的牟利本性。如果用胡塞尔发生现象学来解释,交易主体各自内在意识的超越,通过"意向性"及"内时间意识"构造各自的交易对象,意味着经济人在其意识中从计算的立义扩展到反思的统觉的总体视域,在此区间内,充斥着对偶性、风险性等不确定性的认知与体验,同时触发着创新的灵性。

2. 经济人的内在意识思考:通向高阶的伦理理性

经济人"之所是"是因交易所致,它是企图获取交易利益的复杂的内在意识主体,其意向活动依从"内在表象""内在判断"和"内在情感"三个顺序或维度,是基础表象发生、认识发生和情感发生的意识过程。不过,经济人的内在意识具有宏观性,是拉长了的、无限立义、体验流统觉的内在意识时空。首先,某交易品起初的基础表象是可感知的和尚未到手的物理性对象,即所谓具有一定有数量使用价值而且是萦绕于意识中、未必是真实的物,特别在互联网媒介下,不仅交易对象有虚拟性,交易本身也具有意识模拟(场景、符号等)性质;[2]其次,作为主体,它通过市场"记忆""反思""教训"或"觉知"等,[3]具有一定经验的"内时间意识"的储存与打开,积极参与对该物所获得的交易利益进行判断和评价,其中包含对交易利益

---

[1] 西蒙认为,人不可能总把所有问题考虑到,并且不可能找到最佳目标和最佳方法去追求极大化,甚至连最优化的可能都没有,只能是特定条件下的最优。由于信息、认知、机遇、不确定性、思考力及一念之差等,他并不知道当时是否最优,也不可能达到已有条件下的最优选择。他可能对自己的偏好曲线都不知道,决策的依据是他当时的满意度。只要对决策目标和执行手段基本满意才会行动。参见:西蒙.西蒙选集[M].首都经济贸易大学出版社,2002:228,252,290.

[2] 听是对声音的表象,吃是对食物的表象,等等。与之类似,交易是对交易品的表象,体现了对商品的表象;而经济人最基础的表象是交易,它体现了交易利益的入口,一旦进入,就进入了胡塞尔所说的"原意识"状态,甚至忘掉了交易的目的,"赚钱机器"早已把商品的初衷抛在脑后。经济人的交易是双方或多方的共事,呈现出交错的、互为牵制、共存的表象"派对"。对于当代经济人的表象——交易又有不同的二级表象,如网上操作、居间代理人、LOGO符号、APP、广告宣传、第三方交易等,这些表象的表象可引申为无穷尽的表象,它们还夹杂了不同交易主体的商品交易的表象。以对交易品的基础表象为例,购买股票是对投资的表象,投资是对生产的表象。生产是把原材料转换为新物品的表象,而这种转换品又是对交易的表象,而交易是对交易品的表象。上述这些系列表象中任何一个也可以作为某个视角的基础表象,所有这些意味着多样性。

[3] 例如,交易中回头客的"回头"意向,就体现了"记忆"功能,是对交易利益在意识中的确信和默认。

基质和非基质的认证,体现其计算的本能和对是否存在交易利益的确信。例如,交易利益确定后的"拍板"就是交易生成;此外,现实中的经济人本身也可能具有情感,对交易物的欲望实现展现出喜怒哀乐,对主体间性的"回头客"式留恋,或对其希望与憧憬。它并不一定是个纯粹的物理性的理性经济人,不仅反映物质利益,也是追求道德利益,追求一种道德满足感的伦理性的理性经济人。[①] "交易利益"本身就是"交易物+利益判断"的几乎同时的意识表达,应该属于内判断和内情感的心灵行为。如果从道德评价角度看待经济人,其内意识呈现的可能是高阶内意识的体验。

3. 经济人的主体间性:获得交易利益中的协作与竞争

交易是两个主体的事情,只要有交易,就有交易利益和交易成本。因此,主体间问题自然而然凸显出来。经济人的主体间性,实际上是经济人之间在交易时对对方意识(意向性)的推测与判定(他在想什么?想要干什么?想要设什么局?以及一系列猜测),它构成了一意识对另一意识的感知,以及感知的感知的感知,即连锁的互感性的意向结构。因此,主体间的关系就是意向层次复杂和交互的互感知关系,其间存在许多猜测性的体验。

经济人的主体间性大致有两类,一是协作性的,二是竞争性的。无论哪一类,一主体感知于他方主体,意向(吸纳或排斥)于各自对方的感知对象,并产生各自的内判断或内情感等主体自身意识的知觉或表象。它们的"内知觉都被绝对确信所伴随,这种确信内在于所有类型的当下明见认识之中"[②],因而产生关于交易利益上的确信——互信或互斥,进而为实现利益最大化的谋略奠定意识基础。对于前者是激励相容的,是一种获得交易利益的满意预期;对于后者是排斥不容的,是紧张与争夺的不安,既在交易利益上相互排斥,也在为争取交易利益而付出交易成本的博弈体验。其实,现实中的交易夹杂着互信和互斥,它是在既协作又竞争、既快乐又痛苦、既松弛

---

① 布伦塔诺认为,内意识有三个层次,即"一序意识"和"二序意识"(二者几乎同时发生,并具有在场性,它们是物理现象和心灵现象的合体),第三个层次是情感意识(参阅:郝亿春.第一本体与内意识——兼及一种可能的道德主体性[J].人文杂志,2010.04:19)。据此,笔者将其运用于对经济人内意识的分析。其中,物理现象是感觉、观察、记忆、反思中的呈现,如色彩、味道、声音、热量等现象,对经济人来讲,进入意识的首先是发挥使用功能的商品性能;心灵现象是内直觉中的呈现,是觉知到和自己理解所呈现的现象,如对价值的认知、欲望的实现,甚至还有道德满意程度等心灵行为。

② Brentano. Psychology from an Empirical Standpoint[M]. London: Routledge, 1995: 143.

又紧张中的体验,经济学的均衡正是各个因素内意识统摄后谋算、判断的结果。值得注意的是,在协作和竞争中,交易利益的均衡不光来自经济人物理体验指向的利益认可,还伴有经济人的伦理体验的意识。总之,经济人主体间的关系是一种综合的均衡。

按照现象学的说法,主体内意识中的情感体验可分为有意识体验和无意识体验。对于交易利益的主体间性,则必须是有意识的体验,任何一方的无意识体验由于与内意识无关,而存在"确信缺位",因而不可能构成理性的交易关系。

上述三点引出经济人创新意识的逻辑。也就是,只有维持主体间性才能使作为交易者的经济人"共在",他们都要有伦理、知识和情操;而作为经济人,要生存就必须为社会创造,才能获得交易利益;如果要取得生存的优势,就必须进行创新。这样,经济人的内意识空间就要"构造"创新——一种寻求新事物的意向。

(二) 经济人的创新意识构造:从被动发生到主动发生

从现象学发生学角度看,经济人的创新意识是什么?笔者认为,创新意识是内在意识中对对象觉知新意义的意向及其意识行为。意识具有"构造"和"体验"功能。胡塞尔说,"意识的对象性的构成"问题是"一切问题中最大的功能问题"[①]。任何一个新思想都是非常复杂的思维活动,是多种意向性的对象性构成的综合显现。作为活生生的、有意识的经济人,它的交易意向性由意识构造,并且是一种发生性构造。具体有以下几点理解。

1. 经济人的意识构造的视域

视域是被知觉物"经验的界域",它是一个"视觉场"[②]。其中,有此时此地的被经验的对象,以及处于联系中的、被经验到但尚处于潜在的伴随对象。

视域,是经济人"发生"的开端。如果放大以上的联系,我们思考作为此时此地进行交易的经济人,它不仅对交易物要进行"经验",而且要对另一个交易

[①] 张祥龙,杜小真,黄应全.现象学思潮在中国[M].首都师范大学出版社,2002.
[②] 莫兰,科恩.胡塞尔词典[M].李幼蒸译.中国人民大学出版社,2015:110.

第六章　交易利益下分工多样化与业态发生的创新机理

主体进行"经验"。面对着一个复杂的交易利益的"视觉场",整体视域不断地被敞开,从而带来交易可能实现的潜在性不断增大,经济人可能将由此发生。从伽达默尔所得到启示,经济人相互理解是通过某种"视域重叠"而发生的,"视域不是固定的界限,而是某种随着人而移动并促使人进一步前进者"。[①]

视域本身揭示了"主题"和"非主题"的关系。如果某个机遇使被关注的"生意点"进入"晕圈",[②]一旦显现或被命名,那么就会冲出主题而出现一个新对象的视域,或许一个新市场就被发现了。在经济人的满意性选择(意识内主题选择)中,"非主流"(进入新主题,如企业中的非主题职业)源初都是由潜在状态进入晕圈的,又是在之后显现出来的选择。就经济人的业务认知来讲,在交易者(企业)的核心业务内潜藏有非主题式的"非核心业务"认知,而这些"非核心业务"认知有可能扩大成为显现的业务,进而被社会承认(被对象化)而升格为"新核心业务"认知。而这个过程意味着新的分工发生,其显现意味着一个独立的"新经济人"出现。经济人对对象视域的构造始终具有一种"进一步追求"的特征,因而这种构造不断超越出自身,最终达到对普遍世界视域的构造。

2. 经济人统觉(立义)与"前创新"历练

从发生学视角看,在经济人对自身的构造过程中,在其内时间意识的视域(滞留—原初印象—前摄)中,它要连续地识别交易对象(交易伙伴主体间对象和交易物对象)的多种因素,其统觉模式除了以静态方式赋予交易对象意义(立义内容—立义)之外,更主要通过以动态方式的统觉模式(动感—图像)去关注关联因素,在此基础上,其立义活动以及统觉对象才被构造出来。也就是说,经济人构造交易利益的意向因素,要经历以"统觉"方式审视和澄清体验流和意向性的过程,[③]将市场经验关联化和过渡化,以形成一个价值判断及意义体系。

在经济人对关联关系的统觉与立义中,"试错""甄别"及"核算"等都是含有动态的反思活动,通过各种不断的反思与自身思义,最终通过"超越"使之一统化。作为激发心灵活动的创新意向,是存在于集感知、思考、欲望、情

---

① 莫兰,科恩.胡塞尔词典[M].李幼蒸译.中国人民大学出版社,2015:111.
② 可理解为,被显现的边缘状态处于原非主题和新主题之间。
③ 立义(Sense bestowal),即意义赋予,类似于中文"确立观点"的字面意思;统觉(Apperception),指知觉内容和倾向蕴含着人们已有的经验、知识、兴趣、态度,因而不再限于对事物个别属性的感知。参见:莫兰,科恩.胡塞尔词典[M].李幼蒸译.中国人民大学出版社,2015:239、17-18.

· 275 ·

感、谋算、困惑、兴奋、冒险及对所有对象因素体验于一体的探索的新意向——一个统觉后新"立义"的、可超越的内意识的思想体系。进一步而言，如果作为双方交易者的经济人角色，各自的内视域隐含着"共通"的"活的当下"经验到的东西，而双方必存在一个"共融的认知交集"，这个可交互的外视域意味着"意义的超越性"。正是它，才完成了双方交易的奠基。

为新思想带来火花的是时间的意识流与体验流。任何一个新思想都是过去、现在和将来的三维时间流的历练结构。[①] 一个理性的（高阶的）经济人，他的新思想伴随三种意识行为：感知（如竞争压力、技术环境）、回忆（如经验、反思、教训）、期待（美好），它们是内在时间三维结构（过去、现在、将来）的根源。这三种意识行为在进行中本身又具有三重结构：滞留、原印象、前摄。笔者认为，新思想显现于边缘域，也叫作地平线或境域，是滞留、原印象在这些时间境遇中作用的结果。在这个时间流中，存在经济人主体间，即交易者之间的体验流动（经验是体验史，当下体验是未来经验），例如，博弈刺激带来的心理紧张、盲从、困惑等，伴随一种避免失败的自身意识，意向于极力摆脱困境的欲望，形成了维护交易利益的体验时间体系。此外，和谐相处也在强化着这个体系。这个体验时间体系不断更新，使得整个复合结构成为经济人内时间意识流动着的基本结构。总之，经济人不断发生的意向性，带来持续的统觉（立义）构造与体验才得以进入探索创新发生的体验境域。这个体验境遇实际上是未来不断多样化的日常生活领域。

3. 经济人创新意识的被动构造和主动构造

从内在意识时间中的觉察角度看，创新意识有被动发生和主动发生两个层次。经济人的被动性"创新"意识的基本特点就是一种在不由主观意志所决定下的"刺激—反应"性，例如，市场中突发的"刺激"、不确定因素的变化、竞争事件的压力等，带来一种本能的、被动的经济人的抗逆反应，实际上

[①] 正像图6-4展示业务的系列时空那样，对于 K 这个当下时空来说，J 是过去时空，L 是未来时空。其中每相邻的两个时空都有二者过度的交集；在 K 时空中，存在着非核心业务 K 的非主流意识，还存在核心业务 K 的主流意识，后者意味着 K 的"滞留"；在核心业务 K 滞留的同时滋生了下一个业务时空 L 的潜在状态，也就是非核心业务 L 的意识流，这个意识流意味着 L 在 K 中的"原印象"；QL 点的左邻域，是 K 时空的非主流意识转向主流意识"初现的光晕"（"唤醒的零点"），是转换的"前摄"。QL 点的右邻域则是进入时空 L 的潜在状态，在这里开始非核心业务 L 的意识流。

第六章 交易利益下分工多样化与业态发生的创新机理

是创新意识的"原初发生"因素。其中经济人的自我一般不参与,"无意识"和潜意识只是被唤醒(或重新唤醒)及交互堆积而形成习性,成为未来可能创新的元素。由此引发和产生对改变现状的意向活动,如立义及赋义于感觉材料,对交易对象中"趋利避祸"因素的注意、怀疑、焦虑、反思等连续的动感意识等,这些意向活动是对交易对象的被动综合或被动构造。在主动自我未参与的情况下,经济人要通过"联想"使得对有关交易利益的认知材料形成整体,触发对这个新领域的关注,其中包括唤起的回忆的再现、新(异质)联想方向的"期待"等等。在这里,整体的链接是靠触发。例如,对某个"非核心业务"等新业务意义的"顿悟"等,经济人的"生意"或许就是由这种"意"生成。经济人创新意识由此进入主动构造阶段。

从发生现象学看,经济人创新意识的主动构造进入了寻求"异质"的主动积极的查看阶段。知觉进入素朴的把握与观察(一种自发性的、原始涌现的、统一的对象)、摆明性的观察(对于其预期之物的修改并求得凸出的、新奇的特征,并已经具有明见性)[①]和相对关系的观察中,此时,兴趣不满足于局限在内视域中,而转向外视域的考察,特别对创新的关联物,过渡到共存于一个场景(视域)中其他关联对象(对方交易主体、交易物)的考察,并努力寻找它们之间的关系。经济人只有在"相关性观察"(历史回溯、交易利益与交易成本比较、增值分析等)下,才能张开自我,开始进行他的"计算"和"筹划"活动。

在主动构造阶段,经济人的自我开始转向创新意向的活动,可以达到的结果是"知识占有"。它就是在涉及交易活动中对新事物各种判断的不断增加和丰富化。例如,从理论上看,只有将"S 是 p"这种述谓关系作以固定表达的对象,基底 S 才能被丰富化,才能成为经济人认知的对象,其意义增值才有可能。就是说,后来的 S 与期初的 S 相比要出现增值。而一旦产生了"意义增值",就丰富了交易对象(交易主体对象和交易物对象)的意义,增值的 S 又继续成

[①] 胡塞尔曾论及"双重眼光"(Doppelstrahl),设 S 为基底对象,而 a,b……为因素对象,则在 S 仍"保持在手"状态下,由兴趣推动 a 作为被注意的对象时,整个意识过程呈现"双重意义形态"(参见:胡塞尔.经验与判断[M].邓晓芒、张廷国译.生活、读书、新知三联书店,1999:138-139.)。这里可以将 S 引申为经济人对基底"核心业务"的认知,新凸出的 a 可以引申为规定性"非核心业务",它们呈现出被关注的"双(多)重业务"并存状态。此时,经济人的自我已经被打开,为未来的多样性奠定根基。

为新的关注点进入经济人的视野,它又继续以新的 p 参与综合活动。这个过程是 S 和各类 p 的主动综合过程。事情还没有完,随着新 S 的不断出现并不断丰富,产生了"意义的积累",展现出意义的历史轨迹。这时,真正的创新就成为"Sq 是 q"的判断,"Sp 变成了新的判断 Sp 是 q 的规定性基底。以这样一种方式继续,每个新产生的判断都可以按照这种方式无限地发展下去。"[1]"意义历史"成为经济人当下存在的生活世界,从"单子"的自我到"单子社群"的共同体自我及人格自我的螺旋式上升,经济人完成了创新意识的构造。

(三)创新理论与企业家创新意识外化

经济人的内在意识只完成了"创新意向",真正的创新必须外化于日常生活领域的行动和实践。"斯密—扬格"定理揭示了报酬递增条件下的分工与市场双向的互动关系,但并未透彻回答迂回生产的内在动力等问题。下面,笔者运用熊彼特的创新理论,结合对交易利益与交易成本关系的分析,解释当今互联网与数字化时代产业分工问题和"颠覆性创新"对分工网络格局的影响,及如何驱使"迂回经济"构成复杂网络,进而解释现代服务业业态和多样化的创新机理。[2]

1. 对熊彼特创新理论的几点解读

这里,笔者对熊彼特的创新意义概括几点进行解读:第一,从语义上看,创新(Innovation)和发明(Invention)、创造(Creative)是不完全一样的。熊彼特认为,先有发明,后有创新。一种发明,只有被应用于经济活动时,才能称为创新。发明是新工具或新方法、新思想的发现,而创新则是新工具或新方法、新思想的应用。创新必须能够创造出新的价值,并有可能对原经济结构产生"创造性颠覆"的破坏。第二,从经济人"意向组合"体系的应用看,创新本质上是"把一种新的生产要素和生产条件的'新结合'引入生产体系。"熊彼特认为,创新是要"建立一种新的生产函数","生产要素的重新组合",

---

[1] Husserl. Formal and Transcendental Logic[M]. The Hague: Martins Nijhoff, 1969: 313.
[2] 美国哈佛大学教授熊彼特于1912出版的《经济发展概论》,首次提出"创新"(Innovation)的基本概念,形成了最初的创新理论。之后的1939年和1942年,熊彼特分别出版了《景气循环论》和《资本主义、社会主义和民主主义》两部专著,对他的创新理论加以补充完善,形成了以创新理论为基础的创新经济学理论体系。

第六章　交易利益下分工多样化与业态发生的创新机理

把一种从未有的生产要素和生产条件的"新组合"引进生产体系，目的是获得潜在的利润，即最大限度地获取超额利润。第三，从内容上看，创新带来的新组合有五个内容：生产出一种新产品、采用一种新的生产方法、开辟一个新的市场、获得一种新原料或半成品的新供应来源、实现一种新的企业组织形式。①它们都是技术、组织和管理的新思想在不同时域的持续更新。第四，对于创新的经济人主体——企业家，他认为其核心职能不是经营或管理，"企业家"的职能就是用智慧实现"创新"，引进"新组合"。"企业家在一种不确定的世界中经营，勇于冒新风险，敢于逆社会潮流而上……为数不多的有天赋的企业家率先开拓新技术、新产品和新市场，从事创新，不久之后许多模仿者加入这个行列。"②第五，对于创新是创造性的毁灭，熊彼特认为，是实现新结合，它不断地从内部更新经济结构。这个创造性破坏过程必须从它的长期效果来判断。它会导致经济的周期性波动。他认为，成功创新者能够摆脱利润减少的困境而生存，而不能成功重新组合生产要素的人会最先被市场淘汰。当"景气循环"到低谷时，也是一些企业家反思、考虑退出市场，或是另一些企业家必须要实施"创新"的时候；第六，对于创新的生成问题，他认为创新是生产过程中内生的。经济生活中的创新和发展"并非从外部强加而来的，而是从内部自行发生的变化"③（这实际上反映了经济人内在意识流动的效应——笔者），"是自发的和间断的变化，是对均衡的干扰，它永远在改变和替换以前存在的均衡状态。"④但是，他又认为创新不依赖发明。他没有认识到，作为高阶理性经济人的新一代企业家也会从外部吸收、利用或运用新思想、新技术发起新的创新浪潮。有人认为，熊氏企业家活动的境遇仍然是近代或当代小规模的。⑤笔者认为，当代的创新，是企业家经济人基于更大视域、主体间意识流动更为广泛的融合效应，它是带动社会，

---

① 熊彼特.经济发展理论[M].商务印书馆，1990：73-74.
② 新帕尔格雷夫经济学大词典(Q—Z)[M].经济科学出版社，1996：284-285.
③ 熊彼特.经济发展理论[M].商务印书馆，2000：70.
④ 熊彼特.经济发展理论[M].商务印书馆，2000：72.
⑤ 在1960年代，新技术革命的迅猛发展。美国经济学家罗斯托提出了"起飞六阶段"理论，"技术创新"在创新活动的地位日益重要。随着技术创新的迅猛发展，其表现出了越来越强的知识依赖性。创新由易变难，逐渐成为高知识积累群体才能完成的工作，这也无形中造成了创新与应用间壁垒的形成。参阅：新帕尔格雷夫经济学大词典(Q—Z)[M].经济科学出版社，1996：285.

甚至颠覆社会的大规模创新。

2. 现代服务业企业家业态创新意志及其外化

持续的创新意向和创新行动能使得多样化达到什么程度？从发生学视角看，服务业业态为什么要多样化以及怎样多样化呢？

(1) 现代服务业业态创新的经济人主体——服务业企业家

关于企业家内涵，国外学者因视角不同而有不同的表达，如认为企业家是"生产要素"（马歇尔）、"稀缺资源配置的决策者"（德鲁克）、冒险者（奈特）、套利者（哈耶克）、克服低效率的组织者（列宾斯坦）、高级的异质人力资本（舒尔茨）等。

笔者认为，当代企业家的基本意义是创新，其内涵是一个从内在意识、精神和行动的完整的创新构造的人格体系。熊彼特说，企业家是进行"新组合生产要素"的创新者，其中"新组合"的寓意无尽，它包括经济人意向性组合和企业家精神诸"要素"的结合。国内学者张维迎等认为，企业家是这样的人：发现当下不均衡并对未来经济增长做出预测，然后用创新打破均衡，以创新把一个想法变成一个市场。[①] 看来，经济人的内在意识及其外展的企业家精神气质和创新行动在整个"企业家"的构成整个体系中具有重要意义。

至于现代服务业企业家，他们要在当今信息化和数字化社会中求生存并展开自己的专职服务业务。在这个历史境遇下，现代服务业企业家本身作为以诸多种类的数字"元素"构造出的"精细化服务提供者"和"技术人"，一个高阶理性经济人，他们往往将其意识、智慧、经验、体验等构造的判断力，以及胆识、情感、道德、文化等构造的控制力汇聚在一起，以大数据为基础但超凡于大数据的智慧去创造或去适应和去跟随新业态。

(2) 服务业企业家有限意志与有限创新的外化：交易利益与交易成本双重作用

意志，即意愿和志向，是人意识能动性的集中表现，是人自觉确定目标、支配行动、克服困难、实现目的的心理过程。它常以语言或行动表现出来，

---

① 张维迎等认为有三类企业家：第一类能够看到消费者自己都不明白的需求，是创造需求的伟大的企业家；第二类能满足现在市场上已经表现出来的需求；第三类能按别人的技术规格、保质保量进行订单生产即可。参见：张维迎，叶静.企业家做什么[J].创业家，2013(12):146-149.

因而是人内在意识的外化。

首先,尽管服务业多样化和精细化使得服务产品生产逐渐独立化,但大部分产品仍是针对制造业产品进行转手的服务项目,服务业企业家的意志仍然受制造业产品生产的制约。不少服务业衍生于制造业,使其交易利益和交易成本附属于这些制造业的发展,其创新也受制造业产品创新的限制。

其次,它是在道德许可条件下对交易利益的追求,对交易成本的合理付出是伦理约束下有限的自由意志,是在正义、公平、公正、规制价值观下的有限意志,因此,企业家创新是有边界的。黑市交易、权钱交易、网络诈骗的方式也有"创新",但属于负能量的、不道德的破坏性"创新"。

再次,它是经济人内在意识中历经统觉与立义及对经验进行反思后,投射到对交易利益和交易成本意向组合的确信与评价而外化的意志,因而是意向于合理边界以内的意志,一般外化为自信的态度、坚定的决心、沉稳的理性、克服困难的韧劲以及价值观与情操等的展开,也常常以信念、口号、文化、标识、战略公布等象征性与仪式性的方式或场景表达。

最后,有限意志不是唯意志。它能灵活处理交易利益和交易成本的关系,根据市场变化,相机抉择地对待机会。例如,采取灵活方式发现和进入新市场,在跨地不均衡、跨市不均衡、跨时不均衡、跨资本不均衡中寻找恰当方式去"套利",并能审时度势地及时退出。当然,与"套利型"企业家相比,高阶的企业家更应该是一个"创新型"企业家。

(四)现代服务业业态创新机理展示

在当代互联网经济和数字经济条件下,中国的服务业业态是怎样从经济人内在意识及企业内在驱动力开始,进而达到创新呢?这就引出中国服务业业态创新机理的问题。[①] 在交汇了分工和创新两大理论后,下面,笔者依照改革开放后的中国实践,通过对企业家创新系统、市场竞争系统、社会经济系统等的联系,对服务业业态创新机理予以说明(如图6-5)。

---

① 关于"机理",语义上是指,在一个受外部环境影响的系统中,其内部结构要素在实现系统目标时各自的工作方式以及各要素在内外环境条件下相互联系、相互作用的运行规则和原理。

现代服务业时空集聚中的业态多样化演进研究

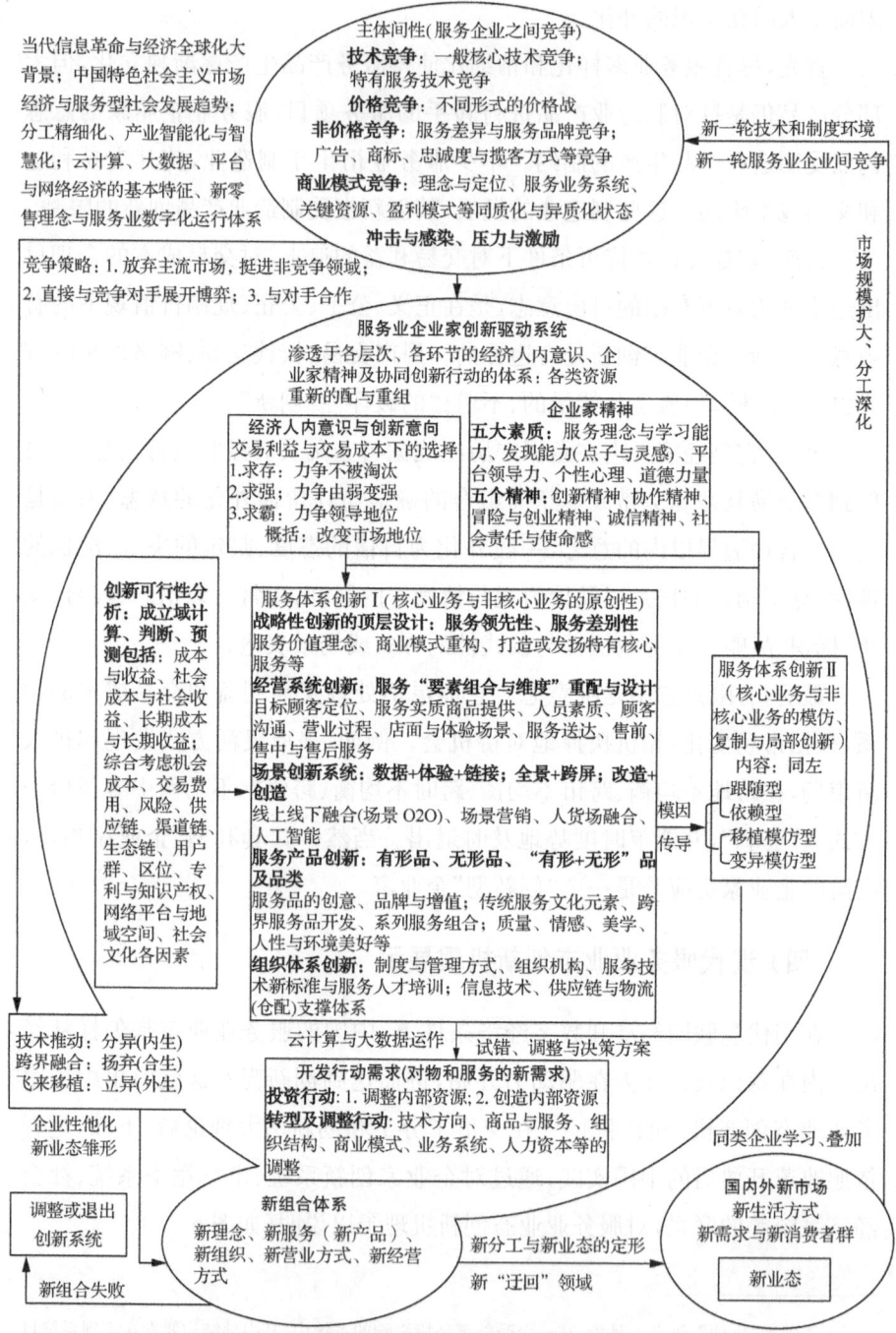

图 6-5 现代服务业业态创新体系的核心内容

依据此图,现代服务业业态创新机理可以概括为,企业家在信息社会条件下,为求存、求强和求霸而进行市场竞争,为此建构企业整体的创新系统。它是以企业家创新意识、智慧、诚信、协作精神,通过原创或模仿去发现和捕捉商机,通过可行性分析进行科学决策,并付诸创新行动来实现新业态的组合体系,并以此开拓新市场,获取最佳的交易利益。下面对图6-5以下做几点说明:

1. 企业家创新的环境

企业家创新是外部动力系统和内部动力系统运行的结果。外部动力系统包括社会经济的背景和市场(可以被视为上一轮创新的"新市场")。当今,中国服务业发展正处于数字化和全球化的背景下,海量信息的生成为大数据分析提供了条件,分析后的数据变成智能和商业价值,为企业家决策提供了数据基础;而全球价值网展现了信息时代全球价值链连接的可能性,又展现了企业规模不断扩张,建立世界大市场的基础。企业间的竞争往往是企业创新的直接的外在动力,各种竞争交织在一起,给企业带来巨大的冲击和压力,迫使企业必须进行创新,以寻求出路。总之,外部的不均衡状态造成企业内部不均衡。这种不均衡在摄动着企业去调整自己,以适应新的环境。

2. 企业家的创新系统

企业家内部创新系统,是包含企业家精神和引发创新动机,进行可行性研究和决策,调动、调整和协同企业内各方面资源进行原始创新和模仿创新的运行体系。其中包括以下几点:

(1) 被激发的创新意识

在交易成本制约下,每个企业家都有自己追求的交易利益底线,如三大动机:求存、求强或求霸。市场的压力激励出创新意向和动力,在"创新的"的交易利益渴望下,引发企业家要探索与识别市场的创新机会的渴望。其中,业态创新是被激发的达成交易利益目的的一种"技术"创新。

(2) 企业家精神

企业家精神,是经济人内在意识及其外化意志的结合体,是创新意识及其外化行为的总和。业态创新,常常是企业家在追求交易利益的竞争"夹缝"中不经意而产生的创新效应。有些企业家的初心可能并未包含业态创新,但经过逆境的夹缝中思索,靠意志甚至以冒险的方式获取资源,最终让自己成为为数不多的成功者。图6-5中的五大精神全面反映了企业家的人格系统。企业家凭借综合素质塑造企业家精神,如睿智与坚毅、冒险与创业、协作与诚信、使命与担当等,它们是业态创新的人文基础。

(3) 创新精神外化的服务体系及行为

企业家利用要素禀赋,进行资源整合,实现技术创新、制度创新和价值创新,进而达成业态创新。它的特质就是发现和运用新方式,表现其求存、求强和求霸的能力。

首先,企业家有外在的个性展示。企业家以远大的眼界和睿智进行战略性创新的顶层设计,具有服务行业领先的信心和决心,以自己的个性塑造整个企业的个性,并努力创造服务产品的差别性。也就是说,锐意对商业模式的个性化重构,进而打造或发扬特有核心服务产品。

其次,进行独特的营销系统设计。服务企业家能够进行经营系统的差别性创新,将服务企业要素组合按企业最适合的维度进行重配和设计。① 其中主要包括目标顾客并进行定位、服务中的实质商品提供、人员素质的培育、与顾客沟通的沟通形式、营业过程的革新、店面设计与体验场景的创造、服务品送达以及售前、售中与售后的服务等。

第三,领先服务产品的创新。创新的关键内容就是熊彼特说的提供"新服务产品"。服务产品中有有形品、无形品和"有形+无形"品,它们又有各自的品种和档次分类。任何一种服务过程都要将无形品介入到核心产品中,换句话说,必须有现成的劳动投入。例如,饮食业中除了饭菜本身的质料外,周到安排、宜人场景和美好体验就是一系列无形品的组合,甚至饭菜品质的配方、个性化设计以及卫生、营养甚至诚信等都融入其中。服务产品创新是在形成产品过程中各个环节的创新,包括服务品的创意、品牌与增值、传统服务文化元素、跨界服务开发、系列服务品组合,还包括情感、美学、人性与环境美好等。

---

① 参见第一章的表1-1和第七章的表7-3和表7-4。

第四,率先实施组织体系创新。"新组织"是一种保证体系和达到目的的手段。企业家应有魄力率先对不适应发展的制度与管理方式、组织机构等进行改革,对服务技术新标准进行自我认定(颁布企业标准)和对其他标准(如国际标准)进行学习,并对服务人才进行培训;服务业企业还要进行技术改造,形成信息技术、供应链与物流(仓配)的支撑体系。

第五,提供服务的和谐场景。企业家能精心设计场景内容,为顾客带来优质体验与优质"客服";不仅能够改造场景,还能制造场景,人货场达到高度融合。通过场景营销建立主客关系,不仅使场景变成一种体验生活的方式,而且通过社交及互动方式为服务双方创造机会。场景的背后是可量化的大数据。因此,运用当代信息技术,以移动互联网、智能手机、物联网、数字化、AI技术为基础,构建跨频体验和全景场景[①],不断创新空间的场景元素。

在以上创新系统中,难度最大的是原创型创新。"原生原创"是完全创新,"飞来原创"是某个局部空间的"异质"性的全创新。这些"颠覆性"的原创型创新一旦成功,就是"开拓性"和"颠覆性"的事件。它们因处于创新金字塔的顶端,其企业家如凤毛麟角。但要达到这一高度,不但需要学会模仿,经过长期历练,不断积累内功,还要不断向高峰攀登。

(4) 创新的核算体系

企业家进行创新必须进行可行性分析。业态创新是为能够获取交易利益而设置交易成本和克服交易成本的过程。业态创新的"成立域"主要反映以下内容:国家政策走向、创新在交易利益与交易成本中的位置、企业SWOT因素的考察、会计账目中成本和收益的核算、风险评估与预计以及应对风险的能力考核,等等。

(5) 创新行动

业态创新的一切行动的基本要义是,开发人类的需求,延伸人们对物的新需求和对服务的新需求。为此,企业家要靠投资行为实施新业态的创新

---

① 全景场景是多种媒体形式结合而展现的服务环境,如音频、视频、文字、动画及网页,可以远程跨频。在服务业中,全景预订是一种创新形式,用户可通过全景预定场景并获得体验,适合在酒店、航空、高铁、影剧院、歌剧院及演唱会等场景中应用。

活动,并由此展开一系列派生的创新行动。对一个企业来讲,它要聚集一切资金和精力,耗费大量时间和空间才能完成,包括调整一系列内部资源,如优化技术创新方向、商品与服务、组织结构、商业模式、业务系统、人力资本等,是一个全方位的、整体的转型行动。

3. 业态发生规律:从"潜在业态"的商业模式到"显在业态"的新业态组合体系

回顾第三章的业态发生原理,需要再强调的是,业态创新是商业模式创新的结果,也就是说,新商业模式只有社会化(被学习和被复制)才能被称为新业态。企业家们面对外界社会与市场环境,有三个途径创造自己的新商业模式。第一,通过技术推动,内生出有别于他人也有别于自己之前的商业模式,从而产生"分离"(分异),这是内生的新商业模式。例如,技术升级后的无人超市、机器人仓配系统的"新物流"等;第二,通过跨界融合,企业间相互取长补短,在产业链优势互补的基础上,合生出一种与各自企业不同的商业模式,是一种扬和弃之后的新模式。例如,长途运输业与旅馆业的融合产生了 Mobel 的新型旅馆;第三,通过吸收"飞来"的商业模式进行移植,从而标新立异而生的一种商业模式,本文称之为外生式新商业模式。在中国,它往往被政策所倡导,前面提到的麦当劳、肯德基就是如此。这三种方式开始都是新商业模式,后来被众多的经营者学习和复制,才成为稳定的业态。

新商业模式的重要性在于,它是潜在业态,一种产业化过程的事后显现[①]。业态成为"新组合体系"的社会事实,意味着这种商业模式是有"效率意义"的。如果"新组合体系"只是"原企业事实",未被社会所承认,即没有"产业化"或"社会化"或"对象化",则可能意味着该模式是失败的,其结果必定被调整或被逐出创新系统。某种新商业模式被模仿,意味着它能够影响市场经济的"动态均衡"过程,其边际效应是分工增加、集聚密度提升和市场

[①] 在服务业业态形成机理的论题中,应该摈弃"目的论"那种"预先规定""固有"与"强加于自然"的认识论。实际上,从发生学视角看,业态是被"事后"定义出来的。企业家的行动并不一定在一开始就要发明一种业态,而是在主观上考虑自己利益的同时,所设立的商业模式作为模因被自然传播,传播主体和传播客体的不经意行为形成了一种相同的或类似的"模式群",与此同时,培育了自己对应的"用户群"("消费者群")。其中,众多"跟随企业"的模仿行为,实际上是一种社会分工的效应。

规模扩大。新商业模式一旦被社会认可和传播,它才成为一个新业态物种。

在这种情况下,正像熊彼特所说,就意味着创新者们带来了一个与之前不同的新组合体系,它必定是新理念、新产品、新场景、新服务、新组织、新营业方式、新经营方式的新组合体系。从产业分工的宏观视角看,正像扬格所说,是一个新的迂回形式,它往往是被新近对象化了(被定义)的"补漏"行业。新业态的发生,显现出同类新组织形式的社会存在,构筑成一个新市场,该新市场消费主体是新消费者群,他们可能是新生活方式下的新需求者。

总之,新分工出现与新业态生成正是企业家通过对资源创新利用形成的创新组合。这个新组合的结果是新的"他化"和新的"迂回"。在当今社会信息化和数字化的背景下,信息集聚程度提高和传播速度加快,企业家决策效率提升,创新愈加呈现差异化,"分异""扬弃"等他化的频率加快,进而使分工多样化和业态多样化的速度不断加快。

四、现代服务业业态多样化的分叉:迂回化与精细化

结合第三章对"斯密—扬格"定理、"生成元论"与"模因论"的讨论,以及上面交易利益和交易成本的研究,我们现在探讨业态多样化的"分叉"现象。从上面非核心业务过渡到新的核心业务的论述可以看出,服务业新业态的起始点属于迂回经济的分叉线起始点,不断循环产生的新业态及其亚业态使得这种分叉线越来向枝节发展,形成业态多样化的"树"状表达。[①]

(一)非核心业务专业化创新与扬格分叉

1. 非核心业务的专业化

对于原服务经济体,无论是内生的还是外植的,在其业态多样化进程中

---

① 这里应说明一点,某两者之间的分叉及其原因是一个非常复杂的问题。不同的视角对分叉有不同的理解,分叉线及树状分叉线仅仅是研究多样化中便于直观的假设分析方法。

都存在非核心业务的专业化过程。图6-4告诉我们,非核心业务具有新业态潜伏的可能。在潜伏过程中,它必须通过专业化才有可能实现成长,而且其专业化过程必须符合整体的规模经济,即专业化本身必须是经济的。

服务业非核心业务的专业化,就是将其变为新的"核心业务"。其专业化的内容有:第一,知识专业化。对于某类非核心业务的知识达到一般普通人不能掌握的程度,以至于必须达到行业标准才能从事工作,有关知识还向职业化发展;第二,营销专业化。非核心业务形成了特定的营销规则,在概念设计、广告制作、媒体宣传等方面达到一定规模,并造成社会影响;第三,资产专用化。某些非核心业务的资产,特别是无形资产,如配方、绝技、技术等的技术含量增加,使之用于特定用途,或只能由少数特定经济主体拥有或控制,如果转为其他用途或由他人使用,则其创造的价值可能被降低。由于增加了资产专用性,就能形成进入壁垒并具有一定的垄断性;第四,时间和精力专用化。一些非核心业务可能由于交易利益丰厚或交易成本低廉,大量人、财、物和时间使用在对其的培育上,最终形成专业转向。对服务业企业一些非核心业务专业化来说,以上四个内容往往是相互融合在一起的。

2. 迂回分叉、起始点与业态变迁

伴随专业化导致分工细化,某个非核心业务在某个时段内可以成为专业性业务,意味着产生一个分叉,即这个非核心业务变成了新的核心业务。其演化时空曾在图6-4中用数个坐标系的组合给予说明。现在,我们进一步研究服务业业态的分叉情况。在图6-6中,图的左半面表示随时间t_i延续各个新业态的突现(黑圆点,显现为一次分叉结果的新迂回);但是在这里,我们着重研究图的右半边:随时间延续的纵直实线表示"交易主体"的核心业务;在某时刻的白圈一侧,突现横直实线的分叉线,它就是"扬格分叉线"。而此刻的白圈象征着非核心业务的"潜伏"发生点(事后被追认的发生),与核心业务产生分叉,这个白圈就成了"扬格起点";拐向新纵向实线的黑圆点,表示新核心业务的开始,意味着新业态的产生,与其关联的两条构成直角折实线被定义为"扬格迂回线"(横线在概念上属于非核心业务,纵线已经属于另一个核心业务了)。对应图的左右两面看,每增加一个黑圆点就

第六章 交易利益下分工多样化与业态发生的创新机理

增加一次迂回。本图揭示出,随着服务业业态的历史演变,到 t_9 时,多种业态共处一个空间。从厂家到消费者,逐渐积累了八个环节的迂回。图中迂回批发、迂回零售和迂回消费等的每一次迂回及其分叉线反映了服务业业态的增加和延续。这样,众多的"扬格起点""扬格迂回线"及纵向的核心业务线,就构成了服务业业态发生多样化的"时空树"——类似于生物系统发生学的一种形象表达。

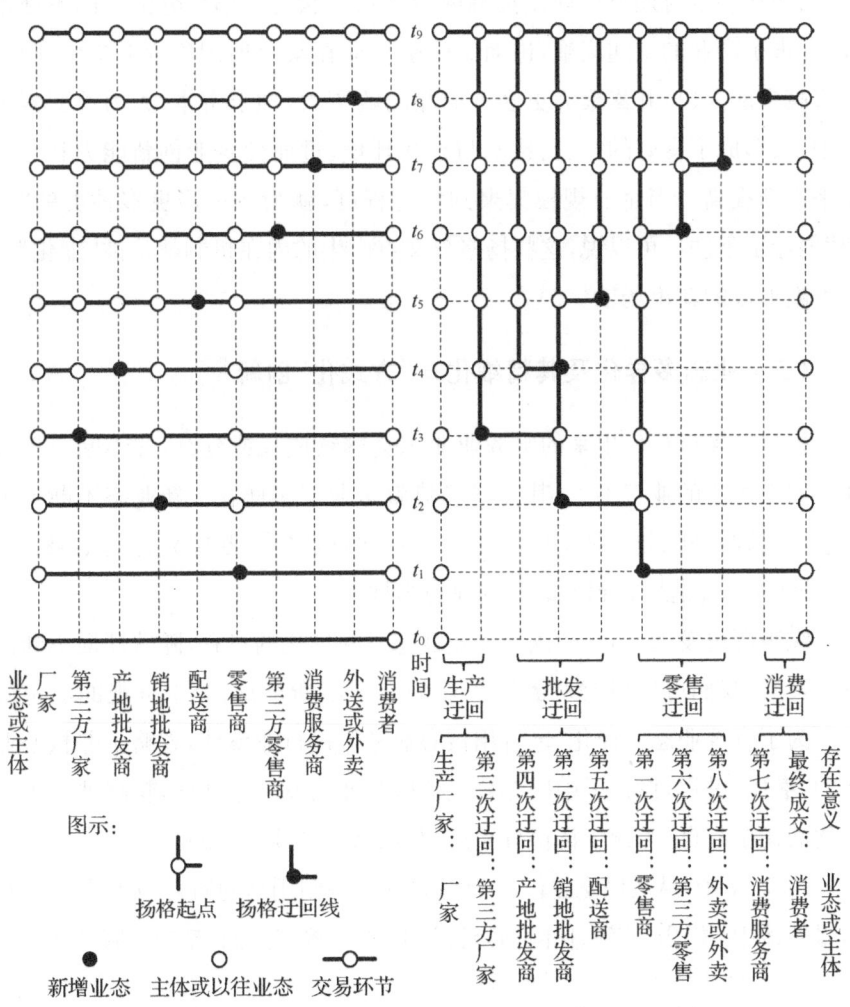

图6-6 扬格迂回分叉、起始点与业态变迁的发生时空(树)

"扬格起点"处代表业态发生变化而形成新业态。随着一个业态内部的发展,业态出现分化,又逐渐形成新业态,并与旧业态的发展形成空间上共存,在空间上不断迂回,在地理空间中形成不断的集聚趋势。

在交易利益和交易成本双重作用下,产生扬格分叉点的原因是,在创新导致的规模报酬递增条件下,市场与分工就会有双向增长的趋势。双向增长的主要根源是企业家创新意识(包括技术创新和方式创新)被竞争所激发,因而在一定时期形成规模报酬递增的景气状态。扬格分叉点的不断增加,促进了产业的空间集聚,进而又吸引企业在某个地理位置上集中,吸引越来越多的人口,并集聚为更多种商品的购买力,加上资本、人力等要素的集中,又形成了良好的投资、技术与人才环境,进而使企业创新能力和经营水平不断提高。当企业规模集聚到一定程度,就为下一步更多种类的"分离"创造了条件。可以说,这些扬格分叉点产生的内在机制就是被"细化"分工不断形成的新市场。

(二) 业态多样化及其精细化与"方式化"创新[①]

扬格分叉点衍生出来的服务业业态会继续成长或延续,并不断分形细化。假设生成的业态不灭,其发展趋势就是业态多样化。新业态不断生成的演变过程,是服务品种不断细化和应对同行竞争不断差异化的结果。图6-5的右边就是从t_0到t_9时间的业态多样化。

纵观历史发展,结合中国服务业业态不断细化的过程,随着迂回不断向纵深发展,我们可以"回溯"到服务业的一个不断丰富、非常可观的演进脉络。为了直观业态多样化,笔者用核心业务假设行业整体,省略了非核心业务的"潜伏"过程,设计了中国部分生活服务业的发展树状图,粗略地给出了简化的扬格起点(等价于扬格分叉点)和扬格分叉线(见图6-7)。

图6-7中,从居民吃住行、一般生活用品与耐用品的购买、主要日常文化与服务、休闲、娱乐、旅游、保险、养老、养生、医疗等多方面,刻画了服务业业态

[①] 所谓方式化创新,如前几章所说,主要指经营方式上的创新。比起纯粹经营新产品的创新,方式创新更具智慧性。典型的方式创新有,买手制经营、共享单车、无人超市等。未来的业态创新,越来越多的是方式创新。

第六章 交易利益下分工多样化与业态发生的创新机理

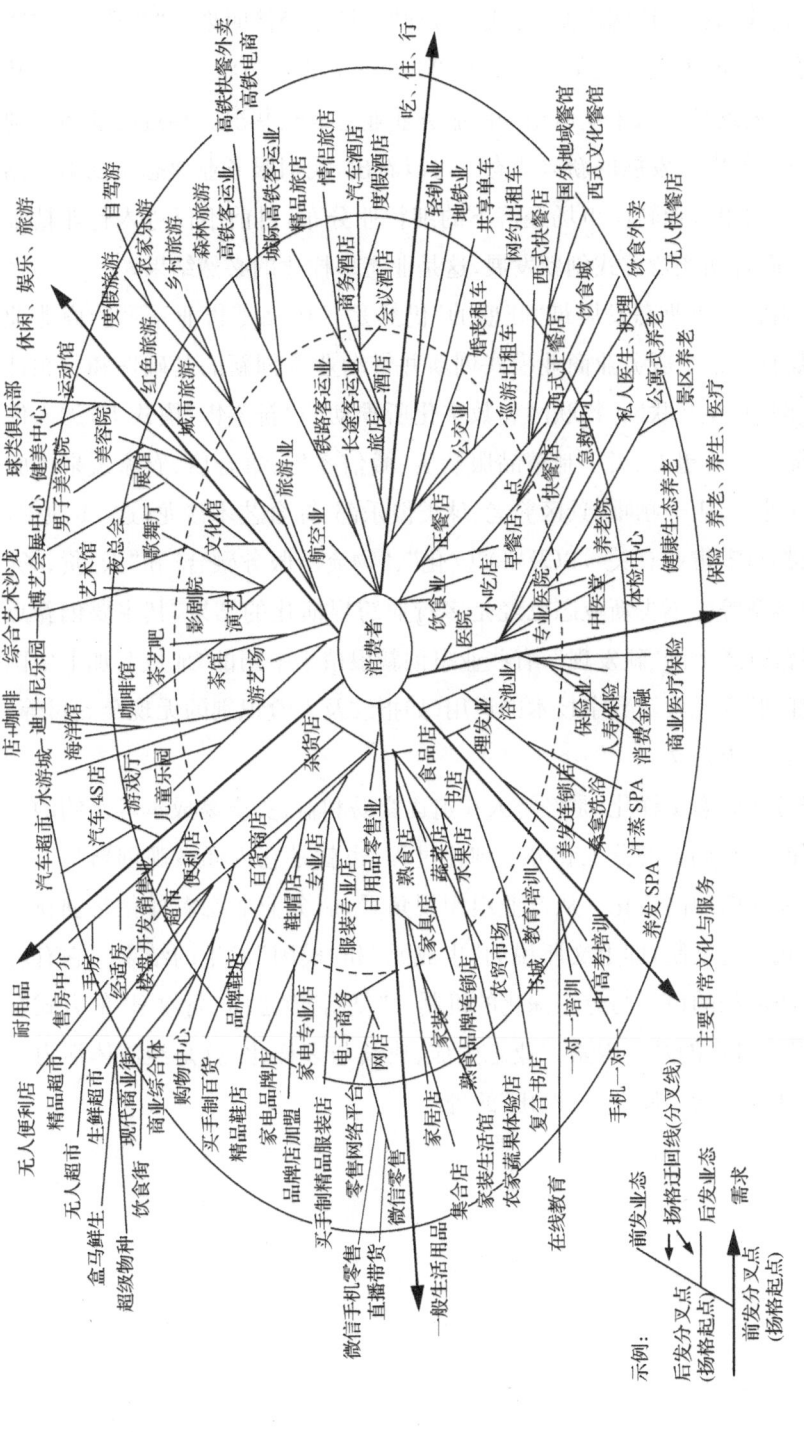

图6-7 生活服务业演进中的业态多样化(以部分生活服务业为例)

注：图中越向外，服务业态越新。大致是，内圈的"汉字符号"为计划经济时期，中环与外环的"汉字符号"为改革开放后的业态；圈外是目前的新业态。

演进的大致趋势。该图内圈（虚线圈）反映了计划经济时期的"粗业态"（"闷芽"状态），中圈大致是改革开放后到20世纪末的业态状况（萌起与发育状态），外圈大致是进入千年后至今的服务业业态成长状况。靠近图的边缘地带，是近几年中国发展的新兴业态。可以看出，我国服务业业态特征由计划经济时期的粗行业转向市场经济下的细行业分布，目前不仅进入行业精细化时期，而且朝经营方式创新发展，这是业态多样化的必然结果。

中国服务业业态发展最"旺盛的"仍然是日用品零售业系列的商业业态，它是我国整个服务业商业模式创新并带动业态创新的基础性和引领性行业。例如，在互联网、物联网和数字化所推动的"新零售"模式下，无人便利店、母婴精品超市、买手制精品服装店、微信零售、集合店、农家蔬果体验店、饮食外卖、店＋咖啡、景区养老、球类俱乐部、综合艺术沙龙（这11项中，前8项都与零售业有关），以及"O2O化"、"物流与服务融合"和"人、货、场"的运作体系等。不少新业态已经是多行业跨界演化的结果，其主要创新点在于经营方式上的"新发现"，有些业态创新根植于中国的"地域"，加上中国"人口红利"等元素及数字技术的运用（如指纹及人脸识别的无现金支付等）已经具有世界意义。

服务业业态多样化，是经济人在追逐交易利益、受交易成本等制约的空间内不断进行创新的分工和分工细化过程，也就是它内涵微观创新与宏观结构整体和谐的高级化。从产业组织视角看，服务业业态多样化是创新的商业模式经过复制，即上文所说的"生成元"和"模因"发生的结果。它有着内生经济增长的市场与分工深化的机制。"复制"就是向"高效率"的方式看齐，是经济进步的基本因素。业态生成、成长与多样化，就是经济体活力的展现和社会生活品质及"人性化"的进步。

第七章 业态发生中的组合要素体系创新

——要素与维度在业务活动中的配置选择

以上研究表明,在复杂时空下的服务业集聚与融合过程中,多样化发生于非核心业务向核心业务的转换过程,新业态在这个过程中生成。本章我们把视野转入服务企业内部空间,从微观视角探讨分工与业态多样化发生的业务底层。其实,新业态本质上是业务活动中业态要素组合依照一定维度发生创新意向的变动,它遵循着经济人寻求交易利益及最优资源配置的原则,是企业家带动当代整个服务创新体系的基础。在此,笔者从发生学视角,将基础业务领域的组合要素问题引入经济学分析。

一、服务业的业务构成与要素构成

(一)业务活动构成:核心业务与非核心业务

在上一章探讨业态多样化理论时,笔者对核心业务与非核心业务进行了一般性研究。这里,为研究服务业业态发生的微观基础层面,揭示这个层面中要素与维度的创新驱动作用,需要对这两种业务进行具体的应用性探讨。

1. 业态的业务的含义

业务,指个人或某个机构的专业工作。它是一个与职业相联系的概念,个人或组织的职业或分工不同,则业务工作也不同,由此分为个人业务和组织业务。一个组织(如企业、某政府机构等社会组织)的业务,是该组织在一定时空背景下依照共同目标所合成的一系列个人业务,它们构成了组织的工作系统。进一步讲,服务企业业务,是服务企业内部经营活动或资产运营的业务系统。由服务组织合成的业务系统一般要达成这样的能力,即围绕职业性的服务提供,具有对投入、加工、操作、产出、销售及所发生成本、收益等相关运行过程进行处理的综合能力,这些合成业务及系统构成了服务企业业务的自然边界。

2. 服务业核心业务与非核心业务的属性

如第六章所述,在服务企业中,核心业务与非核心业务的意义和地位是不同的,因而这两种业务有不同的属性。

(1) 服务业的核心业务

任何企业都有明确的核心业务宣示。企业的核心业务是企业在一定时空下具有关键地位和竞争优势并能带来主要的利润、收入及利益的业务。服务企业的核心业务具有两个基本意义,第一,表征"服务提供"指向。例如,服务操作与现成服务劳动的实施,给服务对象以美好的"体验传递";第二,构成交易利益的主要基质,即它是服务企业的主要"利益源"。核心业务具有主营性、资产专门性、时空差异性。

在当今服务企业中,核心业务往往是多元的,不仅呈现数个核心业务的并列状态,还呈现核心业务之间的等级差别。例如,当今百货店中的金银首饰销售、化妆品销售和高档服装销售等业务就是并列的核心业务;在书店的核心业务中,图书采购与销售是一级核心业务,而音像制品销售是二级核心业务,等等。

(2) 服务业的非核心业务

非核心业务是企业在一定时空下所经营的非关键性和辅助性的业务。与核心业务相比,它的特点是,所需的专业知识在经营中的地位和创造利益的能力较低。一般情况下,它的业务规模较小,投入的回报率较低,企业管理层往往对其投入的注意力和精力较少。

非核心业务也存在并列状态和等级差别。例如,超市经营中的后勤供应、设备维修业务可以被看作是同等级别的非核心业务,相比之下,门卫、卫生清理等工作则是较低等级的非核心业务。处于冗员状态的非核心业务往往被视为最低等级业务。

非核心业务也具有时空差异性。不同时空下,由于企业定位发生变化,非核心业务的等级也可能发生变化,有的一跃变成核心业务。例如,十年前,较一般货架的生活用品经营而言,有的超市中的精品专柜业务是非核心业务,但在今天,由于人们收入提高引起消费习惯改变,促使超市升级品类结构,使得精品专柜被列为核心业务,有的还独立为精品超市。

总之,核心业务和非核心业务是相对的和可变的。在我国服务业改革和发展实践中,有的企业通过对非核心业务的"剥离"而将其外包出去,有的通过"虚化经营新模式"将其升级为核心业务。[①] 业务的相对性和可变性自然要引发服务企业改变"营销组合要素与维度"[②]的构成——这就等于重新配置了业态构成的资源,进而为业态创新奠定新业务基础。

(二) 业态的要素构成:业务活动中的组合要素与维度

服务业业态微观基础的构成就是业务活动中的组合要素及其维度。实际上,对服务业业态创新的操作,就是调整业务领域中原来的组合要素与维度标准。这种调整往往使得业务结构发生变化,例如,非核心业务变成核心业务、弱核心业务变成强核心业务等,进而形成综合业务结构新的均衡,这个新均衡有可能演化成新业态。

1. 组合要素与维度

对于组合要素,笔者给出这样的定义:服务商为实现服务品销售而根据市场状况形成的各种要素的搭配状态(见表7-1)。本质上看,这里的要素就是经济学中资本、技术、劳动、信息等要素的具体化、应用化、业务化和方式化。一些学者从营销学视角认定要素组合是"4Ps+3Ps"的方式性组合,即涉及产品、价格、分销、沟通、人员、有形展示、服务过程7个营销要素组合。其中,4Ps 意味着有形产品,3Ps 附加着服务的无形性质。一般认为,任何服务业业态必须由7个组合要素来进行基本塑造,即使在网络经济发达的今天,业态多样化发展越来越方式化的情况下也是如此。

---

① 徐金河.企业核心能力的识别与非核心业务外包的分析[J].商场现代化,2008(10月下旬刊):70-71;杨峰等.商业银行非核心业务虚拟经营新模式探讨[J].商业时代,2010(28):73-74.
② 为便于分析,本书将这一营销学概念扩展到经济学,之后将其表达为"组合要素与维度"。

表7-1 现代服务业业态组合要素及维度基本设置

组合要素	维度及编号		测量状态(可概括为低中高状态)			
1. 服务产品组合要素	1	服务品类数量	单一	多样	系列	
	2	服务复杂性	简单	中等	复杂	
	3	服务商品性质	提供劳务	提供认知	提供体验	
	4	服务商品质量	低	中	高	
	5	服务品牌归属	无品牌	一般品牌	名牌	
2. 服务过程组合要素	1	服务地点	场所内	混合	场所外	
	2	顾客参与程度	少	多		
	3	结算方式	分散	混合	统一	
	4	服务持续时间	即时	1—数日	长期	
	5	顾客管理	非会员制	混合制	会员制	
	6	附加服务效率	低	中	高	
3. 环境组合要素	1	店铺规模	小	中	大	
	2	店铺布局	面积与空间较小	一般	面积与空间宽敞	
	3	装修陈列	不讲究	一般	很讲究	
	4	休闲与辅助设施	无	少	中	多
4. 店址组合要素	1	店铺区位	居民社区	商业区	郊区	其他
	2	店铺地址	背街	临街	市场内	其他
	3	商圈范围	0.5公里	2公里	5公里	
	4	停车场	无	小	中	大
5. 价格组合要素	1	价格水平	低	中	高	
	2	促销方式	打折	酬宾	其他	
6. 沟通组合要素	1	沟通方式	店面 电话 电视	PC机及电子邮件	移动网络	其他
	2	沟通内容	促销活动	形象宣传	其他	

续 表

组合要素	维度	
	维度及编号	测量状态(可概括为低中高状态)
7. 人员组合要素	1 服务人员数量	少　　　　较多　　　　多
	2 服务人员形象	较差　　　　一般　　　　好
	3 服务人员素质	低　　　　中　　　　高

注：李飞关于零售业态有"6个组合要素24个维度"，彭娟关于服务零售业态有"7个要素组合23个维度"。[①] 本表在此基础上做了综合，设置了7个要素组合及其26个维度。

所谓维度，笔者试图从语言的规范性来解释，指营销要素组合中某一"要素维"的"度"，它具有"量"或"程度"的含义，是离散的、非连续的和定性的"变量"。维度调整就是一定程度的创新，会引起组合要素变化和整个业务构成的创新性变化，进而展现出业态的创新。这也给经济学进入微观业务领域带来启示。

2. 以要素维度为基础的组合要素体系

表7-1为我们构筑了一个多维度、多个单要素、多组合要素的复杂"沙盘"空间，描绘出丰富多彩的、具有演绎弹性的微观业务基础领域。它们中间某处变动，将通过各自相关的弹性机制，导致整个空间关系发生变化，进而有可能引起新商业模式的发生。可以说，这26个要素都是服务企业进行业务活动重要的生产力资源。服务企业运营就是靠这些根基性的微观业务共同支撑的。

（1）组合要素体系

它是指由多个组合要素构成的整个系统，实际上就是业态。多个组合要素是业态发生的解释变量体系，其中，维度又是某个组合要素中要素的解释变量。因此，设T为业态，可以表述为下列复合函数关系的空间：

$$T = f\{\phi_k[\psi_j(v_i)]\}$$

[①] 绘制本表的参考文献：李飞.零售业态创新的路线图研究[J].科学学研究，2006.s2；彭娟.中国零售业态分类研究[J]商业研究，2014.07：42-49；汪旭晖.农村零售业态创新：一个基于东北地区农民消费行为的探索性研究[J].农村经济问题，2009(05)：44-49.

（2）组合要素体系中的层次

上述组合要素体系中，v_i 为基础变量，是维度程度的数量级；$\psi_j(v_i)$ 是编号为 j 的要素，由变量 v_i 的数量级决定，j 为该表一组要素中某要素的自然编号。例如，组合要素"服务过程要素"中"结算方式"的自然编号是 $j=3$，其维度为 $i=1,2,3$；$\phi_k[\psi_j(v_i)]$ 为所有组合要素各自的状态，其中，k 为某一组合要素的自然编号，本表中，$k=1,2,3,4,5,6,7$，而"服务过程要素"的编号为 2（即 ϕ_2），它是由六个要素构成的一个组合要素。业态 T 是由 ϕ_k 中数个（表 7-1 至多为七个）组合要素的状况决定的，即 $T=\sum_1^7 \phi_k$。

3. 组合要素体系的构成方式：关键组合要素＋其他组合要素

对于形成服务业业态的贡献程度，表中七个组合要素都很重要，但它们的关键性还是有差别的。笔者认为，对于当今服务业各行业，服务产品组合要素（构成交易对象，是"第一组合要素"）、服务过程组合要素（构成买卖行为）、沟通组合要素（构成当代信息化的网络社交方式）、价格要素（要素配置的信号）是四个最基本的组合要素，它们无疑是关键性的。对其中的维度给予不同设计，就可以形成经营的异质性；对于其他三个组合要素，按照不同企业的实际业务需要，一般采取不同侧重，再配以维度的差异化，则可以强化经营的异质性。

当然，由于服务业的行业面很广，不同行业的业务又具有差异性，使得企业选择关键性要素组合的倾向性也可能呈现很大不同。例如，相对来讲，对于平台类型的服务业（如淘宝、京东、苏宁等），沟通组合要素是第一位的，服务过程组合要素是第二位的，而服务产品组合要素大部委托给实体店。

4. 主流业态的业务构成方式：关键组合要素＋核心业务

对于现代服务业企业，上述七个组合要素都存在着核心业务和非核心业务的"二元结构"，其中各自还存在不同的级别。核心业务是企业当下的主要领域，因而是现行业态基本型的塑造者。例如，正如前述，当今零售业的百货业态中，"服务产品组合要素"（关键要素之一）的金银首饰、化妆品、中高档服饰等就是它的几个核心业务。

"关键组合要素＋核心业务"表征着当下业态的首要资源。尽管我们说,维度、要素及组合要素是企业运行的资源基础,并构成企业运行的体系,但"关键组合要素+核心业务"总是对于现行业态具有方向性的指示意义。企业根据自身状况,如果能恰当配置这些资源,各个要素的基础合力才有可能被系统地调动起来,进而达到相对最佳的效率状态。

二、企业家经济人对组合要素体系的配置及业态发生

在此,笔者试图结合发生学,对上述组合要素体系进行经济学分析。

(一) 经济人对组合要素体系的认知、计算和立义[①]

笔者在上一章建立了经济人内在意识及其立义性质的概念。现在,通过经济人的认知、计算属性,探讨企业家(作为企业家的经济人)对于微观业务活动中组合要素构体系的立义及其过程。

1. 对业务中组合要素体系的认知

任何一个企业家作为经济人,首先要认识自己的企业,并认识显在的和潜在的消费者(用户),尽可能多地认知"组合要素"的供给能力和消费欲求状况。我们常说"兵马未动,粮草先行",企业的商品供给不仅仅在于市场上的商品投放,而在于整个"组合要素的体系"的供给能力,它也是一种持久力量。只有全面认识自己的能力和广泛认识市场,才有可能寻找到具有特点的创新要素。

市场竞争环境迫使企业家必须考虑"风险"和"威胁"问题,其中最简单的认知方法就是作 SWOT 分析,通过对优势、劣势、机会和威胁等加以综合评估与分析并得出结论,再通过将内部组合要素的资源和外部市场环境有机结合来清晰地展示自己的现状和原因。在这里,企业家经济人的洞察力(Blinding insight)很重要,它是能深入事物或问题、透过表面现象判断出背后本质的能力,也是修炼与智慧积累后的"综合研究"能力。

[①] 本章所讲的立义,是对各"业务组合要素"统觉后的立义。

2. 对业务中组合要素体系的计算

企业家经济人的计算是隐藏在其内心的理性计算。规划企业的计算思想，决定着对组合要素构成意义的判断。因此，它属于经济人的内意识范畴。企业家作为理性经济人，要通过对交易利益（包括长远的和当下的）和交易成本（包括制度的和感知的），通过消费者意向、现实的成本耗费、机会成本的考察等，对于业务中组合要素体系进行综合评估。具体内容："服务产品要素"中商品品类数量设计、成本与收益状况；"价格要素"中，对所涉及服务项目的消费倾向进行调研得出后的数据，以及价格水平（指数）及其变动、促销酬宾费用的估算等；"沟通要素"中，对沟通方式，如互联网社交、视频、直播的流量费用估算等；"店址要素"中，对商圈范围的估算，以及以上项目的计量分析等。此外，还要有组合要素体系整体的协调性研判。企业家心中"一本帐"就在于此。

由于组合要素的变动会"牵一发而动全局"，因此，它是企业家对服务流通（商流、物流、信息流、资金流）、要素的经济资源（人力、物力、财力）、经济关系（包括与消费者之间和厂商之间的等价交换、所有权、分配、信贷、结算等）和经济过程（投入、产出、收入、成本、效率等）所进行的全方位数量计算。它既包括对市场事件、经济现象静态状况的存量计算，也包括市场事件隐匿与显现、事前预计与事后结果、静态与动态的流量计算和实际计算。除了会计、统计和业务计算外，还包括运筹学和最优规划等技术方法。计算的技术是经济人的能力补充。在当今互联物联及数字化时代，借助于大数据、云计算和AI计算等，可以增强经济人的理性。

3. 认知与计算的延伸——企业家经济人对"组合要素体系"的立义

立义，是企业家经过对"组合要素体系"认知、计算等统觉过程后的确信（处于前决策的意识层面），是对组合要素"整体性"意义的确立和信念，如第六章所说，是经济人内意识中意向的总体表达，很大可能是企业家创新思想的发生、成熟状态。需要强调的是，企业家确认的是组合要素体系及维度整体的协调创新，而不仅仅是个别的组合要素及维度调整。只有对整体性的体系展示出确信，立义才能成立，也才能称其为理性经济人（如图7-1）。

第七章 业态发生中的组合要素体系创新

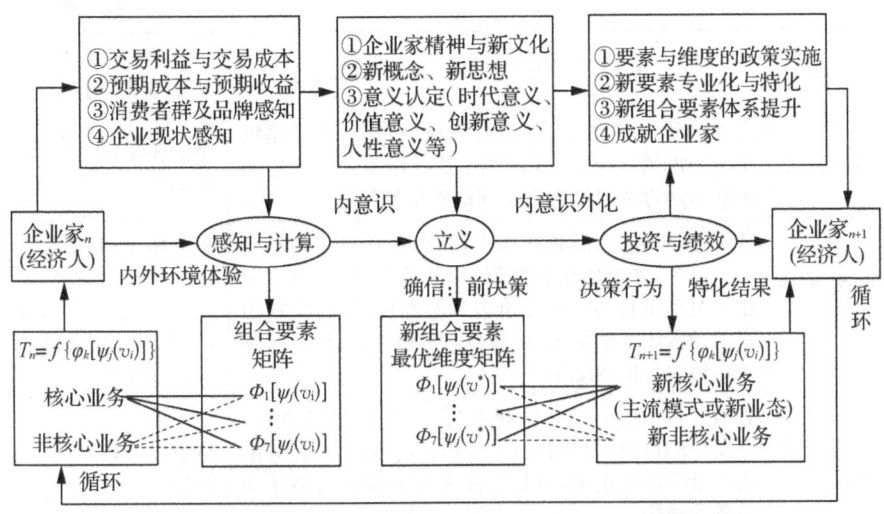

图7-1 经济人对业务中组合要素体系的认知、计算与立义

由图7-1看出,经济人的立义是运行组合要素体系的关键。第一,它产生的"确信"(不管是肯定的,还是否定的)带来了企业家精神和新文化气息,成为创新的思想基础和源泉,获得了"组合要素体系"的新意义;第二,它给企业带来"最优维度矩阵"及其引致维度创新,也是一组与外界博弈的纳什均衡。最优维度矩阵是组合要素之间传递产生引致性创新的结果;第三,它的外化行为——企业家的投资决策、行动和取得绩效,带来整个组合要素体系中的结构转换,使得新核心业务成为主流经营模式,并成就了企业家创新事业。

为便于读者理解,现根据近年来(包括抗新冠病毒疫情期间)企业界在网络上对"直播带货"现象的观察,笔者试着综合展现企业家对直播带货共识性的立义——对意义的理解(表7-2)。

表7-2 企业家关于直播带货的立义及相关的主要组合要素举例

统觉项	意义被赋予的表达(判断、洞见与信念)	所涉及的主要"组合要素"与"要素"
概念立义	直播带货的两个商业根基:平台和品牌,它们是流量池与产品池的匹配;增加视觉和听觉的冲击点,让消费者购物从网络单一搜索跨越到网上多元社交体验	整个体系;业态创新战略;6(6-1,6-2)

续 表

统觉项	意义被赋予的表达(判断、洞见与信念)	所涉及的主要"组合要素"与"要素"
时代意义	直播带货必将在5G通讯时代成为常态；直播是疫情与后疫情时代下生命哲学的践行，为人们营造超越新冠病毒和自然灾害空间的安全消费场景	整个体系；6(6-1、6-2);4(4-3)
服务价值意义	性价比越高的选品越让用户留存，留存率越高越具服务价值，才能越让直播带货IP长久运营；内容制作是直播带货的核心竞争力和附加价值，它体现为对消费者用心的细节、认真负责的精神，是精良团队运作传递价值的结果	整个体系；1(1-1、1-4、1-5);2(2-2、2-5、2-6);5(5-1、5-2);6(6-1、6-2);7(7-3)
价值链建构意义	直播带货本质上是充分利用"人—货—场"的资源，以用户的价值主张构造C2M销售链路，不仅是对销售场景的深度重构，更是对商家与消费者新型互动关系的建构	整个体系；6(6-1、6-2);
广普意义	自媒体短视频崛起、用户网络粘性提升、主播室轻资产投入等，能覆盖新消费领域的各类产品供应商，可使得直播带货在各产业及服务业加速普及与迭代	整个体系；6(6-1、6-2);7(7-1、7-2、7-3);3(3-3、3-4)
新营销与业务团队引领意义	网红(明星偶像、KOL主播)与网友(粉丝)关系紧密，容易达到带货目的，前者及团队凭借专业能力帮助用户选品，借粉丝流量向品牌商获取优惠商品，并依托粉丝互动、限量秒杀等方法，激发消费者购物欲望并引导其迅速下单	6(6-1、6-2);1(1-1、1-2、1-5、1-6);2(2-2、2-3、2-6)
学术意义	经济学意义：探求交易利益、网红经济、产业链经济的新视野；营销学意义：直播新关系营销、网红营销等	整个体系

注：① 本表右栏中括号外面的阿拉伯数字为表7-1中的组合要素编号，括号中"—"后的数表示要素，按重要性排列；② C2M,Customer-to-Manufacturer,即用户直连制造，一种新型的工业互联网电子商务的商业模式，又被称为"短路经济"；③ KOL,Key Opinion Leader,即关键意见领袖；④ IP,Internet Protocol,也称IP数或独立IP数，指1天内使用不同IP地址的用户访问网站的数量。

  这里要说明一点，依照发生认识论原理，认知是一系列连续更新的自我调节的建构。① 经济人的认知、计算和立义这三项，既不是孤立的，也不是顺序的。实践是流动的，认识也是流动的，因而立义也是流动的、升级的。企

---

① 皮亚杰.发生认识论原理[M].王宪钿译.商务印书馆,1970.

业家总是在业务建构中不断认知与统觉,在建构中不断产生新业务的新计算,在新关系建构中产生新的立义,内意识在循环中不断更新、深化,呈现新反思、新洞识等,思维永远不停止,创新永远在路上。企业家就是这样成长的。

(二) 要素组合体系中业务活动的共时性配置分析

在立义基础上,我们要对"要素与维度"的选择与配置进行经济学分析。如上所述,要素组合体系的业务配置格局中,有的要素属于核心业务,有的属于非核心业务,而如果非核心业务变为核心业务这种配置发生变化,就有可能诱导其成为新业态。

1. 要素组合中不同维度共存的业务配置

我们以"服务产品要素"及其维度为例,构建一个多"服务品类数量"供给的艾奇沃兹方盒(如图7-2)。

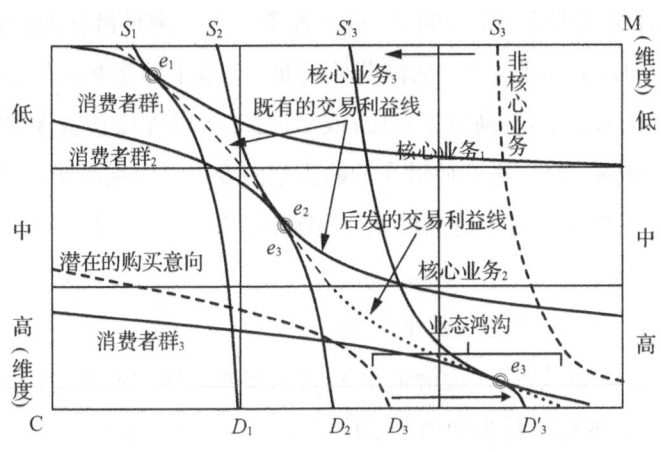

图 7-2 要素的维度配置及其供给与需求

其中,S_i 为服务企业 M 中服务品类要素的供给,其维度显示低中高三个档次;D_i 为消费者 C 的状态,是按需求程度显示低中高三个消费者群适应"维度"的状态。对 M 和 C 低中高状态的研究方式可以套用在其他各种要素的分析上。S_1、S_2、S_3 为服务企业三档次服务品及维度的供给可能性线,其中前两者是企业的两个核心业务,后者 S_3(虚线)是非核心业务,这些线以上的面积表示各自的供给可能性；D_1、D_2、D_3 分别为三个消费者群的需求可能性线，其中 D_3（虚线）为潜在的高档品线，这些线以下面积为各自的预算域。以上所有面积在交叉中不存在累加关系。从图中看出，e_1 和 e_2 分别在低档区和中档区达到均衡，即该要素前两个维度的供给与前两个消费者群的需求相适应，意味着两种状况的交易利益在这两个区域中可以达到满足。从两个均衡点所处的位置看，服务品类要素的维度档次适应于"中低档"业态经营。

现在的问题是，在高档品需求 D_3 存在的条件下，对于非核心业务品类要素的高档供给 S_3 并未充分扩展，或许是因为企业尚未认识到 D_3 的潜在力量，亦或许目前没有能力开拓市场。从图中所展示的"后发的交易利益线"（之前是潜在的交易利益线）看出，二者的交易利益并未达到满足。它们之间存在着一种"业态鸿沟"，需要企业去发现并开发高档用户的消费者群 D_3。

这就需要对非核心业务的 S_3 进行投资。为了满足潜在的高档品消费者群，需专门开辟营业空间，翻修营业场地，建地下停车场，营造舒适场景等；或招募技术骨干，提高员工素质；或培训员工，以胜任新服务项目，使 S_3 上升为一级核心业务，进而使潜在的购买意向变成显示性消费者群$_3$等。当 S'_3 和 D'_3 在高档品区某个适当的量上相遇时，就产生了交易利益上的均衡（如图中的 e_3）。

2."核心业务—要素—新业态"路径

对于 S_3 的持续投入，会给企业 M 带来要素结构和业务结构两个变化，也会给消费者的购买行为和消费结构以至生活方式带来变化。

对企业来讲，一是导致 S_3 由非核心业务上升为核心业务。S_3 逐渐成为快速增长的业务，其收益倍受企业青睐。其规模扩大，将促进工作流程的分工和专业化。二是导致整个组合要素系统的内部发生适应性变动。例如，高档品销量增加，带动"价格要素"的策略调整；"服务过程要素"中顾客管理方式将由常规管理变为定向的质量管理，有的还需定期回访；"环境要素"中要实施店面装修，或者专门开设"精品店""样品店""体验店"，等等。

企业 M 在 S_3 上的业务创新最终填补上了"业态鸿沟"。对于企业 M，新业态可能有两种存在方式：一是弥补新"业态"，使业态结构得以完善。例如，之前介绍的苏果超市案例就是如此；二是新业态另立门户，成为一个新业态企业。现实中业态升级的例子很多，如在一般超市基础上独立出来的精品超市、水果超市、品牌集合店等。

从上面分析看出，组合要素体系及其变动是服务业业态内部生成机制的重要方面。

（三）交易利益追逐下对要素与维度的历时性配置

下面，我们试图研究交易利益牵引下要素与维度配置的历时性变化，并对业态升级的发生过程进行分析。

1. 维度与要素变动：从门店沟通到网络沟通

当消费者（用户）"买的意向点"与厂商"卖的意向点"相遇时，理论上说，双方达到各自交易利益的满意程度。双方的买点和卖点体现在哪些方面呢？对一般的消费者来说，购买商品时交易利益的买点有获得性价比、物美价廉、实惠耐用、方便及时、省力省时、美好体验、身心愉悦等；如果购买者是企业，其买点还有高品质、低成本、省工省料、易于再制、优质服务等；对一般的商家来说，售卖商品时交易利益的卖点比较复杂，有的追求高额利润，有的追求能获得利润，有时追求保本，有时甚至追求仅仅能抵偿部分损失等。依照不同的价值倾向，有的追求品牌信誉并获得较高社会地位，有的追求数量业绩，有的追求维持生存状态。

交易利益就是以上两个集合中各自任意一个（或部分）项目在双方相遇后的"自愿结合"，即理性经济人相遇后，经过各自的盘算（计算）形成立义后所达成的交易意向和交易行动。下面，通过沟通组合要素中"沟通方式"的维度变化，从发生学视角对业态生成的影响进行说明（图 7-3）。

我们仍然用艾奇沃兹方盒进行分析。设定图 7-2 是要素组合中"沟通方式要素"的两个艾奇沃兹方盒。其中，虚线为非现实状态（未发生或过去发生）；从所占面积来看，S 为服务企业 M 的商品供给可能状态，显示店面沟通和网络沟通两种状态，其维度是企业沟通方式偏好程度；D 为消费者群

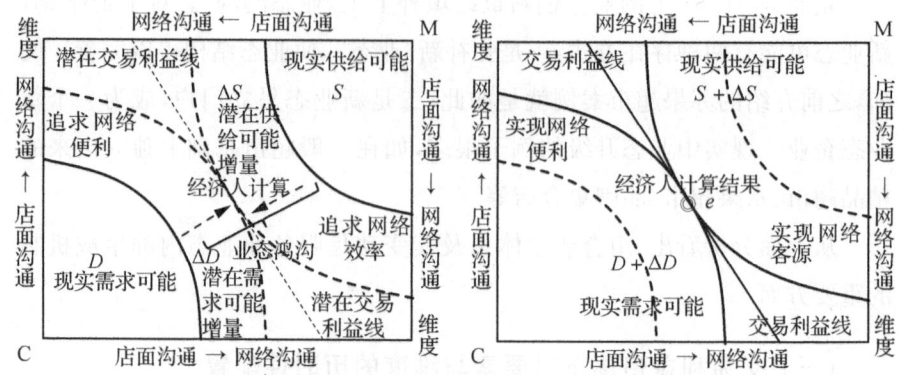

图7-3 沟通要素组合中沟通方式维度变动后的交易利益均衡

C的需求可能状态,需求程度也受店面沟通和网络沟通所影响,其维度是消费者沟通方式偏好程度。左图表达的是"店面沟通"状态,图中的虚线仅仅是憧憬;右图表达的是"网络沟通"状态,图中的虚线是历史痕迹。对比两图,可看出维度发生了变化。

在左图中,因"店面沟通"处于低维度,消费者需求可能性曲线与企业供给可能性曲线没有相遇,因而存在着"业态鸿沟"。企业在对消费者进行"洞察"之后,经济人双方的立义是:企业应提高与顾客的沟通维度,开展"网络沟通"的网上售货业务可以吸纳更多客源,并可获得可观的交易利益;而消费者因多年来信息化环境熏染,从习惯店面沟通逐渐转向方便的网络购物方式。因此,双方的经济人内意识认定存在潜在交易利益。作为理性经济人,企业有如下"计算"结果:对"网络沟通"的设备与流量投入能换来大批网上顾客,其投入作为沉淀性成本,可以长期维持客源;而消费者的"计算"结果是,用增加网络流量消费可以获得更多的商品信息去换取宅中购物的方便,最终能获得满意的交易利益。因此,这样的交易对双方都是有意义的。

在图7-3中,经过企业对网络设施与直播推流的投入,需求可能性(客源)和供给可能性(方便性提供)的规模将同时扩大。作为经济人计算的结果,消费者与企业"自愿结合",使二者的买点和卖点相遇,在e处达到均衡,彼此最终获得了交易利益。

2. 要素组合与维度的迁延创新：从网络沟通到"主播—粉丝"互动

前面说过，认知、计算和立义是流动的，均衡点也是流动的。随着5G技术及新媒体发展与社交网络化趋势，商家依托流量经济展示并"带出"品牌商品，在"沉浸式"体验方面展开竞争，从而引起新一轮的组合与维度的继续创新，"沟通要素"及其维度从"网络沟通"跨越到"主播—粉丝"互动式的"直播沟通"。

这里，笔者从发生学视角对其进行经济学解释（如图7-4）。该图是叠加了2个时间的艾奇沃兹方盒沙盘。"M_2—C_2"是显现于当下的"直播带货沟通方式"的艾奇沃兹方盒，以实线绘制；"M_1—C_1"是"潜伏于"以前的"网络沟通"的艾奇沃兹方盒，以虚线绘制（实际上是图7-3右边的方盒，为再现历史，在符号下加了"1"的角标）。不难看出，这两个方盒具有跨时代的历史继承性。现在从"组合要素与维度"角度对其进行分析如下：

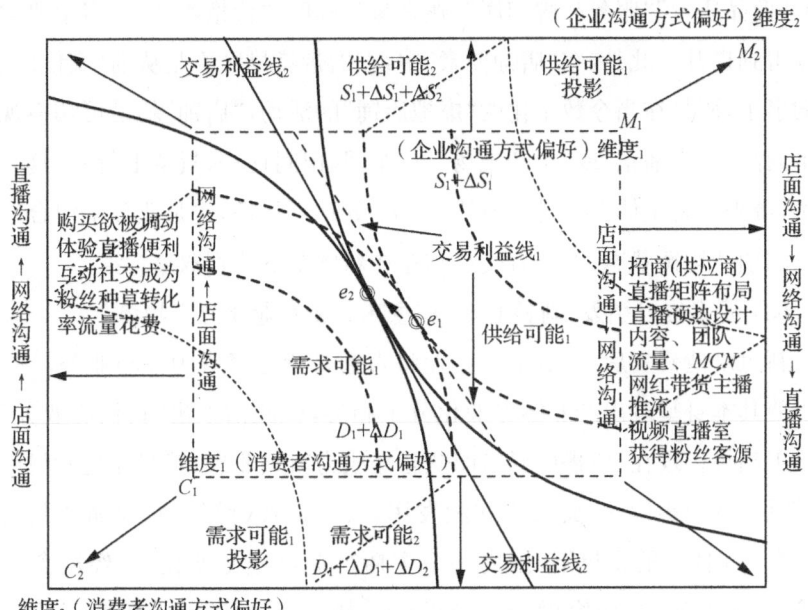

图7-4 从网络沟通到直播带货沟通：交易利益均衡变动的发生

（1）沟通方式要素的维度提升：从网络搜索到直播互动

从图中看出，"M_2—C_2"方盒中的沟通方式要素从"网络沟通"递升到了

"直播沟通",显然处于高维度状态。经营主体 M_2 通过一系列投入,形成了整个直播带货的产业链和团队,如对供应商选货和直播矩阵布局、直播预热和内容设计、主播及网红"推流"等一系列操作,增加了客源。显然,直播带货已经上升成为企业重要的核心业务;消费者主体 C_2 利用融媒体社交平台与主播进行互动,获得了购物的方便、体验和较高性价比商品。

(2) 交易规模扩大导致多要素提升

直播带货带来与顾客的深度沟通,增加了对商品的感受和了解,吸纳了大量消费者,因而交易量大大提升。在整个沙盘上,我们可以看到"历史的投影"(在"M_2-C_2"方盒中可以看到"供给可能$_1$ 投影"和"需求可能$_1$ 投影"),显然,从面积看,服务品数量从历史上的 $S_1+\Delta S_1$ 增长到了 $S_1+\Delta S_1+\Delta S_2$,需求量从 $D_1+\Delta D_1$ 增加到了 $D_1+\Delta D_1+\Delta D_2$。不仅如此,直播带货使得商品品牌获得推广,一些新产品被消费者认识,"商品品类数量""服务商品质量""服务品牌归属""顾客参与程度""价格水平"等多个要素的维度得到提升。此外,在"店铺要素"中,直播带货早已不是从前"实体门店"干的事了,而是在当今数字化的"虚拟店铺"的活动,"店铺"就是可切换视频展示商品的"直播室"或"生产现场"(如车间、田间地头、货架上等)。这一切汇集,带来交易主体在交易利益线$_2$ 的 e_2 处达到均衡,也是业务中组合要素体系的纳什均衡状态,意味着交易利益在新体系下达到双赢。

(3) 要素提升引发"新核心业务"意味着新专业化分工趋势

新冠疫情暴发后,不少平台企业将直播带货已经视为核心业务,[①]并进一步使其本身呈现出产业链专业化分工趋势,由此衍生出"新核心业务"的新分工趋势。现在,主播(网红)团队已经成为新兴业态,其职业是专门用语言、知识、视频影像、体验等方式激发用户、消费者(粉丝)对商品的购买欲望。在5G技术的支撑下,国内网络主播行业迅速专业化,已经内含一系列策划、主题确立、内容设计、编辑录制、制作、消费者互动等专门的流水线式的市场化的分工,根据直播销售主题去确定产品、开播时间、持续的

[①] 其中,电商直播带货平台有淘宝、京东、苏宁易购、拼多多等平台;社交类别的直播带货平台有抖音、快手、微博、小红书等。

时长。其中,网红带货主播凭借粉丝流量优势,向品牌商获取低价优惠,依托粉丝互动,传播新产品,引发商品消费的新潮流。除此以外,还有"直播矩阵"专业性服务。具体的例子有,保威力作为"企业直播服务"解决方案的服务商,专为企业提供搭建"直播矩阵"的服务,以专业化的数据提供给各个部门和分支机构使用,将用户数据、直播观看数据等环节打通,并接通各种场景组合,其业务涵盖培训直播、营销直播、会展直播、办公直播、招聘直播等主要场景,这些业务几乎渗透到企业经营管理的各个方面。[①] 值得注意的是,直播带货这种专业化趋势反映出要素与维度标准细化的迫切性,可以预见,与之相关的服务业业态分工将由此而细化。

三、对服务业业态要素与维度评价体系创新的思考

(一) 服务业业态评价体系及其意义

1. 服务业业态的要素与维度评价体系

所谓评价体系,是在一定标准设定下表征评价对象各方面特性及其相互联系的有机整体,这个整体是由对象的评价要素及其测量维度构成的。同样,对于服务业业态的评价体系,其核心就是对服务业具体业务中的组合要素与维度的体系进行评价,以便识别其业态特征。科学和规范地设立这个体系,对于识别业态状况、引导服务业业态发展具有重要意义。

那么,对业态的要素与维度进行评价的标准是什么呢?笔者认为,它应是一套统一的评价体系,因此,要对设定的评价概念(组合要素体系、要素)及程度(要素的维度)做出统一规定,以技术和经验的结合成果为基础,经有关方面协商一致,由主管机构批准并发布作为共同遵守的准则和依据。设立统一要素与维度标准的目的是为了客观展示业态的状态。

2. 现实的指导意义

对于现代服务业业态创新,首先要识别业态,它是构建业态创新体系的

---

① 参阅"直播矩阵:引领企业数字化升级,保利威4大场景方案助力企业增长"(baidu.com)。

认识基础。在识别新时代的服务业业态中,本书在第一章中就提到了零售业业态的"要素"与"维度"问题。"要素"的"维度"涉及可包含的范围及其程度,其宽松与窄紧直接影响到是不是业态的问题;"要素组合"表达业态的性质,其变化反映"特化"(可以理解为一种"他化")的状态。随着中国服务业的急遽扩张,业态的概念已经泛化到各行各业,特别在当今数字化条件下服务业在技术基础、业态生成方式和表现形式上发生了巨大的变化,以前有些零售服务业的标准已经过时。目前,学界和业界对业态的内涵认识及辨识尚不统一,缺少整个服务业业态"广普"标准问题的研究,因此,国家就不可能对其"组合要素"与"维度"进行有效考量。应当看到,对"组合要素"体系与"维度"的深入研究将对服务业业态创新、提高创新效率具有重大指导意义。

(二) 对业态的要素与维度进行评价的三个基点

1. 体现企业家精神意志的文化特色

如上所说,企业家高尚的精神意志是高级经济人的内在文化体现,是创新的重要源泉。要素与维度设计要全面反映企业家在追求交易利益时弘扬"美好服务"理念,展现道德责任、绿色环保、传统文化等无形特质。例如,"美好服务"不仅是商品质地和外形的"物料美好",还要让被服务者感受和体验到"无形美好",应有效、充分挖掘无形特质,引导企业创新业态形式。

产品以伦理为载体,承载的是企业家对消费者的道德责任。它直接涉及"生产什么服务"(What)、"为什么要生产这项服务"(Why)、"为谁生产"(For whom)、"在哪里生产"(Where)和"怎样生产"(How)等问题。这一切都是以善的文化为核心展开的;以伦理为基底,文化特色是更重要的"差别化"理念,对它的深挖能使服务产品脱颖于单调的一致性,使业态创新进入更广的领域。

2. 反映社会化、数字化与现代技术的发展趋势

当今的服务业是以社会的信息化及数字化为基础的,无论是高端业态和低端业态已经都离不开信息化和数字化。应当说,信息化及数字化被应用到不同领域,造就、催化和支撑了业态的多样化。"信息""数字""技术"都是重要的生产要素,它们必然要具体化到服务业的"组合要素"和维度测量

中。例如，在 $f_i\{\varphi_s(v_i)\}$ 中，从一般的智能仓储业态衍生出以使用 AI 为核心业务的仓储经营方式就应该是一种新业态。

从根本上说，技术是评价业态的服务生产力和服务美好的条件，也是决定人性实现能力的基本条件。正是其不断进步，才使产品功能不断完善和性价比不断提高。技术含量越多，人性指数就越高，消费过程惬意感就越强；技术还对交易过程发生影响，不少技术还成为交易规范的必备要素。服务的技术含量不仅可以内化到交易过程，提高交易效率，也可以内化到消费者身体、最终内化到意识的体验中，使消费者的消费素质和消费的"美好度"得到提高。技术含量提高的过程也是服务产品和服务过程不断创新的过程，也是人性水平提高的过程。

3. 以核心业务的主流业态为基本参照

对业态现状的衡量与评价，只能使用核心业务（主要业务）的要素与维度。只有坚持这个原则，才能对企业的业态归属做出有效评判。不仅如此，对于多业态共存的企业，核心业务还存在等级之分，并且不同企业存在不同的等级排队。至于主流业态，它有两个层面，一是它在企业所经营全部服务产品的"商流"中占大部分或绝大部分，是对企业商流起主要支撑作用的业务；二是指在社会上其他企业中已经是"显在的"核心业务（或非核心业务升迁为核心业务），它可能作为业态而存在。那么，怎样确定企业的核心业务？笔者认为，应总体考虑企业多年的"服务品品类"经营的状况。

核心业务处于行业性存在，因此，肯定属于一种业态。但是值得注意的是，在一个服务业企业中，处于"非核心业务"状态并不意味着该业务在社会上其它企业中还没有形成业态。在一个企业中，它是非核心业务，但是在其他企业则可能是从属于某个业态的核心业务了。

（三）评价体系创新

1. 现代服务业业态组合要素体系的基本设置

国外学者早在 1980 年代就关注到 7 个组合要素，如 Booms & Bitner 将传统的营销组合 4Ps 扩展为服务营销组合的 7Ps，包括产品、价格、地点、促销、人员、有形展示和服务过程等7个要素[①]；Zeithaml、Parasuraman和Berry提出，无形的服务品较之于有形的商品，除了无形性外，还有不可分性、异质性和易逝性等本质特征。[②] 国内学者彭娟设定了商品零售、餐饮零售和服务零售三种形式（实际上就是通常所说的零售业、餐饮业和一般服务业），认为它们在价格要素、店址要素、人员要素和沟通要素的主要维度描述不存在差异，而在产品要素、服务要素和环境要素的主要维度描述存在较大差异，这主要与它们之间是否存在无形特征有关，[③]在新媒体时代组合要素中也是如此。其实，涉及服务业广普性的组合要素研究还有，如范秀成等探讨了服务营销组合要素与品牌权益相关维度之间的关系，[④]董长春等分析了档案服务的"营销"组合七要素组合，[⑤]但他们因探讨的主题和目的不同，很少对于"组合要素与维度"体系总体性设置给予研究。

如果从整个服务业视角看，彭娟的三种形式之间的总体差别不大，但与文化展示类的服务业有较大异质性。为此，笔者将服务业设定为两种模式，即"第一类模式"（由零售业、餐饮业和一般消费服务业构成）和"第二类模式"（由文化服务业构成），可由读者对不同服务业分析时依相应模式套用。鉴于第二类模式具有"展示特性和感受特性"（实物展示、符号展示、形象展示、情感展示、身体和精神心灵感受等），如景区展示、舞台展示、展馆及场馆及艺术作品展览等。笔者在试图结合第五章、第六章及本章上述研究的基础上，提出一个基本构思，它含7个组合要素，共设置32个维度。其中，对两类模式共同有效使用的有25个维度（如表7-3，并请参照表7-1进行对比）。

---

① Booms, Bernard H. and Mary J. Bitner, "Marketing Strategics and Organization Structures for Service Firms," in Marketing of Services, James H. Donnelly and Willliam R. George, eds. Chicago: American Marketing Association, 1981: 47-52.

② Zeithaml, Valarie, A. Parasuraman, and Leonard L. Berry, Problems and Strategies in Services Marketing[J]. Journal of Marketing, 1985(49)(Spring): 33-46.

③ 彭娟.新媒体时代零售业态创新[J]中国流通经济,2016(10):89-96;彭娟.中国零售业态分类研究[J].商业研究.2014(07):42-49.

④ 范秀成,张彤宇.服务营销组合与服务品牌权益:影响路径和作用强度[C].中国市场学会2006年年会暨第四次全国会员代表大会论文集,2006-04-01.

⑤ 董长春,任义权.试析档案"营销"组合七要素[J].科技情报开发与经济,2007(24):134-135.

表7-3 现代服务业业态组合要素体系基本设置：$T=f\{\phi_k[\psi_j(v_i)]\}$

组合要素：$f\{\varphi_k[\psi_j(v_i)]\}$	维度：$\psi_j(v_i)$				
	维度及编号：ψ_j	测量程度（可概括为若干离散的状态变量：v_i）			
1. 服务产品组合要素	1 服务品类数量	单一	多样	系列	
	2 某类单品数量	少	中等	多	
	3 服务质量档次	低	中	高	
	4 服务品牌归属	无品牌	自有	非自有	
	5 服务技术应用	低端	一般	高端	
	6 文化服务性**	少	较多	多	
	7 软服务性质**	提供劳务	提供认知	提供体验	
	8 非物质状态**	辅助性	主体性		
2. 服务过程组合要素	1 货流方式*	堂取	包送	其他	
	2 经营形式*	买断	代理	专柜	
	3 顾客参与程度	少	一般	多	
	4 支付方式	分散（现金）	混合（网银卡）	统一（在线支付）	
	5 服务持续时间	即时	1—数日	长期	
	6 顾客管理	非会员制	混合制	会员制	
	7 服务地点*	场馆（处所）内	混合	场馆（处所）外	
	8 附加服务效率	低	中	高	
3. 环境组合要素	1 店铺规模	小	中	大	
	2 店铺布局*	虚拟店	独立实体店	店（平台、场馆）中店	
	3 装修陈列	不讲究	一般	很讲究	
	4 休闲与辅助设施	无	少	中	多
4. 店址组合要素	1 店铺区位	居民社区	商业区	郊区	其他
	2 店铺地址	背街	临街	市场内	其他
	3 商圈范围	0.5公里	2公里	5公里	更多
	4 停车场	无	小	中	大

313

续　表

组合要素: $f\{\varphi_k[\psi_j(v_i)]\}$	维度:$\psi_j(v_i)$				
	维度及编号:ψ_j	测量程度(可概括为若干离散的状态变量:v_i)			
5. 价格组合要素	1	价格水平	低	中	高
	2	价格策略	稳定	浮动	其他(酬宾)
6. 沟通组合要素	1	沟通方式	店面　电话　电视	PC机及电邮	移动通信　其他
	2	沟通内容	促销活动	形象宣传	其他
	3	沟通频率	较少	一般	频繁
7. 人员组合要素	1	服务人员数量	无　少	较多	多
	2	服务人员形象	不要求	一般	好
	3	服务人员素质	低	中	高

注：在李飞、彭娟研究的基础上，本表设有7个要素组合并附带有32个维度。如果广义理解所有维度，它们可以适用于测量所有服务业行业。但是，如果从狭义看，带"*"的4个维度弱适用于"第一类模式"，带"**"的3个维度强适用于第二类模式，其余的25个维度共同适用两类模式。本表仅供设计时参考使用，因服务业形式繁多，可根据行业特点灵活确定要素组合及维度的标准。

2. 关于维度的解释

为了让读者清楚上表的维度所指，笔者将对表7-3的32个维度一一进行说明(见表7-4)。这样我们可以思考或试图建立一个业态组合要素的概念体系，也请业界感兴趣的读者提出建议。

表7-4　对业态组合要素体系维度解释

组合要素: $f\{\varphi_k[\psi_j(v_i)]\}$	维度:$\psi_j(v_i)$		
	维度及编号:ψ_j	解释	
1. 服务产品组合要素	1	服务品类数量	服务品(项目)的种类多少，一般分为主项目系列和次项目系列。大型综合性服务企业品类多，跨界大；小型服务企业品类少，跨界小。
	2	某类单品数量	综合性服务与专业性服务不同。对前者考察每个单品数量的服务提供能力，对后者考察单品专业服务提供数量的能力。

续 表

组合要素：$f\{\varphi_k[\psi_j(v_i)]\}$	维度：$\psi_j(v_i)$		
	维度及编号：ψ_j		解释
1. 服务产品组合要素	3	服务质量档次	一个服务行业当下被社会认可的服务质量层次；包含有形商品质量和无形商品质量的使用性能、耐用时间、身体感受等状况。
	4	服务品牌归属	在服务项目、服务标准、服务方式、服务承诺等方面，被一定范围公众认可的信誉评价。有世界品牌、国家品牌、地方品牌、企业自有品牌等。
	5	服务技术应用	服务品质料或服务过程中的技术含量（包括知识含量、消费技术培育等）。有低端应用、一般应用、高端应用等。
	6	文化服务性**	服务品及服务过程中的文化因素含量（包括历史、民俗、地方、艺术、商品、乡情等文化），并以此形成异质性的程度。
	7	服务品体验及康复**	服务品及服务过程提供中的体验性含量（包括娱乐性观赏、身心性修复、文化性认知等），以此形成劳务、认知及体验的程度。
	8	非物质状态**	具有传统艺术或历史价值的非物质形态展示，如书画、风俗、武术、杂技、歌舞等，以此形成异质性和体验性的程度。
2. 服务过程组合要素	1	货流方式*	涉及有形商品服务的货物如何到达客户手中的方式。
	2	经营形式*	组织服务品售卖或经营的方式，如是否经销、代理，是否专卖、专柜等。
	3	顾客参与程度	顾客在消费过程中在体力、精神、智力、情绪上的投入程度。
	4	支付方式	客户对于服务的货币支付形式。如现金支付、预先支付、货到付款；信用卡支付、在线支付、数字币支付、电汇支付等方式。
	5	服务持续时间	售前服务、售中服务、售后服务及保证时间或延续时间。

续 表

组合要素:$f\{\varphi_k[\psi_j(v_i)]\}$	维度及编号:ψ_j		维度:$\psi_j(v_i)$ 解释
2. 服务过程组合要素	6	顾客管理	即CRM,与顾客之间建立双方接触的管理方式,如非会员制、会员制及混合制,再如面对面管理或网络管理状况等。
	7	服务地点*	展示服务品或实施服务过程的场所,如店堂、场馆或其虚拟形式等。
	8	附加服务效率	辅助主打服务品的补充服务品及为客户提供的质量与速度。
3. 环境组合要素	1	店铺规模	按照不同行业,确定各行业店铺场馆的有效服务、陈列物品或床位占用的总面积。
	2	店铺布局*	微观布局:服务设备,如货架、柜台、展台、陈列橱、电梯、通道、服务品等的摆设布局状况;宏观布局:服务网点分布状况等。
	3	装修陈列	室内设计中的墙纸、灯光、配色、装饰图案及服务品显示状况。
	4	休闲与辅助设施	室内或室外景观中的阅览、座椅、健身处、休息区、餐饮处及绿地、公园、广场等要素。
4. 店址组合要素	1	店铺区位	店铺与周边服务品偏好客户的人口特征状况。如书店与文化区人口状况、便利店与社区(小区)人口状况等。
	2	店铺地址	店址处于城市(市区)街区的地段状况。如十字街、冷背街道、居民小区等。
	3	商圈范围	保证店铺盈利的辐射半径。
	4	停车场	与购买服务品相关的室外、室内、露天或各类停车场状况。
5. 价格组合要素	1	价格水平	与当期同行业同类服务品及服务过程相比的价格状况。
	2	价格策略	稳定价格、动价格。包括:撤脂定价、渗透定价;尾数性定价、声望性定价、习惯性定价;折扣定价(数量、季节、推广等)、歧视定价(顾客群、花色品种、商品部位、时间等的差价)等。

续 表

组合要素：$f\{\varphi_k[\psi_j(v_i)]\}$	维度：$\psi_j(v_i)$		
	维度及编号：ψ_j		解释
6. 沟通组合要素	1	沟通方式	企业对内与对外利用信息媒体进行服务运营的能力状况，特别在当今互联网时代，以互联网、移动通信为基础，利用融媒体取得互联的能力。
	2	沟通内容	依据服务品和服务过程所进行的广告促销、形象宣传、忠诚培育、顾客关系、客服解疑、满意评价、直播互动等状况。
	3	沟通频率	企业对内与对外的信息每日花费的流量或常年流量状况。
7. 人员组合要素	1	服务人员数量	广义：全体员工数量；狭义：店堂场所一线服务人员的数量。
	2	服务人员形象	一线服务人员的品貌形象状态。
	3	服务人员素质	全体服务人员的心理与身体综合素质及接受教育状况。

注：分析维度时，须在相同的服务业业态内建立统一测量口径并进行比较分析，才能对业态分类更有效。

3. 对几个重要的组合要素的概括性认识

基于以上对组合要素体系设置及解释，下面从综合视角谈谈对业态分类构成现代服务业业态组合要素的概括性认识。

(1) 关于"方式"的维度

经营方式创新是服务业业态创新的软实力。表中涉及用中文文字表达的"方式"的维度有经营形式、货流方式、支付方式、沟通方式，前二者属于服务产品组合要素；还有相对于店铺方式的"经营方式"维度，如文化服务性、服务性质、非物质状态、服务地点、沟通内容和沟通频率，前三者属于服务产品组合要素等。这些方式、维度现在已经成为企业挖掘软实力的重要领域，它们各自都有"核心业务"的行业归属。

现代服务业业态创新更多的是经营方式的创新，不少方式与实体店铺形态无关，特别是移动互联网的普及导致许多行业"去店铺化"或"店铺虚化"。例如，餐饮业中的外卖这种业态形式，对消费者来说，已经见不到店铺了;社会教育机构中,出现网络教育(如作业帮、老年网校等)在网络上操作,也不需要门面;一些本身就不依赖店铺运营的服务行业,如快递、共享单车、共享汽车、出租车的网约车等,通过手机APP(进入APP就进入了虚拟店铺)就可进行交易;即使在零售业中,也出现了无店铺销售。因此,用店铺作为考量维度,对有些服务业已经不合适了。

(2) 关于"服务品"的维度

随着服务品中有形质料和无形质料构成的复杂化,当今任何服务商品都可以在服务品类数量、某类单品数量、服务质量档次、服务品牌归属等方面进行设计和测量。与之紧密相关的维度还有货流方式、服务技术应用等。

消费者往往将"服务品"放到第一位。在"服务商品档次"中,正像前面所论述的那样,在新时期中国特色社会主义时代,服务商品应该反映"美好服务"的程度。因此,其实质商品的维度必须给予重新解释。一方面,服务商品内含的品质是决定业态的第一位因素。服务品的技术含量越高,服务的美好度就越高,有可能诱发一个新业态的可能性就越大。例如,服务型制造业中游离出的3D打印业可以打印出各种新奇的蛋糕、玩具等。为促使"美好度"的技术含量提高,还要对消费者的"技消费"能力进行培育,以免消费者花费较高的消费成本。为了让消费者认知新消费品,服务设计者可以追加技术投入,通过要素组合质量提高使"服务质量档次"得到提高。另一方面,对于服务品的性质,从业态表上看,往往"物质产品"与"物质产品+"就可能产生业态之别。例如,便利店经营日常的小型实质商品——"生活用品",但是变成"生活用品+互联网(物联网)"的组合,就有可能成了网店(无人便利店)。总之,实质服务品的技术和文化档次越高,实质服务就越"美好"。

(3) 关于"沟通"的维度

具有沟通功能的维度,除了"沟通组合要素"三个明显的维度以外,还有"服务过程要素组合"中的顾客参与程度和顾客管理两个维度,还有"人员组合要素"中的三个维度等。

在当今信息社会,互联网及移动互联网已经成为企业与企业、企业与消费者之间最常用的沟通方式。互联网络的沟通社会造就了数字网络化的信息平台,实现了空间的"遥在"沟通。因此,数字沟通不仅是"美好服务"的构成内容,也是形成新业态的元素。例如,"离散的'单个订购'集合+网络适配"的方式,利用互联网及移动互联网,就形成了"团购"①业态。另外,大数据、云计算的产业化,给服务业决策提供了精确的判断基础,为归纳用户群(消费者群)提供依据,进而有的放矢地进行倾向性沟通,据此进行网络促销和网上客户管理等,如"互联网+亲子体验"就是融沟通与"儿童(妈妈)需求群"于一体的经营方式,与此相关,出现了"儿童业态",等等。

(4) 关于"文化"与"技术"的维度

对文化的挖掘可以使业态特质化。文化作为服务业的一种基质,对业态创新的影响越来越重要,不少业态是带有"文化符号"呈现在世人面前的。因此,上表突出了文化维度,如文化服务性和非物质状态,实际上服务品牌归属维度也与此有关。由于文化具有不同形态,因此,任何一种其他维度与文化嫁接,就可能产生一种新业态。例如,药店与中医文化的结合,产生"中医馆"和"养生馆"等的新兴业态,适宜于养生消费群。旅游业与文化遗产及演艺相结合产生出"文旅综合体""景区剧场"等新兴文旅业态;"汽车产业+文化"融合科技发展产生"新型汽车服务产业园"。总之,"接文化地气"应该被视为当今业态创新的重要源头。地方文化更加多样化,将使"小业态"呈百花齐放状态。特化与多样化可以使服务选择多样化,从而增加美好度。

新技术应用,作为生产要素的技术含量的提高,对服务业业态创新有着直接的推动作用,并成为引发新业态最活跃的因素。作为当今普及性的技术——5G与物联网技术、人工智能等,其技术要素与各组合要素相结合,往往形成一个时代前沿的业态创新。例如,当今的"人工智能+智慧指令+智慧搬运"就成了"机器人服务商店";一些专业性技术会引发专业性新业态,例如,"工业互联网+3D打印技术+X"可以形成多种"服务型制造"的新业

---

① 团购本身是一种经营方式,但是一些企业专门以团购方式进行经营,就成了团购业态(或团购平台业态),如国内的酒店团购、画皮网团购、窝窝团购、新余团购、拉手团购、国航团购、糯米团购等。

态。新技术有多种层次,无论涉及服务产品(包括核心产品和附加产品),还是涉及经营方式及沟通方式,以及它们的细则,都可能产生不同层次的新业态。

对上述维度新的解释、修正和补充,或许能对现代服务业业态创新提供一些参考。

第八章　服务业业态创新难题与业态多样化政策

——激活未来的发生

人总是存在于"追溯历史、面对现实和憧憬未来"的时空下。按"回溯—前进"的方法,我们今天所做的就是未来事件的"潜伏",今天的"预感"或许就是未来的"变现"。探索分工多样化和服务业业态多样化的发生学,就是寻求塑造"美好生活"的过程,就是在解决"当下"问题的同时,去"激活"未来的价值。我们要努力构建服务型社会,使之成为一个共同体式的人性化社会,就像我们今天比过去高级一样。

一、中国服务业业态创新问题的性质

本章探讨的"创新问题",指中国服务业业态创新中自身存在的、必须研究和解决的疑难问题。从认识发生视角看,社会问题常常是被"愿望"倒逼和在现实中对比出来的,因而发现、提出、理解、分析和解决问题就成了人特有的一种思考和实践过程。

(一) 较高层次的标准

前面的研究说明,创新是经济人始终不断的高级追求。中国已经是世界第二大经济体,服务业创新正经历"爬坡"之路,正从"模仿性"创新走向"原创性"的较高水准创新。服务业在应对中美贸易摩擦和战胜新冠肺炎疫情中不断克服艰难险阻,在"双循环"发展格局中,正引领我国由贸易大国向贸易强国迈进。

中国服务业面向未来的创新,是追求"美好生活"目标下的创新。改革

开放40多年来,中国实现了人均GDP从1978年的381美元(居世界第94位)到2020年的1.05万美元(世界第55位),在此过程中,使8.5亿贫困人口脱贫,2020年末中国常住人口城镇化率超过了60%;在2001年全国居民恩格尔系数中,城镇为38.20%,农村为47.70%。到2019年,居民恩格尔系数下降到28.2%,其中城镇为27.6%,农村为30.0%;[1]从全面小康的标准看,我国人民在政治、经济、科教文卫、社会等方面,已基本达到全面小康水平。[2] 基于此,中国人民的服务需求结构已跨上了一个新台阶。在这种情况下,服务业的创新的核心成了业态创新,它必然以跨入"美好生活"的较高层次为标准。服务业创新已经不是解决在量上是否满足需求的问题,而是要解决在质上,即追求美好生活方面是否能满足的问题。

(二)自我挑战的命题

1. "蓝图"命题

"两个一百年"的目标划定了发展蓝图,不断产生着中国发展的新课题。作为蓝图的分解领域,服务业在向新征程的迈进中,通过深化改革,引发不断挑战自我的创新,并不断释放出活力。在此期间,我国通过规划引领,把科学规划和蓝图作为推动服务业高质量发展的依据,通过蓝图指引,在吸收发达国家先进经验和教训的同时,结合自身的国情条件,以高标准、高水平的规划设计,坚持在总体上指引方向、在业态上突出重点、在区域上优化布局,使服务业业态结构不断高级化,并逐渐显现出了中国服务业的方式和特色。

2. "爬坡"命题

被赋予"爬破"使命的第二大经济体,必然要迎接未来"史无前例"的挑战。人口基数红利和人均购买力的提高,产生了"可细分性"的需求者群,支撑了服务业分工越来越细化的、不曾有过的新市场。危机中奋起和爬坡中追赶,激发了我们的智慧,信息化和数字化技术的应用催化了新业态的发

---

[1] 2020年全国居民恩格尔系数上升为30.2%,其中城镇为29.2%,农村为32.7%。参见:国家统计局:2020年全国居民恩格尔系数为30.2%|国家统计局_新浪财经_新浪网(sina.com.cn)。

[2] 联合国划分恩格尔系数对世界各国生活水平的标准:平均家庭恩格尔系数大于60%为贫穷;50%—60%为温饱;40%—50%为小康;30%—40%为相对富裕;20%—30%为富足;20%以下为极其富裕。

展,造就了一些中国特有国情下的服务业形式,例如,中国无现金的移动支付、高铁、共享单车、网购被列为"新四大发明",由此引发了服务业业态一系列的多样化。我国有的在世界上未曾出现过的服务形式,形成了举世瞩目的新服务体系,其经营方法成为人类灿烂文化的一部分。

现实告诉我们,在高端服务领域,中国当今业态创新的"模仿复制时代"即将结束,未来许多创新意味着必须"走前人没有走的路",因而在一定意义上,业态创新也许是依照我国特有国情影响世界,甚至引领世界规则的事业。

二、中国服务业业态创新中存在的问题

笔者认为,在服务业业态创新的问题上,首先要知道创新什么,即创新的对象是什么;其次要清楚如何创新,即找到创新的方法和路径。

(一)"创新什么"的问题

服务业业态创新,首先是要创新服务商品及其提供的方式,还要创新其背后的服务理念。

1."服务商品及其提供"问题

服务商品及服务方式,是任何服务业行业经营都绕不过的本职业务。服务业业态创新,首先要设计的是创新服务产品和创新服务方式,二者既有区别,又有联系。前者往往表现为新项目,如产品对人身心的新体验,或者新作用等;后者往往表现为实现项目的新方式,如沟通方式、展示方式、价格方案、场景氛围等。方式涉及面很广,由此决定了方式性创新在服务业业态创新上居主要地位;就二者联系来看,它们本身是完整的服务产品。

消费者或用户常关注服务产品的质量问题。一般认为,服务质量问题主要表现在售前服务、售中服务态度、服务中专业知识及售后继续服务等方面。我国目前在服务商品提供上进行原始创新的服务企业不多,一些消费者所反映的服务质量差的问题,实际上主要是客户在"期望"和"感知"之间存在差距,差距较大就意味着"服务质量不理想"。据笔者调查,56.4%的受访者认为服务质量差主要问题产生于服务品及其功效上,心理差距总是存

在的,严重的将产生纠纷。

有四个原因导致了"服务质量不理想",一是企业缺少客户信息来源渠道,不完全了解客户真正所需的服务方式和内容,导致服务不对路;二是企业过多地考虑自己的收益,没有站在客户的角度去考虑商品档次和价格,或者单方面提高服务质量而忽视了客户对便利的追求;三是缺乏服务产品规范经营的标准、市场监督管理和执法力度,市场混乱带来假冒伪劣产品和服务;第四,价格不透明,服务质量与价格不匹配,消费者恐惧"价格陷阱"。

2."服务理念"问题:以品牌价值观问题为例

服务理念创新是服务业业态创新、提供美好服务的核心问题之一。理念是"服务商品及其提供"的背后设计,它被刻画在第一组合要素中。服务品牌相当一部分是"方式性"的,有的甚至主要以方式展现[1],其背后是品牌价值观的支撑。现在的问题是,这种服务理念尚未完全成为国民的认知追求和自觉意识,以至于部分服务业将品牌看成工具理性,仅仅将品牌与市场份额、收入和盈利增长等联系起来,未能真正理解品牌的价值理性。笔者称之为"理智尚不觉醒"。这种现象源于顽固的拜金"思想"氛围,一是经营者意识未进入现代化,对人性的理解未达到当代企业家的水准,有些经营者仍延续"暴发户"时期的利益最大化理念;二是"数量扩张潜意识"的"市场教育"氛围。企业家的"身份"或"角色"意识不清,追求单一的GDP指标;三是与物质生产过程硬技术含量的确定性相比,服务过程的软技术含量较多并存在评价的不确定性,由此对服务技术标准的精细化研究、管理、贯彻及教育培训往往流于形式,导致实践中对服务品质的"软尺度"衡量;四是客观的竞争环境使不少企业进入恶性同质化陷阱,无暇顾及树立品牌,有的对品牌建设心有余而力不足,不能对品牌计划实施日程管理。有的企业存在"反工匠"行为,机会主义意识使其浮躁与敷衍、虚华与虚夸、见异思迁与墨守成规,也因此导致粗制滥造、假冒伪劣等不道德或违法行为的发生。

总之,服务商品及其提供是服务业存在的首要基础。以品牌价值观为基础的服务理念则是业态创新的首要对象。

---

[1] 例如,相对于门市,送货上门就是方式;再如,以方式性展现的服务有感受沉浸式体验服务。

（二）"怎样创新"的问题

确立了对象，那么怎样创新呢？笔者认为，它是一个问题体系。其中，怎样激发创新动力和创新能力是激活未来的关键问题。

1. 关于创新动力的难题

总体来讲，它是经济人的创新意识受限而引起创新欲望不强的问题。这个难题可以归结为对创新的"知识产权"保护和激励政策问题。具体表现为：

第一，高创新成本下模仿的"搭便车"效应。对于业态的方式性创新，原创者和业态模仿者的花费是不均衡的。一般来讲，原创者的"努力成本和风险"天然地大于模仿者的"复制成本和风险"，许多软性的方式性创意生成本身就难于用知识产权界定。对于"创意"的结果，行业的创新收益很难归功于原创者的辛苦，再随着市场变换，反而原创者往往被这种创新潮流所吞噬。因此，业态创新成了少数企业的事情，大多数企业选择"搭便车"以求得安全。它造就一种倾向：依赖、等待、拿来和享受别人创意结果的"惰性"，懒于突破现状和为个性化进取去试错。

第二，体制缺陷下"柠檬市场"的"劣币驱逐良币"机制。它往往从内含上导致"企业家精神"[①]的损害。一些钻法律空子的企业缺乏责任担当，在服务产品信息不对称状态下，消费者因难以辨别产品质量（如优质品的程度和假冒伪劣的程度）而选择低价位产品。这样，市场会产生"挤出"优秀企业的"柠檬市场效应"[②]。它不但损害了消费者的利益，也损害了创新企业的利益，其连带效应是抑制了企业家进行创新的意愿。

第三，"租"经济下的创新敏感性消退。以大中零售服务平台为例，尽管作为中介提高了整体效率，但愈加展现出被"工具化"的负面效应，原来的自营"商场"变为联营的"卖场"，成为出租卖场场地的"二房东"平台企业。本

[①] 《中共中央国务院关于营造企业家健康成长环境弘扬优秀企业家精神更好发挥企业家作用的意见》(2017年9月25日)首次用这36字作为概括，即"爱国敬业遵纪守法艰苦奋斗、创新发展专注品质追求卓越、履行责任敢于担当服务社会"，该意见以此文字明确了企业家精神的地位和价值。

[②] "柠檬市场效应"是指，在信息不对称情况下，往往好的商品遭受淘汰，而劣等品会逐渐占领市场而取代优等品，导致市场中都是劣等品。

可能的创新受到了平台自身的限制,却把交易利益的重心倾斜到收取租金上,稳定的租金使创新被视为多余的付出,使商人对市场反应的本能被弱化。由此,以往的战略思想和勤奋精神被丢失,业务生疏使得创新动力和能力被严重削弱。

2. 关于创新能力的难题

业态创新能力被抑制,主要表现为创新目标(或收益)与创新成本不对等,常常表现为有强烈创新意向,如在竞争压力下进行被迫创新和追赶性创新等,却缺少人才支持力、技术支持力或资本支持力。在这种情况下,预期的创新效果不能或不能充分实现。

第一,技术创新问题。多年来,因服务业企业注重技术投入催生了一些新业态,如新零售形式、直播带货、远程医疗、远程教育等,也日益重视对服务场景的技术投入。但是,我国多数服务业企业对技术创新的研发投入远低于发达国家5%的水平。在发达国家,一般认为,研发资金占1%,企业难以生存;2%能勉强维持;5%才有竞争力。总体说来,我国服务业技术创新正遇到"爬坡"的瓶颈阶段,仅有的技术运用大都是模仿性的,对原创性的、影响组合要素体系创新方面重大技术投入较少,也没有普遍形成基础性、公益性、开放性的产学研技术创新平台。因此,新技术的应用迟钝,往往迟滞服务新方式的投入和组合要素结构的升级。

第二,"创新效果"问题。要进行业态创新,企业必须进行研发高投入,以应对业务流程改造和组织的一系列调整,以期获得先发优势的效果。但是,服务业的方式性软性创新常常具有"昙花一现"性质,创新成果往往具有很强的外溢性,在获得初期的交易利益后,相当部分的后期市场收益常常被跟进的模仿者很快瓜分,造成期初优势的丧失,正如一些"小店"模式、生鲜果蔬超市、汗蒸洗浴、中药房等那样。为应付瞬息万变的市场,企业还要对创新行为进行相应补漏、调整,甚至可能放弃先前的成果。如果前期投入的结果不能显示出任何收益,其投入反而成了沉没成本,等于为对手支付了创新成本。

第三,"创新失败"问题。创新失败,尽管是企业创新过程中的正常现象,但从本质上看,它还是一种创新能力不足的展现,而创新失败后所追加的纠偏或重新投资,则印证了前期创新能力的欠缺问题。按 Kahneman 和 Tversky 的"前景理论"[①],创新失败就是企业落入"损失前景",也意味着企业在未来的市场竞争中难以获得持续性的竞争优势。它可能会有多种后果,一是产生企业的"风险偏好"行为,表现为孤注一掷的冒险,主张进一步加大投入,"挽回"之前的损失;二是用户对品牌的"质疑"。用户因期望得不到满足而产生负面情绪,其强烈程度会影响到用户是否对该品牌选择宽恕的问题;三是企业可能产生"厌恶风险"行为,对再失败产生"恐惧"。此时等于"服输",由此彻底丢失了品牌的被信任度。对于创新性产品的期望值越高,失败后的心理落差越大,信任度丢失后,负面情绪就越强烈,这样就会挫伤"重整旗鼓"、继续创新的积极性。不少企业的业态创新就夭折于此。

上述创新能力方面的三个问题,本质上说是创新投入问题,更确切地说,是持续创新投入不足。诚然,创新能力与创新动力是一个问题的两个方面,它们相互牵引,并影响着创新的力度和效果。当然,创新动力与创新能力在一定程度上还受体制的影响。有关体制方面的问题将在后面探讨。

(三) 服务业业态的"方式性"创新问题——同质化陷阱问题

这个问题是以上两个问题的引申。伴随欲望实现不断变为现实,消费个性需求的不断满足,服务产品越来越多样化,不断使业态创新愈加进入经营方式领域。这样,就提出一个服务业业态"方式性创新"的问题。

1. 关于业态的方式性创新

方式性创新是一定程度上超越于商品体的一种业态创新,因而是一种运用抽象智慧并将其运用于经营的高级创新。这种创新必须依靠现代企业家精神才能完成。它是通过比较而显现出来的,例如,相对于网上销售,直播销售就是一种方式;相对于直播销售,C2M 是一种方式,等等,总之,方式被抽象为一种可以普遍化的文化模式,超越了商品品类

---

① 前景理论,是描述和预测人们面临风险时决策行为的理论,认为大多数人在面临获利时是风险规避的;大多数人在面临损失时是风险喜好的;大多数人对得失的判断往往根据参考点决定。

要素的本身。之所以认为它具有文化性，是因为这种创新只有具备高端的文化素养才能完成创新过程，非德才兼备的高级经济人莫属。

但是，在"爬坡"时，当原创力不足时，我们的创新活动常常迫于压力而追求明显的物质利益，倾向于可以显示实在的技术创新，业态创新因此有时被形式化，趋向于可以在眼球下"被展示"的创新。例如，场景系统、人货场的运行、包装革命、品牌升级等创新，当然，这些都无可厚非，但是，我们之中不是所有人思考到虚体意义的方式创新。例如，为了便利性、为了弱势群体、为了小众偏好、为了身心健康等而激发去满足人性的业态，实际上可能潜伏着持续驱动物质利益的精神力量，或许是一种"裹挟"文化精神的方式性消费所带来业态的伟大创新。一旦所倡导和培养的新道德理念和核心价值观融入了国民精神，这种业态或许可以在道德上和经济上获得持久的双丰收。服务业业态创新中所包含的高端性、方式性创新，能带来人们生活方式和行为方式的革命性变化。

2. 业态同质化陷阱：中国服务业方式性创新的最大软肋

业态同质化，指一个服务行业中大多数企业的业务组合要素体系趋于相同，即表现为目标顾客、服务商品、服务提供、沟通方式、价格策略、店铺布局及经营方式等组合要素体系的综合同质性。这里要注意，所谓"同质化"是某事物的同类超过了一定量才被确立的。应当看到，并非所有的同类聚集现象不合理。它分为容许同类聚集和过度同类聚集（如图8-1）。前者对竞争是有利的，后者则是导致市场滞胀的同质化，它引起同质化竞争。同质化概念本身是反差异化的。不同于差异化，它带有缺乏方式新意的、"过度"的雷同性质。

所谓"同质化陷阱"，是同质化竞争与价格竞争互为因果的恶性循环。目前，中国餐饮业中不少快餐店的同质化被概括为以下四点：第一，"可替代性"。食客选择的饭菜、菜品具有很大的相似性，因而当天可选择A店，另一天可选择B店，二者几乎无差异；第二，"价格战泥淖"。在快餐店饱和、缺少特征的条件下，往往导致价格战，形成"同质化竞争"；第三，"体验无差异性"。有人认为，中国的餐饮业即使存在顾客的体验活动，也仅提供一般的品尝体验。它缺少在服务方式、视觉传达和情感传达等方面的特色性和综

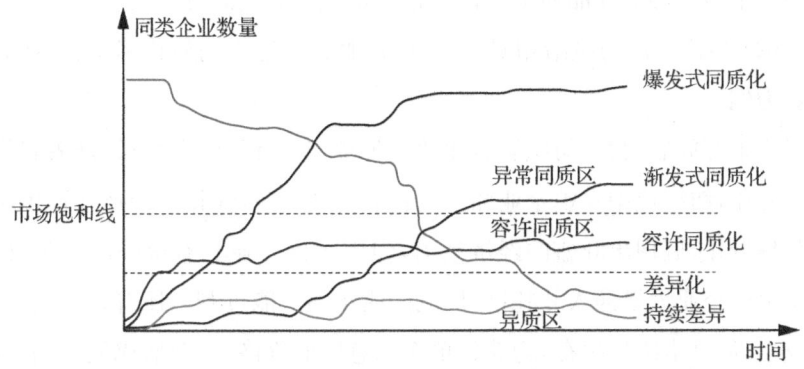

图 8-1 业态同质化与差异化过程

合性体验;第四,"弱识别性"①。餐厅布置、门迎语言,获取服务信息,取餐过程、付款结算等缺少的差异化设计。

除快餐业外,业态同质化现象还存在于百货、家居、服装专卖、旅店、折扣店等行业,甚至外卖过程、体验过程也不同程度地存在同质化倾向。它们常存在大致相同的服务类型、经营手段、销售流程、传递与沟通等,并因此展开恶性的价格竞争。

3. 业态同质化的几个原因

基本原因归于缺乏方式性设计,是创新动力和创新能力不足的表现。

(1) 模仿新业态"抢食",蜂拥进入市场:以儿童体验业态为例

儿童体验业态(也称儿童业态)是一个新兴业态。近年来因大量模仿而呈现爆发式同质化,模仿多了就缺乏新意了。在儿童起跑线高地,儿童体验业态中除原有的专业儿童商场外,各大型社区商场、购物中心纷纷抢占儿童体验高地,已成为众多商场提高客流、拉动商场销售的手段,以此求得"顺带消费"或"衍生消费"的增值。"亲子消费"不仅仅在童装、玩具、图书、电影等消费领域,还涉足早教班、亲子活动、旅行、摄影等领域,在每年"六一"期间掀起高潮。但是,不少商场的"亲子项目"大同小异,形式都无外乎是摄影、亲子活动、早教班等几项,呈现的业态是模仿式的重复堆积,缺乏创造力和

---

① 对比肯德基和麦当劳的品牌符号,中国快餐业缺乏强刺激性的识别性符号。——笔者

核心竞争力，因此，在品质上难以真正满足儿童商业的可持续发展。①

（2）生产产能与供给相对过剩，连带服务业进入同质化陷阱：以纺织服装业为例

改革开放后，我国纺织服装业的竞争型产业特征渐渐形成，随着投资主体多元化，纺织业中乡镇企业和三资企业发展迅速，使得纺织产业高度集聚化和集群化，展现出旺盛的经济活力，但由于该产业具有很强的竞争性质，中小生产企业大量涌入并扎堆，形成同质化的产能过剩。还有，一些企业以低成本、低价格维持生存，为获订单而恶意压低价格，逐渐形成低端的、商品充斥于市场的同质化竞争格局，这又反过来制约了纺织工业整体进一步的转型升级。

由于服装专卖店与生产商存在较紧密的专卖性关联，②产业同质化也致使商家陷入严重的同质化竞争。随着消费者对产品质量和个性化消费要求的提升，专业实体店销售大多处于服装销量的滞胀状态，街道上不少大大小小的专卖店里服装滞留。总起来说，中国各个城市的服装专卖店已经达到严重的同质化程度。

从业态的要素构成角度看，商品同质化源于商品设计的创新不足。而服装这种商品的价值应体现于生产之前款式设计的创新价值。第一，从内生因素看，国内服装厂商的品牌创新意识比较淡薄，在设计上习惯照抄别人的样式，而较为成熟的品牌商一般倾注于针对面料、色系、辅料的开发，很难有精力维持设计、工艺优势和技术保密。因而在一定程度上导致了服装产品的同款化和专卖店业态同质化；第二，从外生因素看，不少涌现的传播平台、品牌网站等信息渠道具有诱导性。服装流通的特点是，季节库存风险高、进入行业的门槛低和市场份额大，平台为抓住"短期机会"力促竞争者云集，它们只看重眼前的转手利益，不愿在文化和方案设计高度上探求人性追

---

① 郑颖.商场儿童业态陷入同质化，去商业化强化服务意识是方向[OL].信报网，2016-05-20.http://www.stardaily.com.cn/2016/0512/22081.shtml.
② 专卖店（EXCLUSIVE SHOP），也称专营店，指专门经营或授权经营某一主要品牌商品（制造商品牌和中间商品牌）为主的零售业业态。

求,①这些内外因素加剧了服装专卖店的同质化。

(3)"走量"式同质化:以手机、家居市场为例

"走量"通常是这样一种行为:销售商无暇创新,以微利换取销量,达到与生产商协商的出货量,以此换取生产商的返利。走量多用于家居、电子、IT、家电、服装、汽车等卖场。近年来,家居建材行业向着全屋、定制的"走量"方向发展,经销商为满足消费者一站式采购的需求,联合厂家产品线以拓展网络布局,导致行业内部的同质化竞争越发激烈,使地板、管道、门窗、厨卫、灯饰、家具、大家电等行业之间的竞争白热化。就所谓个性"定制家居"来看,真正比拼的其实是价格和优惠。曾有销售人员表示,"看价格就行了,款式其实都差不多",而个性定制似乎成了一个噱头②。从长远看,"抄袭+走量"阻碍了家具行业的正常发展。"同质化"愈演愈烈,以至于越来越多的企业开始思考"设计行业创新"的问题。除建材市场以外,在手机市场上,在消费者期待新产品降价时,通常会引起已经成熟和衰退的前一代产品的降档,又会引起新产品和降档产品一起相对过剩,此时又导致销售商们以"走量"方式经营,这样就加剧了同质化竞争和业态同质化。例如,继华为、小米、VIVO、三星和中兴等品牌都推出 5G 手机后,苹果于 2020 年 10 月宣布推出 IPHONE 12 手机系列。据腾讯网报道,中国 5G 手机市场价位一般在 500—700 元人民币左右,"整体来看,随着 5G 手机的价格越来越亲民,5G 套餐的资费价格也实现了'平滑过渡',因此中国的 5G 手机市场正式宣告进入实际'走量'时代。"③

(四) 业态"失能"问题

此处的业态失能,指某种业态原本的职能处于萎缩或丧失状态。业态失能的原因主要在于业态创新被扭曲或被遗漏,也与创新动力和创新能力不足有关,同时,同质化陷阱的竞争压力也加剧了业态失能。

---

① 石丹.服装产品设计同质化之浅析——提升品牌战略[J].中国包装工业,2015(10):75-76.
② 新浪网:家居行业同质化严重 创新与差异化成发展关键_新浪居家(sina.com.cn).
③ 腾讯网:IDC 发布 5G 手机出货报告中国 5G 市场进入走量时代_腾讯新闻(qq.com).

1. "卖场化"折损了大中型零售业的创新"本能"

所谓卖场化，是指由自采自营的商场转变为招引供应商进店联营的过程。长期以来，为回避风险，我国大部分大中零售商采用联营方式收取各种"进场费"，并逐渐形成一种懒于创新的商业习惯。它的核心是"联营扣点"，即商场提供场地，请供应商（厂家或品牌商等）来开设专柜，由代理商或推销员经营，商场统一向供应商收取进场费和扣点。零售商将销售返点、延长账期和收取各种名目的"入进费"等作为利润的主要来源，等于放弃了原来自采自营商品的经营方式，由此滋生了企业的"懒惰"。其后果造成理念信念、战略思维、市场洞察、自营能力及商机敏感性等商人本能与商业企业家精神的衰退，甚至丧失。"卖场化"使大中型零售业几乎失去了商人的"本能"，无力在世界商业竞技场上与国际大鳄进行博弈。这种状态仅就刺激国内消费都难以胜任，更不用说在国际市场上担负贸易报国的重任了。

尽管这种模式有其形成的客观实际背景，但是其效应必然是同质化经营、成本虚高、食利性繁荣。追求"扣点"，容易失去战略眼光，失去经营差异，各商家最终殊途同归，导致同质化；高额进场费，商家将风险转嫁给了供应商，供应商必然竭力将风险转嫁给消费者，由此带来的成本虚高助推了行业的基准价格[①]；靠转嫁获取"食利"，而不是靠企业家创新获得"盈利"，营造了一个精细的繁忙系统和华彩般的"繁荣"场面，实际上并不是一种健康经济。

2. "碎片化"削弱着零售企业国际竞争能力

这里所说的碎片化，指部分大中型零售企业伴随兼并重组的同时分离出部分的化整为零趋势。改革开放后，中国的零售业经历了三次大的"小型化"冲击，每一次都发生了结构性重组。第一次是1980年代末期的"初期市场化冲击"，在由承包制到股份制的改革中呈现出的企业碎片化；第二次是1990年代中后期的"体制性冲击"，发生了大型零售商"国退民进"前后的"倒闭潮"，部分零售企业被民营化过程拆散；第三次是所谓的"电商冲击"，

---

① 笔者认为，这种价格基准反映的是在成本虚高条件下由各个商家（领导性的百货店）自然形成市场价格，虚高部分本质上是规制不足而形成的一种隐性成本。

即电商零售企业对实体零售企业的"技术性冲击"。在 2000 年之后,全国各个城市纷纷建设大体量的实体零售设施(如商业综合体、大型超市与购物中心等),被电商冲击后处于举步维艰境地。2013 年,沈阳、郑州、北京、成都、重庆等大城市商业综合体的空置率均达到 10% 以上(沈阳为 24.3%,郑州为 20.7%),[①]其中,以当时的本土大亨著称的国美、苏宁、大中等电子卖场纷纷撤店或转型,万达撤下百货,外来户奥特莱斯也因此出现困境等。它们在亏损或被闲置的命运中寻求"瘦身"和"小型化"突围,零售市场又开始了一轮"加减法"大战[②],以至于到 2016 年出现了本土零售业"抓小放大",转向社区商业的潮流。"碎片化"使不少竞争吃力的零售企业分解;尽管有些被小型化后的企业尚具有商人本能,但因规模较小,且同质化严重,所以在国际市场上仍没有足够的竞争能力。

长期以来,这个问题一直是我国零售业全面进入国际市场的重要掣肘。改革开放以来,零售业虽然逐步形成了中国特色的服务业业态,但"中国服务"品牌走出去依然是一个难题。我国历年来的服务贸易总处于逆差状态,2019 年服务贸易进口总额为 7 434 亿美元,出口总额为 2 420 亿美元;而美国总处于顺差状态,2018 年其服务贸易进口总额为 8 284.28 亿美元,出口总额为 13 876.41 亿美元;日本从 2015 年结束了"逆差时代",2018 年服务贸易进口总额为 1 938.42 亿美元,出口总额为 2 010.62 亿美元。[③] 服务业"走出去"问题的背后实际上是服务的创新能力问题。

近年来,国际政治经济不确定因素加剧和新冠肺炎疫情后遗的影响,奢侈品牌闭店及调整零售布局的案例增多,关店多集中于长久业绩不佳或商场人气下滑的商店。而与此同时,面积小、客单价高的特色店,特别是能容纳花店、咖啡店、家居日用、生鲜用品等"卖点"的社区商业开始崛起,轻餐饮、微生鲜、快时尚、慢生活成为这些社区小业态潮流和亮点[④]。在这种形势

---

① 佚名.商业综合体的出路何在?[OL].百度文库,商业综合体的出路何在.doc(renrendoc.com).
② 陆成宽.零售巨头门店纷纷"瘦身"开启卖场小型化新趋势[N].科技日报,2017-09-12. http://www.cnr.cn/chanjing/gundong/21700912/t20170912_523945421.shtml.
③ 李俊主编.全球服务贸易发展指数报告 2019[M].时事出版社,2020:108-124.
④ 佚名.本土零售企业'抓小放大'纷纷涉足社区商业[OL].中国零售网,2016-05-11. http://www.chinairn.com/news/20160511/151158507-2.shtml.

下,"弹性经营""业态小型化"等是无奈的创新之举,与其说是发展之需,倒不如说是生存之需。这种创新,未来的数量积累也可能将再度陷入更高级的同质化。

3."老字号"的资源濒临失能

我们对含有特色文化品牌的"中华老字号"及其业态的扶持力度不够。例如,享受的低税政策有限,外加对老字号的注册商标保护、知识产权与文化保护、打击假冒伪劣产品不力,一些老字号商品被仿冒和商号被山寨等现象时有发生。这就导致了不少"老字号"价值失效[①],一些承载的文化元素,包括各地的传统饮食、民间工艺、琴棋书画、丝织锦绣、瓷器漆器、中华医药、戏剧民乐及物质与非物质文化等,在国内不少处于"闲置"状态。相反,国外的全球品牌近年来应用"中国元素"之风愈演愈烈。例如,路易威登、香奈儿等许多品牌设计师频频在织锦刺绣、写意泼墨、云龙图腾、青花瓷等中国文化元素中寻求灵感,一些典型的中国人物或动物形象如花木兰、熊猫,被运用到好莱坞电影中……相比西方品牌对中国元素的大胆运用,本土国际知名品牌在"正宗"的文化资源传播上仍处于谨慎状态。[②] 我们应该认识到,"老字号"不振兴,其"突围"及业态创新乏力,中国传统文化的输出将失去重要的一半,中国特色品牌也将黯然失色。因此,对"老字号"政策支持力度一定要加大,这也是中国服务走出去的重要战略点之一。

(五)营商环境对业态创新的逆向影响

在一定条件下,营商环境可能使得服务企业面对创新风险而畏惧不前,从而造成逆向影响。具体有以下几个问题:

1."产品生命周期缩短—服务品类更换率增加"问题

随着产品生产技术的提高,特别是进入专业店的家电产品、家用汽车、电子产品等,更新换代越来越频繁,商家偏好于短期策略,市场不确定性使

[①] 薛平平,高觉民.老字号沉淀价值的失效、激活与实现分析——基于沉淀投入动态模型[J].商业经济与管理,2019(05):69-80.

[②] 汪涛,赵鹏.以中国文化资源塑造国际品牌"[N].人民日报,2017-04-06.http://www.bjwmb.gov.cn/zxgc/wmsj/t20170406_818615.htm.

"规模"上不去,也增添了服务商的"反应成本",跟风上马新品有可能发生风险;如果专注于某个品牌的创新,又要经过了解新产品、开辟新市场和建设新渠道,一经做好准备,所经营的产品有可能不再满足消费者需求,抑或其他企业抢先占据了市场,等等。所有这些,使得创新的意愿被消解。

2."市场分割细化—市场容量窄化"问题

现阶段,不少产品的市场分割越来越细,产业链越来越长,"专业经营化"趋势日渐明显。一旦市场出现波动使产业链发生替补困难时,一些容量不大的市场就呈现出较高风险。对此,往往重资本的大型服务企业因感到市场面窄而对创新不感兴趣,而轻资本的中小服务企业却因风险大而慎重对待创新。在这种情况下,业态创新的动力被抑制。

3."无形服务资产—易被时兴化"问题

业态方式化是"点子经济",其"好点子"(新概念等)创新的收益不是独占性的。如前所述,因为它是经营的新方法,许多通过软性服务或概念来体现。但是,这种无形的创新技术很容易被他人模仿,例如,"小店""共享单车""网红直播"等,当这些方式很快被模仿后,一哄而上,大批涌入者来分享新方式带来的收益,因进入过多而在退潮中有一大批被淘汰。

4."虚拟资本—创新失落"问题

有学者认为,从获得收益的速度看,以金融业和房地产业为代表的虚拟经济是"快变量",而实体经济相对是"慢变量",两者之间的时间背离可能会导致经济"脱实向虚",并使创新能力受到抑制,使服务业丢失本业的经营,并且这种效应十分显著。它通过排挤创新性的劳动投入和引发工资等要素成本的上升,并抑制其他相关企业的创新能力,又由此带来更广泛的资源错配和各种要素成本过快上升等问题。[1]

总之,由"创新什么"和"怎样创新"问题所引发的一系列问题,如创新理念、创新动力和创新能力、业态同质化、业态失能及营商环境等,构成了现今中国服务业业态创新中的问题体系。它反映出,处于"爬坡"阶段的我国服

---

[1] 孙军,高彦彦.虚拟经济、创新抑制与经济发展动力重塑[J].深圳大学学报(人文社会科学版),2021(06):59-68.

务业在服务质量上离"美好服务"及"中国服务"品牌的要求尚有较大距离。为了实现第二个"一百年目标",我们要针对这些问题,制定服务业业态发展的创新战略,并据此制定促进业态多样化的政策。

三、服务业业态多样化的创新战略与政策

(一)服务业创新战略:建设实现美好生活需要的现代化服务经济体系

1. 美好生活的多样化需求与现代服务业业态多样化

(1)"美好"与多样化

"美好"是人类理性建构的对幸福的追求与体验对象,是至高的"形而上"的伦理之本,是人们为自己提炼的一个普遍先天规定的概念。[①] 由于美好具有"至高"的性质,它成了一种精神标杆和范导实践的指导力量,能为人类某些行动的完善性奠定基础。

"美好"靠服务业业态多样化来实现。在一定意义上,"美好"就是多样化。它意味着能实现多种欲望,达成所谓"心想事成""事遂人愿""身心达畅""和谐幸福"和"全面发展"的存在意义。在当今社会,人的欲望要靠多样组合的服务者的活动来实现。之所以是多样的,是因为"美好"及其实现过程不仅内含着多种智慧、各种技能、创造和创新的复杂劳动,还内涵着多个

---

① 对于"美好"的理解,古今中外的思想家几乎都与伦理的政治论相联系。例如,柏拉图设想的"理想国"是以正义的道德建构为依据的,他说"最善的人拥有的幸福和快乐最多",认为个人不能孤立地而只能在社会中取得这种善,国家的任务就在于实现德性和幸福。(参见:梯利.西方哲学史(增补修订版)[M].葛力译.商务印书馆,1995:73-74);亚里士多德在《马可尼可伦理学》的开章之篇,首先认定伦理实践所指向的善是幸福(eudaimonia)即生活得好,他说,"幸福是所有善事物中最值得欲求的……是所有活动的目的";孔子的"美好"理念,是以仁的爱人观、以义的人格观,以礼的秩序观(智信是由后人补充的)共同构成的和谐体系,达成"天下归仁";马克思以其科学社会主义为基础,描述了未来共产主义社会的"美好",认为以往一切剥削阶级的社会理想只代表少数人利益,而共产主义这一最高理想代表全人类的长远利益和共同利益。他设想的这种美好社会是一种由经济上充足供应作为制度保证的、无国家的、自发和谐的共同体(community),是一个使人类所有潜能终于"获得解放"的社会,一个人类历史上第一次做到使人的自由创造性不受限制的社会。(参见:马克思.1844年经济学哲学手稿[M].人民出版社,2000;马克思,恩格斯.德意志意识形态[M].人民出版社,2003.)

服务者的连接与组合。因此，服务业业态多样化成为当代文明社会的基本标志和发展趋势。

(2) 多样化与"两不"问题的解决

此处的"两不"，专指现阶段中国经济发展中的"不充分"和"不平衡"。要让全中国人民过上美好生活，就必须解决现阶段"两不"问题。进一步讲，就是要解决服务业业态"多样化"过程中对"美好平等"和"服务平等"的实践问题。当今时代，中国社会的主要矛盾具体表现是：从过去"较低层级"的"数量短缺型"转向今天"中高层次"的"优质不足型"的供需矛盾。"优质不足型"恰恰说明"多样性"不足导致"优质"的需求与供给的不充分或不平衡。而"多样性"不足既有多样性需求能力尚缺的原因，也有多样性供给能力不足的原因，其中包括多样化服务的供给不足。

"多样性"不足表现为发展的"不平衡"和"不充分"两个方面。一方面，中国发达地区与中心城市呈现出升级态势，要实现较高层次的"多样化"，其中包括以接受多样化的服务来实现获得感、幸福感、安全感以及尊严、权利、当家作主等具主观色彩的"较高质量层次"的需求，而它们正需要现代服务业去引领；另一方面，刚刚"脱贫"的相对落后地区、边远地区还尚待升级，其多样性消费需求的发生机制存在一定欠缺，例如收入较低、消费观念落后、服务设施供给不到位、社会保障体系不完善等，以至于尚达不到有效需求，进而形成"不平衡"状态。在这种情况下，需要服务业引领，以补足一定层次的"多样化"需求。

(3) 培育全民消费：多样化的可能性

我国经济正面向现代化经济体系实施结构转型。以现代四大服务业为主的新业态体系（依第五章中所归纳），"消费新业态""金融新业态""物流新业态"和"文化新业态"等，将合力引领"全民消费"的服务提升，成为引领消费质量提升和"全民消费"时代生活体系的直接经济力量。据此，在城乡居民收入提高的基础上，现代服务业业态多样化引领全体人们日益增长的美好生活，也成为整个服务业创新的历史使命。

随着收入的提高，各地的人们都在期盼比之前有更好的教育、更稳定的工作、更满意的收入、更可靠的社会保障、更高水平的医疗卫生服务、更舒适的居住条件、更优美的环境、更丰富多样的精神文化生活,因而需要充分的、平衡的发展,以满足多样化的消费需求。目前,适应这种多样化需求的力量在成长,中国的中产上层与富裕阶层、新时代消费者和网络购物三大新兴消费力量正在崛起,他们是"高质量"新式消费的大规模体量的制造者。他们中间大部分也将是未来受信息化熏陶的新生消费者(70后创业成功的中年富裕者和80、90、00后的年轻人,被认为是消费经济增长的极大潜力股)。[①] 消费群的细化不仅是消费能力、消费质量实现提高的标志,也反映出消费需求个性化的趋势,例如"都市潮流男士""都市单身贵族"和"活跃的银发老年"等新消费客群的兴起;再如,拥有信息化知识和"技消费"含量[②]的消费者具有独特的消费领域,对体验和感受的注重和潮流风尚的紧跟造就了"经验至上主义"(动手操作)和"渴望成为大师"(如网红)的向往,在高度联接的数字化浪潮下,产生了"二次元""元宇宙"和"虚拟社交"消费群等[③]。鉴于此,现代服务业业态应选择和开拓新消费者群,通过大胆创新向质量"高区"延伸。

2. 现代化服务经济体系的国家战略:"服务型社会"构想

"全民消费"时代的来临必然引起"服务业经济体系"的国家战略的思考。中国在习近平新时代中国特色社会主义思想的指引下,为实现美好生活的需求,要建设现代化经济体系,而现代服务业经济体系是其中重要的、关键的组成部分。笔者认为,中国未来服务业发展的大战略框架可以做如下表述:现代化服务经济体系=服务型社会+服务业态人性化。

在这一战略表述中,"服务型社会"是对现代化服务经济体系的"硬支撑"和"软支撑"的社会体系,其中包括社会数字化及其与各个社会经济和社

[①] BCG波士顿咨询、阿里研究院(魏杰鸿等).中国消费趋势报告:三大动力塑造中国消费新客群[EB/OL](2017年5月):2-12.http://doc.mbalib.com/view/c769e6e0d9c6944c21f446eaf1bb1ecc.html.

[②] 此处指人具备一定技术含量和文化素质才能实施的消费,它反映了消费的技术化和技术的消费化。

[③] 此处的"二次元"指网络游戏爱好者。日本早期动漫作品以二维图像构成,故称为"二次元世界",简称"二次元"("三次元"为现实世界)。ACGN(即动画、漫画、游戏、小说的英文首字母)文化圈中使用"二次元"表达"架空""假想""幻想""虚构"之意,进而延伸指代"架空世界",即虚构宇宙,并向"元宇宙"发展。随着ACGN文化的发展,除以上四类外,还包括虚拟偶像、特摄片、部分影视剧及其衍生同人创作及周边产品等。随着中国动漫产业迅速发展,"二次元"也被用于其他相关场合。

会生活场景所融合的实体网络和虚拟网络；而"服务业业态人性化"是作用到服务对象——人的"美好"生活里，是生活质量和生活效率的表征（如图8-2）。

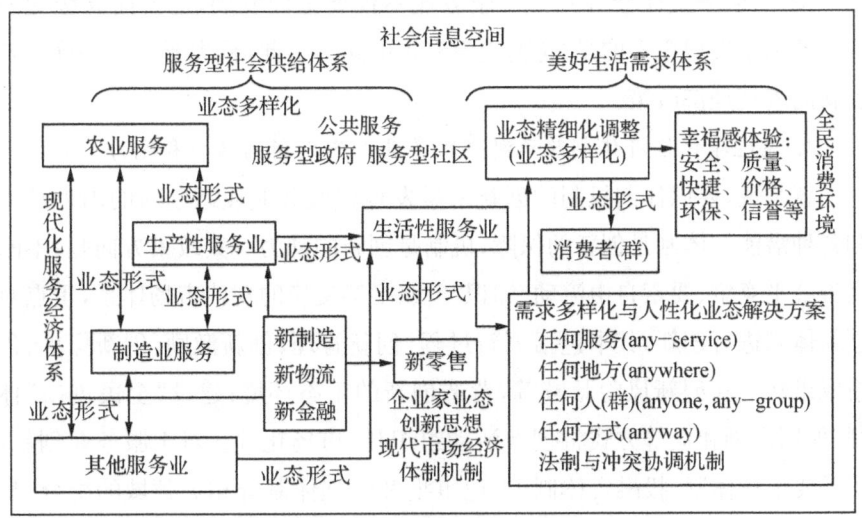

图8-2 现代服务经济体系的框架：服务型社会＋业态人性化

国外一些学者关于"服务型社会"（Service Oriented Society）已有研究，国内学者孙希有提出"服务型社会"的概念内涵、结构、运行和对工业社会的超越[①]等。笔者认为，服务型社会有几个基本性质，就是服务行为在社会中的"主导性""方式性""泛在性"和"基础要素性"。其中，"主导性"是服务成为整个社会经济生活的主导，使其他产业及分工在服务业引领下渗透并形成一个以产业分工和连接社会生活的现代化经济体系；"方式性"是指服务行为愈加超越服务商品体本身，一种服务在技术支撑下有多种方式可以完成；"泛在性"是服务向各个领域结合与渗透，如成为服务型种植业、服务型制造业、服务型服务业、服务型政府、服务型管理、服务型社区、服务型教育、服务型统计等；"基础要素性"是以信息、数字服务（包括知识）和技术服务等技术手段，让服务成为渗透于各分工产业链上基础的生产要素，并构成成本和价格的基本成分。上述四个性质中，"方式性"就展现了服务型社会中服

---

① 孙希有.服务型社会的来临[M].中国社会科学出版社，2010.

务组织业态的基本形式。

（二）关于服务业创新的宏观社会经济发展政策

按照"服务型社会"的要求，服务业不仅要全面发展，还要向高级化发展。这两个发展更多的是"走前人没有走的路"，因此，首先要制定好服务业创新的宏观经济政策。

1. 通过深化经济体制改革激发服务业业态创新的活力和能力

就是说，要以体制机制的创新来激发现代服务业业态创新的内外动力和各种潜能。体制是创新的保障，机制是创新的动力。其政策方向是：不断完善公平竞争、要素自由流动、知识产权、平等交换的现代市场体系，重点对创新体制进行创新，其中包括创新过程、创新管理、创新激励、创新保护、创新成果转化和创新风险救赎等，营造创新的生态环境；建设"全民创新"体制，如用众创和众筹方式将创新活动组织化、市场化等。对于服务业创新，还需要市场体制、投融资体制、土地审批及管理体制等相关领域的配合，最大限度地激发服务业企业选择的活力。

在服务创新与知识产权保护体制方面，要鼓励设计、创意、科技等领域的服务企业与研发机构以及产学研联合体开展技术创新活动，成立知识产权保护联盟，提高企业知识产权保护意识，优化成果转化及优惠政策；改善小微企业发展的创新条件，探索完善小微民营企业应急互助基金和小微民营企业担保机制。政府要建立业态创新、实施新商业模式的激励机制，完善人才的培训和保障机制；在放松经济性管制的同时，政府要加强市场监管和公共服务职能，维护竞争性领域的市场秩序，为激励服务业创新创造有利的营商环境。

2. 通过完善现代化生活服务业态体系提升百姓的生活质量

经过几十年的改革开放，我国经济中基本商品的供给数量问题得到解决，人们开始释放出对于美好生活的精神需求。因此，未来的政策着眼点应在以下几个方面：

第一，以"新零售"为引领，大力发展"幸福服务业"业态。为适应人民群众对美好生活向往的需要，以"新零售"思维，在推进批发零售业新发展的基础上，把大力发展旅游、文化、体育、健康、养老、教育培训等"幸福服务业"

放在发展的重要位置;加快对贴近百姓生活的各类百货、超市、便利店等业态的数字化转型,构建"人货场"、"四流"(商流、物流、信息流、资金流)的产业生态及有形商品和无形商品一体的线上线下运行体系,完善其平台和网络的运行机制;优化城市购物中心、地铁中心站商业服务网络、城市副中心与CBD及各类商业街综合服务业业态的整体布局,有效发挥其商圈和带动周边城乡"幸福服务业"发展的引擎作用。

第二,要完善社区服务业态体系,满足百姓日常生活需要。通过消费结构升级和业态多样化,让消费者能够选择业态组合体系完成自己(家庭)的消费系列组合。为此,要完善社区生活综合服务中心,以便为群众提供零售、餐饮、家政、养老、洗染、美容美发、维修、寄存、快递收取、金融、文化、休闲、再生资源回收等"一站式"服务功能,形成多业态集聚的社区生活综合服务供给能力。要引导和鼓励社会资本投入服务业终端业态,推行"最后100米服务"和"上门服务"并使之多样化,通过注入丰富的服务产品和提升服务质量,打造知名服务品牌,使这类新业态带动整个服务业乃至相关制造业的发展。

第三,通过升级服务产品的标准来提高百姓的生活质量。业态创新的效应要落实到服务质量的提高上,鼓励服务业企业通过践行"新企业技术标准(技术标准升级)+服务业新业态"等技术带动型的融合创新模式,为消费者提供更高质量、更高标准的服务产品;推动服务业业态向绿色生活领域延伸,鼓励"绿色饭店""绿色旅店"等业态的创新,完善服务质量标准的评价办法。同时,国家和行业协会制定并适时调整更细的服务管理质量及技术标准,并加强严格的质量监管。

3. 推进东中西部、城乡服务业业态的充分、平衡和协调发展

对于服务业业态创新,区域平衡发展和城乡协调发展,总的方向是在"双循环战略下",不断完善地区分工的国内统一的大市场,依托中心城市,以城市带动农村、东中西部经济联动发展,促进现代服务业业态创新。

第一,深化"一带一路"战略,促进"双循环"发展。在保持东部快速发展的同时,通过"一带一路"和西部大开发促进中西部经济发展。涉及服务业业态创新,中西部地区要通过设立沿边自由贸易试验区、出口加工区、跨境

与边境经济合作区,同时通过放宽准入,发展国际贸易服务、储运服务、国际旅游服务、加工贸易服务等,形成多业态的服务体系,促进西部地区各省份,尤其边疆地区、民族地区的经济发展,通过巩固精准扶贫成果,使其踏上快速发展的赛道。

第二,完善国内统一市场。国内统一市场,指把国内各地区的经济在社会分工和商品经济高度发展的基础上融合成一个互相依存的有机统一的市场。它是实现全国社会化大生产和再生产所需要的国内市场。由于各地区分工细化,统一的国内市场必须以更精细的服务业进行"润滑"。鉴于此,应打破地区封锁,在统筹规划下,根据实际弥补中西部地区的服务业短板。与此同时,借助各区域间经济互动促进具有地区特色的服务业向多样化发展。

第三,建设"三个一体化"体系(城乡产业一体化、农业产业一体化和农村产业一体化),形成多业态的、复合的产业体系。其中,从产业种类看,有农业(种林牧副渔等)、制造业、生产性服务业、批发零售业、旅游观光业、餐饮住宿业、金融业、物流业的多种业态;从涉及服务业主体看,有"企业+基地+农户""农业服务者""农业+服务业""制造业+农户""农户+制造业+服务业""城市商服+农村连锁店"和"公共服务+社区"等多种结合形式。在完善国内市场中,要利用不同地区在资源及分工上的差异性,形成全国有效的地区间的互动;在中西部地区培育一批城市群、区域性中心城市,促进边疆中心城市、口岸城市的联动发展。

第四,以城市带动乡村创新服务业业态,带动农业、农村产业园区和基地建设。依托城市和城市群,细化农村地区服务业业态,形成城乡联动的对口发展模式,共建农业园区和产业(科研)基地,并植入优势和特色的服务业产业。现代农业园区包含多个亚业态,如休闲采摘园、旅游观光园、森林氧吧园、鱼塘垂钓园、教育示范园、园艺盆景园、茶艺交流园、农家小院、古村落等等。应突出区域的服务特色,推进农业园区向"精、特、深"方向发展;大力推广"企业+基地+农户"等农业产业化组织形式,因地制宜、因企制宜、因消费者群制宜,形成超市带动型、科研院所联动型、制造业带动型等多层次、多类型、跨区域的"基地式"生产服务型农业业态。

4. 关于生产性服务业业态创新的产业发展政策

生产性服务包括现代物流业、科技服务业、金融保险业、信息服务业、商务服务业等，其高端性体现在各类专业的高技术、产品高附加价值、经济运行过程中管理的高水平、信息化网络及服务活动的高效率等方面。

(1) 打造生产性服务业空间集聚平台

对于生产性服务业集聚平台建设，政府要鼓励开发区、产业集群、服务业集聚区、发展示范区等以数字化、智能化为基础进行平台创新，建设研发设计、物流服务、信息技术服务、节能环保服务、方案设计服务、检验检测认证、商务咨询、售后服务等生产性服务业集聚平台，形成专业化、社会化生产性服务业体系，带动整个服务业供给水平的明显提升。

打造"产业地产＋企业及人才＋O2O体系＋数字信息＋生产性服务"的平台集聚体系，为对象企业提供高效率的服务供给。这种集聚平台集地理、体制与信息三大空间于一体，执行中介服务及资源配置的功能，也是生产性服务业的综合体平台业态。在数字化平台基础上，这些平台可以依照关联行业集聚的大数特征，看出其大致的专业性。目前，集聚平台的专业化有这些参考类型：科技服务与孵化器平台、信息与软件服务平台、现代物流与配送平台、电子商务平台、金融服务平台、社会中介服务平台、创意及众创平台等。

(2) 建设生产性服务业功能区

第一，"科研设计－集聚"功能区。以国家级开发区、省市级开发区为载体，通过发展与制造业紧密融合的生产性服务业，加快开发区的产业集聚和功能提升。其例子有，上海张江科学城作为国内大型高科技园区，依托集成电路、软件和生物医药三大主导产业发展，目前集聚了上海光源、蛋白质设施、超强超短激光装置、软X射线自由电子激光装置、硬X射线自由电子激光装置等多个个大科学设施，形成了以信息服务、微电子设计、创意和研发服务为主体的生产性服务业集群。[1]

---

[1] 佚名.上海：创新策源对标全球　打造国际一流科学城[OL]腾讯网，2022－06－20.上海：创新策源对标全球 打造国际一流科学城_腾讯新闻(qq.com).

第二,"区位—物流"功能区。依照区位特点,建立具有国际水平的物流配送和信息网络体系,加强专业化物流服务。对于该模式,空港、海港、高铁交汇中心区、"一带一路"节点城市的物流园区等可以向这种功能区深化发展。例如,作为中欧班列(西安)集结中心的产业承接区,是"一带一路"临港产业园,聚集了京虹显示、硕达视创、康佳家电等十余家智能显示、智能家电企业,正形成龙头企业带动、中小型企业齐头并进的产业生态,以实现产业链、创新链、人才链、资金链的有效融合。①

第三,"功能分解—特色"细功能区。细化分解大园区功能,通过建设"园中园"再完善各自功能,进而实现产业转型和功能提升,成为特色专业型生产性服务业功能集聚区。例如,上海西郊生产性服务业集聚区按照生产性服务业企业要求布局,将集聚区分为企业总部基地、行业服务中心、研发服务中心、分销中心、文化核心区、金融服务平台等多个功能区域。

(3) 促使生产性服务从制造业中分离

近年来,生产性服务从制造业分离呈现三种形式,展现出分工细化和业态多样化的趋势。一是"物流分离"。鼓励制造业企业利用现有的仓储、库房、运输车辆以及原材料等资产,投资组建独立的物流配送公司或引进物流外包公司,并引导其向具有经营特色的第三方物流发展;二是"商贸分离"。一定规模以上制造业企业分离销售环节,成立独立核算的商贸企业,将制造部门发展重点转向研发设计与生产;②三是"商务分离"。这种方式是,一定规模以上制造业企业将人力资源、职工培训、后勤物业等发育比较成熟的服务机构分离出来,设立独立的专业商务公司;或者引导劳动密集型行业企业将人力资源和劳务部门独立出来,设立人力资源公司或将商务业务整体外包。

(4) 促进"农+服"生产性服务业新业态发展

第一,社会化的生产性农业服务组织。其业态可以是:"企业+基

---

① 佚名.西安国际港务区"一带一路"临港产业园支撑中欧班列高质量发展[OL].中国发展网, 2022 - 02 - 16.西安国际港务区"一带一路"临港产业园支撑中欧班列高质量发展(baidu.com).

② 小进限,指推进限额以下批发零售、住宿餐饮企业进入限额以上企业行列。例如,为促进现代服务业和制造业"双提升",江苏省泰兴市市政府于 2021 年 9 月就加快推进制造业企业"工贸分离"和批零住餐行业"小进限"发出通知,以鼓励由制造业分离出来的部分进入批零住餐行业;参见:泰兴市政府 市政府办文件 市政府办公室印发《关于进一步推进制造业企业"工贸分离"和批零住餐行业"小进限"工作的意见(2021—2023 年)》的通知(taixing.gov.cn)。

地＋农业合作社＋对象企业""农户＋农业合作社＋对象企业""农业合作社（农户）＋订单对象企业"等。为保障粮食安全，这类农业服务不仅实现对自己产业内部的服务，更重要的是实现对国民经济其他部门的直接服务。它作为产业化的结果，可以显著改善农产品品质，形成研发、品牌、营销、创意等增值服务，进而提高农产品附加值和农业对社会经济的供给水平。

第二，生态式供给型农业服务业态。建设资源节约、环境友好、可持续发展的供给型农业服务业态。一是"循环农业园区"。例如，将种植业、养殖业、农产品加工业、生物物质能源业等纳入整个循环体系中，在园区内形成"自然资源－农产品－农业废弃物－再生资源"的互补、共享的生态良性循环机制；二是"品牌式种籽服务"。种籽有农业"芯片"之称谓。应发展三种产业链式业态："上游原料"型（育种、肥料、农药、采摘等）、"中游生产"型（蔬菜、瓜果、花卉、大田、其它）和"下游应用"型（种植业用籽、畜牧业用籽、林业用籽、其它用籽），以便开发优质籽种，培育籽种品牌，加快科研与选育、基础实验设施建设及种子贸易与服务等关键环节发展；三是"废弃物回收利用"。如对秸秆、畜禽粪便和食用菌种植丢弃的废菌棒等回收，以原料供给方式，促进生物物质产业和有机肥产业发展。

第三，社交式农业会展服务。这种方式有：一是节庆展会。以当地特色与优势产业为依托举办农业节庆活动，带动乡村旅游、农村文化和产业发展；二是各类展会。以成果、交流、贸易为主旨，开拓市场，促进农产品的销售；三是学术展会。举办区域、国家及世界性学术会议，通过产业联合加快农业科技与服务创新，促进国内外交流。

（三）关于服务业创新的企业发展政策

1. 培育和发扬企业家精神，激发创新动力和能力

企业家是靠创新意识支撑下高度积累的知识定位、发现市场机会、组织其团队并将资源"实现新组合"的先行者。他们代表一种优秀的素质，是担负着对企业生产要素进行有效组织和管理、富有胆识、冒险和创新精神的高级管理人才。企业家贴近生活，也是人性（需求与商机）的发现者和美好需

求的塑造者(创造者)。而其中的"创新精神"是企业家精神最本质的特征。

第一,培育中国特色的企业家精神和个性心理素质。服务业业态创新需要颠覆性的胆略和运筹帷幄的开拓能力,包括智慧与韧性、果决与理性等。为此,要构筑中国企业家的睿智与恒心、胆识与能力、自强与奋进的意志。企业家要以中国文化为底蕴,以世界文化为借鉴,以现代职业经理人的责任与担当意识,以市场经济弄潮儿为人生激励,努力将自己塑造成具有良好的竞争素质、丰富涵养、职业奋斗精神、科学精神、工匠精神、合作精神及全球视野和驰骋世界的领军人才。

第二,培养"中国文化+"和"现代技术+"的企业家涵养结构。这是一项"中国服务"走向世界的重大人才战略。中国文化元素(国之重器),是中国特色服务业的来源和竞争力资源,而企业家就是它的活载体。近年来,中国在技术领域取得多项世界领先的成果,让企业家带动这些技术向多个应用领域扩散和渗透,使新产品研发、生产流程创新、产品质量不断提升,进而促进了服务业业态的创新和发展。因此,中国企业家应该是秉承和发扬仁义礼智信精神和具有文化底蕴与精湛技术的行家。

第三,鼓励企业家为"业态样板大国"贡献才智。按"美好服务"原则引导企业家在全球化竞争中弄潮,在世界领先的领域建设服务业业态创新大国和优秀企业家队伍。在服务型社会及人性化指引下,"中国服务"应瞄准引领国际的"高品位业态",可以先在"一带一路"战略中引领实践,然后逐步走向世界。要宣传、振兴和扶持"中华老字号"企业家,让"中国特色"为世界服务,为建设人类命运共同体做出贡献。

2. 完善企业法人治理结构,营造企业创新的体制机制空间

企业法人治理结构是现代企业一切创新活动的基础。在现代服务经济中,投资者展现为多元化特点,通过股权运作、基金投资、价值管理、改革重组等模式,以实现资本合理的布局与资源有效的配置。服务企业的业态创新,如调整组合要素与维度的一系统活动等,就是通过资本运行、资源配置把投资模式与创新机制、激励机制相结合的过程。

为此,第一,在完善的公司法人治理结构和治理机制中,要明确各个治理主体的工作职责,建立相应的权力清单,厘清各个治理主体的权责边界。

提高依法治理的能力,既不侵权,又不漏权,结合法律要求统筹思考,提高议事决策的科学性和可行性,最大限度激发企业的创新活力,并为企业提供可持续发展的保障。

第二,科学地配置公司的内部权力。要保证股东大会的最终控制权,保证董事会独立决策权,保证经理自主经营管理的权力。确保董事会以公司和股东利益为取向主持公司的经营和决策,维护小股东和利益相关者的权益,职工代表以法定形式参与公司的决策和监督;在涉及职工利益的决策中维护职工合法权益等。

第三,完善信息公开机制。加强对创新项目、研发资金、主要核心业务等工作进行巡查,有效处理职责不清晰而引发的管理缺失问题;加强董事会决议后评价制度,对创新项目论证、决策、实施、运营等管理过程进行全面回顾和分析评价,形成一套完整的会议决策、监督与信息反馈体系。

3."差别化+精细化":组合要素系统升级及和"三化问题"治理

这里的"三化问题"指上述服务业发展中同质化、碎片化和失能化的问题。

第一,服务业企业要实施"服务精细化"组合要素策略,以寻求业态创新的新路径和。在服务业经营中,理论上的"可精细化"项目很多,但必须与实际业务活动结合起来,需在"成立域"内实施"精细化"。例如,购物中心的儿童业态经营中,"目标顾客群"还可以再细分(目前的状况是,大部分购物中心的儿童业态只是笼统地针对所有儿童)。应该不断地追问细分问题,如"游乐场到底是针对男孩还是女孩?","是针对0—3岁还是3—6岁?"等等。可以说,几乎所有的"同质化"都是被差异化中的精细化打破的。

第二,制定不同行业的组合要素体系标准。"方式性"业态创新为精细化服务提出了新要求。目前,服务业业态的组合要素体系中服务产品要素、服务要素、沟通方式和环境要素正呈现精细化、复杂化、实时化,因此,要注重历史动态变化性,适时修正标准。值得一提的是,服务业各行业应制定各自的组合要素体系的标准,以展示各行业业态细分及区分的界限和"维"的度量标准,旨在拓展各类服务业多样化的个性和深度。个性有助于克服"同质化",深度意味着进入深耕邻域,有助于克服"失能化"。

第三,通过"要素复制"促进服务业企业规模化,提升中国"老字号"的国际品牌。一些行业,如中医中药养生甚至中华饮食文化携带厚重的老字号传统文化基因(模因)。这类行业要走出去国门,着重在于通过连锁方式"复制"组合要素体系,使之能够以"规模化"参与国际竞争。这些复制有,老字号店面复制、制作工艺复制、服务行为方式复制、文化复制等,其中,文化复制属于核心价值复制。中华老字号具有创国际品牌(产品品牌、文化品牌、服务品牌)的巨大潜力,应加快抢救和恢复老字号文化及民间非物质文化,引导其兼顾传统文化和当代文化的融合并再创辉煌。

第四,培育"异型商铺"与实施"多业态有机整合"相结合。为解决"三化问题",一方面,找出差异突破点,实施业态的错位经营策略,构筑"异型化"业态结构布局。例如,在成都锦里商业街中,经营内容相同或过于相似的两家店铺很少同时出现;另一方面,倡导服务业由"专+单"向"专+多"的整合式规模发展,促使业态的集约化。例如,国内有的游乐企业研发"一卡通"售票方式,商户可给游客赠送积分,游客步行游览时可随时到商店购买商品;还可将商铺和娱乐打通,既能方便顾客自主随意的消费,又能挖掘游客的消费潜力。

第五,在组合要素体系设计时,注重通过跨界经营或联姻,通过外延扩张凝练差别化和形成"规模化",摆脱"碎片化"和"同质化",进而克服"失能化"。服务业企业要在互联网、物联网及人工智能发展基础上,实现与制造业、农业、金融业、文化产业、跨境贸易及其他服务业的大跨度连接,从原来的主打单一产品服务到多元化服务,形成"越界、渗透、融合、提升"的业态创新与大跨度的差别化。例如,涉及到制造业与服务业的融合,可以通过"设计服务+产品制造""智能化产品+服务产品""云工厂(梦工厂)+产品制造"等各种自有品牌形式,使新技术更加智能化,促使相关服务业业态摆脱"碎片化"、"同质化"和"失能化"的困扰。

4. 完善大数据、云计算等技术基础设施与提高企业精准决策水平

第一,进一步加强大数据、云计算及人工智能建设的技术投入,提高企业的决策能力。数据是最重要的生产资料,具有复杂计算能力的云计算是

当今重要的生产力,而互联网建立的网络关系则体现生产关系。① 为解决当今服务业中多层的、动态的、复杂的、实时环境下的数据采集、整理、分析和市场判断问题,应完善大数据产业园及其孵化平台,建设现代化大数据产业链及经济体系、各相关企业及各类产业的互联互通,以提高企业的决策效率。

第二,以信息化为基础,发展"服务业诊断"业,为业态创新提供诊断服务。诊断业应致力于对同质化业态的"预警分析",通过为店铺提供全面的诊断项目,包括地域数据分析、消费者群分析、商品数据分析、单品数据分析、流量数据分析、会员数据分析、财务数据分析、库存数据分析、市场数据分析、全店数据分析等大类。在数据分析基础上,给出精准的诊疗结果,并对优化改良提出方案。

第三,维护数据安全,加强监管力度,为企业构建良好的数据环境。信息的及时性、数据的安全性和数据的实用性,是大数据和云计算应用水平的基础因素。因此,要完善各种信息源建设,保障数据的实效性,并制定法规以确保客户数据的安全性;数据的真实性程度关乎云计算的应用水平,进而影响企业的决策水平;数据的安全性包括两个方面,一是防止数据的丢失,二是防止数据的泄露;要抓住大数据为政府治理创新的机遇,切实提高各级政府部门的治理能力,使之转化为为企业提供良好的云计算、大数据的服务能力。

(四)市场治理的体制机制

服务业业态创新是一个社会系统,必须有一整套顺畅的体制机制。体制和机制是相互配合、相互作用的关系。

1. 服务业业态创新中交易利益发生的和谐机制

业态创新迫切需要能够获得交易利益的体制机制。我国现代服务业发展的历史表明,体制中的权利与义务关系以及运行中的激励方式,总伴随服

---

① 关于这一提法,请参见:马云.云计算、大数据、人工智能和数据时代的万物互联[OL].网易号,2017-09-11.http://dy.163.com/v2/article/detail/CU2QAR240519DTPN.html.

务业形式的发生和发展,可以说,体制与机制的制度起着服务业组织运行的基础作用。其中,交易利益发生的和谐机制,就是平等机会和公平竞争的微观机制,也是企业运营过程中低交易成本的资源配置、充分发挥创新动力和能力、高效率和有秩序的营商环境。

完善服务业创新的体制机制有两个层次,一是完善市场体制,二是完善企业体制。前者要依靠政府,后者要依靠企业。这两层都存在规划设计、搭建平台、政策实施、资源保障、提升治理水平的系统运行机制。第一层为服务业业态创新提供营商环境,第二层为实施业态创新激发出创新动力和创新能力。这两层构成的体系有助于交易利益和谐机制的形成。

2. 维护市场秩序:法制治理

这一命题是针对市场中的非诚现象干扰业态创新而言的。这里的非诚现象,指市场中的欺行霸市、寻租、不信守合同、逃废债务、虚假广告、假冒伪劣商品、股市欺诈等。随着社会信息化的发展,传统的面对面服务形式正在逐渐被互联网的背对背交易替代。非诚现象不少发生于网络交易之中,如网络诈骗、网络杀熟、地下网络经济、盗版与侵权、网络虚假广告、网络传销、网络黑客等,其后果是信任丧失,并因此导致"市场交易恐惧症",成为当今依赖"技术-信息"空间进行业态创新的反市场力量(负能量)。

因此,对非诚现象要进行法制治理。首先,要进一步深化社会主义市场经济法制建设,加强法制教育和诚信理念教育,完善市场交易法规,履行网下网上的市场监管。要完善网上交易规则,包括完善电子合同效力、电子支付、网上税收、保险及安全保护、电子证据与签名认定、政府强制措施及审查机制、知识产权与消费者合法权益的保护、司法的国际管辖和协助等;其次,要完善对市场监管的主要功能。其中包括"两严",即严格市场主体准入和监管市场主体行为,其本质作用是保护守法和诚信经营。不仅对可"看得见"的有形商品市场进行监管,如对食品不安全、假冒伪劣、无证经营等,还要对"看不见"的无形商品市场进行监管,如对上述网上非诚现象等破坏市场的行为进行打击等。

此外,建立征信体系,构建和完善诚信的市场监督机制。目前急需完善个人和企业完善的诚信体系和诚信查询制度,为广泛的虚拟化交易提供可靠的资信基础;为使诚信制度化,应对持续诚信交易主体给予奖励,对实施欺骗主体进行制裁,如建立信用信息公示、经营异常名录、严重违法企业"黑名单"制度等,让严重失信企业无路可逃;此外,还要进一明晰行业协会的职能,对业内企业行为进行规范。

总之,要把深化市场法制建设和市场监管提到是否能建成现代化市场经济体系、是否能顺利进行业态创新的高度来认识。

3. 维护市场竞争:反垄断规制治理

反垄断是对垄断和贸易限制进行禁止的行为。不同于传统垄断,以信息技术革命为特征的新经济的出现,使当今服务业的互联网平台出现了垄断现象,如微软公司的捆绑销售视窗软件和网络浏览软件排挤竞争对手等。近年来,我国有的互联网平台企业涉嫌利用市场支配地位对其商户实施"费用提价""拒绝交易"等行为,通过强化对用户选择权的限制而获取锁定效益,或者涉嫌无正当理由排除、限制市场竞争,等等。[①]

从服务业业态创新视角看,互联网垄断具有危害性。用户被垄断方的"全业务"包揽于旗下,狭窄的选择权导致用户丧失业态创新的动力和能力;在垄断方不承担创新风险的情况下,商户降低创新意愿,采取跟随策略而实施业态"抄袭",进而形成经营的同质化;"一站式"网络生活被一家互联网平台固化锁定,如交友、聊天、博客、直播、看视屏、听音乐、玩游戏、收发邮件、购物(团购、外卖、网购等)等,而其他同类业态服务(特别是小业态服务)的提供者被挤出市场直到被淘汰,最终市场成为几家独大的圈定市场。这些都违背了市场的"平等机会"和"公平竞争"原则。

反垄断的任务就是防止市场上出现垄断,也意味着对合法产生的垄断企业进行监督,防止滥用市场优势地位的产生。互联网平台企业带来服务业质量提升,原本具有合法的垄断性,但是如果做大后不受竞争的制约,滥

---

① 例如,要求交易相对人在竞争性平台间进行"二选一"或者其他具有相同效果的行为;限定交易相对人与其进行独家交易;限定交易相对人只能与其指定的经营者进行交易;限定交易相对人不得与特定经营者进行交易等,上述限定可能通过书面协议的方式实现,也可能通过电话、口头方式与交易相对人商定的方式实现,还可能通过平台规则、数据、算法、技术等方面的实际设置限制或者障碍的方式实现。参见:知乎网, https://www.zhihu.com/提高 question/429604406/answer/1567927286。

用市场优势地位,就会损害市场竞争,损害消费者利益。对此,国家规制机构应该依据《反垄断法》,运用多种工具(禁止、价格、税赋、费率和数量控制、产品或服务标准、技术生产标准、产权与权利界定等)对其加强监督和规制。

(五) 服务业业态创新的三大支持体系

1. 财政支持

在社会主义市场经济体制下,政府通过财政支出影响公共服务体系,进而影响营商环境。政府的投入作用于公共、基础及附属设施的建设,落到教育、文化、医疗卫生、公共交通、社会保障等方面,形成了公共产品及其服务体系,它们既是服务业,也是服务业营商环境的一部分。所以,政府要加大对服务业创新的公共服务支持力度,创新公共服务形式和体系,将优质的服务作用到服务业的创新活动中去。本着既要加快发展又要维持服务公平的理念,投入重点应向两类服务业倾斜,一是基础性的和重要的服务业创新项目,二是农村和欠发达地区的服务业项目。具体有以下几方面:

第一,优化服务业发展资金,设立并健全服务业发展引导资金的制度。该发展资金用于业态多样化的创新,以优化服务业结构,促进城乡市场发展,以及扩大国内消费和提升消费品质。主要引导的行业有科技服务、养老服务、健康服务、家政服务、环保服务、知识产权保护、信息服务等方面,还用于配套支持服务业创新项目和聚集区建设,以及现代供应链、农村生产及农产品生活用品服务体系的建设等。

第二,优化重点服务行业专项资金,对处于相对短板状态的服务业或贡献程度高的服务业,给予一定的贷款贴息、经费补助或奖励。专项资金可用于园区建设、专项技术创新攻关与跨区域流通网络建设或综合试点,还用于支持行业的设备更新、市场开拓、新业态职业培训机构的人才培训等。

第三,对于部分重要的创新项目,政府可以与企业共担风险。政府应设立风险准备金或适度的国家补偿金,力促企业化解风险;还可以通过特许经营权、服务购买、股权合理定价、财政补贴等公开透明的方式,完善收益成本风险共担机制,促进政府与项目的投资者和经营者相互协调,各自发挥比较优势,引导民间资本与政府合作并推动海外投资进程。此外,在对已有增值税率进一步合理区分界定后,实施免税、低税或退税及其配套政策。

2. 金融支持

第一,在国家"一带一路""双循环"和"统一大市场建设"战略下,为服务业发展营造良好的货币金融环境。央行要制定专项金融政策,支持服务业企业融资扩面上量,联合相关部门支持养老、新消费、服务贸易及业态创新,推动金融机构加大服务业信贷投放,以促进现代服务业高质量发展;优化金融体制,形成融资对接扩面提质、政策工具聚合协同、传导渠道疏浚畅通的政策效应;引导商业银行通过对老字号和民营服务业的金融服务,加大对服务业现代化改造和业态创新的支持力度;严格金融监管,提升预警有效性,全流程管控企业金融风险。

第二,商业银行在自身业态创新的同时,跟随服务企业实施大战略的新市场开拓。针对不同行业和不同更新阶段的"组合要素体系"结构特点,满足企业对资金多样化的需求,激发业态创新的动力和能力;发挥融资中介优势,为中小服务企业提供融资政策咨询、项目评估、财务辅导、融资设计等服务,协助其筹措资金和用好资金;努力为有成长性和有比较优势的服务企业寻找商机,疏通创新企业的上下游供应链,以协调整个链条上的创新活动。

第三,建立多元化的投资组合结构,促进服务业融资模式多元化。拓宽企业融资渠道,促进企业在债券市场、资本市场、大宗商品、直接投资及要素资源等之间寻求合理的均衡;鼓励商业银行加大对重大服务品牌(如装备设计、成套设备出口服务)融资提供多元化的金融支持,如进一步探索PPP(政府与社会资本合作)、BOT(特许权协议)等投融资模式。

第四,为"中国服务"提供全职能的综合服务,积极鼓励民间金融资本走出去。推进人民币国际化,推动外汇储备多元化的运用,为企业"走出去"拓宽融资渠道,更好地服务于企业参与"一带一路"建设;国家开发银行、丝路基金、亚洲基础设施投资银行等金融机构,应向企业提供"融资、融智、融商"的综合服务,协助服务业构筑价值链,进一步激发其创新业态的原动力;积极鼓励民间资本参与基础设施和海外投资进程,包括设立民营银行和互联网金融机构,使中国企业(特别是小微企业)以更灵活的业态,参与经济全球化进程。

3. 人才支持

人才,指具有一定的专业知识或专门技能、能进行创造性劳动并对社会作出贡献的人。而创新型人才,是具有创新思维、创新品质、创新意志、创新知识、创新观察和创新实践类型的人。在服务业的组合要素体系(参见表7-3)中,"人员组合要素"就是人才结构,而"沟通组合要素"是人才运用的一个领域,其它如"服务产品组合要素"和"服务过程组合要素"也涉及人才的要素和维度程度。

服务业业态创新是一个复杂的系统工程,需要用各个层次的人才来构筑整个的创新体系。它成为中国服务业处于"爬坡"阶段的必需。这里,笔者归纳了三层次复合的人才体系:① 领军型、参谋型、执行型;② 创意型、管理型、销售型;③ 学术型、工程型、技术型、技能型。这三个层次相复合,共同支撑着业态创新活动。在政策实施中要做到:

第一,积极引进人才。成功的企业家把目光瞄准到各类人才,尤其是创新型人才,并积极予以引进。为此,要打破部门身份和地域界限,对急需专业的高层次人才设立"人才直达通道",引进与培养要特事特办,在增人计划、人事关系、户口迁移、配偶安置、子女就学、住房、工资津贴、职称评聘等方面降低门槛,让他们能够踏实工作,安心生活,干事有活力。

第二,积极培育人才。引进人才不仅成本高,而且数量也相对有限,因此,还要自己培养人才。先要明确育才方向,推行科技、产业人才定制,为创新驱动发展、创新能力升级提供相匹配的智力支撑;企业领导者要拥有识才的慧眼,善于发现那些具有创新思维、有巨大创新潜力的人才,然后制定培训计划,有步骤、有目标地进行培养;要加强青年科技人才战略储备,加强技术技能人才的培养,使得教育与产业对接、专业和职业对接;要建设创新人才培养平台,建设创新创业的中心、基地和学院,支持高校、科研院所和企业等单位联合办学,构建开放式、产学研一体的创新创业人才培育体系。

第三,积极任用人才。建立正确的用人和激励机制,形成"公平、竞争、宽松"和有利于人才"脱颖而出、人尽其才、才尽其用"的用人机制;建立有效的人才激励机制,通过合理、公平的竞争,努力建设一套完善的竞争机制和人才脱颖而出的宽松环境;根据个人贡献大小,适当拉开分配档次,不断完善薪酬制度;建立科学的绩效评价机制,保证各类人才的福利待遇随效益的提高而不断提升,使人才的价值得以实现。

总之,经历改革开放40多年的发展,我国成为全球第二大经济体,中国特色社会主义进入了新时代。服务业,就其行业本性来说,是一个给人性带来愉悦和美好的事业,而服务业业态及其多样化则是最贴近人们日常生活场景的组织形式。以怀揣服务型社会的憧憬"激活"未来,是美好发生的期望。对未来的激活,要倾注于解决服务业的创新动力和创新能力问题。为此,要积极培育服务业的"方式性"的差异化创新,克服同质化和碎片化问题。不仅要从整体上把握宏观社会经济政策,如深化体制改革与引导新消费需求、协调东中西部和城乡经济发展、服务业产业结构等,引导服务业业态创新,还要从企业发展政策方面,培育和发扬企业家精神,在企业法人治理结构及信息化、数字化技术等方面实施创新,并以此带来企业"组合要素体系"的创新。政府要培育市场治理的体制机制,维护市场竞争秩序和进行反垄断治理,以优化创新的营商环境。制定可行的财政支持、金融支持和人才支持政策,不断促进现代服务业创新,并带动分工多样化和现代服务业业态多样化,以此"激活"未来的发生,期待中国服务型社会和人民美好生活的实现。

后 记

本书的写作是在我主持的国家社科基金项目《现代服务业空间集聚中的业态演进与创新》结题后,又经过进一步追问和数年独自思考后而完成。

自课题开始申报和研究过程完成至今已经有10年光景,研究过程中产生的许多问题直到今天还萦绕在我的脑际。出于对应用经济学教学和研究的本能,我一直耿怀于分工与业态多样化问题,并时常给予不断的提问和想象,希望对贸易及服务业的细化分工问题寻找本源性的答案。在这种初衷及解开问题答案的渴望中,我展开各种相关文献的阅读并继续进行调查研究。有一段时间,我对"发生"问题发生了兴趣,最终为本书选择了用"发生学"的视角思考服务业业态创新的副标题,试图通过与发生学交叉拓展研究领域,以期对分工与服务业业态多样化现象做出进一步解释。

宇宙中最常见的发生,就是现象的"发生",而且"发生"嵌套着"发生",因此"发生"属于本体论的范畴。伴随实践中认识的发生,人们有了"概念的发生",才使得一个被规定的事物得以呈现。当人们认识增多,无论是另立一个新认识,还是在原认识基础上的新延展,只要认识比之前更加深刻,概念就会多样化。这正印证了中国古代先哲老子的话:"道可道,非常道。名可名,非常名","道生一,一生二,二生三,三生万物"。为研究"发生"问题,我还阅读了欧陆哲学中关于现象学及发生学现象学的部分书籍和近年来部分学者的文献,其中包括部分西方新马克思主义关于现象学、空间等理论的论文和著作,学习了系统发生学及生物的种系族谱,甚至基因与模因的复制机理等。所有这些给我增加了不少思考的空间,也给了我"另类"的知识准备,诱发我产生将其混合到经济学分析的冲动。我认为,尽管国内学者目前缺少对"发生学一般"的归纳,但与发生学交叉已经被不少学科所重视,其应用涉及的领域很广,也深感经济学方法与发生学方法相结合的必要性。经济学本身就是研究经济现象发生的学科，但是对"发生"的理性融入不够。如果将社会经济的研究与系统发生学、现象学发生学、历史发生学、发生认识论、文化发生学等有机融合起来，则必将为经济学拓展出一个新的领域。

伴随本书的写作，我越发加深了对发生学与经济学相交叉而产生问题的兴致，甚至导致不少章节数次易稿。纷繁的社会经济现象，尽管"剪不断，理还乱"，但总离不了从潜伏到显现的发生过程。新的服务分工和多样化就是在一定时空集聚"造化"下达到新型组织的显现，而学者的使命就是用智慧将它表达出来。分工与服务业多样化的发生因素太复杂了，以至于在总体安排的逻辑上，我先将"发生"的思想统摄于论题的整体，建立时空变换的共时与历时框架，然后为这个框架负载多样化的发生原理，展现服务业的历史发生性与当下集聚性现象，最后探讨创新发生机理和激发未来发生的政策。也就是说，运用"回溯—前进"的方法探讨现代服务业业态的渊源，解释"多样化"的潜伏的历史、显现的当下和被激活的未来，希望用这种方法解释清楚"演进"中的创新过程。在本书中，"发生学"也被应用于具体章节的论述。例如，应用于"集聚"与"分离"的辩证关系、模因生成、迂回分叉等；在交易利益和交易成本约束下，论述持续"潜伏—显现"的核心业务与非核心业务的交替递进式变换，由此带来分工与业态多样化的系统性发生；在对业态创新发生机理的论述中，运用"现象学发生学"的方法分析经济人"内在意识"流动及外化为企业家的决策行为；在此基础上，运用"发生学"思想，建立经济人对业务中组合要素体系及维度创新的交易利益均衡模型、由网络沟通到直播带货沟通模型等，由此提出对服务业业态要素与维度评价体系创新的思考。总之，当"发生"的理念进入本书整体的安排和章节的镶嵌，尤其是进入经济学模型时，或许真让我产生一种快感。

在此，我要特别感谢我的恩师——西安交通大学经济与金融学院教授文启湘教授，无论我在读博士期间对我的悉心指导，还是毕业后的每次相会交谈所给我的深刻启迪，潜移默化地感导着我去做人、去做一个学者、去研究、教学和生活。在此，还感谢他对我写作给予殷切地关心和鼓励，在本书写作期间，努力为我联系出版社。老师的人品、学识必成为我一生宝贵的精神财富。

在此，我感谢课题组的老师和学生们。课题组的杨向阳教授为本课题研究提供了支持，同时感谢胡雅蓓教授、陶金国副教授、李平华副教授和霍焱老师在课题研究中的交流和贡献；感谢李晓慧、杨玲、黄婷婷、徐洋洋、赵沁乐、胡迪、薛平平、刘婷等几位博士、时任博士生或硕士生在课题与相关论文中的合作，以及在课题研究中探讨、计量分析、打印等工作的付出；还要感谢南京财经大学国贸学院及贸易经济系的老师们对我写作的鼓励和支持。

我还要特别感谢我的大学同窗好友、首钢集团发展研究院的王大谦高级研究员，我们曾是一起工作的教学同事，因兴趣相投为本书的写作进行多次讨论，就产业与服务业分工、业态的市场体制机制环境甚至相关哲学问题等时常进行交流，书中有些看法是因交流而激发产生的。多年的思想交流和友情使我们的友谊天长地久。

在这里，我还要感谢时任校长徐从才教授为我们搭建了研究平台，多年来对服务业、贸易经济理论研究、教学及学科建设方面给予我多方的指导和交流；感谢学校时任科研处处长李杏教授对课题研究过程的关心，感谢现任学科带头人杨向阳教授对本书出版的支持；还要感谢出版社的王日俊编辑，他为本书出版做了大量具体的事务性工作。

我还要郑重地说一声，正像本书前言中所说，我在将多种发生学运用于经济学中，因理论跨度较大，加之水平所限，因此而怀着"以文拜师、以文会友"真诚，希望人们提出真知见解，以进一步增进对所讨论问题的理解。我的电子信箱为2351870552@qq.com。

记得在我申报国家社科基金课题期间，父亲高庆云尽管病重，但他仍然心系于我的一切。当我得知课题申报成功，他已经处于重病状态。就在2012年8月，正值课题组刚展开研究时，父亲去世了。我怀念父亲为我的无私奉献，在本书的整个写作过程中，父亲勤劳和不畏困难的坚毅形象时常在我脑际闪现，成为鼓舞我攻克难关的力量！最后，我要感谢老母亲李琴、妻子苏菊萍和孩子高舒婷、高雅婧为我写作过程所做过的一切。

高觉民

2022年5月

于南京家中